LLM과 RAG로 구현하는
AI 애플리케이션
에이전트, 펑션콜링, Text-to-SQL, MCP까지
라마인덱스 실무 가이드

LLM과 RAG로 구현하는
AI 애플리케이션

에이전트, 펑션콜링, Text-to-SQL, MCP까지
라마인덱스 실무 가이드

지은이 에디 유, 대니얼 김, 김현지

펴낸이 박찬규 **엮은이** 윤가희 **디자인** 북누리 **표지디자인** Arowa & Arowana

펴낸곳 위키북스 **전화** 031-955-3658, 3659 **팩스** 031-955-3660

주소 경기도 파주시 문발로 115 세종출판벤처타운 311호

가격 30,000 **페이지** 392 **책규격** 175 x 235mm

초판 발행 2025년 07월 22일
ISBN 979-11-5839-622-0 (93000)

등록번호 제406-2006-000036호 **등록일자** 2006년 05월 19일
홈페이지 wikibook.co.kr **전자우편** wikibook@wikibook.co.kr

Copyright ⓒ 2025 by 에디 유, 대니얼 김, 김현지
All rights reserved.
First published in Korea in 2025 by WIKIBOOKS

이 책의 한국어판 저작권은 저작권사와의 독점 계약으로 위키북스에 있습니다.
신저작권법에 의해 한국 내에서 보호를 받는 저작물이므로 무단 전재와 복제를 금합니다.

이 책의 내용에 대한 추가 지원과 문의는 위키북스 출판사 홈페이지 wikibook.co.kr이나
이메일 wikibook@wikibook.co.kr을 이용해 주세요.

LLM과 RAG로 구현하는
AI 애플리케이션

에이전트, 펑션콜링, Text-to-SQL, MCP까지
라마인덱스 실무 가이드

에디 유, 대니얼 김, 김현지 지음

위키북스

저자 소개

에디 유

현업에서 RAG와 에이전트 관련 업무를 주로 수행하고 있습니다. LLM(대규모 언어 모델) 기반 서비스 개발에 관심이 많습니다.

대니얼 김

자연어 처리 분야의 AI 리서치 엔지니어로, LLM 기반 생성형 모델, RAG, 에이전트 시스템에 주로 관심이 있습니다. 복합 질의 처리, 지식 활용 최적화, 상호작용 기반 응답 설계 등 실전 응용에 초점을 맞춘 연구 및 구현 경험을 쌓아왔습니다. 기술적 깊이와 실무 적용 가능성을 함께 고려하는, 균형 잡힌 접근을 지향합니다.

김현지

인문대를 졸업한 '문송'이지만, 데이터 분석 관련 공부를 통해 석사 학위를 취득했습니다. 동아일보와 채널A에서 산업 및 경제 분야 기자로 활동한 경험을 바탕으로, 경제·경영 전문 AI 챗봇 '애스크비즈'를 기획·개발했습니다. IT 기술을 활용한 뉴스 제작 및 소비 방식의 혁신과 AI가 가져올 삶의 전반적 변화에 관심이 많습니다.

추천사

윤준영 | 한글과컴퓨터 브레인허브개발팀 팀장

"라마인덱스 RAG 실무의 가장 현실적인 나침반"

RAG를 구현하면서 랭체인과 라마인덱스 중 어떤 프레임워크를 선택할지 많이 고민했지만 실제로 사용해 보니 라마인덱스는 구조가 더 명확하고 커스터마이징에도 훨씬 유리했습니다. 이 책은 라마인덱스의 이러한 강점을 실제 서비스에 적용하는 방법을 실무 관점에서 체계적으로 정리한 가이드입니다.

벡터 스토어부터 펑션 콜링, 멀티모달, MCP까지 폭넓은 내용을 아우르면서도 흐름을 놓치지 않도록 구성되어 있어 이 한 권만으로 전체 흐름을 파악하고 실무에 접목하는 데 큰 도움이 되었습니다. RAG 기반 서비스를 제대로 구현해 보고자 하는 관리자와 실무자라면 꼭 한 번 정독해 보시길 추천합니다.

한대웅 | 스마일게이트 인공지능개발실장

"현장의 빈칸을 채워주는, 실전형 RAG 구현서"

LLM 기반 서비스를 실제로 구축하다 보면 문서만으로는 채워지지 않는 실전의 빈틈들이 존재합니다. 라마인덱스도 마찬가지입니다. 이 책은 그러한 공백을 실무자의 눈높이에서 하나하나 채워주는 구성이 돋보입니다.

특히 RAG 파이프라인 전반을 구현하는 과정에서 라마인덱스의 강점을 어떻게 활용할 수 있는지를 상세히 설명하고 있으며 에이전트 구조나 MCP 등 최신 트렌드 또한 놓치지 않고 반영되어 있어 기획과 개발 양측에 모두 큰 도움이 되었습니다. 기획 단계의 방향 설정부터 기술 구현에 이르기까지 넓은 시야로 접근해야 하는 관리자에게 꼭 필요한 책입니다.

김태권(만화가)

"'야호!'를 외치게 만드는, 비전공자를 배려한 AI 입문서"

나는 인공지능에 관심 많은 만화가다. 몇 해 전에는 딥러닝 예제를 풀며 공부했지만 지금은 업계 뉴스를 읽는 것조차 벅차다. 혼자 공부하는 비전공자인 나로서는 따라잡기 힘든 시대다. 자고 일어나면 새로운 기술이 튀어나오는 요즘, 라마인덱스와 RAG를 배워야겠다고 생각만 하고 있었다. 배우면 좋다는 건 알지만 선뜻 공부할 엄두가 나지 않았다. 배워야 할 것은 많은데 한국어로 된 쉬운 학습 자료는 좀처럼 찾기 어렵기 때문이다. '비싼 강의를 들어야 하나?' 고민한 날도 많았다.

그러던 중 이 책이 곧 출간된다는 이야기를 들었다. 운 좋게 미리 몇 장을 읽어보고 "야호!"하고 외쳤다. 이 책은 나 같은 초심자를 위해 설치부터 차근차근 설명해 주는 친절한 책이었다. 이 책으로 다시 공부를 시작해야겠다. 신난다.

김수종 (AWS 컨설턴트)

RAG부터 에이전트까지, 이론에 머물렀던 LLM 개발을 실무 단계로 끌어올려주는 책입니다. 특히 펑션 콜링 에이전트, Text-to-SQL, MCP까지 아우르는 폭넓은 구성은 매우 인상적입니다. 단순한 RAG 구현을 넘어서 실제 서비스에 활용할 수 있는 고급 에이전트 패턴을 체계적으로 학습할 수 있어 LLM 기반 애플리케이션 개발에 실질적인 가이드북 역할을 합니다. LLM 에이전트 개발의 실전 노하우를 익히고자 하는 개발자라면 반드시 읽어야 할 필독서입니다.

이재홍 (네이버 클라우드, NLP 엔지니어)

이 책은 LLM 기반 서비스 개발에 필요한 개념들을 각 단계의 작동 원리와 구현 코드와 함께 정확히 제시하고 있어, 입문자들도 손쉽게 현업에 그대로 적용할 수 있습니다. 특히 펑션 콜링, Text-to-SQL, MCP 파트는 최신 에이전트 아키텍처를 다뤄야하는 LLM 개발자라면 반드시 읽어야 할 핵심 내용입니다. 지금까지 이러한 개념을 한 번에 다룬 책이 없어, 입문자들은 많은 시행착오를 겪을 수밖에 없었습니다. 이 책을 통해 체계적으로 학습하면 LLM 서비스 개발에 소요되던 공수를 크게 줄일 수 있을 것으로 기대됩니다. 실무에 바로 적용 가능한 RAG 및 에이전트 레퍼런스를 찾고 있다면 이 책이 가장 효율적인 선택이 될 것입니다.

책 사용 설명서

본문 내용을 시작하기에 앞서 이 책의 예제 파일 다운로드 방법 및 예제 사이트에 대해 설명합니다.

도서 홈페이지

이 책의 홈페이지 URL은 다음과 같습니다.

- 도서 홈페이지: https://wikibook.co.kr/llm-rag/

이 책을 읽는 과정에서 내용상 궁금한 점이나 잘못된 내용, 오탈자가 있다면 홈페이지 우측의 [도서 관련 문의]를 통해 문의해 주시면 빠른 시간 내에 안내해 드리겠습니다.

예제 파일 내려받기

도서 홈페이지의 [예제 코드] 탭을 클릭하면 아래와 같이 예제 파일이 있습니다. [예제 파일 다운로드] 링크를 클릭하면 예제 파일을 내려받을 수 있습니다.

책 소개	출판사 리뷰	지은이	목차	예제 코드	정오표	관련 자료

- GitHub 저장소: https://github.com/llama-index-tutorial/llama-index-tutorial
- ZIP 형식으로 다운로드: https://github.com/llama-index-tutorial/llama-index-tutorial/archive/refs/heads/main.zip

이 책의 구성

1장 '라마인덱스 들어가기'에서는 시스템 구축에 앞서 라마인덱스의 개념과 활용 사례를 살펴보고 기본 개발 환경을 구축합니다. OpenAI API 키 발급과 첫 번째 예제 실행까지 따라하면서 실습을 진행하기 위한 준비를 합니다.

2장 '라마인덱스 파이프라인'에서는 라마인덱스 파이프라인 전체 구조를 개괄하고, 데이터 로딩 → 텍스트 분할 → 인덱싱 → 쿼리 처리 → 저장 등 각 단계를 실습합니다. 다양한 텍스트 분할 전략도 비교해봅니다.

3장 '벡터 스토어'에서는 RAG 시스템의 핵심 구성 요소인 벡터 스토어를 소개합니다. 크로마, 파인콘, 쿼드런트 세 가지 벡터 스토어의 특성과 사용 방법을 비교 실습하며, 각 벡터 저장소의 장단점을 분석합니다.

4장 '텍스트 문서를 이용한 RAG 실습'에서는 다양한 텍스트 문서 포맷(PDF, TXT, CSV, HWP)을 로드하고 인덱싱하는 과정을 실습합니다. 문서 형태별 특징에 맞춰 적절한 텍스트 분할 전략을 적용하는 방법을 배웁니다.

5장 '다중모달 RAG 실습'에서는 이미지를 포함하는 다중모달 데이터를 처리하는 방법을 실습합니다. GPT-4o와 CLIP 모델을 활용해 이미지 설명 생성, 검색, 멀티모달 인덱싱 및 질의응답을 다룹니다.

6장 '에이전트 RAG'에서는 ReAct 에이전트 구조를 기반으로, 다수의 인덱스를 도구로 연결해 복잡한 질문을 단계적으로 해결하는 에이전트를 구성합니다. Thought → Action → Observation 흐름을 직접 구현해봅니다.

7장 '고급 RAG(Advanced RAG)'에서는 RAG 응답의 정밀도를 높이기 위한 고급 기법으로 리랭킹(Re-ranking)과 HyDE(Hypothetical Document Embedding)를 실습합니다. 검색 결과 재정렬과 가상 문서 생성 기반 검색 전략을 비교합니다.

8장 '펑션콜링 에이전트'에서는 펑션 콜링을 기반으로 한 에이전트 구조를 학습합니다. 사용자의 요청에 따라 적절한 함수를 자동으로 호출해 결과를 반환하는 방식으로, API 기반 실시간 데이터 활용 구조를 구현합니다.

9장 'Text-to-SQL로 구현하는 상담사 에이전트'에서는 Text-to-SQL 기반의 상담사 에이전트를 구현합니다. 자연어 질문을 SQL로 변환하고, SQLite DB에 질의한 후 결과를 반환하는 흐름과 멀티턴 대화 처리, 그라디오 기반 UI 구현까지 실습합니다.

10장 'MCP(Model Context Protocol)'에서는 LLM과 다양한 외부 도구를 표준 방식으로 연결하는 MCP를 학습합니다. MCP 서버-클라이언트 구조를 구성하고, 문서 검색기와 실시간 날씨 에이전트를 직접 구축해봅니다.

서문

세계 빅테크 기업들의 막대한 자본 투자 속에서 LLM은 눈부신 발전을 거듭하고 있습니다. AI는 질문에 응답하는 수동적 챗봇을 넘어 직접 판단하고 행동하는 AI 에이전트로 진화하고 있습니다. 이제 AI는 목표를 설정하고 계획을 세우며, 도구를 활용해 복잡한 작업을 자율적으로 수행할 수 있습니다. 이메일 작성과 발송, 일정 관리, 데이터 분석 및 보고서 생성 등 업무 전반에 걸쳐 인간의 역할을 대신하거나 보조하는 지능형 비서로 기능하고 있습니다.

기술 발전과 함께 AI 애플리케이션 시장의 외연도 빠르게 확장되고 있습니다. 챗봇 기반의 유료 서비스는 물론, 다양한 이미지 및 비디오 생성 AI 애플리케이션이 속속 등장하고 있습니다. 특히 AI 에이전트는 개인 비서, 고객 서비스, 업무 자동화 등 다양한 산업 분야에서 실질적인 생산성 향상을 이끌며 새로운 비즈니스 모델을 창출하고 있습니다.

AI가 가져올 소비 방식의 변화, 나아가 사회적, 문화적 파장은 지금으로서는 모두 예측하기 어려운 수준입니다. 아이폰 출시가 촉발한 스마트폰 혁명이 모바일 시대를 연 것처럼 AI는 인류 문명의 또 다른 장을 열고 있습니다.

이 책을 집필한 이유는 라마인덱스가 이런 거대한 흐름에 올라타기 위한 첫걸음이 되기 때문입니다. 라마인덱스는 AI 응용프로그램 개발을 지원하는 가장 효율적이고 강력한 프레임워크입니다. 라마인덱스는 데이터를 최적의 형태로 인덱싱하여 파인콘(Pinecone), 크로마(Chroma)와 같은 수십 가지 벡터스토어 DB에 저장할 수 있도록 지원합니다. 랭체인, 도커를 포함한 외부 애플리케이션 프레임워크와도 쉽게 연동됩니다.

유사한 프레임워크인 랭체인이 AI 애플리케이션 개발 전반을 다루는 데 유용하다면 라마인덱스는 데이터 검색과 처리에 특화되어 있으며 RAG 구축 시 더 다양한 고급 기법을 적용할 수 있습니다. 무엇보다 무료로 시작할 수 있으며 코딩 경험이 부족하더라도 쉽게 활용할 수 있다는 점이 가장 큰 장점입니다.

라마인덱스의 이러한 장점을 살리기 위해 이 책은 초보자도 쉽게 따라할 수 있도록 단계별로 구성되어 있습니다. VS Code 설치와 OpenAI API 키 발급과 같은 기초적인 내용부터 리랭킹(Re-ranking), 하이드(Hyde) 같은 고급 RAG 기술까지 포괄적으로 다루어 폭넓은 독자층에게 도움이 되도록 했습니다. AI 에이전트의 원리와 구현 방법을 상세히 설명하고 2025년 현재 가장 주목받는 MCP(Model Context Protocol)까지 소개해 이 책 한 권으로 AI 에이전트 개발의 전 과정을 익힐 수 있도록 했습니다.

이 책은 독자 여러분이 법률, 의료, 금융, 교육, 미디어 등 각자의 전문 분야에서 맞춤형 AI 애플리케이션을 개발할 수 있도록 돕는 실질적인 안내서가 될 것입니다. 독자 여러분이 AI에 대한 이론적 이해를 넘어, 실질적인 경제적 가치를 창출할 수 있는 기회를 얻기를 바랍니다.

01. 라마인덱스 들어가기　　　　　　　　　　　　　　　1

1.1 라마인덱스가 지원하는 작업　　　　　　　　　　　2

1.2 라마인덱스 사용 환경 구축하기　　　　　　　　　4
　　1.2.1　윈도우에서 파이썬 설치하기　　　　　　　　4
　　1.2.2　가상 환경 만들기　　　　　　　　　　　　　6
　　1.2.3　비주얼 스튜디오 코드 설치하기　　　　　　　8
　　1.2.4　OpenAI API 키 발급하기　　　　　　　　　15
　　1.2.5　제미나이 API 키 발급하기　　　　　　　　　21
　　1.2.6　환경 변수에 API 키 추가하기　　　　　　　25

1.3 라마인덱스 맛보기　　　　　　　　　　　　　　30
　　1.3.1　데이터 준비하기　　　　　　　　　　　　　31
　　1.3.2　가상 환경에 라마인덱스 설치하기　　　　　32
　　1.3.3　라마인덱스 실행하기　　　　　　　　　　　32

02. 라마인덱스 파이프라인　　　　　　　　　　　　　35

2.1 개발 환경 구축하기　　　　　　　　　　　　　　37

2.2 데이터 로딩　　　　　　　　　　　　　　　　　38
　　2.2.1　데이터 리더　　　　　　　　　　　　　　　39
　　2.2.2　데이터 커넥터　　　　　　　　　　　　　　44

2.3 텍스트 분할　　　　　　　　　　　　　　　　　47
　　2.3.1　문서와 노드　　　　　　　　　　　　　　　48
　　2.3.2　토큰 단위 분할　　　　　　　　　　　　　　55
　　2.3.3　문장 단위 분할　　　　　　　　　　　　　　57
　　2.3.4　의미 단위 분할　　　　　　　　　　　　　　58
　　2.3.5　텍스트 분할 비교　　　　　　　　　　　　　61

2.4 인덱싱 62
2.4.1 인덱싱이란? 63
2.4.2 벡터 저장소 인덱스 63
2.4.3 Top-K 검색 65

2.5 저장하기 66

2.6 쿼리 71
2.6.1 쿼리 엔진(QueryEngine) 72
2.6.2 검색(Retrieval) 73
2.6.3 후처리(Postprocessing) 73
2.6.4 응답 합성(Response synthesis) 74
2.6.5 커스터마이징 75

03. 벡터 스토어 78

3.1 개발 환경 구축하기 79

3.2 크로마 81
3.2.1 크로마 클라이언트 생성 81
3.2.2 컬렉션 생성 81
3.2.3 벡터 데이터 추가 82
3.2.4 벡터 검색 83
3.2.5 메타데이터 필터링 84
3.2.6 임베딩 데이터 추가 86
3.2.7 임베딩 데이터 검색 88
3.2.8 크로마의 저장 방식 89
3.2.9 임베딩 기반 라마인덱스 답변 생성 91
3.2.10 라마인덱스 기반 답변 생성 94

3.3 파인콘 96
3.3.1 파인콘 API 초기화 97
3.3.2 벡터 데이터 추가 100

3.3.3	벡터 검색	101
3.3.4	메타데이터 필터링	102
3.3.5	임베딩 기반 라마인덱스 답변 생성	104
3.3.6	라마인덱스 기반 답변 생성(임베딩 생략)	107

3.4 쿼드런트 — 108
3.4.1	라마인덱스 기반 답변 생성	108
3.4.2	도커를 활용한 로컬 기반 환경 설정	111
3.4.3	클라우드 기반 환경 설정	112

04. 텍스트 문서를 이용한 RAG 실습 — 118

4.1 개발 환경 구축하기 — 119

4.2 실습용 데이터 준비 — 120

4.3 PDF 파일 다루기 — 123
4.3.1	데이터 준비	123
4.3.2	텍스트 분할	126
4.3.3	인덱싱	135
4.3.4	쿼리 실행	136

4.4 텍스트 파일 다루기 — 138
4.4.1	기본 RAG 실습	138
4.4.2	인덱스 저장: 크로마 사용하기	141

4.5 CSV 파일 다루기 — 145

4.6 HWP 파일 다루기 — 150
4.6.1	HWPReader 이용하기	150
4.6.2	SimpleDirectoryReader 이용하기	152

05. 다중모달 RAG 실습 158

5.1 개발 환경 구축하기 159
5.2 데이터 준비하기 160
5.3 OpenAI API로 다중모달 벡터 인덱싱하기 179
5.4 쿼드런트를 활용한 다중모달 RAG 구축하기 181
    5.4.1 쿼드런트 설치 및 클라이언트 설정 182
    5.4.2 텍스트 및 이미지 벡터 스토어 생성 183
    5.4.3 다중모달 벡터 인덱스 생성 184
    5.4.4 검색 185
5.5 질의응답 기반 RAG 시스템 구축 188
    5.5.1 기본 질의 실행 188
    5.5.2 개선된 프롬프트를 활용한 질의 실행 189
5.6 이미지 기반 RAG 시스템 구축 191
    5.6.1 새로운 이미지 내려받기 및 저장하기 191
    5.6.2 이미지 검색 수행 193
    5.6.3 비슷한 화풍을 가진 이미지 분석 195

06. 에이전트 RAG 197

6.1 개발 환경 구축하기 199
6.2 데이터 준비 200
6.3 허깅페이스 임베딩 205
6.4 에이전트 만들기 207

07. 고급 RAG(Advanced RAG)   221

    7.1   개발 환경 구축하기   222

    7.2   리랭킹(ReRanking)   223

        7.2.1   LLM 기반의 리랭킹   225

    7.3   LLM 기반 리랭킹의 비용 문제   238

        7.3.1   크로스 인코더 기반의 리랭킹   239

    7.4   하이드(Hyde)   246

        7.4.1   데이터 준비   248

        7.4.2   거대 언어 모델과 임베딩 설정   249

        7.4.3   하이드 구현하기   250

08. 펑션 콜링 에이전트   259

    8.1   개발 환경 구축하기   261

    8.2   펑션 콜링 작동 방식 이해하기   262

    8.3   외부 API를 활용한 펑션 콜링   265

        8.3.1   증시 정보 호출 에이전트 만들기   266

        8.3.2   펑션 콜링 도구 준비   267

        8.3.3   에이전트 만들고 쿼리 실행하기   268

    8.4   펑션 콜링으로 구현하는 RAG 에이전트   272

        8.4.1   환경 세팅과 데이터 준비   272

        8.4.2   펑션 콜링 도구 준비   276

        8.4.3   에이전트 생성과 쿼리 실행   278

09. Text-to-SQL로 구현하는 상담사 에이전트   282

- 9.1 개발 환경 구축하기   284
- 9.2 에이전트 개발을 위한 환경 설정   285
- 9.3 병원 데이터베이스 설계하기   287
- 9.4 Text-to-SQL 에이전트 구현하기   299
- 9.5 멀티턴 대화 처리 기법   306
- 9.6 그라디오를 이용한 사용자 인터페이스   311

10. MCP(Model Context Protocol)   318

- 10.1 MCP란   319
- 10.2 Model Context Protocol 개발 환경 구축하기   326
- 10.3 MCP 서버   327
  - 10.3.1 어댑터(Adapter)를 활용한 툴 등록   327
  - 10.3.2 MCP 인스펙터(Inspector)   332
  - 10.3.3 메시지 형식   338
  - 10.3.4 문서 검색 에이전트 MCP 실습   341
- 10.4 MCP 클라이언트   345
- 10.5 날씨 에이전트 실습   353
  - 10.5.1 OpenWeatherMap API 키 발급받기   353
  - 10.5.2 도시명 추출하기   357
  - 10.5.3 OpenWeatherMap API 연동   358
  - 10.5.4 MCP 도구 등록 및 서버 실행   364
  - 10.5.5 MCP 클라이언트 구현하기: 날씨 질문하기   365
  - 10.5.6 정리   370

01

라마인덱스 들어가기

라마인덱스가 지원하는 작업
라마인덱스 사용 환경 구축하기
라마인덱스 맛보기

라마인덱스(LlamaIndex)[1]는 LLM 기반 애플리케이션 개발에 활용할 수 있는 데이터 프레임워크입니다. 현재 랭체인과 함께 LLM 애플리케이션 개발의 주요 프레임워크로 자리 잡았으며, 특히 RAG(Retrieval-Augmented Generation) 시스템 구축에 강점을 지니고 있습니다.

RAG는 LLM이 답변을 생성하기 전에 신뢰할 수 있는 외부 지식 베이스를 참조함으로써 정확성을 높이고, 할루시네이션(잘못된 정보 생성)을 줄이기 위해 개발된 컨텍스트 증강 기술입니다.

LLM은 방대한 데이터를 기반으로 사전 훈련되지만, 사용자가 보유한 특정 데이터는 학습하지 않았을 가능성이 큽니다. 예를 들어, 이러한 데이터는 SQL 데이터베이스, PDF, Word, CSV 파일 등에 저장되어 활용되지 않고 있을 가능성이 높습니다. RAG는 이러한 기업 또는 개인의 고유 데이터를 효과적으로 활용하여 LLM과 쉽게 연동할 수 있도록 돕습니다.

이러한 RAG 구현에 효과적인 도구가 바로 라마인덱스입니다. 맞춤형 AI 솔루션 개발에 필수적인 프레임워크로 평가받는 이유도 여기에 있습니다.

또한, 라마인덱스는 오픈 소스 프로젝트로 운영되며, 개발자 커뮤니티를 중심으로 지속적으로 발전하고 있습니다. 개발자들은 커뮤니티에서 라마인덱스 사용법을 익히고, 새로운 기능을 제안하는 등 활발하게 아이디어를 교환합니다. 특히 디스코드(Discord) 기반의 개발자 커뮤니티가 가장 활발하게 운영되고 있습니다.

1.1 라마인덱스가 지원하는 작업

그림 1.1은 라마인덱스가 수행할 수 있는 주요 기능을 요약한 것입니다. 사용자는 자신의 데이터를 로드하고, 임베딩하여 벡터화하고, LLM에 쿼리를 보내고, 답변 성능을 평가할 수 있습니다. 이를 바탕으로 Q&A 시스템, 챗봇, 또는 에이전트를 개발할 수 있습니다.

---

[1] 라마인덱스 공식 문서: https://docs.llamaindex.ai

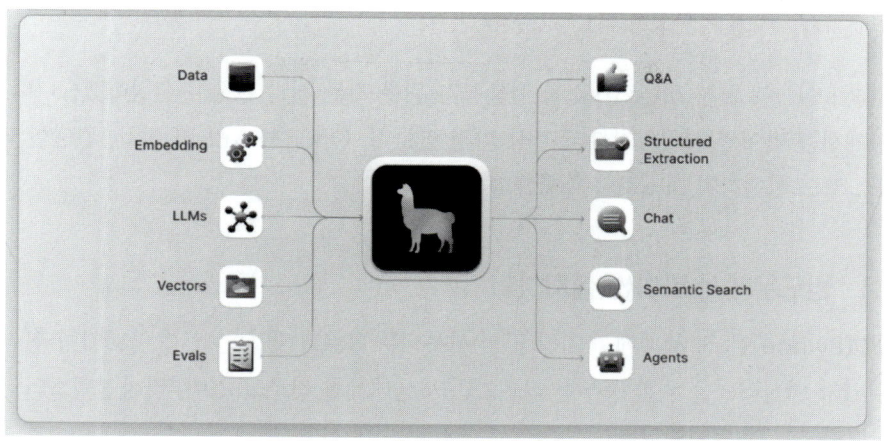

그림 1.1 라마인덱스가 지원하는 작업

라마인덱스의 주요 특징은 다음과 같습니다.

- **다양한 데이터 소스 지원**: 텍스트, PDF, 웹사이트, API, 데이터베이스 등 다양한 형식의 데이터를 쉽게 로드할 수 있습니다.
- **데이터 인덱싱**: 로드한 데이터를 벡터 임베딩으로 변환하고, 효율적인 검색을 위해 인덱싱합니다. 이를 통해 대규모 데이터에서도 원하는 정보를 빠르게 검색할 수 있습니다.
- **관련 문서 검색**: 사용자의 쿼리와 가장 연관성이 높은 문서나 데이터를 검색합니다. 다양한 검색 알고리즘을 지원하므로 사용자의 요구에 맞는 검색 방식을 선택해 사용할 수 있습니다.
- **모듈화된 구조**: 라마인덱스는 모듈화된 구조로 설계되어 있어 사용자의 요구에 맞게 유연하게 변형해 쓸 수 있습니다. 필요에 따라 각 컴포넌트를 커스터마이징(사용자 맞춤)하거나 교체할 수 있습니다.
- **다양한 백엔드 지원**: 여러 종류의 벡터 데이터베이스, 임베딩 모델, LLM 등을 지원하므로 원하는 환경에 쉽게 통합할 수 있습니다.
- **쿼리 최적화**: 복잡한 쿼리를 자동으로 분해하고 최적화하여, 보다 정확한 응답을 생성할 수 있습니다.
- **멀티모달 데이터 처리**: 텍스트뿐만 아니라 이미지, 오디오 등 다양한 형태의 데이터도 처리할 수 있습니다.

1.2 라마인덱스 사용 환경 구축하기

본격적인 실습에 앞서 라마인덱스를 사용하기 위한 기본 개발 환경을 설정하겠습니다. 이번 장에서는 파이썬 설치하기부터 가상 환경 만들기, OpenAI API 키 발급, 간단한 라마인덱스 코드 실행까지 차례로 진행합니다.

1.2.1 윈도우에서 파이썬 설치하기

파이썬(Python)은 전 세계에서 가장 많이 사용되는 프로그래밍 언어 중 하나입니다. 파이썬은 AI와 머신러닝을 위한 풍부한 라이브러리 생태계를 갖추고 있어, 라마인덱스의 기능을 극대화하는 데 적합합니다.

파이썬 공식 홈페이지의 다운로드 페이지에 접속한 다음 원하는 파이썬 버전을 내려받습니다. 홈페이지 첫 화면에는 최신 버전이 소개되어 있습니다. 하지만 다른 라이브러리와의 호환성을 고려하면, 최신 버전보다는 1~2년 전에 출시된 버전을 선택하는 것이 좋습니다. 예를 들어, 크로마(Chroma) 벡터 스토어는 파이썬 최신 버전(3.13.2)을 아직 지원하지 않습니다. 크로마뿐만 아니라 다른 라이브러리들도 최신 버전과 종종 호환되지 않습니다. 그래서 이 책에서는 파이썬 3.11.9 버전을 사용하겠습니다.

- 파이썬 다운로드 페이지: http://www.python.org/downloads

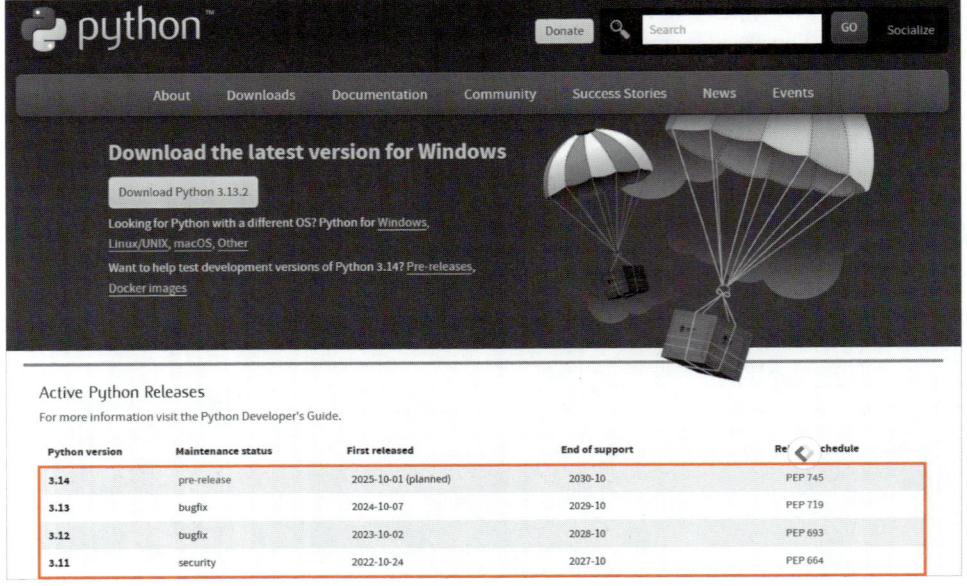

그림 1.2 파이썬 다운로드 페이지에서 윈도우용 파이썬 설치 파일 내려받기

파이썬 다운로드 페이지에 접속한 다음 아래쪽으로 스크롤을 내리면 그림 1.2에서 표시한 것과 같이 버전을 소개해둔 표를 볼 수 있습니다.

여기에서 파이썬 3.11.9 버전을 찾은 후 [Download] 버튼을 클릭합니다. 이어서 [Windows installer]를 찾아 클릭합니다.

Files

Version	Operating System	Description
Gzipped source tarball	Source release	
XZ compressed source tarball	Source release	
macOS 64-bit universal2 installer	macOS	for macOS 10.9 and later
Windows installer (64-bit)	Windows	Recommended
Windows installer (32-bit)	Windows	
Windows installer (ARM64)	Windows	Experimental
Windows embeddable package (64-bit)	Windows	
Windows embeddable package (32-bit)	Windows	
Windows embeddable package (ARM64)	Windows	

그림 1.3 특정 버전의 파이썬 설치 파일 내려받기

내려받은 파일을 더블클릭해 인스톨러를 실행합니다. 파이썬 설치 창이 열리면 [Add python.exe to PATH] 옵션에 체크하고 [Install Now] 버튼을 클릭해 설치를 진행합니다. 설치가 완료되면 [Close] 버튼을 클릭해 설치 프로그램을 종료합니다.

그림 1.4 파이썬 설치하기

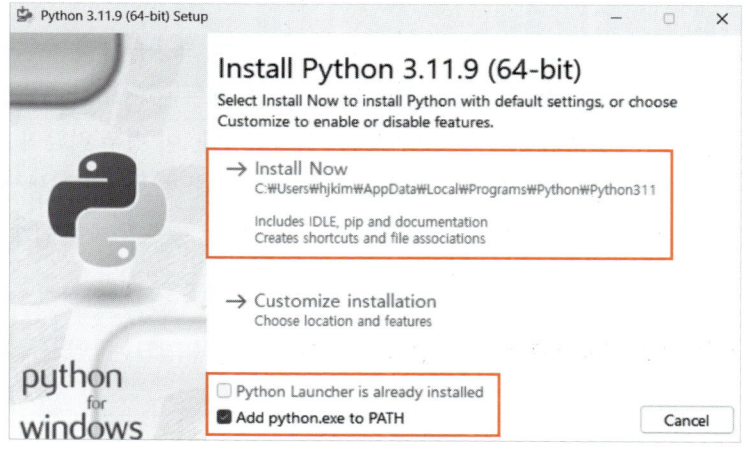

파이썬이 정상적으로 설치되었는지 확인해 보겠습니다. 시작 표시줄의 검색 창에서 'CMD'를 입력하거나, 윈도우 아이콘(■)을 클릭하면 나오는 검색창에서 'CMD'(그림 1.5 오른쪽)를 입력한 다음, 명령 프롬프트(CMD)를 실행합니다.

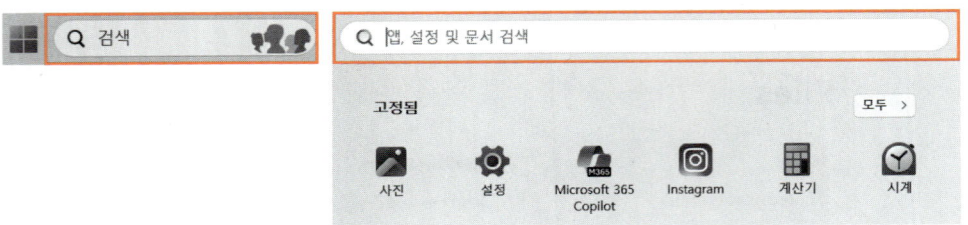

그림 1.5 윈도우 OS에서 명령프롬프트(CMD) 실행하기

명령 프롬프트에서 python -V를 입력했을 때 파이썬 버전이 출력되면 설치에 성공한 것입니다. V가 소문자가 아닌 대문자인 점에 유의합니다.

```
C:\Users\hjkim> python -V
Python 3.11.9
```

1.2.2 가상 환경 만들기

가상 환경은 개별 프로젝트를 위해 PC 내에 생성하는 독립적인 공간이라고 이해하면 됩니다. 프로젝트별로 독립적인 환경을 구성하면 서로 다른 버전의 개발 환경이 필요한 경우에도 버전 충돌을 방지할 수 있습니다.

예를 들어, 두 개의 프로젝트를 개발하고 있다고 가정해 보겠습니다. A 프로젝트는 'Python 3.11.9' 환경에서 정상적으로 실행되지만, B 프로젝트는 'Python 3.11.9' 버전에서는 실행되지 않고, 'Python 3.12.5' 환경에서만 동작합니다. 이 경우 하나의 PC에 서로 다른 버전의 파이썬을 설치해야 하는 문제가 발생합니다. 이때 가상 환경을 생성하면 A 프로젝트와 B 프로젝트를 각각 독립적으로 실행할 수 있어 버전 충돌 문제를 쉽게 해결할 수 있습니다.

지금부터 라마인덱스 프로젝트 폴더를 생성하고, 가상 환경을 만드는 방법을 살펴보겠습니다.

프로젝트 폴더 만들기

우선 가상 환경에서 사용할 프로젝트 폴더를 생성하겠습니다. 윈도우 환경에서 명령 프롬프트(CMD) 창을 실행한 후, 다음 명령어를 입력하여 경로를 C 드라이브의 루트로 변경합니다.

```
C:\Users\hjkim> cd \
C:\>
```

C 드라이브 루트에 llamaindex 폴더를 만듭니다.

```
C:\> mkdir llamaindex
```

방금 생성한 llamaindex 폴더로 경로를 변경합니다.

```
C:\> cd llamaindex
C:\llamaindex >
```

같은 방법으로 llamaindex 폴더 안에 1장에서 사용할 코드를 저장할 ch01 폴더를 생성한 후, 해당 경로로 이동합니다.

```
C:\llamaindex > mkdir ch01
C:\llamaindex > cd ch01
C:\llamaindex\ch01>
```

파일 탐색기에서 로컬 디스크(C:)를 확인하면, llamaindex 폴더와 ch01 폴더가 생성된 것을 확인할 수 있습니다.

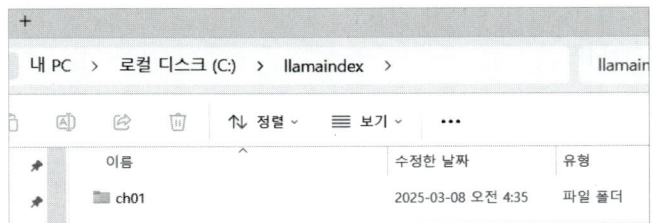

그림 1.6 로컬 디스크의 루트에 실습 폴더 만들기

가상 환경 생성하기

프로젝트 폴더를 생성한 후, 여기에 가상 환경을 만듭니다. 다음 명령어를 입력하여 ch01_env라는 이름의 가상 환경을 생성합니다.

```
C:\llamaindex\ch01> python -m venv ch01_env
```

※ macOS 사용자는 터미널에서 python 대신 python3 명령어를 사용합니다.

가상 환경이 생성되면 다음 명령어를 입력하여 활성화합니다. 경로 입력 시 슬래시 사이에 공백이 없어야 한다는 점에 유의하세요.

```
C:\llamaindex\ch01> ch01_env\Scripts\activate.bat[2]
```

활성화가 완료되면 프롬프트 창 맨 왼쪽이 가상 환경 이름으로 바뀝니다.

```
(ch01_env) C:\llamaindex\ch01>
```

가상 환경에서 벗어나려면 deactivate 명령어를 입력합니다. 가상 환경에서 벗어나면 프롬프트 왼쪽의 가상 환경 이름이 사라집니다.

```
(ch01_env) C:\llamaindex\ch01> deactivate
C:\llamaindex\ch01>
```

1.2.3 비주얼 스튜디오 코드 설치하기

비주얼 스튜디오 코드(Visual Studio Code, 이하 VSCode)는 마이크로소프트에서 개발한 무료 소스 코드 편집기입니다. 다양한 프로그래밍 언어를 지원하며, 코드 자동 완성 기능과 확장 프로그램 등 여러 편리한 기능을 제공합니다. 이 책에서는 VSCode를 활용해 실습을 진행하겠습니다.

---

[2] macOS 사용자는 source ch01_env/bin/activate 명령어를 사용합니다.

VScode 설치하기

먼저 공식 홈페이지에서 [Download for Windows] 버튼을 클릭해 VSCode 설치 파일을 내려받습니다.

- VSCode 공식 홈페이지: https://code.visualstudio.com

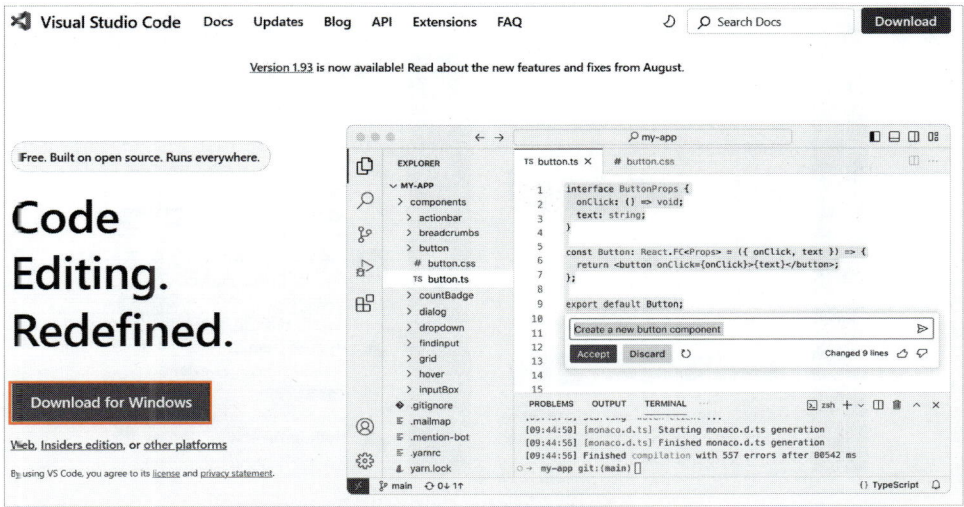

그림 1.7 VSCode 설치 파일 내려받기

설치 파일을 내려 받은 다음 Windows의 '다운로드' 폴더에서 VSCode 설치 파일을 실행하고, 안내에 따라 설치를 진행합니다.

이름	수정한 날짜	유형	크기
∨ 오늘			
VSCodeUserSetup-x64-1.93.1	2024-09-16 오전 3:56	응용 프로그램	98,873KB

그림 1.8 다운로드 폴더에서 VSCode 설치 파일 실행하기

파이썬과 주피터 노트북 설치하기

VSCode에서 파이썬을 사용하려면 파이썬 확장 프로그램(Extension)을 설치해야 합니다. VSCode를 실행한 후, 왼쪽 메뉴 바에서 [Extensions(확장 프로그램)] 아이콘 을 클릭합니다. [Extensions]를 클릭하면 오른쪽에 검색창이 나타납니다. 여기에 'python'을 입력한 후, 맨 위에 표시된 Python 확장 프로그램의 [Install] 버튼을 클릭해 설치합니다.

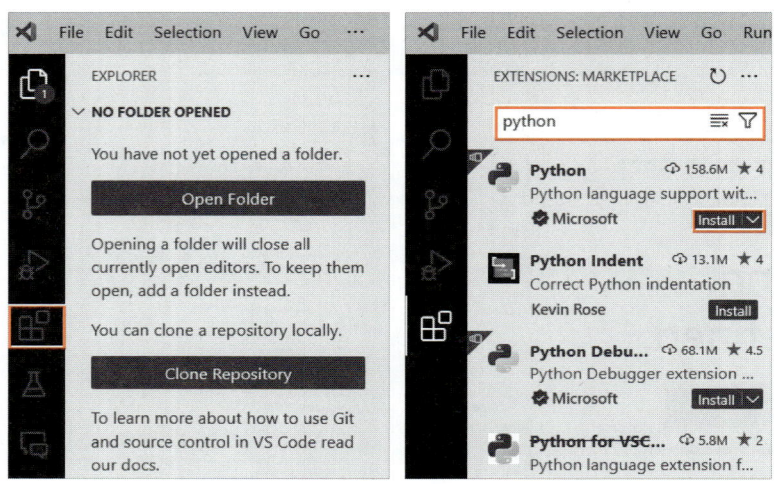

그림 1.9 VSCode에서 파이썬 설치하기

파이썬 확장 프로그램 설치가 완료되면, 주피터 노트북(Jupyter Notebook)도 사용할 수 있도록 환경을 설정하겠습니다. 주피터 노트북은 코드 셀을 개별적으로 실행할 수 있어, 코드 일부를 테스트하거나 결과를 즉시 확인하는 데 유용합니다.

주피터 노트북의 설치 방법은 파이썬 확장 프로그램을 설치하는 방법과 동일합니다. 왼쪽 메뉴 바에서 [Extensions] 버튼을 클릭한 후, 검색창에 'Jupyter'를 입력합니다. 검색 결과에서 맨 위에 표시된 Jupyter 확장 프로그램의 [Install] 버튼을 클릭해 설치합니다.

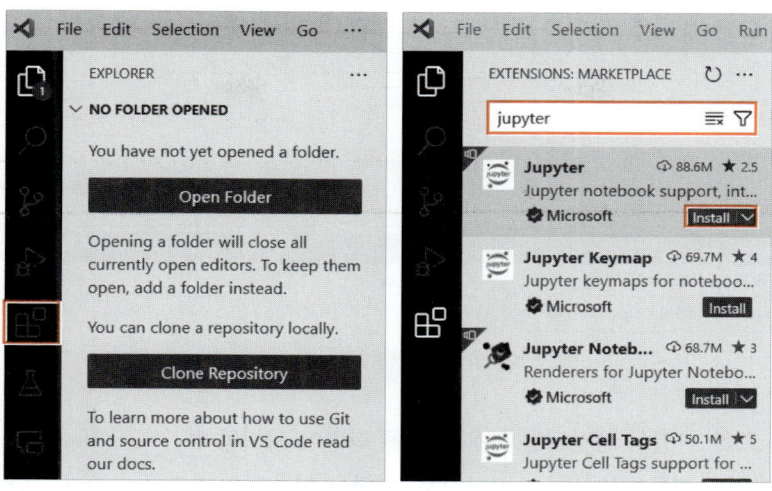

그림 1.10 VSCode에서 주피터 노트북 설치하기

테스트 파일 실습하기

실습 환경이 제대로 구성됐는지 확인하기 위해 테스트 파일을 생성해 보겠습니다. 우선 원하는 경로에 작업을 진행할 폴더를 만듭니다. 여기서는 앞에서 만들어 두었던 `C:\llamaindex\ch01` 경로의 폴더를 이용하겠습니다.

VSCode를 실행한 후, 상단 메뉴에서 [File] → [Open Folder]를 클릭합니다. 그 다음 앞서 생성한 llamaindex → ch01 폴더를 차례로 선택합니다. 이어서 VSCode 화면 오른쪽에 있는 [New File] 버튼을 클릭해 새 파일을 생성합니다.

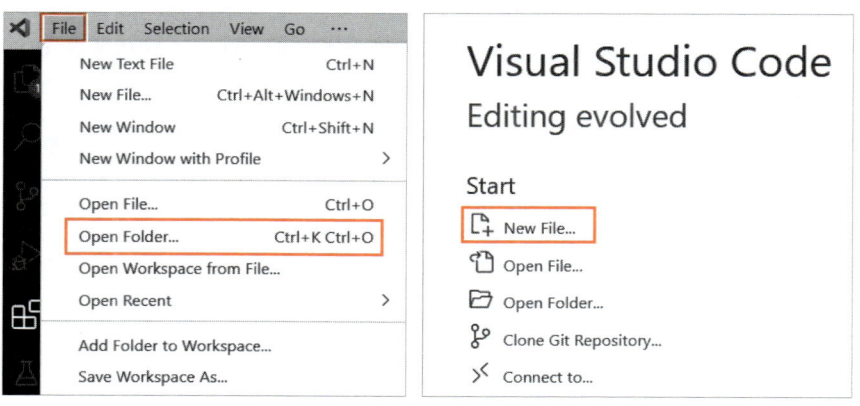

그림 1.11 새 파이썬 테스트 파일 만들기

01. 라마인덱스 들어가기 | 11

VSCode 상단에 팝업 창이 나타나면, 맨 아래에 있는 [Jupyter Notebook]을 선택합니다.

그림 1.12 파일 실행 환경을 주피터 노트북으로 설정

주피터 노트북 파일이 생성되면 다음과 같은 화면이 표시됩니다. 'Untitled-1.ipynb' 부분은 새 파일의 이름을 설정하는 부분으로, 원하는 이름으로 변경할 수 있습니다. 아래 '코드 작성 영역'이라고 표시한 부분이 실습 코드를 작성하는 공간입니다. 코드 작성 영역 왼쪽에 있는 세모 모양(▷)의 버튼은 코드를 실행할 때 클릭하는 버튼입니다. 이 버튼을 클릭하거나 단축키 Shift + Enter를 눌러 코드를 실행할 수 있습니다.

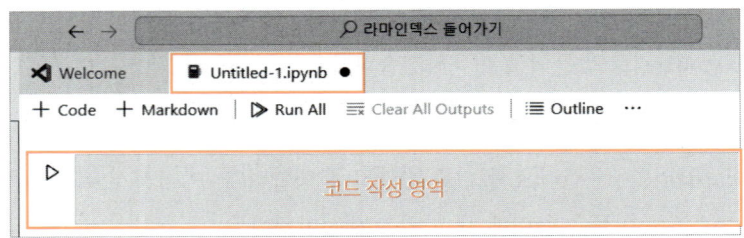

그림 1.13 주피터 노트북 파일

코드 작성 영역에 print("hello, world")를 입력한 후, 세모 모양(▷)의 [실행] 버튼을 클릭해 실행해 보겠습니다.

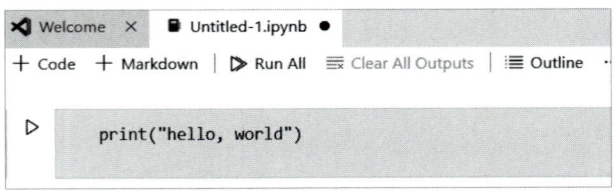

그림 1.14 코드 작성 영역에 코드 작성하고 실행하기

실행 버튼을 누르면 다음과 같이 커널 소스(Kernel Source)를 선택하라는 팝업창이 나타납니다. 커널은 파이썬 코드를 실행할 때 사용되는 환경입니다. 여기에서 [Python Environments]를 선택합니다. 여기서는 현재 사용 가능한 파이썬 가상 환경이나 파이썬 인터프리터를 선택할 수 있습니다.

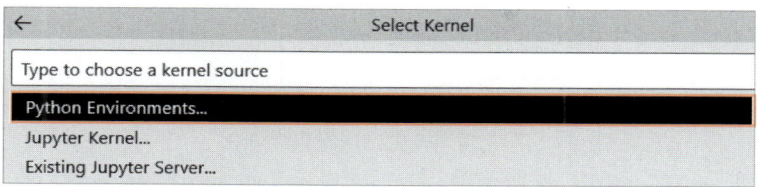

그림 1.15 코드를 실행할 커널 소스 선택하기

다음으로 [ch01_env(Python 3.11.9)]를 커널로 선택합니다.

그림 1.16 미리 만들어 놓은 가상 환경을 커널로 선택하기

커널을 선택한 후 실행 버튼을 클릭하면 다음과 같은 팝업창이 나타납니다. 이 메시지는 'ch01_env(Python 3.11.9)' 환경에서 코드를 실행하려면 ipykernel 패키지가 필요하다'는 뜻입니다. ipykernel은 가상 환경을 사용하거나 하나의 PC에서 여러 버전의 파이썬을 실행할 때 필요한 커널 패키지입니다. 팝업창에서 [Install] 버튼을 클릭하면 설치가 시작됩니다. 이 과정은 약 30초~1분 정도 소요됩니다.

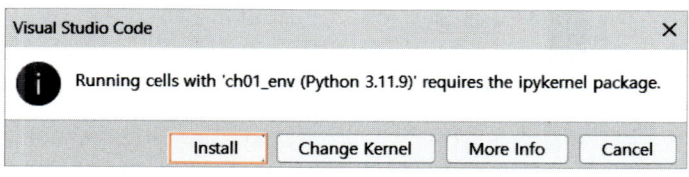

그림 1.17 ipykernel 패키지 설치하기

모든 작업이 완료되면, 코드 작성 영역 아래에 실행 결과가 출력되는 것을 볼 수 있습니다.

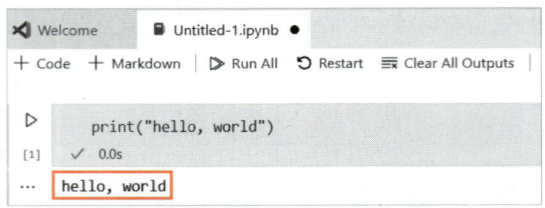

그림 1.18 코드 실행 결과가 출력된 모습

주피터 노트북의 상단 메뉴에서 [+ Code] 버튼을 클릭하면 새로운 코드 셀을 추가할 수 있습니다. 이를 활용하면 여러 개의 코드 셀을 만들고, 다양한 실습을 진행할 수 있습니다. 파일을 저장하려면 메뉴에서 [File] → [Save As] 버튼을 차례로 클릭합니다.

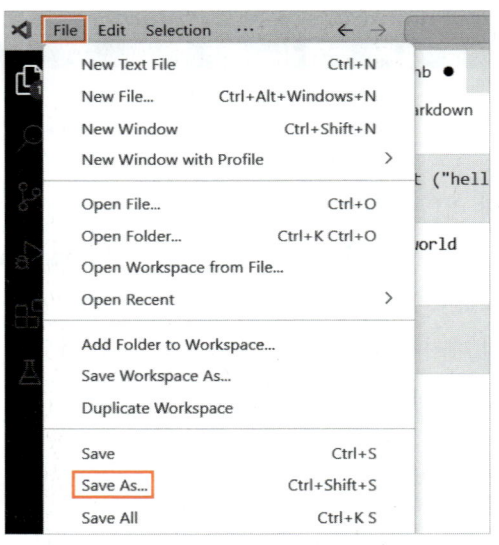

그림 1.19 주피터 노트북 테스트 파일 저장하기

파일 이름은 원하는 대로 지정할 수 있습니다. 이 책에서는 'test'로 설정했습니다. 파일 형식은 맨 위의 [All Files]를 선택합니다. 그러면 자동으로 확장자가 'ipynb'인 주피터 노트북 파일로 저장됩니다.

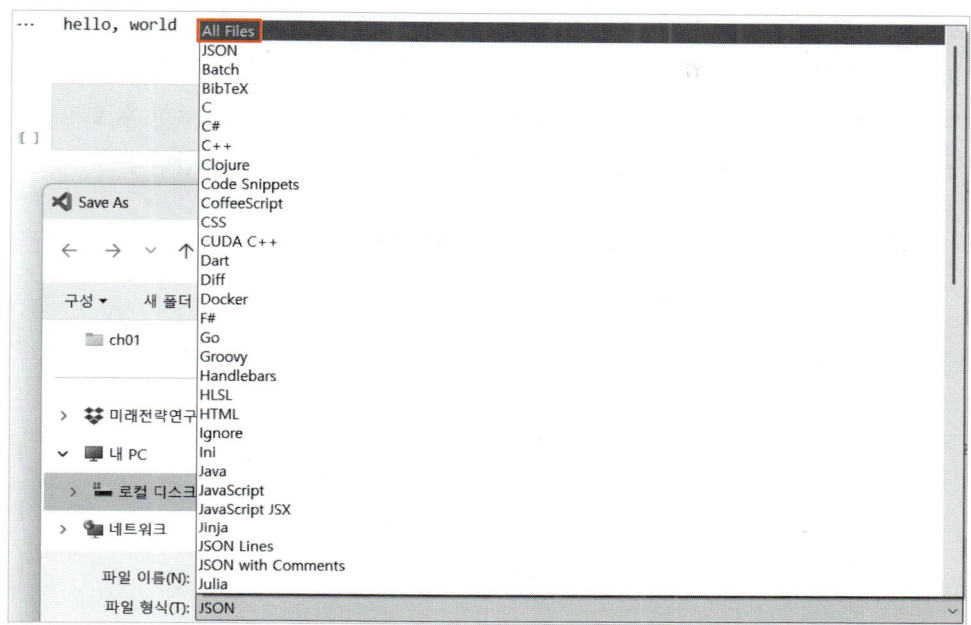

그림 1.20 저장하려는 파일 형식 설정하기

지금까지 파이썬과 주피터 노트북을 설치하고, 간단한 실습을 진행했습니다. 프로그래밍 환경이 준비되었으므로, 이제 라마인덱스 실행에 필요한 LLM(초거대 언어 모델)의 API 키를 발급받겠습니다.

1.2.4 OpenAI API 키 발급하기

라마인덱스는 기본적으로 텍스트 생성, 검색, 임베딩 작업에 OpenAI 모델을 사용하도록 설정돼 있습니다. 텍스트 생성에는 OpenAI의 gpt-4o 모델이 사용되고, 검색 및 임베딩에는 text-embedding-ada-002 모델이 사용됩니다. 추가 설정을 통해 LLM이나 임베딩 모델을 변경할 수도 있지만, 라마인덱스를 학습하는 단계에서는 OpenAI의 API를 사용하는 것이 일반적입니다. 따라서 이번 절에서는 OpenAI API 키를 발급받는 방법을 살펴보겠습니다.

API 키는 외부 프로그램과 OpenAI 서버가 통신할 때 사용자를 인증하기 위한 고유 키입니다. 쉽게 말해, OpenAI 서버를 이용하기 위한 일종의 증명서라고 할 수 있습니다.

OpenAI API 키를 발급받으려면 OpenAI API 키 관리 페이지에 접속해야 합니다. OpenAI 홈페이지[3]에 접속한 다음 API 키 관리 페이지로 이동할 수도 있지만, 경로가 다소 복잡합니다. 따라서 아래 링크를 통해 API 키 관리 페이지에 바로 접속한 후 로그인하는 것을 권장합니다. 아래 링크를 통해 따라 들어가 [Log in] 버튼을 클릭합니다.

- OpenAI API 관리 페이지: https://platform.openai.com/api-keys

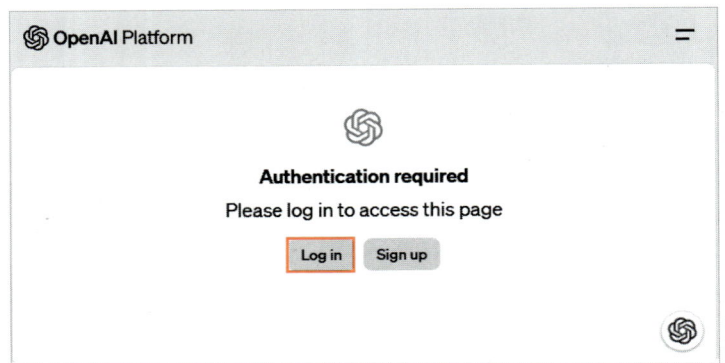

그림 1.21 OpenAI API 키 관리 페이지에서 로그인

로그인 후 다음과 같은 화면이 나타나면 오른쪽 상단에 있는 [Create new secret key] 버튼을 클릭합니다.

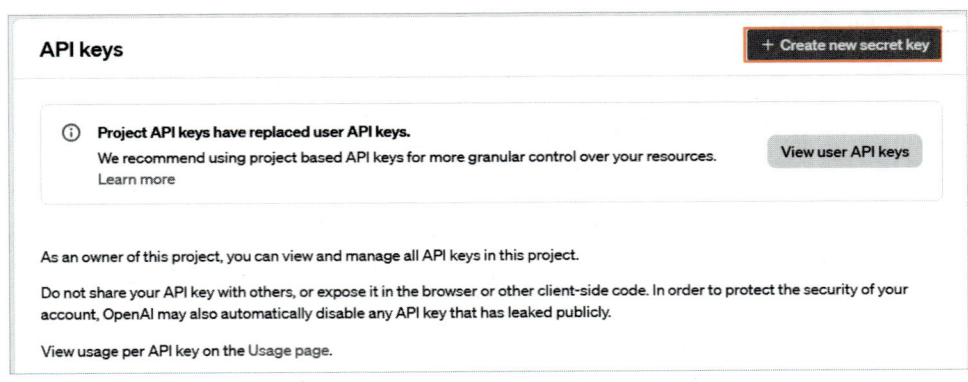

그림 1.22 새 API 키 발급받기

---

[3] https://openai.com

API 키 생성 창이 나오면 다음 정보를 입력하고 [Create secret key] 버튼을 클릭하여 API 키를 생성합니다.

- Name(이름): 키 이름을 입력합니다. (예: llamaindex_test)
- Project(프로젝트): 기본 설정인 Default project로 둡니다.
- Permissions(권한 설정): API 키의 허용 범위를 선택합니다. 이번 실습에서는 All을 선택합니다.
  - ALL: 모두 허용
  - Restricted: 제한된 범위
  - Read Only: 읽기 전용

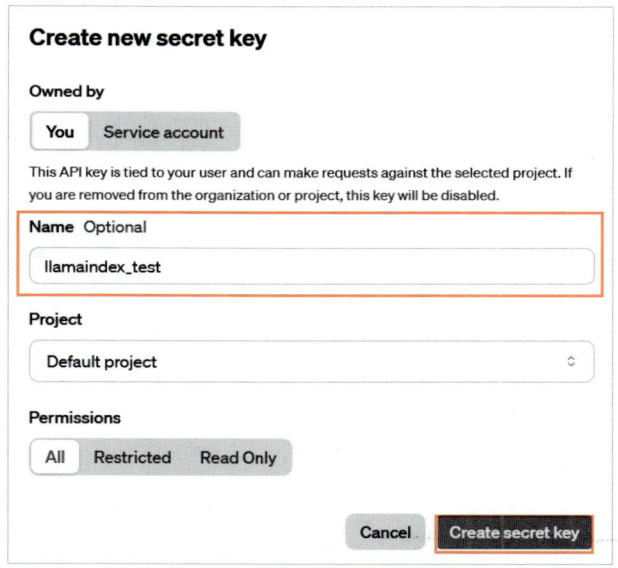

그림 1.23 API 키 이름 등 키 관련 속성 설정하기

다음과 같이 API 키가 발급됩니다. API 키가 노출되면 타인이 무단으로 사용할 위험이 있으며, 이로 인해 본인도 모르는 사이에 요금이 부과될 수 있으므로 보안에 각별히 주의해야 합니다. 예제에서는 API 키가 노출되지 않도록 일부 값을 격자무늬로 가렸습니다. 격자무늬로 가려진 부분이 모두 키 값이므로 키 길이가 상당히 길다는 것을 알 수 있습니다.

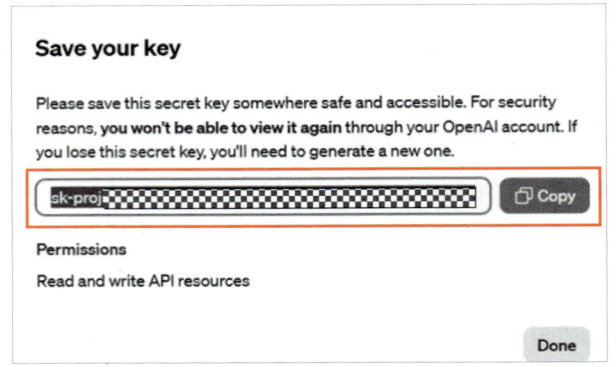

그림 1.24 API 키가 발급된 모습(키 값 보안을 위해 키의 뒷부분을 격자무늬 처리함)

녹색 [Copy] 버튼을 클릭해 키 값을 복사합니다. API 키는 횟수 제한 없이 재발급할 수 있으므로, 노출된 경우 기존 키를 삭제하고 새로 발급받는 것이 좋습니다.

또한, 아래 그림에서 API 키가 정상적으로 발급된 것을 확인할 수 있습니다.

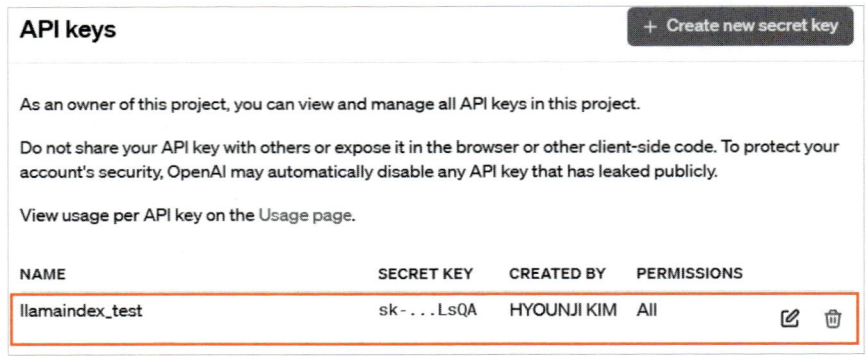

그림 1.25 API 키가 발급된 모습

OpenAI API를 사용하려면 요금을 지불해야 합니다. API 요금은 사용량에 따라 부과되며, 크레딧(Credit)을 선불로 충전한 후 사용하는 방식입니다. OpenAI 플랫폼 페이지에 접속해 로그인한 후 우측 상단에 있는 톱니바퀴 모양의 설정 아이콘을 클릭합니다.

- OpenAI 플랫폼 페이지: https://platform.openai.com/

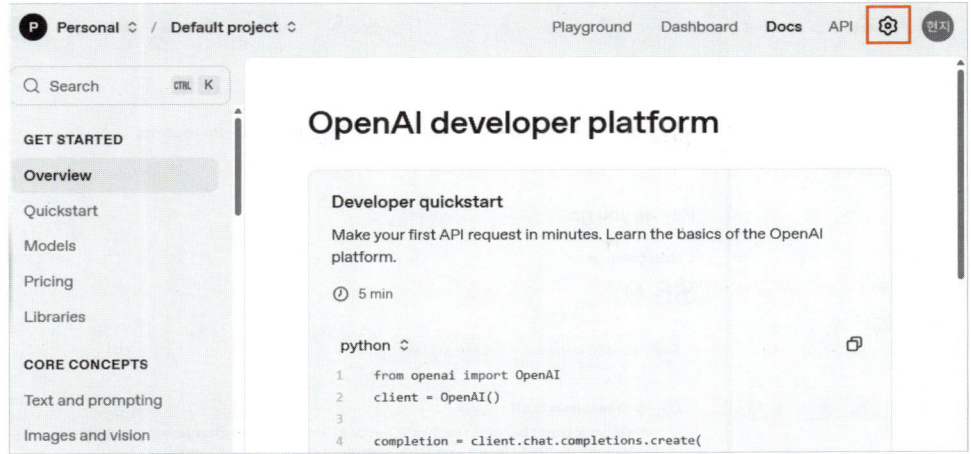

그림 1.26 OpenAI API 키 사용 요금 결제하기

그 다음 왼쪽 메뉴에서 [Billing]을 클릭합니다. 'Pay as you go'는 말 그대로 '사용한 만큼 요금을 지불한다'는 의미이며, 저는 현재까지 $6.97를 사용했다고 알려주고 있습니다. 저는 미리 결제 방법을 설정하고 크레딧을 충전했기 때문에 해당 안내가 표시되었지만, 처음 시작하는 사용자는 먼저 결제 방법을 설정해야 합니다. 하단의 [Payment methods]를 클릭한 후, 신용카드 정보를 입력하고 원하는 금액만큼 선불 결제하면 됩니다. 처음에는 $10 정도 충전해 두는 것이 적당합니다.[4]

---

4 https://openai.com/api/pricing에서 OpenAI LLM 모델별 API 이용료를 확인할 수 있습니다.

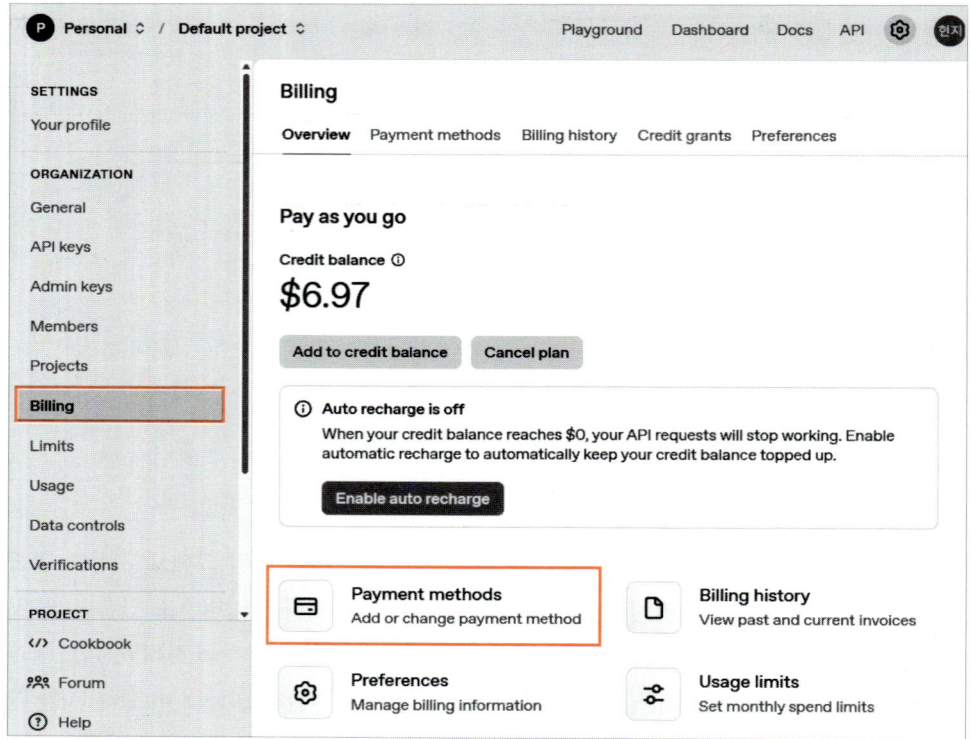

그림 1.27 OpenAI API 사용을 위한 결제 방법 등록

API 사용량을 확인하려면 [Billing] 메뉴 아래에 있는 [Usage]를 클릭합니다. Usage 페이지에서는 대시보드를 통해 사용량을 확인할 수 있습니다. 저는 2025년 2월 15일부터 한달간 $0.58(약 850원)를 사용했다고 표시됩니다. 사용한 토큰 수는 약 11만 개입니다.

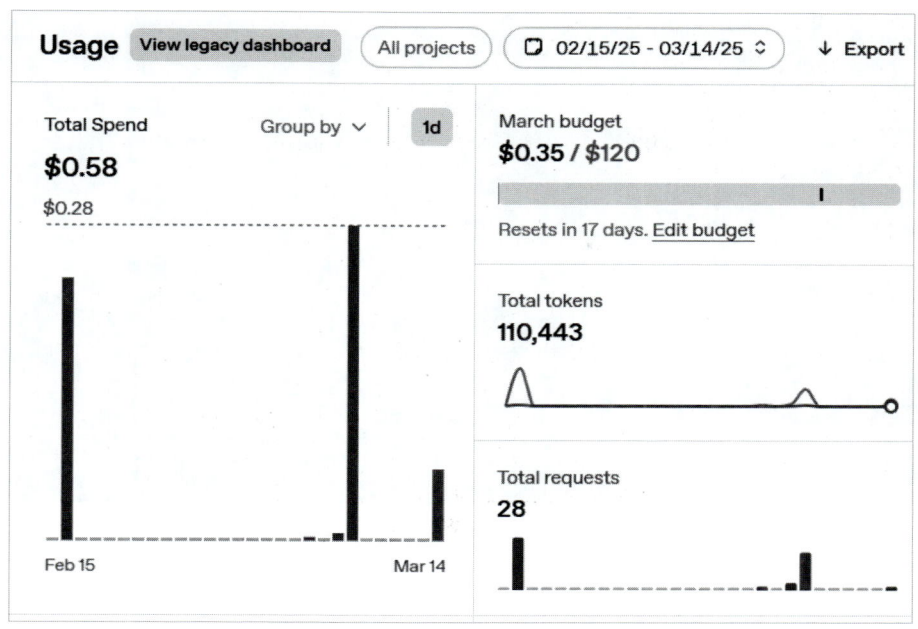

그림 1.28 사용 요금 및 사용량을 확인할 수 있는 대시보드

1.2.5 제미나이 API 키 발급하기

현재 OpenAI의 API가 가장 널리 사용되지만 경우에 따라 구글의 제미나이(Gemini) API를 발급받아야 할 수도 있습니다. 제미나이 API 키 발급 과정은 OpenAI와 거의 동일하므로 OpenAI API 키를 생성해 본 경험이 있다면 쉽게 발급할 수 있습니다. 제미나이 API 키가 필요 없는 독자는 이 과정을 건너뛰어도 됩니다.

먼저 구글 AI 스튜디오에 접속합니다. 구글 AI 스튜디오는 제미나이 모델을 테스트하고 사용할 수 있는 웹 기반 환경입니다.

- 구글 AI 스튜디오 웹사이트: https://aistudio.google.com

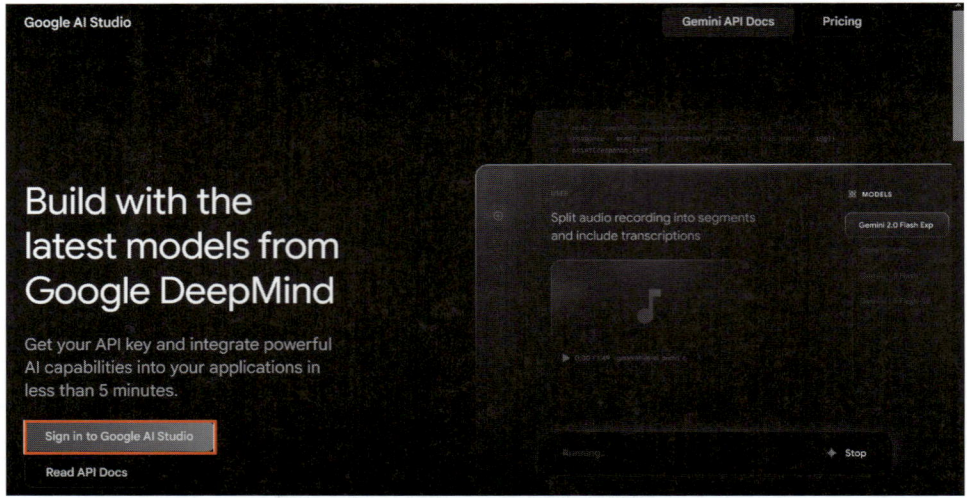

그림 1.29 구글 AI 스튜디오 웹사이트

구글 AI 스튜디오를 사용하려면 구글 계정으로 로그인해야 합니다. [Sign in to Google AI Studio] 버튼을 클릭한 후, 구글 계정으로 로그인 합니다. 로그인하면 아래와 같은 페이지가 나타납니다. 우측 상단의 [Get API key] 버튼을 클릭합니다.

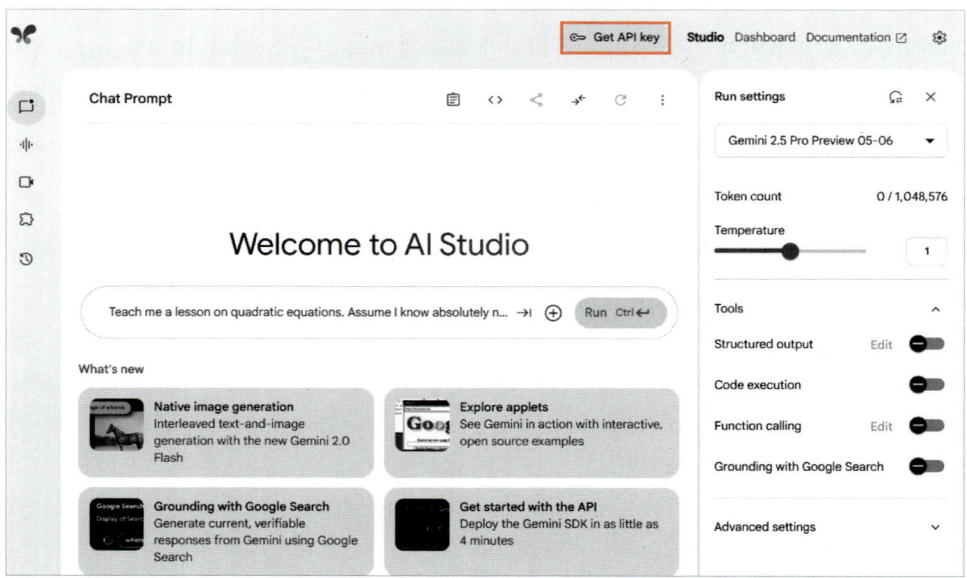

그림 1.30 구글 AI 스튜디오 웹사이트에 구글 계정으로 로그인

이어서 아래와 같은 페이지로 넘어가면 [API 키 만들기] 버튼을 클릭합니다.

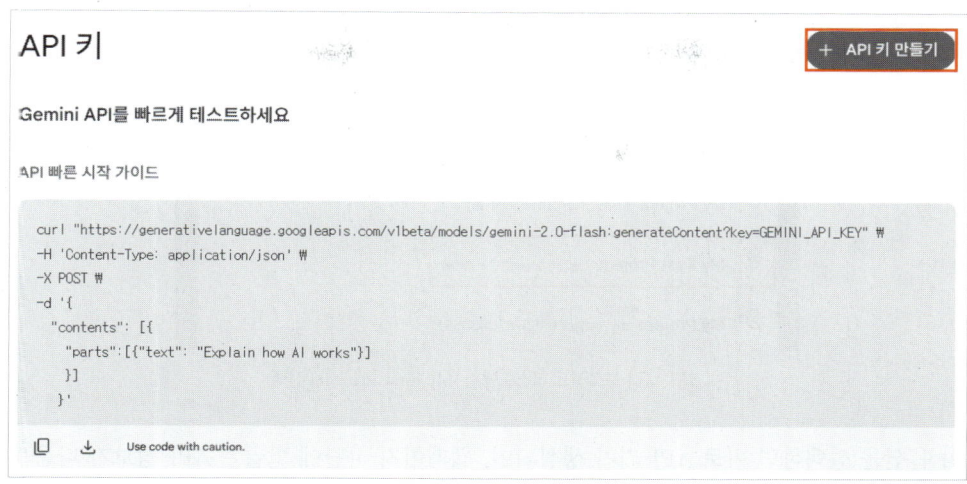

그림 1.31 구글 AI 스튜디오에서 API 키 만들기

해당 버튼을 클릭하면 '기존 Google Cloud 프로젝트에서 프로젝트 선택'을 하라는 팝업 창이 나타납니다.

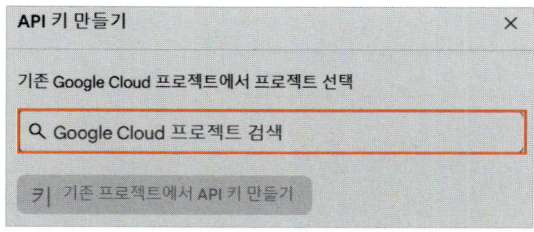

그림 1.32 프로젝트 선택을 위한 팝업창

옵션 창(그림 1.32의 빨간색 테두리)을 누르면 다음과 같이 선택 옵션 목록이 표시됩니다. 처음 API 키를 발급받는 사용자는 [My First Project]를 선택하면 됩니다.

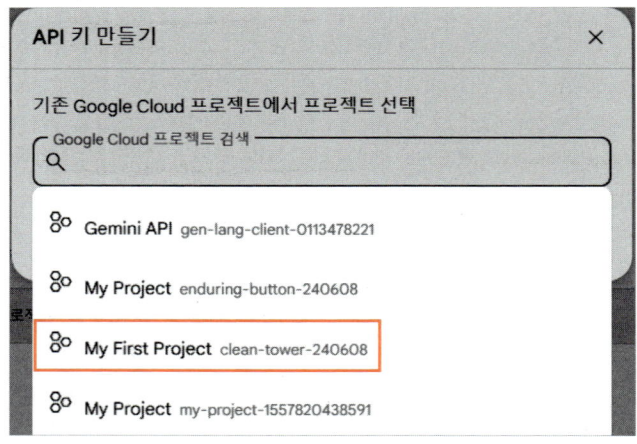

그림 1.33 프로젝트 리스트에서 [My First Project] 선택

이 옵션을 선택하면 바로 API 키가 생성되며, 웹페이지 하단에 발급된 API 정보가 다음과 같이 표시됩니다.

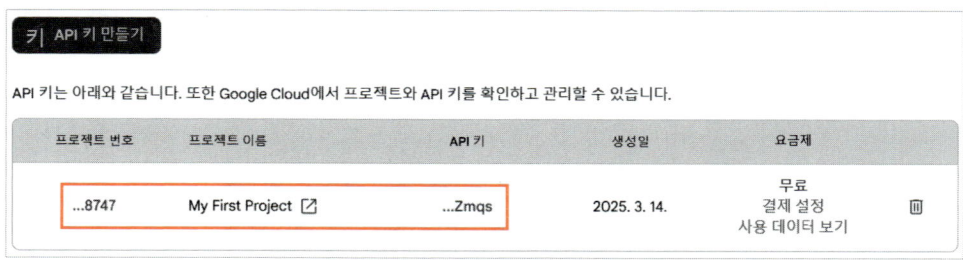

그림 1.34 제미나이 API 키가 발급된 모습

해당 API 키를 클릭하면, 아래와 같이 전체 키 값을 확인할 수 있는 팝업창이 나옵니다. 키 값을 확인하고 [복사] 버튼을 클릭해 원하는 위치에 붙여넣어 사용하면 됩니다. 앞에서 언급했듯이, API 키는 보안에 각별히 주의해야 합니다. 이 책에서도 보안을 위해 API 키의 뒷부분을 격자 무늬로 가렸습니다.

그림 1.35 제미나이 API 키 복사

제미나이 API는 일정 한도까지 무료로 사용할 수 있으며, 이를 초과하면 요금을 지불해야 합니다. 모델 별로 무료 사용 한도가 다르며, 유료 결제를 진행하려면 [결제 설정]을 클릭한 후, 결제 대시보드의 [결제 계정 관리] 탭으로 이동하여 결제 카드를 등록하면 됩니다.

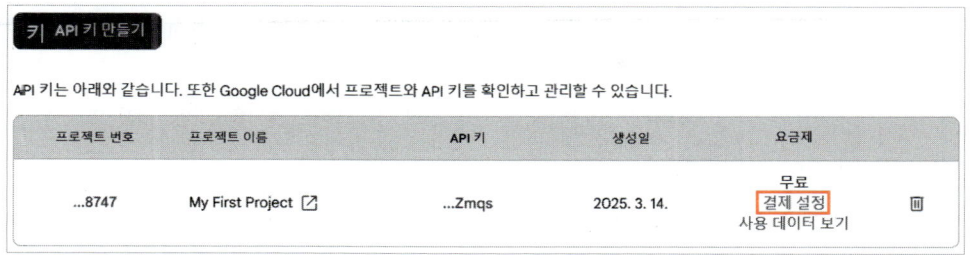

그림 1.36 제미나이 API 키 사용을 위한 결제 방법 설정하기

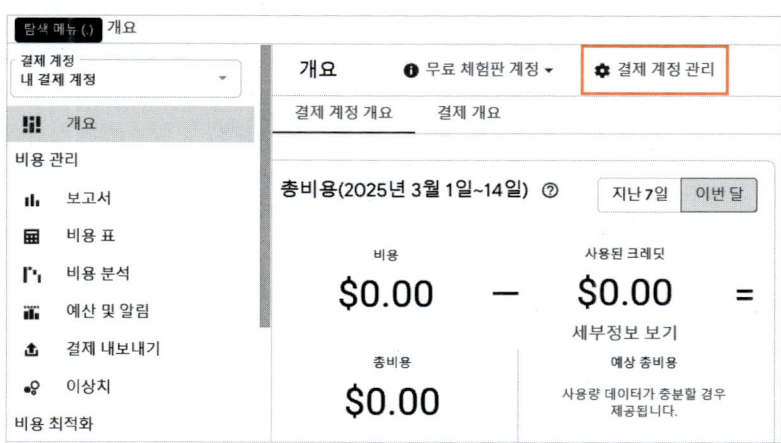

그림 1.37 제미나이 API 키 사용량 및 요금 관리용 대시보드

1.2.6 환경 변수에 API 키 추가하기

API 키는 일종의 증명서와 같기 때문에 보안이 매우 중요합니다. 일반적으로 운영체제의 환경 변수에 API 키를 저장하는 것이 가장 안전한 방법으로 권장됩니다.

환경 변수(Environment Variable)는 컴퓨터가 프로그램을 실행할 때 참고하는 설정 정보를 의미합니다. 컴퓨터에게 파일이나 프로그램의 위치를 알려주는 지도 역할을 하기도 하고, 임시 파일(temp file)의 저장 위치를 지정하는 등의 기능도 수행합니다.

환경 변수에 API 키를 저장하면 코드를 작성할 때마다 API 키를 직접 입력할 필요가 없어 편리하며, API 키 정보가 코드에 노출되지 않기 때문에 보안성이 향상됩니다.

윈도우에서 환경 변수 설정하기

윈도우에서 API 키를 환경 변수에 저장하는 방법은 다음과 같습니다. 먼저 윈도우의 기본 앱인 **[설정]** 앱을 실행합니다. 검색창에 '**환경 변수**'를 입력하면 '시스템 환경 변수 편집'과 '계정의 환경 변수 편집' 옵션이 표시됩니다. 이 중에서 **[시스템 환경 변수 편집]**을 선택합니다. ('환경 변수'를 입력할 때는 띄어쓰기에 유의하세요).

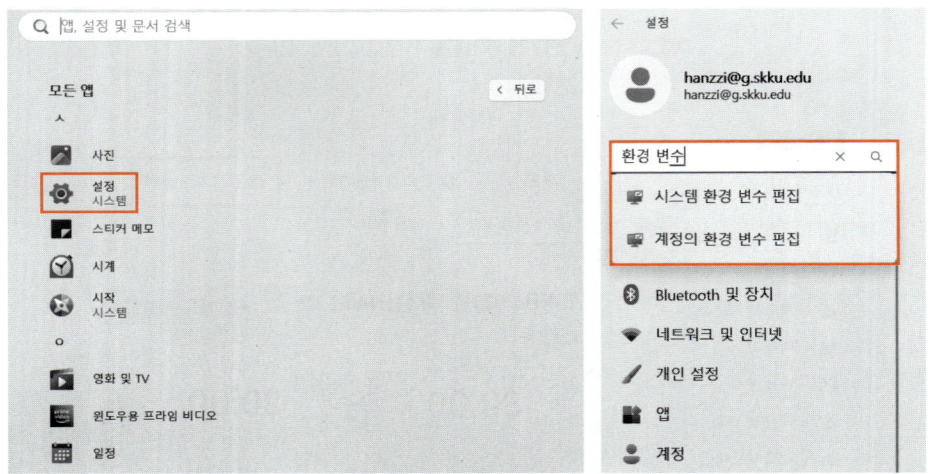

그림 1.38 윈도우 OS에서 환경 변수 설정하기

시스템 속성 창이 열리면 **[고급]** 탭을 선택하고, 아래에 있는 **[환경 변수]** 버튼을 클릭합니다.

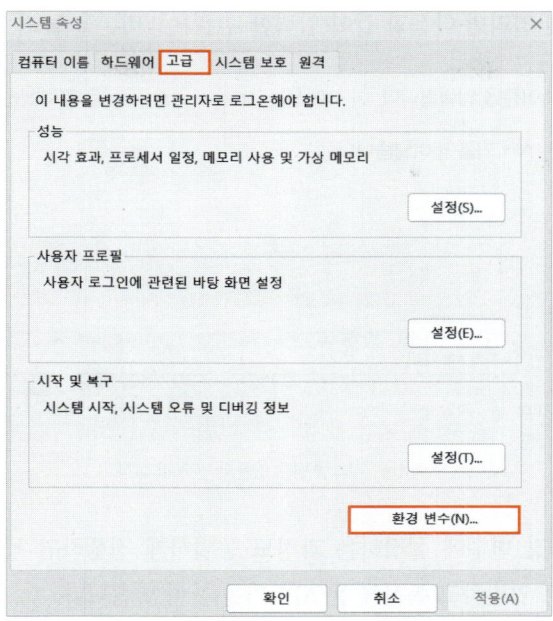

그림 1.39 시스템 속성 창에서 [고급] 탭과 [환경 변수] 버튼 클릭

디어서 나타나는 환경 변수 창에서 **[새로 만들기]** 버튼을 클릭합니다.

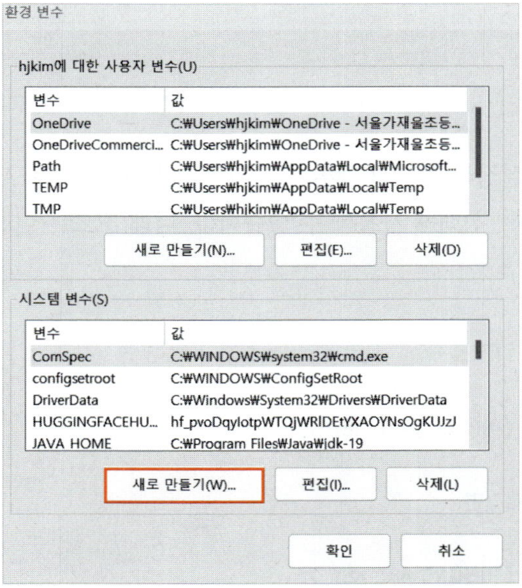

그림 1.40 시스템 변수의 [새로 만들기] 버튼 클릭

새 시스템 변수 창이 열리면 다음과 같이 입력한 후 [확인] 버튼을 눌러 저장합니다.

- 변수 이름: 변수의 이름을 입력합니다. 이 책에서는 'openai_api_key'로 입력했습니다.
- 변수 값: 복사해 둔 API 키를 붙여넣습니다.

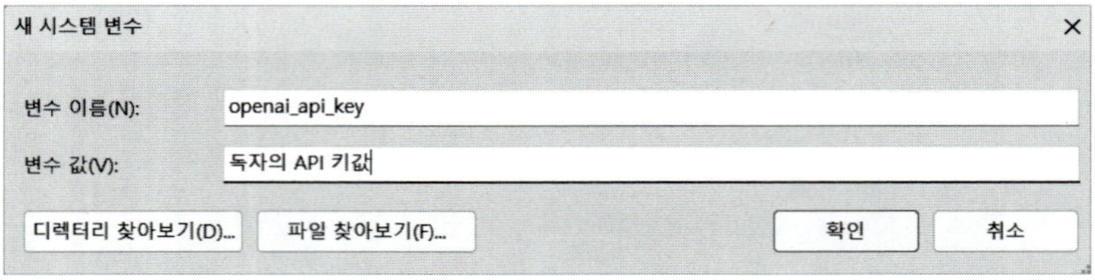

그림 1.41 시스템 변수 이름과 변수 값 설정

제미나이 API를 환경 변수에 설정하는 과정도 동일하게 진행하면 됩니다. 변수 이름을 'gemini_api_key'로 입력하고 복사해 둔 API 키를 붙여 넣습니다.

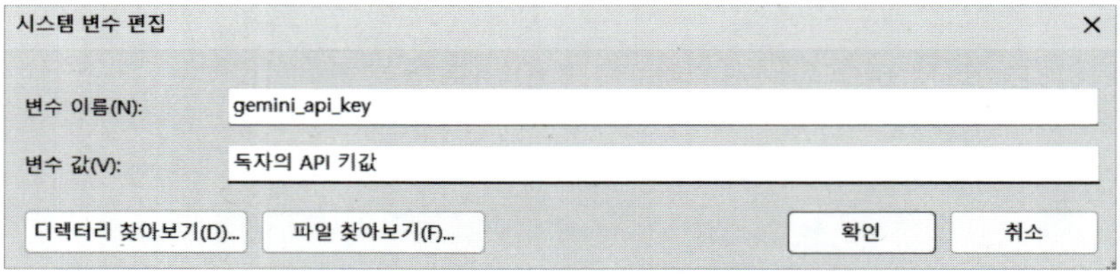

그림 1.42 시스템 변수 이름과 변수 값 설정

이렇게 환경 변수를 설정해 놓으면 개별 프로젝트에서 OpenAI의 API를 사용할지, 제미나이의 API를 사용할지 선택해 사용할 수 있습니다. 아래 코드는 어떤 API를 사용할지 설정하는 코드입니다.

```
#OpenAI API를 사용하려면
import os
api_key = os.getenv("OPENAI_API_KEY")

#제미나이 API를 사용하려면
import os
api_key = os.getenv("GEMINI_API_KEY")
```

macOS/리눅스에서 환경 변수 설정하기

macOS 또는 리눅스에서 환경 변수를 설정하는 방법은 다음과 같습니다. 먼저 macOS 또는 리눅스 배포판에서 터미널을 열고, export 명령어를 사용해 API 키를 환경 변수로 추가합니다. 예를 들어, API 키를 OPENAI_API_KEY라는 변수명으로 추가하려면 다음 명령어를 입력합니다.

```
export OPENAI_API_KEY='복사해 둔 API 키 값'
```

이 명령어는 현재 터미널 세션에서만 유효합니다. 즉, 임시로 환경 변수를 설정하는 방법이므로 셸(Shell)을 종료하면 환경 변수 설정이 사라집니다. 따라서 환경 변수를 영구적으로 적용하려면 홈 디렉터리의 셸 설정 파일에 추가해야 합니다. 사용하는 셸에 따라 환경 변수를 저장하는 파일이 다릅니다.

- bash 셸을 사용하는 경우 ~/.bashrc 파일에 API 키 값을 추가합니다.
- zsh 셸을 사용하는 경우 ~/.zshrc 파일에 API 키 값을 추가합니다.

bash 셸을 사용하는 경우 터미널에서 다음과 같이 작성합니다.

```
# API 키 값 추가
echo "export OPENAI_API_KEY='복사해 둔 API 키 값'" >> ~/.bashrc

#변경 사항 적용
source ~/.bashrc
```

zsh 셸을 사용하는 경우 터미널에서 다음과 같이 작성합니다.

```
# API 키 값 추가
echo "export OPENAI_API_KEY='복사해 둔 API 키 값'" >> ~/.zshrc

# 변경 사항 적용
source ~/.zshrc
```

이제 macOS 또는 리눅스 환경에 API 키가 환경 변수로 안전하게 저장되었습니다. 터미널을 종료한 후 다시 실행해도 API 키 설정이 유지됩니다.

1.3 라마인덱스 맛보기

지금까지 라마인덱스를 사용하기 위한 기본 개발 환경을 구축했습니다. 이제 본격적으로 라마인덱스를 실행해 보겠습니다. 아래 코드는 라마인덱스의 기본 프로세스를 명료하게 보여줍니다.

```python
# 라마인덱스 패키지 설치
!pip install llama-index

# 필요한 모듈 임포트
from llama_index.core import VectorStoreIndex, SimpleDirectoryReader

# 데이터 로드 및 인덱스 생성
documents = SimpleDirectoryReader("data").load_data()
index = VectorStoreIndex.from_documents(documents)

# 쿼리 엔진 설정 및 실행
query_engine = index.as_query_engine()
response = query_engine.query("작가의 청소년 시절은 어떠했는지 설명해 줘")
print(response)
```

- !pip install 명령어를 사용해 라마인덱스 패키지를 설치합니다.
- 라마인덱스에서 VectorStoreIndex, SimpleDirectoryReader 클래스를 임포트합니다.
- SimpleDirectoryReader를 사용해 데이터를 로드하고, documents 객체를 생성합니다.
- VectorStoreIndex로 로드한 데이터를 기반으로 인덱스를 생성합니다. 인덱스는 검색을 효율적으로 수행하기 위한 구조입니다.
- as_query_engine()으로 쿼리 엔진을 설정합니다.
- '작가의 청소년 시절은 어떠했는지 설명해 줘'라는 요청으로 쿼리를 실행하고, 결과를 출력합니다.

이제 이 코드를 VSCode에서 실행해 보겠습니다.

1.3.1 데이터 준비하기

라마인덱스를 테스트하려면 샘플 데이터가 필요합니다. 라마인덱스 공식 사이트에서는 폴 그레이엄의 에세이 ≪내가 작업한 것(What I Worked On)≫을 대표 샘플 데이터로 사용합니다. 이 샘플을 포함한 다양한 예제 데이터는 라마인덱스 깃허브 리포지토리[5]에서 확인할 수 있습니다. 우선 아래 링크에서 샘플 데이터를 내려받습니다.

- 폴 그레이엄 '내가 작업한 것(What I Worked On')

    https://raw.githubusercontent.com/run-llama/llama_index/main/docs/docs/examples/data/paul_graham/paul_graham_essay.txt

    (단축 링크: http://bit.ly/43fAlEN)

실습 코드가 원활하게 실행되려면 주피터 노트북 실습 파일과 동일한 경로에 데이터 파일이 있어야 합니다. 따라서 앞서 생성한 C:\llamaindex\ch01 경로 안에 data 폴더를 추가하고, 해당 폴더에 폴 그레이엄의 에세이 파일을 저장합니다.

그림 1.43 실습을 위한 폴더와 파일 구조

ch01 폴더 안에는 라마인덱스 실행을 위한 주피터 노트북 파일(starter.ipynb)과 데이터(data) 폴더가 함께 포함되어 있는 구조입니다. data 폴더에는 폴 그레이엄의 에세이 파일(paul_graham_essay.txt)이 저장되어 있습니다. starter.ipynb 파일은 잠시 뒤 VSCode를 이용해 직접 생성할 예정이지만, 독자분들의 이해를 돕기 위해 미리 언급했습니다.

---

[5] 다양한 형식의 데이터가 저장된 라마인덱스 깃허브 리포지토리 https://github.com/run-llama/llama_index/tree/main/docs/docs/examples/data

1.3.2 가상 환경에 라마인덱스 설치하기

이 절에서는 앞서 만들어두었던 가상 환경에 라마인덱스 라이브러리를 설치한 후, VSCode에서 첫 번째 라마인덱스 실습 파일을 생성하는 순서로 진행하겠습니다.

먼저 윈도우 명령 프롬프트에서 아래와 같이 차례로 입력하여 ch01_env 가상 환경을 활성화합니다. 역슬래시(\) 사이에 공백이 없어야 하니 주의하세요.

```
C:\Users\hjkim> cd \
C:\llamaindex> cd llamaindex
C:\llamaindex> cd ch01
C:\llamaindex\ch01>
C:\llamaindex\ch01> ch01_env\Scripts\activate.bat[6]
(ch01_env) C:\llamaindex\ch01>
```

가상 환경이 활성화되었으면, 라마인덱스를 설치합니다. 이번 장에서는 라마인덱스 0.11.11 버전을 사용합니다.

```
(ch01_env) C:\llamaindex\ch01> pip install llama-index==0.11.11
```

1.3.3 라마인덱스 실행하기

이제 실제로 코드를 작성하고, 실행해 보겠습니다. VSCode를 실행한 후 상단 메뉴에서 [File] → [Open Folder]를 클릭합니다. 그 다음 로컬디스크 C:에 있는 llamaIndex 폴더와 ch01 폴더를 차례로 선택합니다. 이렇게 새로 만들 주피터 노트북 파일의 경로를 지정한 후 [New File] 버튼을 클릭해 새 파일을 생성합니다. 새 파일의 이름은 starter.ipynb로 지정합니다.

---

[6] macOS 사용자는 source ch01_env/bin/activate 명령어를 사용합니다.

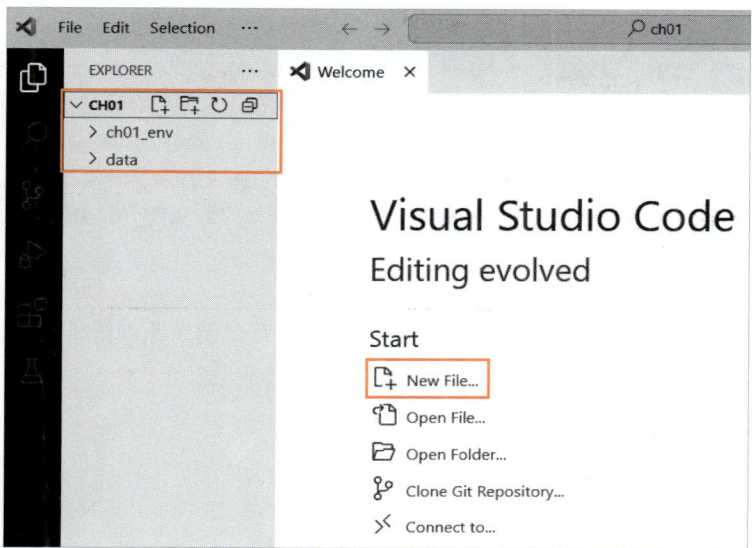

그림 1.44 라마인덱스 실습 파일 만들기

이제 새로 만든 주피터 노트북 파일에 다음과 같이 코드를 입력해 VectorStoreIndex, SimpleDirectoryReader 클래스를 임포트합니다.

```
from llama_index.core import VectorStoreIndex, SimpleDirectoryReader
```

그 다음 데이터를 로드하고, VectorStoreIndex를 이용하여 인덱스를 생성합니다. SimpleDirectoryReader("data").load_data()는 data 폴더에 있는 모든 문서를 로드하라는 의미입니다.

```
documents = SimpleDirectoryReader("data").load_data()
index = VectorStoreIndex.from_documents(documents)
```

이제 쿼리 엔진을 설정하고, "작가의 청소년 시절은 어떠했는지 설명해 줘"라는 요청으로 쿼리를 실행합니다.

```
query_engine = index.as_query_engine()
response = query_engine.query("작가의 청소년 시절은 어떠했는지 설명해 줘")
print(response)
```

실행 결과

> 청소년 시절에 작가는 글쓰기와 프로그래밍에 주력했습니다. 학교 외에서 주로 다룬 것은 단편 소설이었고, 프로그래밍은 `IBM 1401`을 사용하여 시작했습니다. 초기에는 `Fortran` 언어를 사용했고, 프로그램을 펀칭된 카드에 입력한 후 메모리로 로드하여 실행했습니다. 이후에는 마이크로컴퓨터로 전환되어 `TRS-80`을 구입하고 간단한 게임을 만들고 아버지가 책을 쓰는 데 사용할 워드 프로세서를 개발했습니다. 프로그래밍을 좋아했지만 대학에서 철학을 전공하기로 했으나, 철학 수업이 지루해서 AI로 전과하게 되었습니다.

지금까지 실습 환경을 구축하고, 가장 기본적인 라마인덱스 코드를 실행해 보았습니다. 여기까지 오시느라 수고 많으셨습니다. 2장부터는 라마인덱스의 다양한 기능을 각 단계별로 더욱 상세히 알아보겠습니다.

02

라마인덱스 파이프라인

개발 환경 구축하기
데이터 로딩
텍스트 분할
인덱싱
저장하기
쿼리

라마인덱스는 RAG 시스템 구축에 필요한 일련의 과정을 지원합니다. 데이터 로딩부터 쿼리 및 검색에 이르기까지 다양한 단계로 파이프라인을 구성할 수 있으며, 각 단계는 사용자의 요구에 맞게 수정할 수 있습니다.

라마인덱스의 주요 파이프라인은 다음과 같습니다.

- **데이터 로딩(Data Loading)**: JSON, CSV, PDF와 같은 다양한 형식의 데이터를 로드하고, 초기 전처리를 수행합니다. 데이터 리더를 통해 데이터를 로드하며, 이를 정제 및 구조화하여 라마인덱스에서 처리할 수 있는 문서 객체 형태로 변환합니다.
- **텍스트 분할(Text Splitting)**: 로드된 문서를 LLM에 최적화된 크기로 나눕니다. 문장 단위, 토큰 단위, 의미 기반 분할 방식을 활용하여 문서의 컨텍스트를 유지하면서도 검색 효율성을 높입니다. 이 과정에서 문서 객체는 청크(Chunk) 단위로 나뉘며, 이후 노드(Node) 객체가 생성됩니다. 생성된 노드는 검색, 인덱싱, 질의 처리 과정에서 활용됩니다.
- **인덱싱(Indexing)**: 벡터 데이터베이스에 데이터를 저장하기 위한 인덱스를 생성합니다. 생성된 인덱스는 검색(Retrieval) 및 유사도 기반 질의 처리에 사용됩니다.
- **저장(Storing)**: 생성된 인덱스를 영구적으로 저장하거나 Pinecone, Weaviate 등 외부 벡터 스토어와 연동하여 확장성을 높이고 데이터 관리를 지원합니다.
- **쿼리(Query)**: 사용자의 질의를 처리하고 관련 데이터를 검색합니다. LLM을 활용하여 자연어 형태로 입력된 쿼리의 의미를 정교하게 해석합니다.
- **검색(Retrieval)**: 인덱스를 통해 가장 관련성 높은 결과를 검색합니다. 검색된 결과는 추가적인 LLM 기반 후처리를 거쳐 더욱 풍부한 응답으로 정제됩니다.

라마인덱스 파이프라인을 쉽게 이해할 수 있도록 영화 리뷰 데이터를 활용한 예제를 살펴보겠습니다.

- **데이터 로딩**
  영화 리뷰 데이터를 로드합니다. 이 예제에서는 리뷰 데이터가 JSON 형식으로 구성되어 있다고 가정합니다. 각 리뷰는 문서 객체로 변환됩니다. 예를 들어, "이 영화는 매우 지루했습니다. 줄거리가 너무 느렸어요."라는 리뷰는 하나의 문서 객체로 처리됩니다.

- **텍스트 분할**
  리뷰를 문장 단위로 분할(chunking)하여 각각을 노드 객체로 변환합니다. 예를 들어, 위 리뷰는 다음과 같이 두 개의 노드로 나뉩니다.

- Node 1: "이 영화는 매우 지루했습니다."
- Node 2: "줄거리가 너무 느렸어요."

- **인덱싱**

  생성된 노드들을 벡터화(vectorization)하여 벡터 데이터베이스에 저장합니다. 이 데이터베이스는 각 문장의 의미를 기반으로 유사한 내용을 검색할 수 있도록 설계됩니다.

- **저장**

  생성된 벡터 데이터를 영구적으로 저장하도록 구성합니다.

- **질의와 답변 생성**

  사용자가 "이 영화는 지루한가요?"라는 질문을 입력하면, 벡터 데이터베이스가 '지루함'과 관련된 노드를 검색합니다. 이에 따라 "이 영화는 매우 지루했습니다."라는 문장이 검색됩니다. 검색된 문장을 기반으로 LLM은 다음과 같은 답변을 생성합니다.
  - "네, 이 영화는 매우 지루하다고 평가되었습니다."

이처럼 라마인덱스는 데이터 로드, 텍스트 분할, 벡터화, 그리고 사용자 질의에 대한 답변 생성까지의 전 과정을 쉽고 체계적으로 구성할 수 있게 해줍니다. 이러한 체계적인 프로세스를 통해 방대한 텍스트 데이터도 효율적이고 정확하게 검색하여 답변을 생성할 수 있습니다.

2.1 개발 환경 구축하기

이번 절에서는 2장 실습을 위한 개발 환경을 준비해 보겠습니다. 명령 프롬프트를 활용하여 프로젝트 폴더를 생성하고, 가상 환경을 구축합니다.

프로젝트 폴더 생성하기

2장에서 실습할 코드와 데이터를 저장할 ch02 폴더를 생성하고 해당 경로로 이동합니다. 명령 프롬프트에서 아래 명령어를 순서대로 입력합니다.

```
C:\llamaindex> cd C:\llamaindex
C:\llamaindex> mkdir ch02
C:\llamaindex> cd ch02
C:\llamaindex\ch02>
```

llamaindex 폴더 안에 ch02 폴더가 생성된 것을 확인할 수 있습니다.

가상 환경 생성 및 활성화하기

다음 명령어를 입력하여 ch02_env라는 이름의 가상 환경을 생성합니다.

```
C:\llamaindex\ch02> python -m venv ch02_env
```

가상 환경이 생성되면 아래 명령어로 가상 환경을 활성화합니다.

```
C:\llamaindex\ch02> ch02_env\Scripts\activate.bat[1]
(ch02_env) C:\llamaindex\ch02>
```

프롬프트 왼쪽에 (ch02_env)가 표시되면 가상 환경이 정상적으로 활성화된 것입니다. 가상 환경에 라마인덱스 0.11.11 버전을 설치합니다.

```
(ch02_env) C:\llamaindex\ch02> pip install llama-index==0.11.11
```

VSCode에서 프로젝트 파일 만들기

이제 실습에 사용할 주피터 노트북 파일을 만들어 보겠습니다. VSCode를 실행하고, 상단 메뉴에서 [File] → [Open Folder]를 클릭합니다. 앞서 생성한 ch02 폴더(C:\llamaindex\ch02)를 선택하고 [열기] 버튼을 클릭합니다. 이어서 [New File] 버튼을 클릭해 새로운 파일을 추가합니다. 새 파일의 이름은 ch02_practice.ipynb로 지정합니다.

2.2 데이터 로딩

데이터 로딩은 처리할 정보를 수집하는 초기 단계로, 이 과정에서 데이터의 품질과 구조가 결정됩니다. 이 단계에서는 두 가지 핵심 개념인 데이터 커넥터와 데이터 리더가 등장합니다. 데이터 커넥터는 다양한 데이터 소스에서 정보를 가져오는 역할을 합니다. 예를 들어,

---

[1] macOS 사용자는 source ch02_env/bin/activate 명령어를 사용합니다.

데이터베이스, API, 클라우드 스토리지 등과 같은 외부 소스와의 연결을 관리하고, 데이터를 사용 가능한 형식으로 가져와서 사용자가 사용할 수 있도록 제공하는 도구입니다.

반면 데이터 리더는 가져온 데이터를 어떻게 처리할 것인지, 처리하는 방식에 중점을 두는 도구입니다. 데이터 리더는 파일 시스템이나 저장소에서 파일을 읽어오고, 이를 문서 객체로 변환하는 역할을 합니다.

즉, 데이터 커넥터는 데이터를 어디서 가져올지를 결정하며, 데이터 리더는 가져온 데이터를 어떻게 처리할지를 담당하는 도구입니다.

2.2.1 데이터 리더

이번 절에서는 데이터 리더의 개념을 코드를 통해 구체적으로 살펴보겠습니다.

심플 디렉터리 리더(SimpleDirectoryReader)로 데이터 로딩하기

심플 디렉터리 리더(SimpleDirectoryReader)는 지정된 폴더에서 파일을 읽어 문서 (Document) 객체로 변환하는 가장 기본적인 데이터 리더입니다. 이 리더는 마크다운, PDF, 워드 문서 등 다양한 형식을 지원하며, 이미지와 오디오 파일도 처리할 수 있습니다.

실습을 진행하기 위해, 아래 예시와 같이 간단한 문서를 포함한 임시 디렉터리를 먼저 생성합니다. `sample_docs`라는 폴더를 만들고, 그 안에 file1.txt, file2.docx, file3.pdf 등의 파일을 준비해 두면 됩니다. 파일 내용은 자유롭게 작성해도 무방합니다.

심플 디렉터리 리더로 읽을 수 있는 디렉터리 구조는 다음과 같습니다.

```
ch02
└── sample_docs/
    ├── file1.txt          # 텍스트 파일
    ├── file2.docx         # 워드 문서
    ├── file3.pdf          # PDF 문서
    └── sub_sample_docs/
        ├── file4.txt      # 텍스트 파일
        └── file5.md       # 마크다운 파일
```

이처럼 심플 디렉터리 리더는 기본적으로 지정한 디렉터리(sample_docs) 하위의 모든 파일을 읽을 수 있습니다. 다만, .docx 파일(워드 문서)을 읽고자 할 경우, 워드 문서에서 텍스트를 추출하기 위한 파서가 필요합니다. 따라서 아래 명령어로 docx2txt 라이브러리를 설치해야 합니다.

```
!pip install docx2txt
```

이제 다음 코드를 사용하여 지정된 폴더(sample_docs)에 있는 모든 파일을 읽어오겠습니다.

```
from llama_index.core import SimpleDirectoryReader

documents = SimpleDirectoryReader("sample_docs").load_data()
```

documents 리스트에는 여러 개의 Document 객체가 들어있습니다. 각 파일의 내용은 Document 객체의 text 속성에 저장됩니다. 다음 코드로 documents 리스트에 저장된 각 Document 객체의 내용을 확인할 수 있습니다.

```
# documents 리스트의 각 요소에 접근하여 내용 출력
for i, document in enumerate(documents):
    print(f"Document {i+1}:")
    print(document.text)
    print("\n")
```

실행 결과

```
Document 1:
This is the content of file 1.

Document 2:
This is the content of file 2.

Document 3:
This is the content of file 3.
```

자귀적으로 파일 로딩하기

기본적으로 심플 디렉터리 리더는 지정된 폴더의 파일만 로드하며, 하위 폴더에 있는 파일들은 로드하지 않습니다. 하지만 하위 폴더까지 포함해 sample_docs 아래의 모든 파일을 읽고 싶다면 recursive 옵션을 True로 설정해야 합니다.

```python
documents = SimpleDirectoryReader(
    "sample_docs", recursive=True).load_data()
```

이제 다시, 로드된 documents를 출력해 보겠습니다.

```python
# documents 리스트의 각 요소에 접근하여 내용 출력
for i, document in enumerate(documents):
    print(f"Document {i+1}:")
    print(document.text)
    print("\n")
```

실행 결과

```
Document 1:
This is the content of file 1.

Document 2:
This is the content of file 2.

Document 3:
This is the content of file 3.

Document 4:
This is the content of file 4.

Document 5:
This is the content of file 5.
```

특정 파일 형식만 로딩하기

하나의 디렉터리에 다양한 파일 형식이 섞여 있는 경우, 특정 확장자만 선택적으로 로딩할 수도 있습니다. 예를 들어, 텍스트 파일(.txt)과 PDF 파일(.pdf)만 로드하고 싶다면 required_exts 옵션을 사용하여 필터링할 수 있습니다.

```python
documents = SimpleDirectoryReader(
    "sample_docs",
    required_exts=[".txt", ".pdf"],
    recursive=True).load_data()
```

다시 한번 documents를 출력합니다.

```python
# documents 리스트의 각 요소에 접근하여 내용 출력
for i, document in enumerate(documents):
    print(f"Document {i+1}:")
    print(document.text)
    print("\n")
```

실행 결과

```
Document 1:
This is the content of file 1.

Document 2:
This is the content of file 3.

Document 3:
This is the content of file 4.
```

마크다운, 워드 파일 등 다른 형식의 파일은 제외하고 텍스트 파일과 PDF 파일만 불러온 것을 확인할 수 있습니다.

문서 객체의 메타데이터 확인하기

메타데이터(Metadata)는 데이터에 대한 추가 정보를 담고 있는 데이터입니다. 파일의 경우 파일 경로, 파일명, 파일 크기, 생성 일시 등의 정보가 메타데이터에 해당합니다. 이 정보는 문서의 내용 외에도 파일을 식별하거나 관리하는 데 활용됩니다.

다음은 documents 리스트에 있는 각 문서 객체의 메타데이터를 출력하는 코드입니다.

```
# documents 리스트의 각 요소에 접근하여 메타데이터를 출력
for i, document in enumerate(documents):
    print(f"Document {i+1} metadata:")
    print(document.metadata)
    print("\n")
```

실행 결과

```
Document 1 metadata:
{'file_path': '/external/rag_study/chapter2_re_test/sample_docs/file1.txt',
'file_name': 'file1.txt', 'file_type': 'text/plain', 'file_size': 30,
'creation_date': '2025-05-04', 'last_modified_date': '2025-05-04'}


Document 2 metadata:
{'page_label': '1', 'file_name': 'file3.pdf', 'file_path': '/external/rag_study/
chapter2_re_test/sample_docs/file3.pdf', 'file_type': 'application/pdf',
'file_size': 9283, 'creation_date': '2025-05-04', 'last_modified_date': '2025-05-
04'}


Document 3 metadata:
{'file_path': '/external/rag_study/chapter2_re_test/sample_docs/sub_sample_docs/
file4.txt', 'file_name': 'file4.txt', 'file_type': 'text/plain', 'file_size': 30,
'creation_date': '2025-05-04', 'last_modified_date': '2025-05-04'}
```

각 문서 객체의 파일 경로, 파일명, 타입, 크기, 생성 및 마지막 수정 날짜 등의 메타 정보가 출력된 것을 볼 수 있습니다.

심플 디렉터리 리더는 지금까지 살펴본 파일 외에도 다음과 같은 다양한 형식의 파일을 지원합니다.

- .csv – 쉼표로 구분된 값(CSV 파일)
- .docx – 마이크로소프트 워드 파일
- .epub – EPUB 전자책 파일

- .hwp – 한글 워드 프로세서 파일
- .ipynb – 주피터 노트북 파일
- .jpeg, .jpg – JPEG 이미지 파일
- .mbox – MBOX 형식의 이메일 아카이브
- .md – 마크다운 파일
- .mp3, .mp4 – 오디오 및 비디오 파일
- .pdf – PDF 문서
- .png – PNG 이미지 파일
- .ppt, .pptm, .pptx – 마이크로소프트 파워포인트 파일

PDF 파일 등 다양한 파일을 활용한 실습은 4장과 5장에서 자세히 다룰 예정입니다.

2.2.2 데이터 커넥터

데이터 커넥터는 외부 데이터를 불러오는 데 중요한 역할을 합니다. 라마인덱스에서는 기본적으로 제공되는 커넥터 외에도, 확장 가능한 다양한 커넥터 생태계를 지원합니다. 특히 외부 데이터 소스와의 연동이 필요한 경우에는 별도의 커넥터를 활용하여 연결을 구성해야 합니다.

라마허브의 커넥터 사용하기

라마인덱스는 다양한 데이터 커넥터를 기본적으로 지원합니다. 하지만 라마인덱스에 내장된 데이터 커넥터만으로는 실제 활용에 한계가 있을 수 있습니다. 이럴 때는 라마허브(LlamaHub)에서 제공하는 추가 커넥터를 활용할 수 있습니다. 라마허브는 데이터 커넥터 레지스트리로, 다양한 외부 소스와 연동 가능한 커넥터들을 내려받아 사용할 수 있도록 지원합니다.

이번 실습에서는 데이터베이스 리더(DatabaseReader)라는 커넥터를 내려받고 설치해 보겠습니다. 데이터베이스 리더는 SQL 데이터베이스에 쿼리를 실행하고, 결과의 모든 행을 문서로 반환하는 커넥터입니다.

먼저 llama-index-readers-database 라이브러리를 설치합니다.

```
!pip install llama-index-readers-database==0.3.0
```

파이썬 환경에서 MySQL을 사용하기 위해 pymysql을 설치합니다.

```
!pip install pymysql
```

test_db 데이터베이스의 users 테이블에 아래와 같은 데이터가 있다고 가정해 보겠습니다.

표 2.1 데이터 베이스 구성 예시

id	name	email	age
1	Alice	alice@example.com	30
2	Bob	bob@example.com	25
3	Charlie	charlie@example.com	35

> **참고** 예제 데이터 구성하기
>
> 이번 실습은 MySQL 서버에 users 테이블이 포함된 데이터베이스가 사전에 구성되어 있어야 정상적으로 실행됩니다. 예제 데이터가 없는 경우 실습 코드가 작동하지 않으므로, 아래 예시와 같은 데이터가 미리 준비되어 있어야 합니다.
>
> ```
> 1. DATABASE 생성
> CREATE DATABASE IF NOT EXISTS test_db;
> USE test_db;
>
> 2. users 테이블 생성
> CREATE TABLE IF NOT EXISTS users (
>     id INT PRIMARY KEY,
>     name VARCHAR(50),
>     email VARCHAR(100),
>     age INT
> );
> ```

3. 예제 데이터 삽입
```
INSERT INTO users (id, name, email, age) VALUES
(1, 'Alice', 'alice@example.com', 30),
(2, 'Bob', 'bob@example.com', 25),
(3, 'Charlie', 'charlie@example.com', 35);
```

데이터베이스 리더 커넥터를 사용하면 데이터베이스에서 데이터를 조회하고, 이를 문서 형식으로 변환할 수 있습니다.

```python
from sqlalchemy import create_engine
from llama_index.readers.database import DatabaseReader

# MySQL 연결 정보 직접 입력
scheme = "mysql+pymysql"
host = "localhost"
port = "3306"
user = "root"
dbname = "test_db"
password = "your_password"

connection_string = f"{scheme}://{user}:{password}@{host}:{port}/{dbname}"

engine = create_engine(connection_string)
reader = DatabaseReader(sql_database=engine)

# 데이터 로드
query = "SELECT * FROM users"
documents = reader.load_data(query=query)
```

이제 documents에 저장된 내용을 출력해 보겠습니다.

```python
# documents 리스트의 각 요소 출력
for idx, doc in enumerate(documents):
    print(f"Document {idx + 1}:")
```

```
    print(f"ID {doc.id_}")
    print(f"Row {doc.text}")
    print("-" * 50)
```

실행 결과

```
Document 1:
ID 56ae0982-033d-47f4-88ca-42e41f52fadf
Row id: 1, name: Alice, email: alice@example.com, age: 30
--------------------------------------------------
Document 2:
ID 4028406a-616a-4e41-b52d-91dfb5d7fcc5
Row id: 2, name: Bob, email: bob@example.com, age: 25
--------------------------------------------------
Document 3:
ID 614f4ae1-5afe-40f0-8137-9d76ba6533d9
Row id: 3, name: Charlie, email: charlie@example.com, age: 35
--------------------------------------------------
```

각 Document 객체의 id_ 속성에는 데이터베이스에서 가져온 개별 행(row)의 고유 식별자(ID)가 저장됩니다. text 속성에는 해당 행의 데이터가 문자열 형태로 변환되어 저장되며, 필요에 따라 여러 컬럼 값을 조합하여 하나의 텍스트로 구성할 수도 있습니다. 위 예제에서는 users 테이블의 각 사용자 정보(아이디, 이름, 이메일, 나이)가 하나의 Document 객체로 변환되어 text 속성에 저장되었습니다. 필요에 따라 여러 컬럼 값을 조합해 의미 있는 텍스트로 가공할 수도 있습니다.

2.3 텍스트 분할

문서를 효과적으로 관리하고 검색하려면 텍스트를 적절한 크기로 분할해야 합니다. 텍스트를 적절히 나누면 원하는 정보를 더 빠르게 찾을 수 있으며, 검색 및 인덱싱 성능도 향상됩니다. 이러한 이유로 라마인덱스는 문서를 여러 개의 노드로 분할하여 저장하고 분석하도록 설계되었습니다.

2.3.1 문서와 노드

앞서 살펴본 것처럼 문서와 노드는 라마인덱스에서 데이터를 구조화하고 관리하는 핵심 요소입니다. 이 두 구성 요소는 효율적인 인덱싱과 검색을 위한 기반이 됩니다. 문서는 원시 데이터를 처리 가능한 형태로 변환한 데이터의 기본 단위이며, 노드는 문서를 더 작은 단위로 세분화하여 검색 및 분석할 수 있는 기본 단위입니다.

문서(Document)

라마인덱스에서는 PDF, 텍스트 파일, 데이터베이스 쿼리 결과 등 다양한 형태의 데이터를 문서 객체로 변환할 수 있습니다.

다음은 영화 기생충의 줄거리를 담은 텍스트를 문서 객체로 생성하고, 메타데이터를 추가하는 예제입니다.

```python
from llama_index.core import Document

# 텍스트 데이터를 기반으로 문서 생성
document_text = (
    "영화 '기생충'은 가난한 가족인 기우네가 부유한 박 사장네 집에 하나씩 취업하면서 벌어지는 이야기입니다. "
    "처음에는 평화로워 보이지만, 이들의 거짓말이 쌓이며 긴장감이 점점 고조됩니다. "
    "박 사장네 집에는 비밀 지하실이 존재하며, 그곳에는 오랫동안 숨어 살던 남자가 있다는 반전이 있습니다."
    "이 사실을 알게 된 기우네 가족은 예상치 못한 위기를 맞이하게 됩니다. "
    "결국 극한 상황에서 벌어지는 사건으로 인해 비극적인 결말로 이어집니다."
)
document = Document(text=document_text)
# 메타데이터 추가
document.metadata = {'author': '영화 해설', 'subject': '기생충 줄거리'}

print(document)
```

실행 결과

```
Doc ID: 92eb06cf-487f-47dd-8a85-8215e74545d1
Text: 영화 '기생충'은 가난한 가족인 기우네가 부유한 박 사장네 집에 하나씩 취업하면서 벌어지는 이야기입니다. 처음에는 평화로워 보이지만, 이들의 거짓말이 쌓이며 긴장감이 점점
```

> 고조됩니다. 그러나 이 영화의 반전은 지하실에서 시작됩니다. 박사장네 집에는 비밀 지하실이 존재하며, 그곳에는 오랫동안 숨어 살던 남자가 있었습니다. 이 사실을 알게 된 기우네 가족은 예상치 못한 위기를 맞이하게 됩니다. 결국 극한 상황에서 벌어지는 사건으로 인해 비극적인 결말로 이어집니다.

이제 이 문서를 노드 단위로 분할하여 검색 및 인덱싱에 활용하는 방법을 살펴보겠습니다.

노드(Node)

노드는 문서를 더 작은 단위로 나눈 데이터 요소로, 주로 텍스트 청크(chunk)나 이미지 패치(patch)와 같은 개별적이고 독립적인 정보 단위를 의미합니다. 문서를 여러 개의 노드로 분할하면 보다 세부적인 분석이 가능하며, 각 노드는 독자적인 메타데이터를 가질 수도 있습니다.

```python
from llama_index.core.node_parser import SimpleNodeParser

parser = SimpleNodeParser(chunk_size=80 , chunk_overlap=0)
nodes = parser.get_nodes_from_documents([document])

print("\n생성된 노드들")
for idx, node in enumerate(nodes, start=1):
    node.metadata = {'type': '영화 줄거리', 'genre': '드라마', 'node_id': idx}
    print(f"노드 {idx}: {node.text}")
    print(f"   메타데이터: {node.metadata}")
```

라마인덱스에서는 `SimpleNodeParser`를 사용하여 문서를 여러 개의 노드로 쉽게 분할할 수 있습니다. 노드 분할 시에는 `chunk_size` 옵션을 통해 각 노드(청크)의 크기를 지정할 수 있습니다. 예를 들어, 위 예제에서는 `chunk_size` 옵션을 80으로 지정하여 문서를 80자 단위로 청킹하도록 설정했습니다.

실행 결과

> 생성된 노드들
> 노드 1: 영화 '기생충'은 가난한 가족인 기우네가 부유한 박 사장네 집에 하나씩 취업하면서 벌어지는 이야기입니다.

```
              메타데이터: {'type': '영화 줄거리', 'genre': '드라마', 'node_id': 1}
    노드 2: 처음에는 평화로워 보이지만, 이들의 거짓말이 쌓이며 긴장감이 점점 고조됩니다.
              메타데이터: {'type': '영화 줄거리', 'genre': '드라마', 'node_id': 2}
    노드 3: 박 사장네 집에는 비밀 지하실이 존재하며, 그곳에는 오랫동안 숨어 살던 남자가 있다는
    반전이 있습니다.
              메타데이터: {'type': '영화 줄거리', 'genre': '드라마', 'node_id': 3}
    노드 4: 이 사실을 알게 된 기우네 가족은 예상치 못한 위기를 맞이하게 됩니다.
              메타데이터: {'type': '영화 줄거리', 'genre': '드라마', 'node_id': 4}
    노드 5: 결국 극한 상황에서 벌어지는 사건으로 인해 비극적인 결말로 이어집니다.
              메타데이터: {'type': '영화 줄거리', 'genre': '드라마', 'node_id': 5}
```

청킹의 기본 단위는 토큰(Token)입니다. 토큰이란 텍스트를 작은 단위로 분할한 결과물로, 일반적으로 단어, 형태소(부분 단어), 문자 단위 등으로 구성됩니다. 이러한 분할 과정에는 토크나이저(Tokenizer)가 사용됩니다. 토크나이저는 문장을 일정한 규칙에 따라 토큰으로 변환하는 역할을 합니다.

라마인덱스는 기본적으로 OpenAI의 cl100k_base 토크나이저를 사용합니다. 아래 코드는 TokenTextSplitter를 활용하여 지정된 텍스트를 80 토큰 단위로 나누는 과정을 보여줍니다. 먼저, OpenAI의 cl100k_base 토크나이저를 로드한 후, 입력된 텍스트를 지정된 토큰 크기에 맞춰 분할합니다. 그 다음 각 청크에 포함된 실제 토큰 수를 출력하여, 의도한 대로 청킹이 이뤄졌는지 확인해 보겠습니다.

```python
from llama_index.core.node_parser import TokenTextSplitter
import tiktoken

# cl100k_base 토크나이저 로드
tokenizer = tiktoken.get_encoding("cl100k_base")

token_splitter = TokenTextSplitter(chunk_size=80, chunk_overlap=0)

chunks = token_splitter.split_text(document_text)

for i, chunk in enumerate(chunks):
    token_count = len(tokenizer.encode(chunk))  # 각 청크의 토큰 개수 계산
    print(f"청크 {i+1}: {chunk}\n[토큰 개수: {token_count}]\n")
```

```
print(f"총 생성된 청크 개수: {len(chunks)}")
```

실행 결과

청크 1: 영화 '기생충'은 가난한 가족인 기우네가 부유한 박 사장네 집에 하나씩 취업하면서 벌어지는 이야기입니다. 처음에는 평화로워 보이지만, 이들의
[토큰 개수: 77]

청크 2: 거짓말이 쌓이며 긴장감이 점점 고조됩니다. 박 사장네 집에는 비밀 지하실이 존재하며, 그곳에는 오랫동안 숨어 살던 남자가 있다는
[토큰 개수: 78]

청크 3: 반전이 있습니다. 이 사실을 알게 된 기우네 가족은 예상치 못한 위기를 맞이하게 됩니다. 결국 극한 상황에서 벌어지는 사건으로 인해 비극적인 결말로 이어집니다.
[토큰 개수: 80]

총 생성된 청크 개수: 3

`chunk_size=80`으로 설정했기 때문에 각 청크는 최대 80자(문자 기준)로 분할된 것을 확인할 수 있습니다.

노드 단위 검색의 장점

노드 단위 검색을 활용하면 검색 속도와 정확도가 크게 향상됩니다. 문서 단위 검색과 비교하기 위해, `SimpleNodeParser`를 사용하여 문서를 최대 80자 크기의 청크로 분할해 보겠습니다. `chunk_overlap`는 각 청크별로 문자열을 얼마나 겹칠지를 결정하는데, 0으로 설정하면 각 청크가 서로 겹치지 않도록 청킹한다는 것을 의미합니다. 이렇게 분리된 청크는 각각 별도의 검색 대상이 되어, 보다 빠르고 정밀한 검색 결과를 제공할 수 있습니다. 이렇게 분할된 각 청크는 독립적인 검색 단위로 작동하므로, 문서 전체를 한 덩어리로 검색하는 방식보다 더 빠르고, 필요한 정보에 정확히 도달할 수 있습니다. `chunk_overlap`에 대한 보다 자세한 내용은 2.3.2. 토큰 단위 분할 예제를 참고하시길 바랍니다.

```
from llama_index.core import VectorStoreIndex, Document, Settings
from llama_index.core.node_parser import SimpleNodeParser
from llama_index.llms.openai import OpenAI
```

```python
import os

# OpenAI 설정
llm = OpenAI(api_key=os.environ["OPENAI_API_KEY"], model="gpt-4o-mini",
system_prompt="반드시 한국어로 답변하세요.")

# 문서 단위 검색을 위한 전체 문서 인덱스 생성
full_doc_index = VectorStoreIndex.from_documents([document], llm=llm)

# 노드 단위 검색을 위한 인덱스 생성
node_index = VectorStoreIndex(nodes, llm=llm)

# 검색 비교
query_text = '이 영화의 반전은?'

## 문서 단위 검색
print("\n문서 단위 검색 결과")
doc_query_engine = full_doc_index.as_query_engine()
doc_response = doc_query_engine.query(query_text)
print(f"문서 검색 응답: {doc_response.response}")
if doc_response.source_nodes:
    for idx, document in enumerate(doc_response.source_nodes, start=1):
        print(f"- 결과 {idx}: {document.node.text}")

## 노드 단위 검색
print("\n노드 단위 검색 결과")
node_query_engine = node_index.as_query_engine()
node_response = node_query_engine.query(query_text)
print(f"노드 검색 응답: {node_response.response}")
if node_response.source_nodes:
    for idx, document in enumerate(node_response.source_nodes, start=1):
        print(f"- 결과 노드 {idx}: {document.node.text}")
```

이제 "이 영화의 반전은?"이라는 질문에 대해 문서 단위 검색 결과와 노드 단위 검색 결과를 비교해 보겠습니다.

실행 결과

문서 단위 검색 결과
문서 검색 응답: 이 영화의 반전은 박 사장네 집에 있는 비밀 지하실에 오랫동안 숨어 살던 남자가 있다는 사실입니다.
- 결과 1: 영화 '기생충'은 가난한 가족인 기우네가 부유한 박 사장네 집에 하나씩 취업하면서 벌어지는 이야기입니다. 처음에는 평화로워 보이지만, 이들의 거짓말이 쌓이며 긴장감이 점점 고조됩니다. 박 사장네 집에는 비밀 지하실이 존재하며, 그곳에는 오랫동안 숨어 살던 남자가 있다는 반전이 있습니다. 이 사실을 알게 된 기우네 가족은 예상치 못한 위기를 맞이하게 됩니다. 결국 극한 상황에서 벌어지는 사건으로 인해 비극적인 결말로 이어집니다.

노드 단위 검색 결과
노드 검색 응답: 영화의 반전은 박 사장의 집에 비밀 지하실이 존재한다는 사실을 드러냅니다. 그곳에는 오랫동안 숨어 지내던 한 남자가 살고 있었습니다.
- 결과 노드 1: 박 사장네 집에는 비밀 지하실이 존재하며, 그곳에는 오랫동안 숨어 살던 남자가 있다는 반전이 있습니다.
- 결과 노드 2: 결국 극한 상황에서 벌어지는 사건으로 인해 비극적인 결말로 이어집니다.

검색 결과를 살펴보면, 문서 단위 검색은 전체 문서에서 답변을 찾기 때문에 특정 문장이나 세부적인 내용을 추출하는 데 한계가 있으며, 불필요한 정보가 포함될 수 있습니다. 반면, 노드 단위 검색은 질의와 가장 관련 있는 노드만 선별하여 반환하므로, 더 정확하고 간결한 검색 결과를 제공합니다.

예를 들어, "이 영화의 반전은?"이라는 질문을 입력했을 때, 문서 단위 검색은 전체 문서를 탐색하여 응답을 생성하지만, 노드 단위 검색은 미리 분할된 청크 단위로 검색을 수행하기 때문에 질문과 직접적으로 관련 있는 정보가 포함된 노드를 빠르게 찾아낼 수 있습니다. 예를 들어 '박 사장네 집에는 비밀 지하실이 존재하며, 그곳에는 오랫동안 숨어 살던 남자가 있다는 반전이 있습니다.' 또는 '결국 극한 상황에서 벌어지는 사건으로 인해 비극적인 결말로 이어집니다.'와 같은 문장이 포함된 노드를 바로 찾아냅니다.

여기서 노드 단위 검색의 장점이 드러납니다. 노드를 사용하지 않고 문서 단위로만 검색을 수행하면 전체 리뷰 문서를 분석해야 하므로 검색 속도가 느려지거나 불필요한 정보를 포함한 장황한 결과가 도출될 수 있습니다. 하지만 노드 단위 검색을 활용하면 문서를 의미 단위로 나눈 각 청크에 직접 접근할 수 있으므로, 문서 전체를 일일이 탐색하지 않고도 질의와 관련된 핵심 정보를 빠르게 찾아낼 수 있습니다. 이 방식은 검색 시간을 단축할 뿐만 아니라, 불필요한 배경 설명이나 주변 정보 없이 핵심적인 문장만을 선별해 제공할 수 있다는 점에서 정확도 또한 높아집니다.

적절한 청킹 사이즈

앞서 살펴본 것처럼 문서를 적절한 크기의 노드로 나누는 것은 검색 효율성과 정확도를 높이는 핵심 요소입니다. 따라서 청킹 크기를 어떻게 설정할 것인지는 문서 검색 성능을 최적화하는 데 있어 중요한 고려사항입니다.

문서를 적절한 단위로 분할하면 검색 성능은 물론 검색 결과의 질도 향상됩니다. 이를 위해 라마인덱스는 다양한 청킹 기법을 제공하며, 문서를 보다 효과적으로 분할하고 검색할 수 있도록 지원합니다. 라마인덱스에서 제공하는 기본 청킹 크기(chunk size)는 1,024이며, 이는 아래 코드로 확인할 수 있습니다.

```python
from llama_index.core.node_parser import SimpleNodeParser
parser = SimpleNodeParser()
print(f"기본 청킹 크기: {parser.chunk_size}")    # 출력: 1024
```

실행 결과

```
기본 청킹 크기: 1024
```

기본값인 1,024 토큰은 대부분의 일반적인 문서에 대해 충분한 성능을 보이지만, 문서의 길이, 주제의 복잡도, 질의의 특성에 따라 더 작거나 더 큰 청킹 크기가 필요할 수 있습니다. 너무 큰 청크는 불필요한 정보까지 포함하여 검색 정확도를 떨어뜨릴 수 있고, 너무 작은 청크는 문맥이 단절되어 핵심 정보를 파악하기 어려울 수 있습니다. 따라서 청킹 크기는 단순히 임의로 설정하기보다는, 사용하려는 데이터의 특성과 검색 목적에 맞추어 신중히 조정해야 할 중요한 요소입니다. 이제 어떤 크기로 설정하는 것이 적절한지 구체적으로 살펴보겠습니다.

라마인덱스에서 기본 청킹 크기를 1,024로 설정한 이유는 공식 블로그에서 진행한 실험 결과[2]를 통해 확인할 수 있습니다. 이 책에서는 해당 실험의 핵심 결과를 발췌하여 살펴보

---

[2] 자세한 실험 내용은 라마인덱스 공식 블로그에서 살펴볼 수 있습니다.
Evaluating the Ideal Chunk Size for a RAG System using LlamaIndex: https://www.llamaindex.ai/blog/evaluating-the-ideal-chunk-size-for-a-rag-system-using-llamaindex-6207e5d3fec5

겠습니다. 실험에서는 청킹 크기에 따른 검색 성능을 평가하기 위해 다음 두 가지 지표를 기준으로 설정했습니다.

- 평균 신뢰도: 생성된 응답이 원본 문서(출처)와 얼마나 일치하는지 평가
- 평균 관련성: 생성된 응답이 사용자 질문과 얼마나 관련이 있는지 평가

표 2.2 최적의 청킹 크기를 찾기 위한 실험 결과

청크 크기	평균 응답 시간 (초)	평균 신뢰도	평균 관련성
128	1.55	0.85	0.78
256	1.57	0.9	0.78
512	1.68	0.85	0.85
1024	1.68	0.93	0.9
2048	1.72	0.9	0.89

실험 결과에 따르면 청킹 크기가 증가할수록 평균 응답 시간이 약간 증가하는 경향을 보였습니다. 그러나 평균 신뢰도와 평균 관련성 점수는 청킹 크기가 1,024일 때 가장 높았으며, 이 값을 초과하면 오히려 성능이 감소하는 양상이 나타났습니다. 이러한 결과를 통해, 청킹 크기를 1,024로 설정하는 것이 응답 시간과 응답 품질(신뢰도 및 관련성) 간의 균형을 맞추는 데 가장 적절한 값임을 알 수 있습니다.

2.3.2 토큰 단위 분할

토큰 단위 분할은 문서를 일정한 길이의 토큰(token) 단위로 나누는 방식입니다. 여기서 토큰은 일반적으로 단어나 구두점 등 텍스트를 구성하는 기본적인 단위를 의미합니다.

이 방식을 활용하면 문서를 일정한 크기의 블록으로 나눌 수 있어 전체 문서의 길이가 일정하게 유지됩니다. 따라서 메모리 관리가 편리하다는 장점이 있습니다. 다만, 분할 기준이 토큰 수이기 때문에 문장이 중간에서 인위적으로 잘릴 수 있으며, 이로 인해 문맥이 단절되거나 원래 의미가 훼손될 수 있다는 단점도 있습니다.

아래는 토큰 단위 분할을 실행하는 예제 코드입니다.

```
sample_text = "영화 '기생충'은 가난한 가족인 기우네가 부유한 박 사장네 집에 하나씩
취업하면서 벌어지는 이야기입니다. 처음에는 평화로워 보이지만, 이들의 거짓말이 쌓이며
긴장감이 점점 고조됩니다. 그러나 이 영화의 반전은 지하실에서 시작됩니다."

token_splitter = TokenTextSplitter(
    chunk_size=50,
    chunk_overlap=10
)

token_chunks = token_splitter.split_text(sample_text)
print("=== 토큰 기반 분할 결과 ===")
for i, chunk in enumerate(token_chunks):
    print(f"Chunk {i + 1}:", chunk.strip(), "\n")
```

TokenTextSplitter를 사용하여 텍스트를 50토큰 크기로 분할하였습니다. chunk_size=50 옵션은 각 청크의 최대 토큰 수를 50개로 설정하며, chunk_overlap=10 옵션은 각 청크가 앞뒤로 10토큰씩 중복되도록 설정합니다. 이에 따라 각 청크의 마지막 10토큰은 다음 청크의 앞부분에 그대로 포함되어, 청크 간 일정 부분이 중복됩니다. 이러한 중첩 구조는 문장이 청크 경계에서 잘리는 경우에도 문맥이 단절되지 않도록 방지해 주며, 모델이 보다 자연스럽고 연속적인 의미를 정확하게 이해할 수 있도록 도와줍니다.

실행 결과

```
=== 토큰 기반 분할 결과 ===
Chunk 1: 영화 '기생충'은 가난한 가족인 기우네가 부유한 박 사장네 집에 하나씩 **취업하면서**

Chunk 2: **취업하면서** 벌어지는 이야기입니다. 처음에는 평화로워 보이지만, 이들의 거짓말이 **쌓이며**

Chunk 3: **쌓이며** 긴장감이 점점 고조됩니다. 그러나 이 영화의 반전은 지하실에서 시작됩니다.
```

2.3.3 문장 단위 분할

문장 단위 분할은 문서를 각 문장을 기준으로 나누는 방식입니다. 이 방식은 하나의 문장이 중간에 끊기지 않도록 분할하며, 가능한 한 설정된 chunk_size 범위 내에서 최대한 문장을 온전하게 포함하도록 처리합니다. 따라서 토큰 단위 분할보다 문장이 불완전하게 나뉠 가능성이 낮으며, 문맥의 흐름을 보다 자연스럽게 유지할 수 있는 장점이 있습니다.

```python
from llama_index.core.node_parser.text.sentence import SentenceSplitter

splitter = SentenceSplitter(chunk_size=50, chunk_overlap=0)

sentence_chunks = splitter.split_text(sample_text)
print("=== 문장 기반 분할 결과 ===")
for i, chunk in enumerate(sentence_chunks):
    print(f"Chunk {i + 1}:", chunk.strip(), "\n")
```

실행 결과

```
=== 문장 기반 분할 결과 ===
Chunk 1: 영화 '기생충'은 가난한 가족인 기우네가 부유한 박 사장네 집에 하나씩 취업하면서

Chunk 2: 벌어지는 이야기입니다.

Chunk 3: 처음에는 평화로워 보이지만, 이들의 거짓말이 쌓이며 긴장감이 점점 고조됩니다.

Chunk 4: 그러나 이 영화의 반전은 지하실에서 시작됩니다.
```

첫 번째 문장 "영화 '기생충'은 가난한 가족인 기우네가 부유한 박 사장네 집에 하나씩 취업하면서 벌어지는 이야기입니다."는 50토큰을 초과하므로 문장이 분할되며, 초과된 부분은 다음 청크로 넘어갑니다. 이때 남은 부분인 "벌어지는 이야기입니다."는 자체적으로 완전한 문장이므로, 다른 문장과 결합하지 않고 독립적인 청크로 유지됩니다.

다음 문장인 "처음에는 평화로워 보이지만, 이들의 거짓말이 쌓이며 긴장감이 점점 고조됩니다."는 50토큰을 초과하지 않기 때문에 하나의 청크로 유지됩니다. 마지막 문장인 "그러나 이 영화의 반전은 지하실에서 시작됩니다." 역시 50토큰 이내이므로 별도의 분할 없이 하나의 청크로 처리됩니다.

이처럼 문장 단위 분할은 각 문장을 최대한 온전한 형태로 유지하면서, 설정된 `chunk_size`를 초과하지 않도록 분할하는 방식입니다. 문장이 `chunk_size`를 초과할 경우, 문맥을 고려해 적절한 지점에서 분할하되 문장이 중간에 끊기지 않도록 처리합니다. 이러한 방식은 문맥의 일관성을 유지하는 데 유리하며, 토큰 단위 분할보다 문장이 불완전하게 잘리는 현상을 최소화할 수 있는 장점이 있습니다.

2.3.4 의미 단위 분할

의미 기반 분할(Semantic Splitting)은 단순히 문장이나 토큰 수를 기준으로 자르는 것이 아니라, 문맥의 의미를 고려하여 텍스트를 적절한 단위로 분할하는 방식입니다. 이 분할 방식은 의미적으로 연관된 문장들을 함께 유지함으로써, 보다 자연스러운 정보 단위로 텍스트를 구성할 수 있게 해줍니다.

OpenAI 임베딩(OpenAIEmbedding)

의미 단위 분할은 임베딩을 활용하여 텍스트의 의미적 유사도를 계산하고, 이를 바탕으로 의미가 자연스럽게 유지되는 지점에서 텍스트를 분할하는 것이 특징입니다.

```python
from llama_index.core.node_parser import SemanticSplitterNodeParser
from llama_index.embeddings.openai import OpenAIEmbedding

embed_model = OpenAIEmbedding()

splitter = SemanticSplitterNodeParser(
    buffer_size=1,
    breakpoint_percentile_threshold=95,
    embed_model=embed_model
)

chunks = splitter.sentence_splitter(sample_text)
print("=== 의미 기반 분할 결과 ===")
for i, chunk in enumerate(chunks):
    print(f"Chunk {i + 1}:", chunk.strip(), "\n")
```

`SemanticSplitterNodeParser`는 텍스트를 의미적으로 분석하여 적절한 위치에서 분할하는 기능을 제공합니다. 이 과정에서 `OpenAIEmbedding`을 활용해 텍스트의 의미적 유사도를 계산하고, 내용이 문맥상 부자연스럽게 끊기지 않도록 전후 의미 흐름을 분석한 후, 의미 단절이 최소화되는 지점을 분할 지점으로 선택합니다. 즉, 단순히 길이 기준이 아니라 의미 단위가 자연스럽게 구분되는 위치에서 청크를 나누어 중요한 문맥을 유지하고 핵심 내용을 놓치지 않도록 합니다. 이때 사용되는 주요 설정값 중 `buffer_size`(버퍼 크기)는 분할 시 인접 문장들을 함께 고려하는 범위를 의미합니다.

`breakpoint_percentile_threshold`는 의미적으로 중요한 분할 지점을 결정하는 임계값입니다. 이 값이 높을수록 의미 변화가 뚜렷하게 드러나는 지점에서만 분할이 이루어집니다. 그 결과 하나의 청크에 포함되는 내용의 길이는 길어지고, 전체 청크 수는 줄어드는 경향이 있습니다. 예를 들어, 주제 전환이 뚜렷한 장면이나 단락에서만 분할이 발생하므로, 비교적 큰 의미 단위가 하나의 청크로 묶이게 됩니다. 반대로 이 값을 낮게 설정하면, 작은 의미 변화에도 민감하게 반응하여 더 자주 분할이 발생하며, 이로 인해 청크가 더 잘게 나뉘고, 문서 전체가 더 세분화된 단위로 구성됩니다.

실행 결과

```
=== 의미 기반 분할 결과 ===
Chunk 1: 영화 '기생충'은 가난한 가족인 기우네가 부유한 박 사장네 집에 하나씩 취업하면서
벌어지는 이야기입니다.

Chunk 2: 처음에는 평화로워 보이지만, 이들의 거짓말이 쌓이며 긴장감이 점점 고조됩니다.

Chunk 3: 그러나 이 영화의 반전은 지하실에서 시작됩니다.
```

첫 번째 청크인 "영화 '기생충'은 가난한 가족인 기우네가 부유한 박 사장네 집에 하나씩 취업하면서 벌어지는 이야기입니다."는 영화의 기본적인 소개를 포함합니다. 두 번째 청크인 "처음에는 평화로워 보이지만, 이들의 거짓말이 쌓이며 긴장감이 점점 고조됩니다."는 이야기의 전개를 다룹니다. 마지막으로 세 번째 청크인 "그러나 이 영화의 반전은 지하실에서 시작됩니다."는 반전이라는 주제를 중심으로 서술됩니다. 이처럼 각 청크는 완결된 정보 단위나 자연스러운 주제 전환 지점을 기준으로 분할됩니다. 그 결과 각 청크는 특정 개

념, 주제, 또는 전개상의 핵심 내용을 중심으로 구성되어 있어, 이후 검색 과정에서 질의와 직접적으로 관련된 의미 단위만을 빠르고 정확하게 추출하는 데 유리합니다. 이는 단순히 길이 기준으로 나눈 청크보다 사용자의 질문 의도에 부합하는 응답을 생성하는 데 더욱 효과적입니다.

허깅페이스 임베딩(HuggingFaceEmbedding)

OpenAI 임베딩 외에도 라마인덱스에서는 허깅페이스를 활용하여 다양한 임베딩 모델을 사용할 수 있습니다. 이를 통해 특정 용도에 적합한 사전 학습된 임베딩 모델을 선택하고, 프로젝트에 맞게 유연하게 적용할 수 있습니다.

허깅페이스 기반의 임베딩 모델을 사용하려면 관련 패키지를 설치해야 합니다.

```
!pip install transformers
!pip install llama-index-embeddings-huggingface
```

이번 예제에서는 sentence-transformers/all-MiniLM-L6-v2 모델을 사용해 보겠습니다. 다른 모델을 적용하려면 model_name 매개변수에 원하는 모델 이름을 지정하면 됩니다.

```
from llama_index.core.node_parser import SemanticSplitterNodeParser
from llama_index.embeddings.huggingface import HuggingFaceEmbedding

embed_model = HuggingFaceEmbedding(model_name="sentence-transformers/all-MiniLM-L6-v2")

splitter = SemanticSplitterNodeParser(
    buffer_size=1,
    breakpoint_percentile_threshold=95,
    embed_model=embed_model
)

chunks = splitter.sentence_splitter(sample_text)
print("=== 의미 기반 분할 결과 ===")
for i, chunk in enumerate(chunks):
    print(f"Chunk {i + 1}:", chunk.strip(), "\n")
```

실행 결과

```
=== 의미 기반 분할 결과 ===
Chunk 1: 영화 '기생충'은 가난한 가족인 기우네가 부유한 박 사장네 집에 하나씩 취업하면서
벌어지는 이야기입니다.

Chunk 2: 처음에는 평화로워 보이지만, 이들의 거짓말이 쌓이며 긴장감이 점점 고조됩니다.

Chunk 3: 그러나 이 영화의 반전은 지하실에서 시작됩니다.
```

OpenAI 임베딩과 비교해 보면, 동일한 분할 결과가 생성된 것을 확인할 수 있습니다. 다만 OpenAI 임베딩은 유료 서비스로, 사용량에 따라 비용이 부과됩니다. 예를 들어, text-embedding-ada-002 모델을 사용할 경우 1,000토큰당 약 $0.0001의 비용이 발생합니다.

반면 허깅페이스 기반 임베딩은 로컬 환경에서 실행 가능하며, 적절한 임베딩 모델을 선택하면 OpenAI API와 같은 외부 호출 없이도 추가 비용 없이 빠르고 효율적인 임베딩을 생성할 수 있다는 장점이 있습니다.

2.3.5 텍스트 분할 비교

지금까지 살펴본 것처럼, 텍스트 분할에는 토큰 단위, 문장 단위, 의미 단위 분할 방식이 있으며, 각 방식은 서로 다른 장단점을 지닙니다. 이번 절에서는 세 가지 분할 방식을 비교하고, 어떤 상황에 어떤 방식이 적합한지 살펴보겠습니다.

다음 표는 각 분할 방식의 특징을 한눈에 비교할 수 있도록 정리한 표입니다.

표 2.3 텍스트 분할 방식별 장단점 비교

분할 방식	장점	단점	적합한 도메인
토큰 단위 분할	▪ 일정한 크기로 분할되어 메모리 관리가 용이함 ▪ 대용량 데이터 처리에 효율적	▪ 문맥이 단절되어 의미 왜곡 가능 ▪ 중요한 정보가 누락될 가능성 있음	로그 데이터 처리, 대용량 문서 처리
문장 단위 분할	▪ 문맥이 유지되어 의미 왜곡이 적음 ▪ 자연스러운 흐름 유지	▪ 문장 길이의 불균형으로 메모리 관리 어려움 ▪ 긴 문장은 여전히 문제 발생 가능	뉴스 기사, 일반 문서 처리
의미 단위 분할	▪ 의미 기반 분할로 검색 정확도 향상 ▪ 중요한 내용 강조 가능	▪ 계산 비용 증가 ▪ 모델 성능에 의존	법률 문서, 의학 논문, 학술 자료

먼저 **토큰 단위 분할**은 문서를 일정한 토큰 수 기준으로 나누기 때문에 메모리 관리에 효율적이며, 특히 대용량 데이터를 처리할 때 적합합니다. 예를 들어, 로그 데이터나 대규모 문서 처리에 효율적으로 활용할 수 있습니다. 다만 이 방식은 문맥 정보를 고려하지 않기 때문에 의미가 왜곡되거나, 중요한 문장이 분리되어 정보가 누락될 수 있다는 단점이 있습니다.

문장 단위 분할은 문맥을 유지하면서 자연스러운 흐름을 제공하므로, 의미의 왜곡을 최소화할 수 있다는 장점이 있습니다. 특히 문장의 완성도가 높은 뉴스 기사나 일반 문서의 처리에 유용합니다. 그러나 문장 길이가 일정하지 않다는 점은 단점으로 작용할 수 있습니다. 짧은 문장은 지나치게 작은 청크로 나뉘어 포함된 정보량이 부족할 수 있으며, 반대로 긴 문장은 하나의 청크에 과도한 정보가 담기게 되어 메모리 관리와 검색 효율성에 부담을 줄 수 있습니다. 이러한 분할 단위의 불균형을 줄이기 위해, 문장 단위 분할과 토큰 단위 분할을 적절히 혼합하여 사용하는 방식도 고려할 수 있습니다.

의미 단위 분할은 텍스트의 의미적 구조를 기반으로 분할을 수행함으로써, 검색 정확도를 높이고, 중요한 내용을 보다 명확하게 강조할 수 있는 방식입니다. 이 방식은 법률 문서, 의학 논문, 학술 자료 등과 같이 정밀한 해석과 높은 검색 정확도가 요구되는 전문 도메인에서 특히 효과적입니다. 그러나 이 방식은 임베딩 모델을 활용하여 텍스트의 의미를 계산하는 과정을 포함하므로, 일반적인 분할 방식에 비해 계산 비용이 증가하는 단점이 있습니다. 또한, 결과의 품질이 사용하는 임베딩 모델의 성능에 크게 좌우된다는 단점이 있습니다.

결론적으로, 텍스트 분할 방식은 데이터의 특성과 활용 목적에 따라 적절히 선택해야 합니다. 일상적인 대규모 데이터 처리나 로그 분석과 같은 작업에는 토큰 단위 분할이 적합하고, 문맥의 자연스러운 흐름이 중요한 문서에서는 문장 단위 분할이 더 효과적입니다. 반면 정확한 의미 분석과 정보 추출이 요구되는 전문적인 환경에서는 의미 단위 분할이 가장 적합한 방식으로 활용될 수 있습니다.

2.4 인덱싱

데이터를 로드한 후에는 문서 객체나 노드 객체 목록을 얻게 됩니다. 이제 이 객체들을 기반으로 인덱스를 구축할 차례입니다. 인덱스는 이후 검색과 쿼리 처리의 핵심 역할을 하며, 대규모 언어 모델(LLM)이 효율적으로 작동할 수 있도록 돕는 핵심 구조입니다.

2.4.1 인덱싱이란?

인덱스(Index)는 문서 객체로 구성된 특정 형태의 데이터 구조를 의미합니다. 이를 통해 문서 간의 구조를 효과적으로 정리하고, 대규모 언어 모델(LLM)이 쿼리를 보다 효율적으로 수행할 수 있도록 합니다. 만약 인덱스가 없다면 LLM이 쿼리를 실행할 때 매번 전체 문서를 처음부터 끝까지 확인해야 하므로 특히 데이터 양이 방대한 경우에는 쿼리 처리 속도가 현저히 저하될 수밖에 없습니다.

라마인덱스에서 인덱스는 문서를 기반으로 작동하지만, 내부적으로는 문서를 노드(Node) 단위로 분할하여 처리합니다. 즉, 인덱스의 대상은 전체 문서지만, 실제로 LLM이 검색 및 추론을 수행하는 단위는 문서의 일부분인 노드입니다.

또한, 라마인덱스는 다양한 인덱스 유형을 제공하고 있으며, 사용자는 데이터의 특성과 쿼리 목적에 따라 적절한 인덱스 유형을 선택함으로써 쿼리 성능을 최적화할 수 있습니다.

2.4.2 벡터 저장소 인덱스

벡터 저장소 인덱스(Vector Store Index)는 라마인덱스에서 가장 널리 사용되는 인덱스 유형 중 하나입니다. 이 인덱스는 문서를 노드 단위로 분할한 뒤, 각 노드의 텍스트를 벡터화하여 LLM이 쿼리를 보다 효율적으로 처리할 수 있도록 준비합니다.

이 과정에서 핵심적으로 사용되는 개념이 벡터 임베딩(Vector Embedding)입니다. 벡터 임베딩이란 텍스트의 의미를 수치화하여 벡터로 표현하는 기술로, 의미적으로 유사한 단어나 문장은 임베딩 공간에서 물리적으로 가까운 위치에 매핑됩니다. 예를 들어, '고양이'와 '개'는 서로 다른 단어이지만, 유사한 문맥에서 자주 사용되므로, 임베딩 공간에서 물리적으로 가까운 위치에 놓일 수 있습니다. 이를 통해 LLM은 쿼리와 의미적으로 유사한 텍스트를 더욱 효율적으로 검색할 수 있습니다.

벡터 임베딩을 활용하면 다음과 같은 장점이 있습니다.

- **효율적인 검색**: 대규모 데이터에서도 빠르게 검색을 수행할 수 있습니다.
- **의미론적 검색**: 단순한 키워드 매칭이 아닌, 텍스트의 의미를 기반으로 유사한 결과를 반환합니다.
- **다양한 쿼리 전략 지원**: 벡터 임베딩을 활용해 상위 k개의 결과만 반환하거나, 문맥을 고려한 검색을 수행할 수 있습니다.

이번 예제를 위해 data 폴더에 다음과 같이 여러 개의 텍스트(txt) 파일을 생성하겠습니다.

```
file1.txt
고양이는 육식 동물입니다. 주로 고기, 생선, 그리고 가공된 고양이 사료를 먹습니다.
특히, 단백질이 풍부한 음식을 선호하며, 탄수화물 섭취는 적은 편입니다.

file2.txt
고양이는 물을 충분히 마셔야 합니다. 수분이 부족하면 신장 문제가 발생할 수 있습니다.
건식 사료보다 습식 사료가 수분 공급에 도움이 됩니다.

file3.txt
고양이는 초콜릿, 양파, 마늘 같은 음식은 먹으면 안 됩니다.
특히, 초콜릿에 포함된 테오브로민 성분은 고양이에게 치명적일 수 있습니다.

file4.txt
인류는 1969년 아폴로 11호를 통해 처음으로 달에 착륙했습니다.
최근에는 화성 탐사 로버가 활발히 연구를 수행하고 있습니다.

file5.txt
조선 왕조는 1392년부터 1897년까지 약 500년간 지속된 왕조입니다.
세종대왕은 한글을 창제하여 한국어 발전에 큰 영향을 미쳤습니다.
```

라마인덱스는 기본적으로 OpenAI의 `text-embedding-ada-002` 모델을 사용해 쿼리와 문서 간의 임베딩을 비교합니다. 벡터 저장소 인덱스를 사용하는 기본 예제 코드는 다음과 같습니다.

```python
from llama_index.core import VectorStoreIndex
from llama_index.core import SimpleDirectoryReader

reader = SimpleDirectoryReader('data')
documents = reader.load_data()

# Document 객체를 전달하여 인덱스 생성
index = VectorStoreIndex.from_documents(documents)
```

이 과정을 거치면서 각 문서는 벡터 임베딩으로 변환되고, 이렇게 생성된 임베딩은 벡터 저장소에 저장됩니다. 이후 쿼리를 실행하면, 해당 쿼리 역시 동일한 방식으로 벡터 임베딩으로 변환된 후, 저장된 문서 임베딩과의 유사도를 계산하게 됩니다. 그 결과 임베딩 공간에서 가장 높은 유사도를 가진 텍스트가 반환됩니다.

2.4.3 Top-K 검색

벡터 저장소 인덱스를 활용하여 쿼리를 수행하면 의미적으로 가장 유사한 상위 K개의 임베딩 결과가 반환됩니다. 이러한 검색 방식을 Top-K 검색이라고 합니다.

```python
from llama_index.core import VectorStoreIndex
from llama_index.core import SimpleDirectoryReader

reader = SimpleDirectoryReader('data')
documents = reader.load_data()

index = VectorStoreIndex.from_documents(documents)

# 상위 3개의 결과를 반환
query_engine = index.as_query_engine(similarity_top_k=3)

response = query_engine.query("고양이에게 수분 공급이 중요한 이유는?")

print("[검색된 상위 3개 문서]")
for idx, node in enumerate(response.source_nodes):
    print(f"\n[문서 {idx+1}]\n{node.text}")
print("\n[답변]")

print(response)
```

"고양이에게 수분 공급이 중요한 이유는?"이라는 질문을 입력하면, 해당 쿼리는 벡터로 변환된 후, 저장소에 있는 임베딩들과의 유사도 비교를 합니다. `similarity_top_k=3`으로 설정했기 때문에 가장 유사한 벡터 값을 가진 상위 3개 문서가 반환됩니다. 이 문서들은 [검색된 상위 3개 문서] 항목에서 확인할 수 있으며, 가장 관련성 높은 순서대로 정렬되어 출력됩니다. 이후 반환된 문서를 바탕으로 "고양이에게 수분 공급이 중요한 이유는 신장 문제를 예방하기 위해서입니다"와 같은 적절한 응답이 생성됩니다.

실행 결과

```
[검색된 상위 3개 문서]

[문서 1]
고양이는 물을 충분히 마셔야 합니다. 수분이 부족하면 신장 문제가 발생할 수 있습니다.
건식 사료보다 습식 사료가 수분 공급에 도움이 됩니다.

[문서 2]
고양이는 육식 동물입니다. 주로 고기, 생선, 그리고 가공된 고양이 사료를 먹습니다.
특히, 단백질이 풍부한 음식을 선호하며, 탄수화물 섭취는 적은 편입니다.

[문서 3]
고양이는 초콜릿, 양파, 마늘 같은 음식은 먹으면 안 됩니다.
특히, 초콜릿에 포함된 테오브로민 성분은 고양이에게 치명적일 수 있습니다.

[답변]
고양이에게 수분 공급이 중요한 이유는 신장 문제를 예방하기 위해서입니다.
```

Top-K 검색 외에도 다양한 쿼리 전략이 존재합니다. 예를 들어, 문맥의 흐름을 더 중시하는 방식이나, 복합적인 필터를 적용하는 전략도 있습니다. 더 복잡한 쿼리 전략은 2.6절 '쿼리'에서 자세히 살펴보겠습니다.

2.5 저장하기

문서를 인덱싱하면 쿼리를 실행할 준비가 완료됩니다. 그러나 모든 텍스트에 대해 임베딩을 생성하는 작업은 시간이 오래 걸릴 수 있으며, 특히 외부에서 호스팅되는 LLM 서비스를 사용하는 경우에는 처리 비용이 많이 발생할 수 있습니다. 따라서 처리 속도를 높이고 비용을 절감하기 위해, 한 번 생성된 임베딩을 저장해 두고 재사용하는 방법을 고려할 수 있습니다.

기본적으로 라마인덱스는 인덱싱된 데이터를 메모리에 저장합니다. 하지만 지속적인 활용을 위해서는 로컬 스토리지나 데이터베이스에 임베딩을 저장하는 방식도 고려할 수 있습니다.

인덱싱된 데이터를 저장하는 가장 간단한 방법은 모든 인덱스 객체에 내장된 `persist()` 메서드를 사용하는 것입니다. 이 메서드는 모든 데이터를 지정한 경로의 디스크에 저장하며, 라마인덱스에서 제공하는 모든 인덱스 유형에 대해 동일한 방식으로 사용할 수 있습니다. 이후, 저장된 인덱스를 다시 로드하면 임베딩을 다시 생성하거나 문서를 다시 처리할 필요 없이, 이전에 구축된 인덱스를 그대로 불러와 즉시 쿼리를 실행할 수 있습니다. 이를 통해 초기 인덱싱에 소요되는 시간과 비용을 크게 줄일 수 있으며, 자원을 보다 효율적으로 활용할 수 있습니다.

라마인덱스는 다양한 벡터 스토어(Vector Store)를 지원합니다. 이번 예제에서는 대표적인 오픈 소스 벡터 저장소인 크로마(Chroma)를 사용해 보겠습니다.

크로마 설치하기

먼저 크로마 라이브러리를 설치합니다. 다음 명령어를 실행하면 최신 버전의 크로마가 설치됩니다.

```
!pip install chromadb
```

크로마 클라이언트 초기화하기

크로마에 데이터를 저장하려면 먼저 클라이언트 객체를 초기화해야 합니다. 다음은 chromadb 라이브러리를 사용하여 클라이언트를 생성하는 코드입니다.

```python
import chromadb

# 크로마 클라이언트 초기화
db = chromadb.PersistentClient(path="./chroma_db")
```

`PersistentClient`는 크로마에서 제공하는 클라이언트 객체로, `path` 매개변수를 사용하여 데이터를 저장할 디렉터리를 지정할 수 있습니다. 이 경로에 저장된 데이터는 이후에 다시 불러오거나 쿼리에 활용할 수 있습니다.

컬렉션 생성하기

크로마에 데이터를 저장하려면 먼저 크로마 컬렉션(Chroma Collection)을 생성해야 합니다. 컬렉션은 데이터베이스 내에서 데이터를 저장하는 기본 단위입니다.

```
# 컬렉션 생성하기
chroma_collection = db.get_or_create_collection("quickstart")
```

여기서 **"quickstart"**는 컬렉션의 이름으로, 이후 데이터를 저장하거나 불러올 때 이 이름을 사용하게 됩니다.

스토리지 컨텍스트에 크로마 지정하기

라마인덱스에서 크로마(Chroma)를 벡터 저장소로 사용하려면, 먼저 크로마 클라이언트를 생성하고 특정 컬렉션을 지정해야 합니다. 이 컬렉션은 벡터 데이터를 저장하고 검색하는 기본 단위이며, 이후 StorageContext 객체를 통해 라마인덱스와 연결됩니다. 즉, 크로마 클라이언트는 로컬 디스크 또는 메모리 기반으로 실행되며, **get_or_create_collection()** 메서드를 통해 컬렉션을 준비한 뒤, 이를 ChromaVectorStore에 전달하여 벡터 저장소 역할을 수행하게 됩니다. 마지막으로, 이 벡터 저장소를 StorageContext에 지정하면 라마인덱스의 인덱싱 및 검색 기능과 통합하여 활용할 수 있습니다.

먼저 아래 명령어로 크로마 패키지를 설치합니다.

```
!pip install llama-index-vector-stores-chroma
```

설치가 완료되면 다음 코드로 크로마를 벡터 저장소로 지정할 수 있습니다.

```
from llama_index.vector_stores.chroma import ChromaVectorStore
from llama_index.core import StorageContext

# 크로마를 벡터 저장소로 지정
vector_store = ChromaVectorStore(chroma_collection=chroma_collection)
storage_context = StorageContext.from_defaults(vector_store=vector_store)
```

여기서 `ChromaVectorStore`는 라마인덱스와 크로마 간의 인터페이스 역할을 담당하며, `StorageContext`는 벡터 저장소에 대한 설정을 관리합니다.

벡터 스토어 인덱스 초기화하기

이제 저장된 벡터 데이터를 불러와 벡터 스토어 인덱스(VectorStoreIndex)를 초기화합니다. 이 과정에서 크로마에 저장된 벡터 데이터를 기반으로 인덱스를 구축합니다.

```python
from llama_index.core import VectorStoreIndex

# 문서 리스트 (임의의 예시)
documents = [
    Document(text="Llama2 is a large language model developed by Meta."),
    Document(text="Chroma is an open-source vector store.")
]

# 문서를 벡터 스토어 인덱스로 저장
index = VectorStoreIndex.from_documents(documents, storage_context=storage_context)

# 저장된 벡터 인덱스 데이터 저장
index.storage_context.persist(persist_dir="./index_data")
```

`persist_dir`은 임베딩된 데이터를 저장할 로컬 디렉터리 경로를 의미합니다. 위 코드를 실행하면 크로마 벡터 스토어와 라마인덱스가 협력하여 문서를 임베딩한 데이터를 지정한 경로에 저장하게 됩니다.

저장된 데이터 불러오기

앞서 저장한 데이터를 활용하려면, 로컬 저장소에서 벡터 데이터를 다시 불러와야 합니다. 아래 코드를 실행하면 저장된 벡터 데이터를 다시 불러올 수 있습니다.

```python
index = VectorStoreIndex.from_vector_store(
    vector_store, storage_context=storage_context
)
```

`from_vector_store()` 메서드는 크로마에 저장된 벡터 데이터를 기반으로 새로운 VectorStoreIndex 객체를 생성합니다.

이제 지금까지 작성한 모든 코드를 통합하여 살펴보겠습니다.

```python
import chromadb
from llama_index.core import VectorStoreIndex
from llama_index.vector_stores.chroma import ChromaVectorStore
from llama_index.core import StorageContext

# 크로마 클라이언트 초기화
db = chromadb.PersistentClient(path="./chroma_db")

# 저장된 컬렉션을 다시 가져오기 (또는 생성하기)
chroma_collection = db.get_or_create_collection("quickstart")

# 저장된 크로마 벡터 스토어 설정
vector_store = ChromaVectorStore(chroma_collection=chroma_collection)
storage_context = StorageContext.from_defaults(vector_store=vector_store)

# 벡터 스토어 인덱스에 문서를 저장 (데이터 임베딩 후 저장)
index = VectorStoreIndex.from_documents(documents, storage_context=storage_context)

# 인덱스 데이터를 로컬 디렉터리에 저장
index.storage_context.persist(persist_dir="./index_data")


# --- 이후 다시 데이터를 불러오고 쿼리 수행 ---

# 크로마 클라이언트 다시 초기화
db = chromadb.PersistentClient(path="./chroma_db")

# 저장된 컬렉션을 다시 가져오기
chroma_collection = db.get_or_create_collection("quickstart")

# 저장된 크로마 벡터 스토어 설정
vector_store = ChromaVectorStore(chroma_collection=chroma_collection)
storage_context = StorageContext.from_defaults(vector_store=vector_store)
```

```python
# 저장된 벡터 데이터를 이용해 인덱스를 다시 로드
index = VectorStoreIndex.from_vector_store(
    vector_store, storage_context=storage_context
)

# 쿼리 엔진 생성 및 쿼리 수행
query_engine = index.as_query_engine()
response = query_engine.query("What is Chroma?")
print(response)
```

위 코드는 데이터를 저장했다가 다시 불러오는 과정으로, 지금까지 다룬 내용을 다음과 같이 정리할 수 있습니다.

- 데이터 저장
    1. 크로마 클라이언트를 초기화하고, 데이터를 저장할 컬렉션(Collection)을 생성하거나 가져옵니다.
    2. 문서 데이터를 벡터 임베딩으로 변환한 후, 해당 데이터를 벡터 스토어 인덱스(VectorStoreIndex)에 저장합니다.
    3. 인덱싱된 데이터를 persist_dir에 지정한 경로로 저장하여, 이후 다시 불러올 수 있게 합니다.

- 데이터 불러오기
    1. 크로마 클라이언트를 다시 초기화하고, 이전에 저장된 컬렉션Collection)과 데이터를 가져옵니다.
    2. 저장된 벡터 데이터를 기반으로 벡터 스토어 인덱스(VectorStoreIndex)를 재구성하여 불러옵니다.

2.6 쿼리

지금까지 데이터를 로드하고, 인덱스를 구축한 뒤 인덱스싱된 데이터를 저장하는 과정까지 살펴봤습니다. 이제는 LLM 애플리케이션에서 가장 중요한 단계 중 하나인 쿼리(Query)를 실행할 준비가 되었습니다.

가장 단순한 형태의 쿼리는 LLM에 프롬프트를 입력하여 호출하는 방식입니다. 이를 통해 사용자는 질문을 입력해 답변을 얻거나, 텍스트 요약을 요청하거나, 더 복잡한 지시를 실행할 수 있습니다.

더 복잡한 쿼리는 반복적이거나 연속적인 프롬프트를 사용해 LLM을 호출하거나, 여러 구성 요소를 거치는 추론 루프를 포함할 수 있습니다.

2.6.1 쿼리 엔진(QueryEngine)

모든 쿼리의 기초는 쿼리 엔진(QueryEngine)입니다. 가장 간단한 방법은 인덱스 객체로부터 쿼리 엔진을 직접 생성하는 것입니다. 쿼리 엔진은 라마인덱스에서 쿼리를 처리하는 핵심 구성 요소로, 사용자의 질문(쿼리)을 받아 검색(Retrieval), 후처리(Postprocessing), 응답 합성(Response Synthesis) 단계를 거쳐 최종 응답을 생성합니다.

쉽게 말해, 쿼리 엔진은 쿼리 처리 파이프라인의 중심입니다. 쿼리가 입력되면 검색 엔진이 인덱스를 통해 관련 문서를 찾고, 후처리 과정을 거쳐 필터링하거나 재정렬한 뒤, 검색된 데이터를 바탕으로 LLM(대규모 언어 모델)을 호출하여 최종 응답을 생성해 반환합니다.

쿼리 엔진의 주요 역할은 다음과 같습니다.

- **검색(Retrieval)**: 입력된 쿼리와 가장 관련 있는 문서를 인덱스에서 검색합니다. 인덱싱 과정에서 설명했듯이, 일반적으로는 Top-K 의미론적 검색이 사용되며, 필요에 따라 다양한 검색 전략을 적용할 수 있습니다.

- **후처리(Postprocessing)**: 검색된 노드를 선택적으로 재정렬, 변환, 필터링하는 단계입니다. 예를 들어, 특정 키워드가 포함되어 있거나, 지정된 메타데이터 조건(예: 영화 유형이 '액션', 감독이 '홍길동')을 만족하는 노드만 필터링하여 선택적으로 사용할 수 있습니다.

- **응답 합성(Response synthesis)**: 쿼리, 가장 관련 있는 데이터가 프롬프트와 결합되어 LLM으로 전송되며, 이를 통해 적절한 응답이 생성됩니다.

```
query_engine = index.as_query_engine()
response = query_engine.query(
    "고객의 개인 정보를 참고하여 맞춤형 이메일을 작성해 주세요."
)
print(response)
```

쿼리 엔진은 이러한 과정을 거쳐 관련 문서를 검색하고, 후처리를 수행한 뒤, 최종적으로 사용자 질문에 대한 응답을 생성하여 반환합니다. 이 예제에서는 사용자의 요청에 따라 적절한 이메일 형식의 답변이 생성되어 제공됩니다.

2.6.2 검색(Retrieval)

검색 단계에서는 인덱스에서 쿼리에 가장 적합한 문서를 찾아 반환합니다. 라마인덱스는 벡터 임베딩을 사용하여 의미적으로 유사한 문서를 검색합니다. 가장 일반적으로 사용되는 방법은 Top-K 검색으로, 쿼리와 의미적으로 가장 가까운 상위 K개의 문서를 반환합니다.

```python
from llama_index.core.retrievers import VectorIndexRetriever

retriever = VectorIndexRetriever(
    index=index,
    similarity_top_k=5,  # 상위 5개의 결과 반환
)
```

예를 들어, 사용자가 "Llama2의 특징은 무엇인가요?"라는 질문을 입력하면, 라마인덱스는 임베딩을 활용해 해당 질문과 가장 관련성이 높은 문서를 벡터 공간에서 검색합니다. 이때 Top-K 값이 5로 설정되어 있으면, 가장 유사한 상위 5개의 문서를 반환하며, 이 중 관련성이 가장 높은 문서가 첫 번째로 반환됩니다.

2.6.3 후처리(Postprocessing)

후처리는 검색된 문서를 재정렬, 변환, 또는 필터링하는 과정으로, 특정 기준을 적용하여 문서를 필터링할 수 있습니다. 예를 들어, 유사도 점수가 일정 기준 이상인 문서만 선택하거나, 특정 메타데이터(예: 날짜나 카테고리)를 포함한 문서만 사용할 수 있습니다.

```python
from llama_index.core.postprocessor import SimilarityPostprocessor

postprocessor = SimilarityPostprocessor(similarity_cutoff=0.7)
query_engine = index.as_query_engine(node_postprocessors=[postprocessor])
```

예를 들어, 검색된 문서 중 유사도 점수가 0.7 이상인 문서만 사용하고자 한다면, 후처리 단계에서 해당 기준을 적용하여 유사도가 높은 문서만 필터링할 수 있습니다. 예를 들어, "저자가 어린 시절에 무엇을 했는가?"라는 질문에 대해 유사도가 낮은 문서는 결과에서 제외될 수 있습니다.

2.6.4 응답 합성(Response synthesis)

응답 합성 단계는 검색된 문서와 사용자의 질의를 기반으로 LLM이 최종 응답을 생성하는 과정입니다. 라마인덱스는 다양한 방식의 응답 합성 전략을 제공하며, 이러한 전략은 response_mode 파라미터를 통해 지정할 수 있습니다. 기본적으로는 "compact" 모드가 사용되며, 필요에 따라 다른 모드로 변경하여 LLM의 응답 방식과 품질을 조정할 수 있습니다.

```python
from llama_index.core.response_synthesizers import get_response_synthesizer
from llama_index.core.query_engine import RetrieverQueryEngine

# 응답 합성기 설정
response_synthesizer = get_response_synthesizer(response_mode="compact")

# 쿼리 엔진 구성
query_engine = RetrieverQueryEngine.from_args(
    retriever=index.as_retriever(),
    response_synthesizer=response_synthesizer,
)

# 쿼리 실행
response = query_engine.query("Llama2란?")
```

"compact" 모드는 검색된 문서들을 하나로 연결(concatenate)하여 하나의 LLM 호출로 응답을 생성하는 방식입니다. 호출 횟수가 적어 응답 속도가 빠르며, 일반적인 질의응답 시스템에서 널리 사용됩니다. 좀 더 정밀한 응답이 필요한 경우에는 "refine" 모드를 사용할 수 있습니다. 이 방식은 검색된 문서들을 순차적으로 읽어가며 응답을 점진적으로 정제하는 구조입니다. 처음에는 첫 번째 문서를 기반으로 초기 응답을 생성하고, 이후 문서들을 하나씩 읽으며 응답을 보완하거나 수정합니다. 따라서 LLM이 보다 깊이 있는 응답을 생성할 수 있지만, 문서당 하나의 LLM 호출이 발생하므로 호출 비용이 증가할 수 있습니다. 긴 문서나 다수의 검색 결과를 계층적으로 요약하고자 할 경우에는 "tree_summarize" 모드가 적합합니다. 이 방식은 여러 문서를 묶어서 요약한 후, 그 요약 결과를 다시 상위 수준에서 통합 요약하는 트리 구조를 활용합니다. 전체적인 맥락을 유지하면서도 정보를 간결하게 요약하고자 할 때 효과적입니다. 그 외의 response_mode 옵션에 대한 설명은 라마인덱스 공식 문서의 Response Synthesizers 섹션[3]을 참고하기 바랍니다.

2.6.5 커스터마이징

라마인덱스는 쿼리 처리 과정에서 검색기(Retriever), 후처리(Postprocessor), 응답 합성(Response Synthesizer) 등의 구성 요소를 직접 설정할 수 있는 저수준 구성 API를 제공합니다. 이를 통해 단순한 기본 설정을 넘어서, 각 처리 단계의 동작 방식을 세부적으로 조정할 수 있습니다. 예를 들어, 검색기에서 top_k=10으로 설정하여 더 많은 문서를 불러오고, 후처리기에서는 유사도 점수 0.75 이상인 노드만 필터링하도록 지정할 수 있습니다. 또한, 응답 합성기에서 response_mode="refine"을 사용하면 각 문서를 순차적으로 분석하고 응답을 점진적으로 정제하는 방식으로 구성할 수 있습니다. 이 외에도 특정 키워드를 포함한 문서만 검색 결과에 포함되도록 메타데이터 기반 필터를 설정하거나, 검색 결과를 시간순으로 정렬하는 등 다양한 맞춤 구성이 가능합니다.

이번 예제에서는 그 중에, 검색기(Retriever)에서 top_k 값을 다르게 설정하고, 후처리 단계에서 검색된 노드가 일정 유사도 점수 이상일 때만 포함되도록 커스터마이징 해보겠습니다. 이 방식은 관련된 결과가 많을 경우에는 충분한 데이터를 제공하지만, 관련 내용이 없을 경우 데이터를 반환하지 않을 수도 있습니다.

먼저 documents라는 문서 목록을 기반으로 벡터 저장소 인덱스를 생성합니다.

```
from llama_index.core import VectorStoreIndex, get_response_synthesizer
from llama_index.core.retrievers import VectorIndexRetriever
```

---

[3] https://docs.llamaindex.ai/en/stable/module_guides/querying/response_synthesizers/#configuring-the-response-mode

```
from llama_index.core.query_engine import RetrieverQueryEngine
from llama_index.core.postprocessor import SimilarityPostprocessor

# 문서를 기반으로 인덱스 생성
index = VectorStoreIndex.from_documents(documents)
```

그 다음 `VectorIndexRetriever`를 사용하여 인덱스에서 상위 10개의 유사한 결과를 검색합니다. 검색기는 쿼리와 가장 유사한 문서를 찾아 반환하며, 이때 `similarity_top_k` 값을 조정하여 반환할 결과의 개수를 설정할 수 있습니다.

```
# 검색기 설정 (상위 10개의 유사한 결과 반환)
retriever = VectorIndexRetriever(
    index=index,
    similarity_top_k=10,
)
```

응답을 생성을 위해 `get_response_synthesizer` 함수를 사용하여, 검색된 문서를 바탕으로 LLM이 적절한 응답을 생성할 수 있도록 설정합니다. 응답 합성기는 검색된 문서와 쿼리를 결합하여 최종 응답을 생성하는 핵심 역할을 수행합니다.

```
# 응답 합성기 설정
response_synthesizer = get_response_synthesizer()
```

후처리 과정에서는 `SimilarityPostprocessor`를 사용하여 검색된 결과 중에서 유사도 점수가 0.7 이상인 문서만 선택하도록 설정합니다.

```
# 후처리 설정 (유사도 0.7 이상인 노드만 선택)
postprocessor = SimilarityPostprocessor(similarity_cutoff=0.7)
```

마지막으로 `RetrieverQueryEngine`을 통해 검색기, 응답 합성기, 후처리를 포함한 쿼리 엔진을 생성합니다.

```
# 쿼리 엔진
query_engine = RetrieverQueryEngine(
    retriever=retriever,
    response_synthesizer=response_synthesizer,
    node_postprocessors=[SimilarityPostprocessor(similarity_cutoff=0.7)],
)
```

예를 들어, "모나리자 그림은 어디에 전시되어 있나요?"라는 질문을 쿼리 엔진에 전달하면, 쿼리 엔진이 관련된 응답을 생성하여 출력합니다.

```
# 쿼리 실행 및 결과 출력
response = query_engine.query("모나리자 그림은 어디에 전시되어 있나요?")
print(response)
```

지금까지의 과정을 요약하면 다음과 같습니다.

- **검색**: 인덱스에서 쿼리와 관련된 상위 K개의 문서를 검색합니다. 예를 들어, 상위 10개의 문서를 반환합니다.

- **후처리**: 검색된 문서 중 유사도 점수나 메타데이터 기준에 따라 필터링합니다. 예를 들어, 유사도가 0.7 이상인 문서만 사용합니다.

- **응답 합성**: 검색된 문서와 쿼리를 결합하여 LLM이 최종 응답을 생성합니다. 예를 들어, "저자가 어릴 때 무엇을 했나요?"에 대한 답변을 생성합니다.

03

벡터
스토어

개발 환경 구축하기

크로마

파인콘

쿼드런트

벡터 스토어(VectorStore)는 벡터화된 데이터를 효율적으로 저장하고 검색할 수 있도록 설계된 데이터 관리 시스템입니다. LLM이나 검색 시스템에서는 텍스트, 이미지 또는 기타 데이터를 벡터로 변환한 뒤, 이를 기반으로 유사도를 계산하여 검색하거나 분석하는 작업이 자주 필요합니다. 만약 별도의 벡터 저장소 없이 검색을 수행할 경우, 모든 데이터를 순차적으로 비교해야 하므로 데이터의 크기가 커질수록 검색 속도가 급격히 느려질 수 있습니다.

우선 이번 장에서 살펴볼 주요 용어를 살펴보겠습니다.

- **벡터**는 데이터를 다차원 공간에서 수치화한 값을 의미합니다.
- **벡터 컬렉션**은 여러 벡터를 그룹화하여 관리하는 단위로, 벡터 컬렉션을 활용하면 태스크 목적에 맞는 데이터를 그룹화하여 처리할 수 있습니다. 예를 들어, 고객 피드백 데이터를 긍정적인 리뷰와 부정적인 리뷰 컬렉션으로 나누면, 긍정적인 리뷰만 분석하여 제품 개선에 활용할 수 있습니다. 또한, 학술 데이터에서 생물학, 물리학, 수학 논문을 각각의 컬렉션으로 나누어 관리하면 특정 분야의 논문만 선택적으로 검색하거나 분석할 수 있습니다.
- **벡터 스토어**는 이러한 벡터 컬렉션을 저장하고 검색할 수 있도록 지원하는 시스템입니다.

라마인덱스는 다양한 벡터 저장소와 통합되어 있어 사용자가 작업 목적에 가장 적합한 벡터 스토어를 선택하여 활용할 수 있도록 지원합니다. 각 벡터 저장소는 고유한 특징과 강점을 가지고 있으며, 이번 장에서는 대표적인 벡터 스토어인 크로마(Chroma), 파인콘(Finecone), 쿼드런트(Qdrant)를 중심으로 각각의 특성과 사용 사례를 살펴보겠습니다.

3.1 개발 환경 구축하기

실습을 진행하기 위해 먼저 개발 환경을 준비하겠습니다. 명령 프롬프트를 이용해 프로젝트 폴더를 생성하고, 가상 환경을 구축합니다.

프로젝트 폴더 생성하기

3장에서 실습할 코드와 데이터를 저장할 ch03 폴더를 생성하고 해당 경로로 이동합니다. 명령 프롬프트에서 아래 명령어를 순서대로 입력합니다.

```
C:\llamaindex> cd C:\llamaindex
C:\llamaindex> mkdir ch03
C:\llamaindex> cd ch03
C:\llamaindex\ch03>
```

실습 폴더인 llamaindex 폴더 안에 ch03 폴더가 생긴 것을 확인할 수 있습니다.

가상 환경 생성하기

다음 명령어를 입력하여 ch03_env라는 이름의 가상 환경을 생성합니다.

```
C:\llamaindex\ch03> python -m venv ch03_env
```

가상 환경이 생성되면 아래 명령어로 가상 환경을 활성화합니다.

```
C:\llamaindex\ch03> ch03_env\Scripts\activate.bat[1]
(ch03_env) C:\llamaindex\ch03>
```

프롬프트 왼쪽에 (ch03_env)가 표시되면 가상 환경이 정상적으로 활성화된 것입니다. 가상 환경에 라마인덱스 0.11.11 버전을 설치합니다.

```
(ch03_env) C:\llamaindex\ch03> pip install llama-index==0.11.11
```

VSCode에서 프로젝트 파일 만들기

이번 실습에 사용할 주피터 노트북 파일을 만들어 보겠습니다. VSCode를 실행하고, 상단 메뉴에서 [File] → [Open Folder]를 클릭합니다. 앞서 생성한 ch03 폴더(C:\llamaindex\ch03)를 선택하고 [열기] 버튼을 클릭합니다. 이어서 [New File] 버튼을 클릭해 새로운 파일을 추가합니다. 새 파일 이름은 ch03_practice.ipynb로 지정합니다.

---

[1] macOS 사용자는 source ch03_env/bin/activate 명령어를 사용합니다.

3.2 크로마

이전 장에서 배운 것처럼, 크로마(Chroma)는 오픈 소스 벡터 저장소로, 벡터 스토어를 간편하게 구현할 수 있는 강력한 벡터 데이터베이스 도구입니다. 직관적인 API를 제공하여 초보자부터 고급 사용자까지 누구나 쉽게 활용할 수 있으며, 사용자 친화적인 인터페이스와 오픈 소스 생태계를 바탕으로 빠른 개발과 맞춤형 솔루션 구현에 적합합니다.

크로마 설치

먼저 크로마를 설치해야 합니다. 아래 명령어를 가상 환경에서 실행합니다.

```
(ch03_env) C:\llamaindex\ch03> pip install chromadb
```

크로마는 유연성과 우수한 성능 덕분에 소규모 프로젝트부터 대규모 프로젝트까지 안정적으로 활용할 수 있으며, 로컬 환경뿐만 아니라 클라우드 환경에서도 효과적으로 작동합니다.

3.2.1 크로마 클라이언트 생성

크로마를 사용하기 위해 가장 먼저 해야 할 작업은 크로마 클라이언트를 초기화하는 것입니다. 다음은 크로마 클라이언트를 초기화하는 예시 코드입니다.

```
import chromadb

# 크로마 클라이언트 생성
client = chromadb.Client()
```

chromadb.Client()는 크로마 클라이언트를 초기화하는 코드로, 이 클라이언트를 통해 벡터 데이터를 저장하고 검색할 수 있는 인스턴스를 생성할 수 있습니다.

3.2.2 컬렉션 생성

벡터 컬렉션은 앞서 설명한 것처럼, 벡터로 표현된 데이터 그룹을 관리하는 단위입니다. 벡터는 텍스트, 이미지, 오디오 등 다양한 데이터를 고차원 공간에 임베딩하여 표현하는 방식입니다. 이러한 벡터들은 의미적으로 유사한 데이터일수록 벡터 공간에서 더 가까운 위치에 배치됩니다. 이러한 특성은 유사도 측정이나 검색 작업에 매우 유용하게 활용됩니다.

벡터 컬렉션은 벡터 데이터를 체계적으로 저장하고 관리할 수 있도록 도와주는 역할을 합니다. 각 벡터 컬렉션은 특정 데이터셋과 용도에 맞게 독립적으로 구성됩니다. 예를 들어 자연어 처리 모델로부터 생성된 텍스트 벡터나 이미지 인식 모델로부터 생성된 이미지 벡터를 각각 별도의 컬렉션으로 저장할 수 있습니다. 이를 통해 사용자는 벡터 기반의 검색, 분류, 또는 추천 시스템을 효과적으로 구축하고 운영할 수 있습니다.

다음은 벡터 컬렉션을 생성하는 예제 코드입니다.

```
# 벡터 컬렉션 생성
collection = client.create_collection("example_collection")
```

위 코드에서는 example_collection이라는 이름의 컬렉션을 생성했습니다. create_collection() 함수는 데이터를 저장할 수 있는 컬렉션을 생성하는 역할을 합니다.

3.2.3 벡터 데이터 추가

컬렉션이 생성되면, 임의의 텍스트 데이터와 이를 임베딩한 벡터를 해당 컬렉션에 추가할 수 있습니다. 아래는 임의의 벡터 데이터를 컬렉션에 추가하는 예제 코드입니다.

```
# 임베딩된 벡터 데이터 (예시로 임의 벡터 사용)
vectors = [
    [0.1, 0.2, 0.3],   # 첫 번째 데이터의 벡터
    [0.4, 0.5, 0.6],   # 두 번째 데이터의 벡터
    [0.7, 0.8, 0.9],   # 세 번째 데이터의 벡터
]

# 벡터와 연결된 임의 고유 ID (각 벡터마다 고유한 ID 필요)
ids = ["doc1", "doc2", "doc3"]

# 벡터 데이터 추가
collection.add(ids=ids, embeddings=vectors)
print("벡터 데이터를 컬렉션에 추가했습니다.")
```

여기서는 임의의 벡터 데이터를 컬렉션에 추가했습니다. collection.add() 메서드를 사용하면 텍스트나 이미지 등 다양한 형태의 데이터를 벡터로 변환한 후, 해당 벡터를 컬렉션에 손쉽게 추가할 수 있습니다.

3.2.4 벡터 검색

이제 앞서 추가한 벡터 데이터를 기반으로, 쿼리 벡터와 유사한 벡터를 검색해 보겠습니다.

```
import json

# 검색할 벡터 (예시로 임의 벡터 사용)
query_vector = [0.1, 0.2, 0.25]

# 벡터 컬렉션에서 유사한 벡터 검색
results = collection.query(query_embeddings=[query_vector], n_results=2)

formatted_results = {
    "검색된 문서 ID": results["ids"][0],
    "유사도 거리": results["distances"][0]
}

print("\n유사한 벡터 검색 결과:")
print(json.dumps(formatted_results, indent=4, ensure_ascii=False))
```

크로마에서는 collection.query() 메서드를 사용하면 쿼리 벡터(query_vector)와 가장 유사한 벡터들을 검색할 수 있습니다. 위 코드에서는 n_results=2로 설정하여 유사한 벡터 2개를 반환하도록 지정했습니다.

실행 결과

```
유사한 벡터 검색 결과:
{
    "검색된 문서 ID": [
        "doc1",
        "doc2"
    ],
```

```
    "유사도 거리": [
        0.002500001108273864,
        0.30250000953674316
    ]
}
```

`ids`는 검색된 벡터의 ID를 나타냅니다. 쿼리 벡터와 가장 유사한 순서대로 `doc1`과 `doc2`가 반환되었습니다. `distances`는 쿼리 벡터와 각 벡터 간의 유클리드 거리를 나타냅니다. 이 값이 작을수록 유사도가 높습니다.

즉, 쿼리 벡터 [0.1, 0.2, 0.25]와 가장 유사한 벡터는 `doc1`이며, 그 다음으로 `doc2`가 유사하다는 결과가 출력됐습니다.

3.2.5 메타데이터 필터링

크로마의 또 다른 기능 중 하나는 메타데이터 기반 필터링입니다. 이를 통해, 검색 시 특정 조건을 만족하는 메타데이터를 가진 벡터만 검색 대상에 포함시킬 수 있습니다. 다음은 벡터 데이터와 함께 메타데이터를 추가하고, 메타데이터 조건을 기반으로 벡터를 검색하는 예제입니다.

```
collection = client.create_collection("metadata_example_collection")

# 임베딩된 벡터 데이터 및 메타데이터 추가
vectors = [
    [0.1, 0.2, 0.3],  # 첫 번째 데이터 벡터
    [0.4, 0.5, 0.6],  # 두 번째 데이터 벡터
    [0.7, 0.8, 0.9],  # 세 번째 데이터 벡터
]

ids = ["doc1", "doc2", "doc3"]

metadatas = [
    {"name": "example", "category": "A"},  # 첫 번째 문서의 메타데이터
    {"name": "sample", "category": "B"},   # 두 번째 문서의 메타데이터
    {"name": "example", "category": "C"}   # 세 번째 문서의 메타데이터
```

```python
]

# 벡터 데이터 추가 (메타데이터 포함)
collection.add(ids=ids, embeddings=vectors, metadatas=metadatas)

results = collection.query(
    query_embeddings=[[0.1, 0.2, 0.3]],
    n_results=1,
    where={"name": "example"}  # 메타데이터 필터 적용
)

# 검색 결과 정리
formatted_results = {
    "검색된 문서 ID": results["ids"][0] if results["ids"] else [],
    "유사도 거리": results["distances"][0] if results["distances"] else [],
    "메타데이터": results["metadatas"][0] if results["metadatas"] else []
}

print("\n유사한 벡터 검색 결과:")
print(json.dumps(formatted_results, indent=4, ensure_ascii=False))
```

where 매개변수는 메타데이터의 특정 조건에 따라 필터링을 적용하는 기능입니다. 이 기능을 이용해 name 값이 "example"인 벡터만 검색하도록 지정했습니다. 이러한 방식을 사용하면 유사 벡터를 찾으면서도, 특정 메타데이터 조건을 만족하는 경우에만 검색 결과를 반환할 수 있습니다.

실행 결과

```
유사한 벡터 검색 결과:
{
    "검색된 문서 ID": [
        "doc1"
    ],
    "유사도 거리": [
        0.0
    ],
```

```
    "메타데이터": [
        {
            "category": "A",
            "name": "example"
        }
    ]
}
```

그 결과 name 필드가 example인 벡터 데이터만 필터링되어 검색되었습니다. 이렇게 특정 필드의 메타데이터 조건을 기반으로 검색 결과를 제한할 수 있습니다.

3.2.6 임베딩 데이터 추가

앞서 잠깐 언급했듯이, 텍스트, 이미지 등 벡터로 표현할 수 있는 모든 데이터는 크로마에 적재하고 검색할 수 있습니다. 이번 절에서는 텍스트를 외부 임베딩 모델을 활용해 임베딩 벡터화 한 다음, 이를 크로마에 적재하고 검색하는 과정을 살펴보겠습니다.

센텐스-트랜스포머

센텐스-트랜스포머(Sentence-Transformer)는 버트(BERT)기반의 문장 임베딩 모델로, 문장의 의미를 벡터로 변환해줍니다. 오픈 소스로 제공되며, 아파치 2.0 라이선스를 따릅니다. 센텐스-트랜스포머는 sentence-transformers 패키지를 통해 간편하게 설치할 수 있습니다.

```
!pip install sentence-transformers
```

다음은 센텐스-트랜스포머를 사용하여 간단한 문장을 임베딩하는 예제입니다.

```
from sentence_transformers import SentenceTransformer

# 모델 로드
model = SentenceTransformer('all-MiniLM-L6-v2')

# 임베딩할 문장
```

```
sentence = "이것은 임베딩 예제입니다."

# 문장 임베딩 생성
embedding = model.encode(sentence)

# 임베딩 출력
print("임베딩 결과:", embedding)
print("임베딩 차원:", embedding.shape)
```

실행 결과

```
임베딩 결과: [-1.08337021e-02  5.83252199e-02  5.79901412e-02  2.03051958e-02
  2.20014378e-02 -5.13967127e-02  6.33828491e-02  1.02554947e-01
 -4.00617020e-03, …  4.54835445e-02 -2.34813057e-02 -1.52037228e-02 -1.48428418e-
02]
임베딩 차원: (384,)
```

- all-MiniLM-L6-v2는 대표적인 센텐스-트랜스포머 모델 중 하나로, 문장을 384차원의 벡터로 변환합니다. 빠르고 가벼우면서도 문장의 의미를 잘 유지하는 특징이 있어 문장 임베딩, 유사도 검색 등에 자주 사용됩니다.
- model.encode(sentence)를 통해 입력된 문장의 임베딩 벡터를 생성할 수 있습니다.
- 위 예제에서는 "이것은 문장의 임베딩 예제입니다."라는 문장이 384차원의 벡터로 변환된 것을 확인할 수 있습니다.

이제 센텐스-트랜스포머를 활용하여 문서 텍스트를 임베딩 벡터로 변환한 후, 이를 크로마 DB에 저장하는 과정을 살펴보겠습니다.

```
client = chromadb.Client()
collection = client.create_collection("example-collection")

# 임베딩 모델 초기화
model = SentenceTransformer('all-MiniLM-L6-v2')

documents = [
    "고양이는 작은 육식동물로, 주로 애완동물로 기릅니다. 민첩하고 장난기 있는 행동으로 유명합니다.",
```

```
    "강아지는 충성심이 강하고 친절한 동물로, 흔히 인간의 최고의 친구로 불립니다. 주로 애완
동물로 기르고, 동반자로서 유명합니다.",
    "고양이와 강아지는 전 세계적으로 인기 있는 애완동물로, 각각 독특한 특징을 가지고 있습
니다."
]

ids = ["doc1", "doc2", "doc3"]

embeddings = model.encode(documents)

# 벡터 데이터 추가
collection.add(
    ids=ids,
    documents=documents,
    embeddings=embeddings,
)
print("벡터 데이터를 컬렉션에 추가했습니다.")
print("임베딩 차원:", embeddings.shape)
```

실행 결과

```
벡터 데이터를 컬렉션에 추가했습니다.
임베딩 차원: (3, 384)
```

- 총 3개의 문서에 대해 임베딩이 생성됐으며, 각 문서가 384차원의 벡터로 변환되었습니다.
- collection.add() 메서드를 통해 각 문서의 ID, 원문, 임베딩을 함께 저장할 수 있습니다.

3.2.7 임베딩 데이터 검색

저장된 벡터 데이터를 검색하려면 쿼리로 사용할 텍스트 역시 임베딩해야 합니다. 센텐스-트랜스포머 모델을 사용해 쿼리 텍스트를 벡터로 변환한 뒤, 크로마를 통해 유사한 벡터를 검색할 수 있습니다.

```
query_text = "고양이"
query_embedding = model.encode([query_text])
```

```python
# 벡터 컬렉션에서 유사한 벡터 검색
results = collection.query(query_embeddings=query_embedding, n_results=2)

formatted_results = {
    "검색된 문서 ID": results["ids"][0],
    "유사도 거리": results["distances"][0]
}

print("\n유사한 벡터 검색 결과:")
print(json.dumps(formatted_results, indent=4, ensure_ascii=False))
```

실행 결과

```
유사한 벡터 검색 결과:
{
    "검색된 문서 ID": [
        "doc1",
        "doc3"
    ],
    "유사도 거리": [
        1.448470115661621,
        1.4485845565795898
    ]
}
```

- 쿼리 문장 "고양이"와 의미적으로 유사한 문서인 doc1과 doc3이 적절히 검색된 것을 확인할 수 있습니다.

3.2.8 크로마의 저장 방식

크로마는 기본적으로 메모리 기반으로 동작하지만, 필요에 따라 디스크 기반으로 데이터를 영구 저장할 수 있는 기능도 제공합니다. 이 기능은 시스템을 재시작하거나 오랜 시간 동안 데이터를 유지해야 할 때 유용합니다. 디스크에 저장된 벡터 데이터는 재시작 후에도 불러올 수 있어 영구적인 데이터 저장소로 활용할 수 있습니다. 데이터를 영구적으로 저장하는 예제 코드는 다음과 같습니다.

```python
from chromadb import PersistentClient

client = PersistentClient(path="chroma_storage")  # 영구 저장 경로 설정
collection = client.get_or_create_collection("persistent_collection")

# 컬렉션 생성 및 데이터 추가
# 자동으로 디스크 저장됨
collection.add(
    embeddings=[[0.9, 0.8, 0.7]],
    metadatas=[{"name": "persistent_item"}],
    ids=["doc3"]
)
```

PersistentClient를 사용하면 크로마 데이터를 지정한 디렉터리에 자동으로 영구 저장할 수 있습니다. 예를 들어 path="chroma_storage"로 설정하면 모든 벡터 데이터와 메타데이터가 해당 경로에 저장됩니다. 클라이언트를 다시 시작해도 동일한 경로를 지정하면 이전에 저장된 데이터를 그대로 불러올 수 있습니다. 이제 이 저장 기능을 활용해 데이터를 추가하고, 이후 재사용하는 방법을 살펴보겠습니다.

```python
# Chroma 클라이언트 재시작 후 데이터를 불러옴
client = PersistentClient(path="chroma_storage")
collection = client.get_collection("persistent_collection")

# 저장된 데이터 확인
results = collection.query(
    query_embeddings=[[0.9, 0.8, 0.7]],
    n_results=1
)

# 검색 결과 정리
formatted_results = {
    "검색된 문서 ID": results["ids"][0],
    "유사도 거리": results["distances"][0],
    "메타데이터": results["metadatas"][0]
}
```

```
print("\n저장된 데이터 검색 결과:")
print(json.dumps(formatted_results, indent=4, ensure_ascii=False))
```

실행 결과

```
저장된 데이터 검색 결과:
{
    "검색된 문서 ID": [
        "doc3"
    ],
    "유사도 거리": [
        0.0
    ],
    "메타데이터": [
        {
            "name": "persistent_item"
        }
    ]
}
```

이처럼 크로마의 영구 저장 기능은 장기적으로 데이터를 유지해야 하는 프로젝트에서 매우 유용하게 활용할 수 있습니다.

3.2.9 임베딩 기반 라마인덱스 답변 생성

크로마는 벡터 저장소이므로 벡터 유사도를 기반으로 적절한 문서를 검색할 수 있습니다. 그러나 검색된 문서를 바탕으로 자연어 형태의 답변을 생성하려면 추가적인 처리가 필요합니다. 이때 라마인덱스를 활용하면 문서 검색과 답변 생성 과정을 보다 쉽게 구현할 수 있습니다.

먼저, 라마인덱스와 크로마, 그리고 허깅페이스 임베딩 모델을 사용하기 위한 패키지를 설치합니다.

```
!pip install llama-index==0.11.11 \
            llama-index-vector-stores-chroma==0.3.0 \
            llama-index-embeddings-huggingface==0.3.0
```

- `llama-index`는 여러 라이브러리를 플러그인으로 추가할 수 있습니다.
- `llama-index-vector-stores-chroma`는 크로마를 라마인덱스의 벡터 저장소로 사용할 수 있도록 해주는 플러그인입니다.
- `llama-index-embeddings-huggingface`는 허깅페이스의 임베딩 모델을 라마인덱스에서 쉽게 활용할 수 있도록 해줍니다.

크로마를 설정하고 문서 데이터를 임베딩화 합니다.

```python
import chromadb
from llama_index.core.schema import Document
from llama_index.embeddings.huggingface import HuggingFaceEmbedding
import os
api_key = os.environ.get("OPENAI_API_KEY")

# ChromaDB 클라이언트 생성 및 컬렉션 준비
# 데이터를 저장할 로컬 경로 지정
client = chromadb.PersistentClient(path="./chroma_db")
# 컬렉션 생성 또는 불러오기
collection = client.get_or_create_collection("example-collection")

# Hugging Face 임베딩 모델 설정
embed_model = HuggingFaceEmbedding(model_name="all-MiniLM-L6-v2")

# 문서 데이터 준비
documents = [
    "고양이는 작은 육식동물로, 주로 애완동물로 기릅니다. 민첩하고 장난기 있는 행동으로 유명합니다.",
    "강아지는 충성심이 강하고 친절한 동물로, 흔히 인간의 최고의 친구로 불립니다. 주로 애완동물로 기르고, 동반자로서 유명합니다.",
    "고양이와 강아지는 전 세계적으로 인기 있는 애완동물로, 각각 독특한 특징을 가지고 있습니다."
]
ids = ["doc1", "doc2", "doc3"]

# 문서를 LlamaIndex의 Document 형식으로 변환
nodes = [Document(text=doc, id_=doc_id) for doc, doc_id in zip(documents, ids)]
```

- 이전 예시와 동일하게 "all-MiniLM-L6-v2" 모델을 사용하여 문서를 임베딩화 합니다.

문서를 크로마 벡터 스토어에 적재합니다.

```
import os
from llama_index.vector_stores.chroma import ChromaVectorStore
from llama_index.core import VectorStoreIndex
from llama_index.llms.openai import OpenAI

llm = OpenAI(api_key=os.environ["OPENAI_API_KEY"])

# Chroma 벡터 스토어 생성
vector_store = ChromaVectorStore(chroma_collection=collection)

# LlamaIndex의 VectorStoreIndex 생성
index = VectorStoreIndex.from_documents(nodes, vector_store=vector_store,
embed_model= embed_model, llm=llm)
```

- ChromaVectorStore를 통해 크로마 컬렉션을 벡터 저장소로 설정합니다.
- VectorStoreIndex.from_documents()를 사용하여 문서 데이터를 벡터화하고, 크로마로 인덱싱합니다.

이제 쿼리를 하고 답변을 생성합니다.

```
# 쿼리 엔진 생성
query_engine = index.as_query_engine()

# 질의 수행
query_text = "고양이에 대해 알려줘"
response = query_engine.query(query_text)

# 결과 출력
print("[질의 결과]")
print(response)
```

실행 결과

> [질의 결과]
> 고양이는 독립적이고 까다로운 동물로 알려져 있습니다. 주로 깨끗한 습성과 우아한 모습으로 유명하며, 사람들 사이에서는 고양이를 신비롭고 아름다운 동물로 인식합니다.

- `as_query_engine()`을 호출하면 검색 및 응답 생성 기능을 수행하는 쿼리 엔진이 생성됩니다.
- `query_engine.query(query_text)`는 문서 벡터 중 질의와 가장 관련성이 높은 문서를 찾아 응답합니다.

3.2.10 라마인덱스 기반 답변 생성

앞선 예제에서는 허깅페이스 모델을 직접 지정해 문서 임베딩을 수행했지만, 만약 임베딩 모델을 별도로 지정하지 않는다면 라마인덱스의 ChromaVectorStore는 기본적으로 OpenAI의 text-embedding-ada-002 모델을 사용합니다. (기본 임베딩 모델은 변경될 수 있으므로 최신 버전은 라마인덱스의 공식 문서[2]를 참고하는 것이 좋습니다).

```
from llama_index.core import Settings
print(f"현재 임베딩 모델: {Settings.embed_model}")
```

실행 결과

```
현재 임베딩 모델: model_name='text-embedding-ada-002' embed_batch_size=100 callback_manager=<llama_index.core.callbacks.base.CallbackManager object at 0xffff709dc7d0> num_workers=None additional_kwargs={} api_key=… api_base='https://api.openai.com/v1' api_version='' max_retries=10 timeout=60.0 default_headers=None reuse_client=True dimensions=None
```

- 라마인덱스(llama_index)의 `Settings.embed_model`을 통해 현재 사용 중인 임베딩 모델 정보를 확인할 수 있습니다.
- 기본적으로 `text-embedding-ada-002`가 설정되어 있습니다.

---

[2] https://docs.llamaindex.ai/en/stable/module_guides/models/embeddings/

```
documents = [
    "고양이는 작은 육식동물로, 주로 애완동물로 기릅니다. 민첩하고 장난기 있는 행동으로 유명합니다.",
    "강아지는 충성심이 강하고 친절한 동물로, 흔히 인간의 최고의 친구로 불립니다. 주로 애완동물로 기르고, 동반자로서 유명합니다.",
    "고양이와 강아지는 전 세계적으로 인기 있는 애완동물로, 각각 독특한 특징을 가지고 있습니다."
]
ids = ["doc1", "doc2", "doc3"]

# 문서를 LlamaIndex의 Document 형식으로 변환
nodes = [Document(text=doc, id_=doc_id) for doc, doc_id in zip(documents, ids)]

# Chroma 벡터 스토어 생성
vector_store = ChromaVectorStore(chroma_collection=collection)

# LlamaIndex의 VectorStoreIndex 생성
index = VectorStoreIndex.from_documents(nodes, vector_store=vector_store)

# 쿼리 엔진 생성 (기본적인 검색 + 답변 생성 기능 활성화)
query_engine = index.as_query_engine()
```

- 이전 예시에서는 VectorStoreIndex.from_documents()에 embed_model을 지정했지만, 이를 생략하면 기본적으로 OpenAI의 'text-embedding-ada-002' 모델을 사용하여 임베딩 벡터를 생성합니다.

```
query_text = "고양이에 대해 알려줘"
response = query_engine.query(query_text)

# 최종 응답 출력
print("[질의 결과]")
print(response)

# 응답 생성에 사용된 문서 확인
print("\n[검색 문서]")
for i, node in enumerate(response.source_nodes, 1):
    print(f"{i}. {node.text}\n")
```

실행 결과

[질의 결과]
고양이는 작은 육식동물로, 주로 애완동물로 기르며 민첩하고 장난기 있는 행동으로 유명합니다. 전 세계적으로 인기 있는 애완동물 중 하나이며, 강아지와 함께 많은 사람들에게 사랑을 받고 있습니다.

[검색 문서]
1. 고양이는 작은 육식동물로, 주로 애완동물로 기릅니다. 민첩하고 장난기 있는 행동으로 유명합니다.
2. 고양이와 강아지는 전 세계적으로 인기 있는 애완동물로, 각각 독특한 특징을 가지고 있습니다.

- 검색된 문서를 확인해보면, 예상대로 질의와 관련성이 높은 문서들이 검색된 것을 알 수 있습니다.
- 마찬가지로, 검색된 두 문서를 기반으로 적절한 답변이 생성된 것을 확인할 수 있습니다.

3.3 파인콘

크로마가 온프레미스(로컬) 환경에 최적화된 벡터 저장소라면, 파인콘(Pinecone)은 클라우드 기반의 고성능 벡터 데이터베이스입니다. 파인콘은 클라우드 환경에서 대규모 벡터 데이터를 효율적으로 관리하고, 실시간 검색을 지원하는 데 유리합니다. 또한, 클라우드를 통해 글로벌 분산 아키텍처를 지원하여 여러 지역에 데이터를 분산 저장하고 검색 성능을 최적화할 수 있습니다. 이를 통해 전 세계 사용자에게 일관되고 빠른 응답 속도를 제공할 수 있습니다.

파인콘의 주요 특징 중 하나는 유연한 확장성입니다. 클라우드 기반이기 때문에 데이터의 크기가 증가하더라도 복잡한 인프라 설정 없이 손쉽게 인프라를 확장할 수 있습니다. 이에 따라 사용자는 인프라 운영에 대한 부담 없이 벡터 데이터를 안정적으로 저장하고 검색할 수 있습니다.

3.3.1 파인콘 API 초기화

파인콘을 사용하려면 먼저 API 키를 발급받아야 합니다. 우선 파인콘 공식 웹 사이트에 방문하여 계정을 생성합니다.

- 파인콘 공식 웹 사이트: https://www.pinecone.io/

메인 화면에 있는 [Get Started] 버튼 또는 오른쪽 상단의 [Sign Up] 버튼을 눌러 계정을 생성할 수 있으며, 구글 계정을 이용해 간편하게 가입할 수도 있습니다.

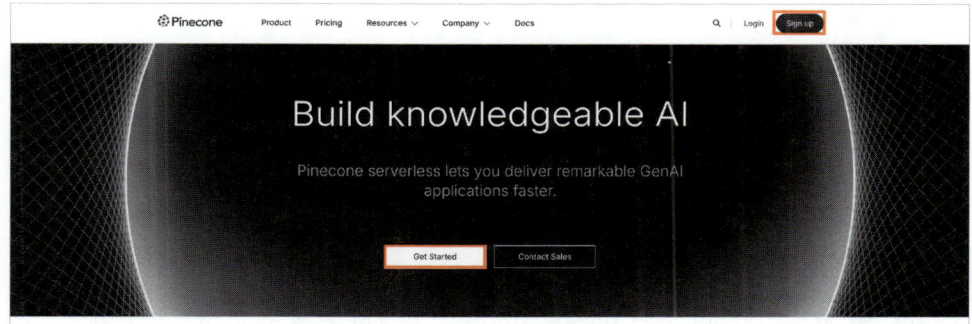

그림 3.1 파인콘 공식 웹사이트

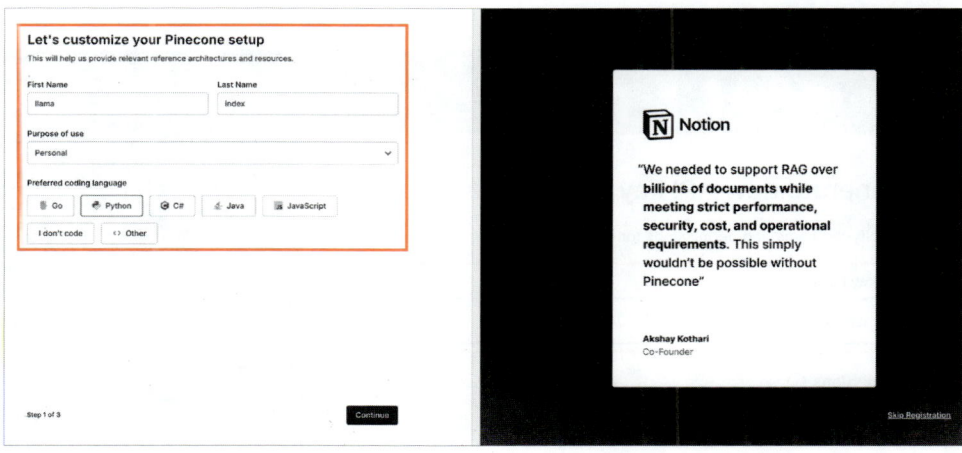

그림 3.2 파인콘 사용자 이름 등 정보 입력하기

03. 벡터 스토어   97

계정 생성 후 파인콘 콘솔에 로그인하면 파인콘 대시보드로 이동하게 됩니다. 대시보드의 왼쪽 메뉴에서 [API keys]를 클릭합니다.

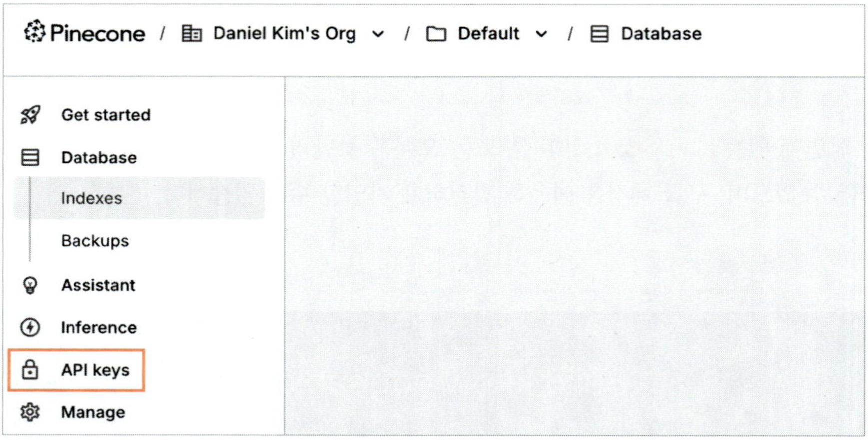

그림 3.3 파인콘 대시보드에서 API 키 생성하기

API keys 페이지에서 [Create API key] 버튼을 클릭하여 새로운 API 키를 생성할 수 있습니다. 이 과정에서 API 키의 이름을 지정하고, 필요한 경우 권한 설정이나 환경 설정을 변경할 수 있습니다. 필요한 속성 설정을 마치고 하단의 [Create key] 버튼을 클릭하면 API 키가 생성되며, 생성된 API 키는 클립보드로 복사할 수 있도록 표시됩니다.

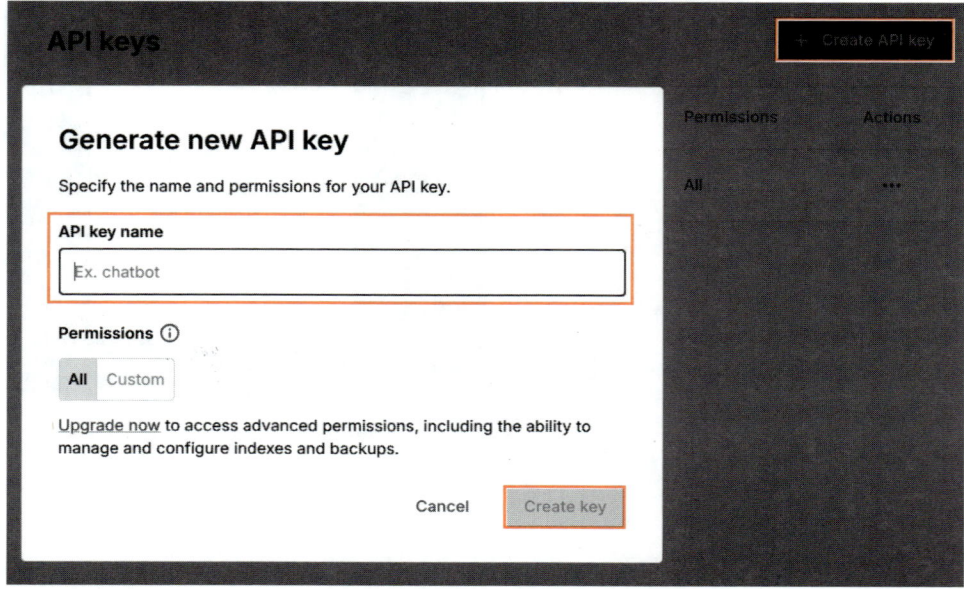

그림 3.4 파인콘 API 키 발급받기

API 키는 보안상 중요한 정보이므로 외부에 노출되지 않도록 주의해야 하며, 안전한 위치에 보관해야 합니다. 파인콘 클라이언트에서 사용하기 위해 API 키를 복사해 둡니다. 오른쪽의 문서 모양 아이콘을 클릭하면 API 키가 복사됩니다.

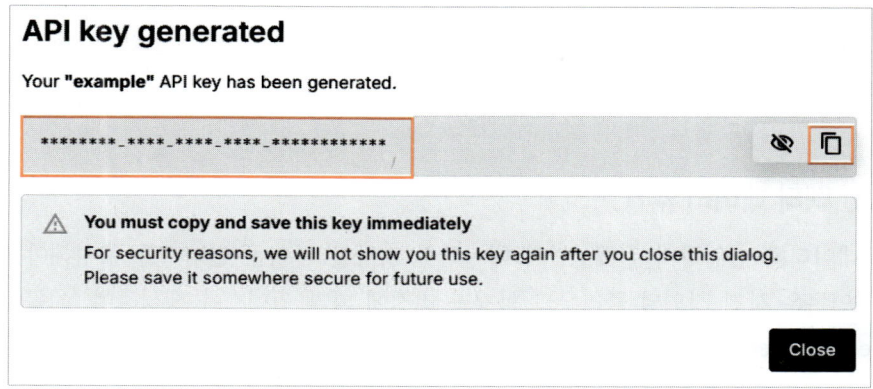

그림 3.5 발급된 파인콘 API 키 복사하기

먼저 파인콘 패키지를 설치합니다.

```
pip install pinecone==6.0.2
```

그 다음, 발급받은 API 키를 사용하여 다음과 같이 파이썬 코드에서 파인콘 API를 초기화할 수 있습니다.

```
from pinecone import Pinecone

# Pinecone API 키 설정
index = Pinecone(api_key="발급받은_API_키")
```

하지만 API 키는 보안상 중요한 정보이므로 코드에 직접 하드코딩하지 않는 것이 좋습니다. 대신 환경 변수로 설정하여 관리하는 것이 더 안전합니다. 환경 변수를 설정하는 방법은 1장을 참고하기 바랍니다. 여기서는 PINECONE_API_KEY라는 이름으로 파인콘 API 키를 환경 변수에 설정하겠습니다.

파이썬 코드에서 환경 변수를 이용해 API 키 설정하기

```python
from pinecone import Pinecone
import os

# 환경 변수에서 API 키 가져오기
api_key = os.environ.get("PINECONE_API_KEY")
pc = Pinecone(api_key=api_key)
```

3.3.2 벡터 데이터 추가

벡터 데이터를 삽입하기 전에, 먼저 데이터를 저장할 파이콘 인덱스를 생성해야 합니다. 파인콘은 사전 정의된 클라우드 환경과 리전에 따라 인덱스를 생성하며, 이를 위해 ServerlessSpec 클래스를 사용합니다. 아래는 간단한 인덱스 생성 예제입니다.

```python
from pinecone import ServerlessSpec

index_name = "my-index"

pc.create_index(
    name=index_name,
    dimension=3,   # 벡터의 차원 수
    metric="cosine",   # 유사도 측정 방식 (cosine, euclidean, dotproduct 중 선택)
    spec=ServerlessSpec(
        cloud="aws",            # 사용할 클라우드: aws 또는 gcp
        region="us-east-1"      # 리전 설정 (free tier에서 지원되는 리전을 사용해야 함)
    )
)
```

- `dimension`은 저장할 벡터의 차원 수이며, 이 값은 삽입할 벡터의 크기와 반드시 일치해야 합니다.
- `metric`은 벡터 간 유사도를 측정할 때 사용하는 거리 계산 방법으로, `cosine`(코사인 유사도)이 가장 일반적으로 사용됩니다.
- `ServerlessSpec`은 파인콘의 serverless 인덱스를 생성하기 위한 설정으로, 사용할 클라우드와 리전을 지정합니다. 파인콘의 무료 요금제에서는 일부 리전만 사용 가능하며, 예를 들어 aws – us-east-1

또는 gcp - us-central1 리전이 대표적인 선택지입니다. 만약 지원되지 않는 리전을 사용할 경우 "Bad request: Your free plan does not support..."와 같은 오류가 발생할 수 있으므로 주의해야 합니다.

파인콘은 크로마와 마찬가지로 벡터와 메타데이터를 함께 저장할 수 있습니다. 다음 예제는 간단한 벡터 데이터를 파인콘 인덱스에 삽입하는 코드입니다.

```
index = pc.Index(index_name)

# 벡터 데이터 삽입
vectors = [
    [0.1, 0.2, 0.3],   # 첫 번째 데이터의 벡터
    [0.4, 0.5, 0.6],   # 두 번째 데이터의 벡터
    [0.7, 0.8, 0.9],   # 세 번째 데이터의 벡터
]

# 벡터를 인덱스에 추가
ids = ["doc1", "doc2", "doc3"]
index.upsert([(id, vector) for id, vector in zip(ids, vectors)])
print("아이템 임베딩을 인덱스에 추가했습니다.")
```

위 예제에서는 3개의 벡터 데이터를 저장했습니다. `index.upsert()` 메서드를 사용하면 벡터 데이터를 인덱스에 삽입하거나 기존 데이터를 업데이트할 수 있습니다. 각 벡터는 고유한 ID와 함께 저장되며, 삽입된 벡터는 이후 검색에 활용할 수 있습니다.

3.3.3 벡터 검색

파인콘의 가장 큰 강점 중 하나는 실시간 검색 기능입니다. 수백만 개 이상의 벡터 데이터가 저장돼 있어도, 파인콘은 매우 빠른 속도로 유사한 벡터를 검색할 수 있습니다.

```
import json

# 유사 벡터 검색
results = index.query(
    vector=[[0.1, 0.2, 0.3]],   # 검색할 쿼리 벡터
```

```
    top_k=2,   # 가장 유사한 2개의 벡터 반환
    include_metadata=False
)

formatted_results = {
    "검색된 문서 ID": results["matches"][0]["id"],
    "유사도 거리": results["matches"][0]["score"]
}

print("\n유사한 벡터 검색 결과:")
print(json.dumps(formatted_results, indent=4, ensure_ascii=False))
```

index.query() 메서드를 활용하면 입력한 벡터와 유사한 벡터를 실시간으로 검색할 수 있습니다. vector 파라미터는 검색할 기준 벡터를 의미하며, 이 예제에서는 [0.1, 0.2, 0.3] 벡터와 가장 유사한 벡터를 찾도록 설정했습니다. 또한, top_k=2로 지정하여 유사도가 높은 벡터 중 상위 2개를 반환하도록 설정했습니다.

실행 결과

```
유사한 벡터 검색 결과:
{
    "검색된 문서 ID": "doc1",
    "유사도 거리": 0.999999881
}
```

이전 크로마와 마찬가지로 파인콘도 벡터를 저장하고 검색하는 기능을 제공합니다. 파인콘은 유사도를 점수로 반환하며, 점수가 높을수록 더욱 유사한 벡터로 간주됩니다. 아래 예시에서는 doc1 벡터가 가장 높은 유사도를 보여 가장 먼저 반환되었으며, 그 다음으로 doc2 벡터가 검색 결과에 포함되었습니다.

3.3.4 메타데이터 필터링

파인콘은 크로마와 마찬가지로 **메타데이터 필터링** 기능을 지원합니다. 이를 활용하면 벡터 데이터와 함께 저장된 메타데이터를 기준으로 검색 범위를 좁힐 수 있으며, 특정 조건을 만족하는 벡터만 검색할 수 있습니다. 아래 예제는 메타데이터 필터링을 적용하여 특정 조건을 만족하는 벡터만 검색하는 방법을 보여줍니다.

```python
# 메타데이터와 함께 벡터 삽입
vectors = [
    ([0.1, 0.2, 0.3], {"category": "A", "year": 2020}),
    ([0.4, 0.5, 0.6], {"category": "B", "year": 2021}),
    ([0.7, 0.8, 0.9], {"category": "A", "year": 2022}),
]

ids = ["doc1", "doc2", "doc3"]
index.upsert([(id, vector, metadata) for id, (vector, metadata) in zip(ids, vectors)])

# 검색 벡터
query_vector = [0.1, 0.2, 0.25]

# 메타데이터 필터링 조건
filter_condition = {
    "category": {"$eq": "A"},
    "year": {"$gt": 2020}
}

# 검색
query_result = index.query(
    vector=query_vector,
    top_k=2,
    filter=filter_condition,
    include_metadata=True
)
```

벡터와 함께 메타데이터를 추가하면 검색 시 특정 조건에 맞는 벡터만 반환할 수 있습니다. filter 파라미터는 검색에 적용할 메타데이터 조건을 설정하는 역할을 합니다. 특정 조건을 만족하는 벡터만 검색 결과로 반환하도록 합니다. 여기서는 "category" 값이 "A"인 벡터만 검색 대상으로 합니다.

```
formatted_results = {
    "검색된 문서 ID": query_result["matches"][0]["id"],
    "메타데이터": query_result["matches"][0]["metadata"]
}

print("\n유사한 벡터 검색 결과:")
print(json.dumps(formatted_results, indent=4, ensure_ascii=False))
```

실행 결과

```
유사한 벡터 검색 결과:
{
    "검색된 문서 ID": "doc3",
    "메타데이터": {
        "category": "A",
        "year": 2022.0
    }
}
```

실행 결과, 메타데이터가 "category": "A"인 벡터만 검색되었고, 그 중에서 doc3 벡터가 가장 유사한 결과로 반환되었습니다.

3.3.5 임베딩 기반 라마인덱스 답변 생성

앞서 3.2.9절에서 살펴본 크로마 예제와 마찬가지로 파인콘에서도 라마인덱스를 활용하여 임베딩을 구성하고 답변을 생성합니다.

먼저 라마인덱스와 파인콘을 연동하려면 다음과 같은 패키지를 설치해야 합니다.

```
!pip install llama-index==0.11.11 \
            llama-index-vector-stores-pinecone==0.3.0 \
            llama-index-embeddings-huggingface==0.3.0
```

- llama-index-vector-stores-pinecone은 파인콘을 라마인덱스의 벡터 저장소로 사용할 수 있도록 하는 플러그인입니다.

```python
from pinecone import Pinecone
from llama_index.core.schema import Document
from llama_index.vector_stores.pinecone import PineconeVectorStore
from llama_index.core import VectorStoreIndex
from llama_index.embeddings.huggingface import HuggingFaceEmbedding
from llama_index.core.schema import Document
import os

api_key = os.environ.get("PINECONE_API_KEY")
pc = Pinecone(api_key=api_key)
index_name = "example"
spec = {
    "serverless": {
        "cloud": "aws",
        "region": "us-east-1"
    }
}

# 인덱스 생성 (존재하지 않는 경우)
# 해당 인덱스가 기존에 존재하는지 검사
index_lists = [item.get("name") for item in pc.list_indexes().get("indexes")]
if index_name not in index_lists:
    pc.create_index(
        name=index_name,
        dimension=3,
        metric="cosine",
        spec=spec
    )
index = pc.Index(index_name)

# LlamaIndex에서 사용할 HuggingFace 임베딩 모델 설정
embed_model = HuggingFaceEmbedding(model_name="all-MiniLM-L6-v2")

# 문서 데이터
documents = [
    "고양이는 작은 육식동물로, 주로 애완동물로 기릅니다. 민첩하고 장난기 있는 행동으로 유명합니다.",
```

```
    "강아지는 충성심이 강하고 친절한 동물로, 흔히 인간의 최고의 친구로 불립니다. 주로 애완
동물로 기르고, 동반자로서 유명합니다.",
    "고양이와 강아지는 전 세계적으로 인기 있는 애완동물로, 각각 독특한 특징을 가지고 있습
니다."
]
ids = ["doc1", "doc2", "doc3"]

# 문서를 Document 형식으로 변환
nodes = [Document(text=doc, id_=doc_id) for doc, doc_id in zip(documents, ids)]

# Pinecone 벡터 스토어 생성
vector_store = PineconeVectorStore(pinecone_index=index)

# LlamaIndex의 VectorStoreIndex 생성
index = VectorStoreIndex.from_documents(nodes, vector_store=vector_store,
embed_model= embed_model)
```

- "all-MiniLM-L6-v2" 모델을 사용하여 문서를 임베딩화 합니다.
- 라마인덱스의 PineconeVectorStore를 활용하여 documents의 3개의 문서에 대한 임베딩 벡터를 적재합니다.

```
query_engine = index.as_query_engine()

# 질의 수행
query_text = "고양이에 대해 알려줘"
response = query_engine.query(query_text)

# 결과 출력
print("\n[질의 결과]")
print(response)
```

실행 결과

[질의 결과]
고양이는 독립적이고 까다로운 동물로 알려져 있습니다. 주인에 대해 애정을 드러내지 않는 편이며, 자신만의 공간을 중요시합니다. 주로 사냥을 잘하고, 깨끗한 습성을 가지고 있습니다.

- `as_query_engine()`을 통해 문서 검색 및 답변 생성을 수행할 쿼리 엔진을 생성합니다.
- `query_engine.query(query_text)`를 실행하면 문서 중 쿼리와 가장 관련성이 높은 문서를 찾아 응답합니다.

3.3.6 라마인덱스 기반 답변 생성(임베딩 생략)

이번 예제에서는 별도로 임베딩 과정을 수행하지 않고, 라마인덱스의 기본 검색 기능을 활용하여 답변을 생성해 보겠습니다. 즉, 문서를 벡터화하지 않고도 라마인덱스의 내부 메커니즘을 통해 문서 검색 및 응답 생성이 가능합니다.

```
vector_store = PineconeVectorStore(pinecone_index=index)

# LlamaIndex의 VectorStoreIndex 생성
index = VectorStoreIndex.from_documents(nodes, vector_store=vector_store)

# 쿼리 엔진 생성
query_engine = index.as_query_engine()

# 질의 수행
query_text = "고양이에 대해 알려줘"
response = query_engine.query(query_text)

# 최종 응답 출력
print("[질의 결과]")
print(response)

# 응답 생성에 사용된 문서 확인
print("\n[응답에 사용된 문서]")
for i, node in enumerate(response.source_nodes, 1):
    print(f"{i}. {node.text}\n")
```

실행 결과

[질의 결과]
고양이는 작은 육식동물로, 주로 애완동물로 기르며 민첩하고 장난기 있는 행동으로 유명합니다. 전 세계적으로 인기 있는 애완동물 중 하나이며, 강아지와는 다른 독특한 특징을 가지고 있습니다.

> [응답에 사용된 문서]
> 1. 고양이는 작은 육식동물로, 주로 애완동물로 기릅니다. 민첩하고 장난기 있는 행동으로 유명합니다.
> 2. 고양이와 강아지는 전 세계적으로 인기 있는 애완동물로, 각각 독특한 특징을 가지고 있습니다.

- VectorStoreIndex에 embed_model을 지정하지 않으면 라마인덱스는 기본적으로 OpenAI의 'text-embedding-ada-002' 모델을 사용하여 임베딩 벡터를 생성합니다.

이처럼 파인콘은 클라우드 기반의 벡터 스토어를 구현할 수 있으며, 라마인덱스와 연계하여 구현하면 별도의 복잡한 설정 없이도 손쉽게 벡터 검색 기능을 활용할 수 있습니다. 이를 통해 빠르고 정확한 답변 생성을 지원하는 데 매우 효과적입니다.

3.4 쿼드런트

쿼드런트(Qdrant) 역시 라마인덱스에서 활용 가능한 벡터 스토어 중 하나입니다. 쿼드런트는 온프레미스와 클라우드 환경 모두 폭넓게 지원하는 패키지 중에 하나입니다.

3.4.1 라마인덱스 기반 답변 생성

라마인덱스에서 쿼드런트를 벡터 스토어로 사용하려면 먼저 관련 패키지를 설치해야 합니다.

```
!pip install llama-index-vector-stores-qdrant==0.3.0
```

라마인덱스와 쿼드런트를 활용하여 검색을 구현합니다.

```
from llama_index.core import VectorStoreIndex
from llama_index.vector_stores.qdrant import QdrantVectorStore
from qdrant_client import QdrantClient
from qdrant_client.models import Distance, VectorParams
from llama_index.core.schema import Document
```

```python
from qdrant_client import QdrantClient
client = QdrantClient(":memory:")

# 문서 데이터
documents = [
    "고양이는 작은 육식동물로, 주로 애완동물로 기릅니다. 민첩하고 장난기 있는 행동으로 유명합니다.",
    "강아지는 충성심이 강하고 친절한 동물로, 흔히 인간의 최고의 친구로 불립니다. 주로 애완동물로 기르고, 동반자로서 유명합니다.",
    "고양이와 강아지는 전 세계적으로 인기 있는 애완동물로, 각각 독특한 특징을 가지고 있습니다."
]
ids = ["doc1", "doc2", "doc3"]

# 문서를 Document 형식으로 변환
documents = [Document(text=doc, id_=doc_id) for doc, doc_id in zip(documents, ids)]
```

검색 대상 문서를 Document 형식으로 변환하여 쿼드런트에 적재하기 전까지의 과정은 앞서 다룬 내용과 동일합니다. 단, QdrantClient를 초기화할 때 :memory:를 사용하면 쿼드런트 인스턴스가 메모리 상에서만 실행되므로, 로컬에서 별도로 서버를 실행하거나 Docker 설정 없이도 즉시 사용할 수 있습니다. 다만, 프로세스가 종료되면 모든 데이터가 삭제되므로 데이터를 유지하려면 path 파라미터에 저장할 경로를 지정해 주어야 합니다.

```python
# 특정 디렉터리에 저장 할 경우
client = QdrantClient(path="./qdrant_db")
```

이제 쿼드런트에 새로운 컬렉션을 생성하고 벡터 스토어를 설정합니다. 이때 벡터 유사도를 계산하는 방식(Distance)과 벡터 차원(VectorParams) 등의 설정이 필요합니다.

```python
# Qdrant에 새로운 컬렉션 생성
collection_name = "llama_index_qdrant"
client.create_collection(
    collection_name=collection_name,
    vectors_config=VectorParams(size=768, distance=Distance.COSINE)
```

```
)

# Qdrant 벡터 스토어 설정
vector_store = QdrantVectorStore(client=client, collection_name=collection_name)

# 인덱스 생성 및 저장
index = VectorStoreIndex.from_documents(documents, vector_store=vector_store)
```

쿼드런트도 다른 벡터 스토어와 마찬가지로 다음과 같은 거리 계산 방식을 지원합니다.

- COSINE: 코사인 유사도(벡터 간 방향 유사성 기반)
- EUCLID: 유클리드 거리(벡터 간의 실제 거리 기반)
- DOT: 내적(벡터의 크기와 방향 모두 반영)

예제에서는 COSINE을 사용했습니다. VectorParams는 컬렉션 내 벡터 구성을 정의할 때 사용하는 객체로, 쿼드런트에서 벡터의 유효성을 검증하고 저장 구조를 정의하는 데 사용됩니다.

```
# 쿼리 엔진 생성 및 실행
query_engine = index.as_query_engine()
query_text = "고양이"
response = query_engine.query(query_text)

# 최종 응답 출력
print("[질의 결과]")
print(response)

# 응답 생성에 사용된 문서 확인
print("\n[응답에 사용된 문서]")
for i, node in enumerate(response.source_nodes, 1):
    print(f"{i}. {node.text}\n")
```

실행 결과

[질의 결과]
고양이는 작은 육식동물로, 주로 애완동물로 기르며 민첩하고 장난기 있는 행동으로 유명합니다.

> [응답에 사용된 문서]
> 1. 고양이는 작은 육식동물로, 주로 애완동물로 기릅니다. 민첩하고 장난기 있는 행동으로 유명합니다.
> 2. 고양이와 강아지는 전 세계적으로 인기 있는 애완동물로, 각각 독특한 특징을 가지고 있습니다.

퀴드런트도 마찬가지로 query를 수행하여 질의에 맞는 답변을 생성할 수 있습니다.

3.4.2 도커를 활용한 로컬 기반 환경 설정

퀴드런트는 공식적으로 도커(docker) 이미지를 제공하고 있어, 파인콘에 비해 로컬 서버 환경을 간편하게 구성할 수 있습니다. 이번 절에서는 퀴드런트를 로컬 환경에서 실행하는 방법을 살펴보겠습니다. 아래 명령어를 통해 도커를 사용하여 퀴드런트 서버를 손쉽게 설치하고 실행할 수 있습니다.

```
docker pull qdrant/qdrant
```

이후 터미널에서 docker run 명령어로 퀴드런트 서버를 실행합니다.

```
cocker run -p 6333:6333 -p 6334:6334 \
    -v "$(pwd)/qdrant_storage:/qdrant/storage:z" \
    qdrant/qdrant
```

- docker run은 새로운 컨테이너를 실행하라는 명령입니다.
- -p 6333:6333은 호스트의 6333 포트를 컨테이너의 6333 포트에 매핑하여 개방하는 설정입니다.
- -p 6334:6334는 퀴드런트의 gRPC 통신을 위한 포트 개방 설정입니다.
- -v 옵션은 도커 컨테이너의 내부 디렉터리를 외부 디렉터리와 연결하는 데 사용됩니다. -v "$(pwd)/qdrant_storage:/qdrant/storage:z"는 현재 경로($(pwd))의 qdrant_storage 디렉터리를 컨테이너 내부의 /qdrant/storage 디렉터리와 연결하여, 퀴드런트 데이터를 로컬에 영구 저장할 수 있도록 합니다.
- 마지막 qdrant/qdrant는 docker pull로 받아온 현재 실행할 도커 이미지의 이름에 해당합니다.

정상적으로 실행되면 다음과 같이 쿼드런트 로그가 출력됩니다.

```
Version: 1.13.4, build: 7abc6843
Access web UI at http://localhost:6333/dashboard

2025-03-09T16:42:44.057945Z  WARN qdrant: Bootstrap URI is the same as this peer URI. Consider this peer as a first in a new deployment.
2025-03-09T16:42:44.060081Z  INFO storage::content_manager::consensus::persistent: Initializing new raft state at ./storage/raft_state.json
2025-03-09T16:42:44.091048Z  INFO qdrant: Distributed mode disabled
2025-03-09T16:42:44.091667Z  INFO qdrant: Telemetry reporting enabled, id: 38f69fc0-d322-43a9-827c-7581f2d0abbf
2025-03-09T16:42:44.092769Z  INFO qdrant: Inference service is not configured.
2025-03-09T16:42:44.104366Z  INFO qdrant::actix: TLS disabled for REST API
2025-03-09T16:42:44.105497Z  INFO qdrant::actix: Qdrant HTTP listening on 6333
2025-03-09T16:42:44.105816Z  INFO actix_server::builder: Starting 1 workers
2025-03-09T16:42:44.106012Z  INFO actix_server::server: Actix runtime found; starting in Actix runtime
2025-03-09T16:42:44.112474Z  INFO qdrant::tonic: Qdrant gRPC listening on 6334
2025-03-09T16:42:44.114946Z  INFO qdrant::tonic: TLS disabled for gRPC API
```

그림 3.6 도커 환경에서 쿼드런트 정상 동작 시 출력되는 로그

이제 앞선 절에서 메모리 환경에서 실행했던 예제를, 방금 실행한 쿼드런트 서버 환경에서 동작하도록 수정해 보겠습니다. 수정 방법은 매우 간단합니다. `QdrantClient`를 초기화할 때, 서버 주소와 포트 번호만 명시해주면 됩니다. 이번 예제에서는 로컬 환경에서 서버를 실행했기 때문에 서버 주소는 `localhost`, 포트 번호는 기본값인 6333을 그대로 사용하면 됩니다.

```
client = QdrantClient("http://localhost", port=6333)
```

만약 로컬이 아닌 원격 서버에서 쿼드런트를 운영 중이라면, 해당 서버의 도메인/IP 주소와 포트 번호를 기반으로 접속을 설정하면 됩니다.

3.4.3 클라우드 기반 환경 설정

쿼드런트는 온프레미스뿐만 아니라 클라우드 기반 벡터 데이터베이스도 지원합니다. 쿼드런트 클라우드(Qdrant Cloud) 계정을 생성하면 무료로 클러스터를 만들 수 있습니다.

- 쿼드런트 클라우드: https://qdrant.tech/

퀵드런드 클라우드에 로그인한 후, 상단 메뉴에서 **[DASHBOARDS]** – **[Clusters]**로 이동하면 클러스터 생성 페이지에 접근할 수 있습니다. 이 페이지에서 클러스터 이름을 지정하고, 클라우드 제공업체(Cloud Provider)와 지역(Region)을 선택한 뒤 **[Create free cluster]** 버튼을 클릭하면 클러스터가 생성됩니다. 클라우드 제공업체는 데이터를 어디에 저장하고 처리할지를 선택하는 항목이며, 지역은 해당 서비스를 운영할 물리적 위치를 의미합니다. 어떤 항목을 선택해도 무방하며, 이 책에서는 AWS, Oregon을 선택했습니다.

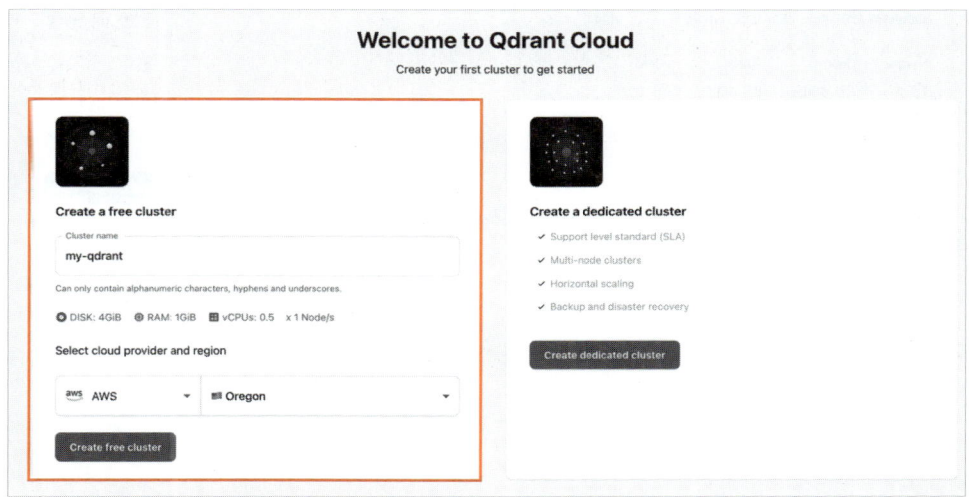

그림 3.7 퀵드런트 클러스터 생성하기

클러스터 생성이 완료되면 다음과 같이 클러스터 오버뷰(Overview)를 확인할 수 있습니다.

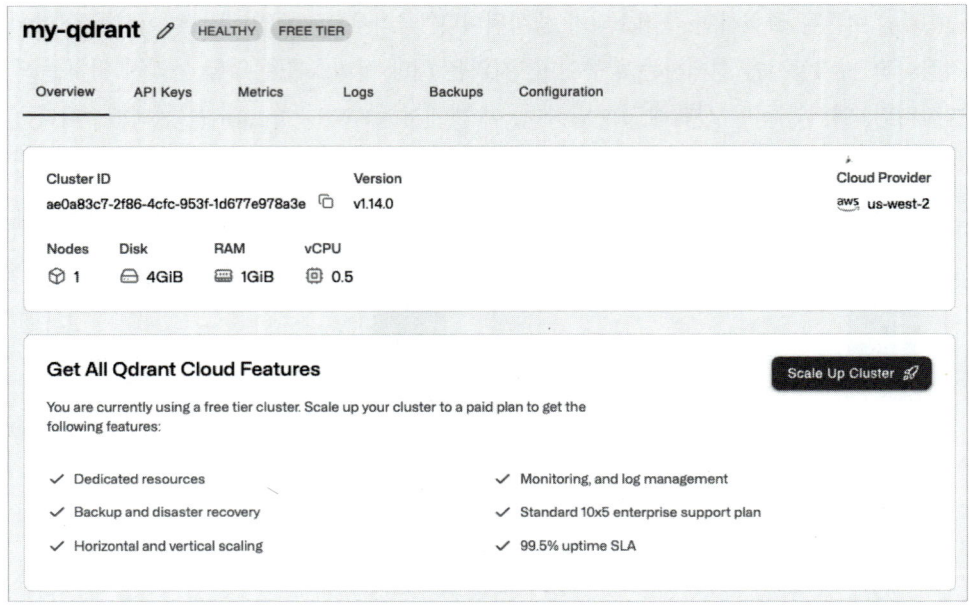

그림 3.8 쿼드런트 클러스터 오버뷰

클러스터를 사용하려면 API 키가 필요합니다. 오버뷰(Overview) 메뉴 오른쪽에 있는 [API Keys] 메뉴를 선택한 다음, [Create API Key] 버튼을 클릭해 API 키를 발급받을 수 있습니다.

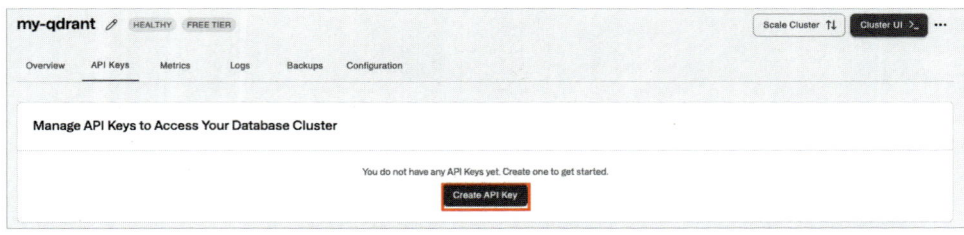

그림 3.9 쿼드런트 API Key 생성 버튼 클릭

Create API Key 화면이 나오면 API 키의 이름(Name)과 만료 기간(Days until expiration)을 설정할 수 있으며, 클러스터 전체 또는 특정 컬렉션에 대한 접근 권한을 설정할 수 있습니다. 설정 후 [Create] 버튼을 눌러 API 키를 생성합니다.

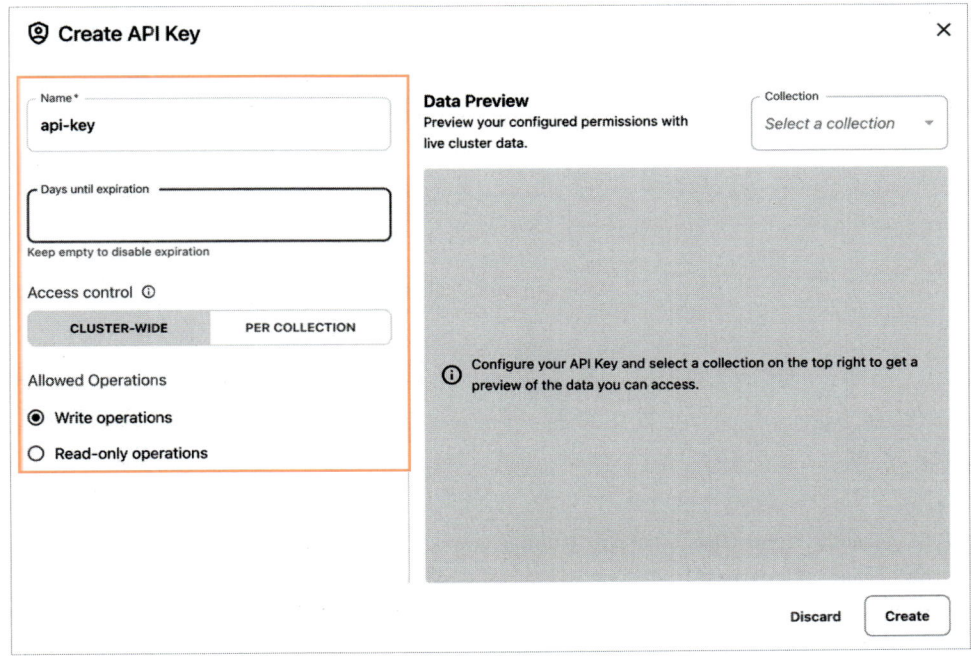

그림 3.10 쿼드런트 API Key 생성하기

이제 생성한 API 키를 활용하여 'Use the API' 섹션에 제공된 파이썬 예제를 사용하면, 쿼드런트 클러스터에 접근하는 코드를 손쉽게 작성할 수 있습니다.

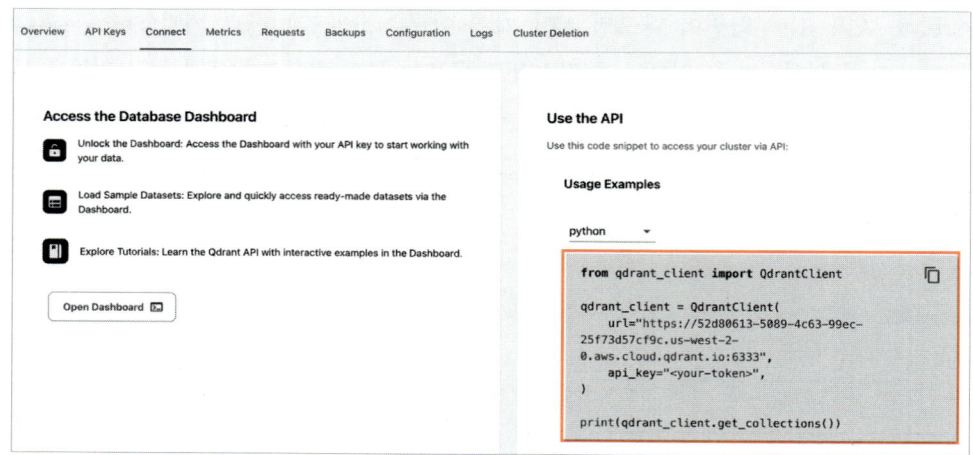

그림 3.11 쿼드런트 접속 정보 얻기

쿼드런트의 호스트 정보와 API 키를 활용해 라마인덱스 기반으로 검색 및 답변 생성을 수행할 수 있습니다. 쿼드런트 클라우드에서 발급받은 호스트 주소와 API 키를 사용합니다.

```python
from qdrant_client import QdrantClient
from qdrant_client.models import Distance, VectorParams
from llama_index.core.schema import Document

# Qdrant 클라우드 서버에 연결 (API 키 사용)
QDRANT_API_KEY = "qdrant_api_key"
QDRANT_HOST = "host_주소:6333"

client = QdrantClient(QDRANT_HOST, api_key=QDRANT_API_KEY)
```

온프레미스 환경과 마찬가지로, 클라우드 환경에서도 문서 검색 및 답변 생성을 위한 파이프라인을 구성할 수 있습니다.

```python
# Qdrant 벡터 스토어 설정
vector_store = QdrantVectorStore(client=client, collection_name=collection_name)

# 인덱스 생성 및 저장
```

```python
index = VectorStoreIndex.from_documents(documents, vector_store=vector_store)

# 쿼리 엔진 생성 및 실행
query_engine = index.as_query_engine()
query_text = "고양이"
response = query_engine.query(query_text)

# 최종 응답 출력
print("\n[질의 결과]")
print(response)

# 응답 생성에 사용된 문서 확인
print("\n[응답에 사용된 문서]")
for i, node in enumerate(response.source_nodes, 1):
    print(f"{i}. {node.text}\n")
```

실행 결과

> [질의 결과]
> 고양이는 작은 육식동물로, 주로 애완동물로 기르며 민첩하고 장난기 있는 행동으로 유명합니다.
>
> [응답에 사용된 문서]
> 1. 고양이는 작은 육식동물로, 주로 애완동물로 기릅니다. 민첩하고 장난기 있는 행동으로 유명합니다.
> 2. 고양이와 강아지는 전 세계적으로 인기 있는 애완동물로, 각각 독특한 특징을 가지고 있습니다.

지금까지 라마인덱스의 각 프로세스별 기초 개념을 학습하고, 크로마, 파인콘 그리고 쿼드런트와 같은 벡터 스토어를 활용하여 검색 및 답변을 생성하는 예제를 살펴보았습니다. 라마인덱스는 이 외에도 위비에이트(Weaviate), 밀버스(Milvus) 등 다양한 벡터 스토어 플러그인을 지원합니다.

다음 장에서는 PDF, TXT 등 실제 문서 파일을 활용하여 실습을 진행해 보겠습니다.

04

텍스트 문서를 이용한 RAG 실습

개발 환경 구축하기
실습용 데이터 준비
PDF 파일 다루기
텍스트 파일 다루기
CSV 파일 다루기
HWP 파일 다루기

이번 장에서는 간단한 실습을 통해 다양한 문서를 로딩하고 인덱싱하는 방법을 살펴보겠습니다. 특히 문서 작업에 자주 사용되는 PDF, TXT, CSV, HWP 파일을 다루는 과정을 집중적으로 살펴보겠습니다. 전체적으로 로딩, 인덱싱, 쿼리 실행 등의 과정을 진행하며, PDF 파일은 문서 분할에, TXT 파일은 인덱스 저장 과정에 초점을 맞춰 실습을 진행하겠습니다.

4.1 개발 환경 구축하기

먼저 실습을 위한 개발 환경을 준비합니다. 명령 프롬프트를 사용해 프로젝트 폴더를 생성하고, 가상 환경을 구축합니다.

프로젝트 폴더 생성하기

4장에서 실습할 코드와 데이터를 저장할 ch04 폴더를 생성하고 해당 경로로 이동합니다. 명령 프롬프트에서 아래 명령어를 순서대로 입력합니다.

```
C:\llamaindex> cd ch:\llamaindex
C:\llamaindex> mkdir ch04
C:\llamaindex> cd ch04
C:\llamaindex\ch04>
```

실습 폴더인 llamaindex 폴더 안에 ch04 폴더가 생긴 것을 확인할 수 있습니다.

가상 환경 생성하기

다음 명령어를 입력하여 ch04_env라는 이름의 가상 환경을 생성합니다.

```
C:\llamaindex\ch04> python -m venv ch04_env
```

가상 환경이 생성되면 아래 명령어로 가상 환경을 활성화합니다.

```
C:\llamaindex\ch04> ch04_env\Scripts\activate.bat¹
(ch04_env) C:\llamaindex\ch04>
```

프롬프트 왼쪽에 (ch04_env)가 표시되면 가상 환경이 정상적으로 활성화된 것입니다. 가상 환경에 라마인덱스 0.11.11 버전을 설치합니다.

```
(ch04_env) C:\llamaindex\ch04> pip install llama-index==0.11.11
```

VSCode에서 프로젝트 파일 만들기

이번 실습에 사용할 주피터 노트북 파일을 만들어 보겠습니다. VSCode를 실행하고, 상단 메뉴에서 [File] → [Open Folder]를 클릭합니다. 앞서 생성한 ch04 폴더(C:\llamaindex\ch04)를 선택하고 [열기] 버튼을 누릅니다. 이어서 [New File] 버튼을 클릭해 새로운 파일을 추가합니다. 새 파일 이름은 ch04_practice.ipynb로 지정합니다.

4.2 실습용 데이터 준비

이제 ch04 폴더 안에 실습에 사용할 data 폴더를 생성하겠습니다. 이 폴더에는 다음과 같이 다양한 형식의 문서 파일을 넣어 실습에 활용할 예정입니다.

- TXT 파일: 폴 그레이엄의 에세이(paul_graham_essay)
- PDF 파일: 디지털-빅데이터의 시대: 인문학의 새로운 역할에 대한 고찰(경제 · 인문사회연구회, 2019년)
- CSV 파일: 범죄 발생 장소별 통계_2023(경찰청, 2023년)
- HWP 파일: 미국의 통화정책 변화가 외국자본 유출에 미치는 영향(한국개발연구원, 2018년)

TXT 파일은 라마인덱스 깃허브 저장소[2]에서 제공하는 폴 그레이엄의 에세이입니다. 라마인덱스 깃허브에는 PDF, CSV, 이메일, PNG 파일 등 저작권 걱정 없이 사용할 수 있는 데이터 샘플이 올라와 있습니다. PDF, CSV, HWP 파일은 정부에서 운영하는 공공누리 포

---

1 macOS 사용자는 `source ch04_env/bin/activate` 명령어를 사용합니다.
2 라마인덱스 깃허브: https://github.com/run-llama/llama_index/tree/main/docs/docs/examples/data

털[3]에 공개된 자료입니다. 실습에 필요한 모든 문서 파일은 이 책의 깃허브에서도 내려받을 수 있습니다.

이름	수정한 날짜	유형	크기
paul_graham_essay	2024-09-25 오후 11:34	텍스트 문서	74KB
미국의 통화정책 변화가 외국자본 유출…	2024-10-12 오후 1:45	한컴오피스 한글 2…	257KB
범죄 발생 장소별 통계_2023	2024-10-16 오후 11:49	Microsoft Excel 쉼…	9KB
인문학의 새로운 역할에 대한 고찰	2024-09-15 오후 5:28	Adobe Acrobat D…	4,524KB

그림 4.1 실습용 data 폴더의 구성

데이터 다운로드

실습에 사용할 데이터를 내려 받습니다. 아래 코드를 실행하면 데이터가 다운로드됩니다. 이 책의 깃허브에 코드가 있으니 코드를 다운로드해 사용하시길 권합니다.

```
import os
import urllib.parse
import requests
import re

urls=[ "https://raw.githubusercontent.com/llama-index-tutorial/llama-index-tutorial/refs/heads/main/ch04/data/paul_graham_essay.txt", # 폴 그레이엄 에세이
    "https://raw.githubusercontent.com/llama-index-tutorial/llama-index-tutorial/main/ch04/data/%EB%AF%B8%EA%B5%AD%EC%9D%98%20%ED%86%B5%ED%99%94%EC%A0%95%EC%B1%85%20%EB%B3%80%ED%99%94%EA%B0%80%20%EC%99%B8%EA%B5%AD%EC%9E%90%EB%B3%B8%20%EC%9C%A0%EC%B6%9C%EC%97%90%20%EB%AF%B8%EC%B9%98%EB%8A%94%20%EC%98%81%ED%96%A5_20180528.hwp", # 미국 통화 정책 변화 파일
    "https://raw.githubusercontent.com/llama-index-tutorial/llama-index-tutorial/refs/heads/main/ch04/data/%EB%B2%94%EC%A3%84%20%EB%B0%9C%EC%83%9D%20%EC%9E%A5%EC%86%8C%EB%B3%84%20%ED%86%B5%EA%B3%84_2023.csv", # '범죄 통계
    "https://raw.githubusercontent.com/llama-index-tutorial/llama-index-tutorial/main/ch04/data/%EC%9D%B8%EB%AC%B8%ED%95%99%EC%9D%98%20%EC%83%88  %EB%A1%9C%EC%9A%B
```

---

[3] 공공누리포털: https://www.kogl.or.kr, 공공데이터포털: https://www.data.go.kr

```
4%20%EC%97%AD%ED%95%A0%EC%97%90%20%EB%8C%80%ED%95%9C%20%EA%B3%A0%EC%B0%B0.pdf"
# 인문학 파일
]

# 각 파일 다운로드
for url in urls:
    encoded_filename = url.split("/")[-1]  # URL에서 파일명 추출
    decoded_filename = urllib.parse.unquote(encoded_filename) # 한글 파일명 복원
    response = requests.get(url)
    if response.status_code == 200:
        # 임시 파일명으로 저장
        temp_filename = "temp_download_file" + os.path.splitext(decoded_filename)[1]
        with open(temp_filename, 'wb') as f:
            f.write(response.content)
        os.rename(temp_filename, decoded_filename) # 파일명 변경
        print(f"완료: {decoded_filename} 다운로드 완료")
    else:
        print(f"오류: {url} 다운로드 실패 (상태 코드: {response.status_code})\n")
```

파일명이 한글이기 때문에 URL에서는 아스키코드(ASCII 코드)로 변환되어 표기됩니다. 따라서 다운로드 시 임시 파일명으로 저장했다가, 다시 디코딩해 복원된 한글 이름으로 변경하여 저장되게 했습니다. 다운로드가 정상적으로 완료되면 다음과 같은 메시지가 출력됩니다.

실행결과

완료: paul_graham_essay.txt 다운로드 완료
완료: 미국의 통화정책 변화가 외국자본 유출에 미치는 영향_20180528.hwp 다운로드 완료
완료: 범죄 발생 장소별 통계_2023.csv 다운로드 완료
완료: 인문학의 새로운 역할에 대한 고찰.pdf 다운로드 완료

이 파일들이 data 폴더 안에 제대로 저장되어 있는지 확인합니다. 이제 실습에 사용할 주 피터 노트북과 문서 데이터가 모두 준비되었습니다. 다음으로, 각 문서 파일을 로딩하고, 라마인덱스를 활용해 인덱싱하는 실습을 진행하겠습니다.

4.3 PDF 파일 다루기

이번 절에서는 라마인덱스를 활용해『디지털-빅데이터의 시대: 인문학의 새로운 역할에 대한 고찰』PDF 연구 보고서를 로드하고 인덱싱하는 방법을 살펴보겠습니다.

4.3.1 데이터 준비

해당 보고서는 표지를 포함해 총 137페이지로 구성돼 있습니다. 디지털, 빅데이터의 시대에 기존 인문학이 가진 한계를 어떻게 극복할 수 있을지 종합적으로 검토한 논문입니다.

PDF 파일을 불러오는 가장 기본적인 방법은 SimpleDirectoryReader 라이브러리를 활용하는 것입니다. SimpleDirectoryReader는 라마인덱스에 내장된 데이터 커넥터[4] 중 하나입니다. SimpleDirectoryReader 외에도 라마인덱스에서 활용할 수 있는 데이터 커넥터는 GoogleDocsReader, NotionPageReader, SlackReader 등으로 다양합니다. 이름에서 유추할 수 있듯이 GoogleDocsReader는 구글 독스(Google Docs)에서 문서를 불러와 라마인덱스 애플리케이션에서 사용할 수 있는 간단한 문서 형식으로 변환합니다. 이러한 커넥터들은 라마허브(LlamaHub)를 통해 쉽게 설치하고 사용할 수 있습니다.

다시 PDF 파일 다루기로 돌아가 코드를 살펴보겠습니다. SimpleDirectoryReader 라이브러리를 임포트하고 input_files 명령어로 PDF 문서가 있는 경로를 지정합니다.

```
from llama_index.core import SimpleDirectoryReader

reader = SimpleDirectoryReader(input_files=["data/인문학의 새로운 역할에 대한 고찰.pdf"])
documents = reader.load_data()
```

input_files는 해당 디렉터리 안에 있는 파일 중 원하는 파일만 로드하도록 지정하는 옵션입니다. 반면 input_dir은 지정한 디렉터리에서 라마인덱스가 로딩할 수 있는 모든 파일을 가져오는 옵션입니다.

---

[4] 데이터 커넥터 정보를 담고있는 웹 페이지: https://github.com/run-llama/llama_index/tree/main/docs/docs/examples/data_connectors

위 코드에서 'input_files=["data/인문학의 새로운 역할에 대한 고찰.pdf"])'에 입력된 파일 경로는 상대 경로입니다. 절대 경로는 최상위 디렉터리부터 파일이 위치한 디렉터리까지의 전체 경로를 모두 기입하는 반면, 상대 경로는 특정 디렉터리(주로 현재 작업 중인 폴더)를 기준으로 경로를 나타냅니다.

저자가 실습한 주피터 노트북 파일과 PDF의 파일의 절대 경로는 다음과 같습니다. 이 두 경로를 비교해 보면 상대 경로 기입 방식을 이해하는 데 도움될 것입니다.

- 주피터 노트북 파일: C:/Users/hjkim/llamaindex/ch04/ch04_practice.ipynb
- PDF 파일: C:/Users/hjkim/llamaindex/ch04/data/인문학의 새로운 역할에 대한 고찰.pdf

이제 읽어 들인 문서를 documents에 넣고, documents 개수를 확인해 보겠습니다.

```
print(len(documents))
```

실행 결과

```
137
```

연구보고서의 137개 페이지가 각각 하나의 documents로 저장된 것으로 추측됩니다. 이번에는 PDF 파일이 정상적으로 로드됐는지 확인하기 위해 임의로 documents[3]을 출력해 보겠습니다.

```
documents[3]
```

실행 결과

```
Document(id_='5ba10b45-5e7d-4b40-8635-92da2b55ae17', embedding=None, metadata={'page_label': '4', 'file_name': '인문학의 새로운 역할에 대한 고찰.pdf', 'file_path': 'data\\인문학의 새로운 역할에 대한 고찰.pdf', 'file_type': 'application/pdf', 'file_size': 4632243, 'creation_date': '2024-09-15', 'last_modified_date': '2024-09-15'}, excluded_embed_metadata_keys=['file_name', 'file_type', 'file_size', 'creation_date', 'last_modified_date', 'last_accessed_date'], excluded_llm_metadata_keys=['file_name', 'file_type', 'file_size', 'creation_date', 'last_modified_date', 'last_accessed_date'], relationships={}, text='연구요약\n인간 사회의 전 분야를 쓰나미처럼 휩쓸고 들어오는 디지털화는 개인의 생활
```

```
방식, 개인\n들끼리의 교류 방식, 더 나아가 사회가 작동하는 방식을 총체적이고 근본적으로
변화시키\n고 있는 상황이다 . 우리는 현재 디지털을 사용하는 선을 넘어서서 디지털 가운데서
살아가\n고 있다. 디지털이라는 매체가 인간 삶의 전반적 틀을 크게 좌우하는 이러한 상황은 여러
\n가지 전례 없는
----------- 중   략 --------------
이와 같이 빅데이터의 입체성은 인간의 사회가 젠더의 측면에서 \n얼마나 기울어진 운동장인지를
보다 더 명징하게 보여주고 있고, 디지털을 통해 가능해진 \n과거와 비교할 수 없는 정도로
진전된 국제협력을 통해서 과거보다 더 적극적이고 구체적\n인 방식의 대응을 가능케 할 가능성을
내포하고 있는 것이다 .\n디지털화가 내포하고 있는 사회 전반의 변화는 분과학문 단위에서 접근할
수 있는 범위\n를 넘어서 있다. 이러한 문제적 상황에 대해 인문학과 사회과학 분야가 각각
어떻게 대응하\n고 있는지를 II부와 III부에서 살펴보았다 . II부에서는 먼저 디지털인문학이
출현함으로써 새', mimetype='text/plain', start_char_idx=None, end_char_idx=None,
text_template='{metadata_str}\n\n{content}', metadata_template='{key}: {value}',
metadata_seperator='\n')
```

코드 실행 결과의 앞부분은 문서의 제목, 디렉터리(파일 경로), 생성 날짜 등을 포함한 메타데이터로 구성돼 있습니다. 이후 documents[3]에 해당하는 문서의 본문이 출력됩니다. 문서 하단에 각주가 있는 경우 각주의 내용도 모두 로드됩니다.

documents[3]에 저장된 내용을 원본 PDF(오른쪽 그림 그림)와 비교해 보니, 예상대로 보고서의 연구 요약 페이지 전체가 하나의 document에 포함된 것을 확인할 수 있습니다.

그러나 보고서의 한 페이지가 각각 개별 document로 로드되면서, 단일 의미 덩어리로 구성되기 어

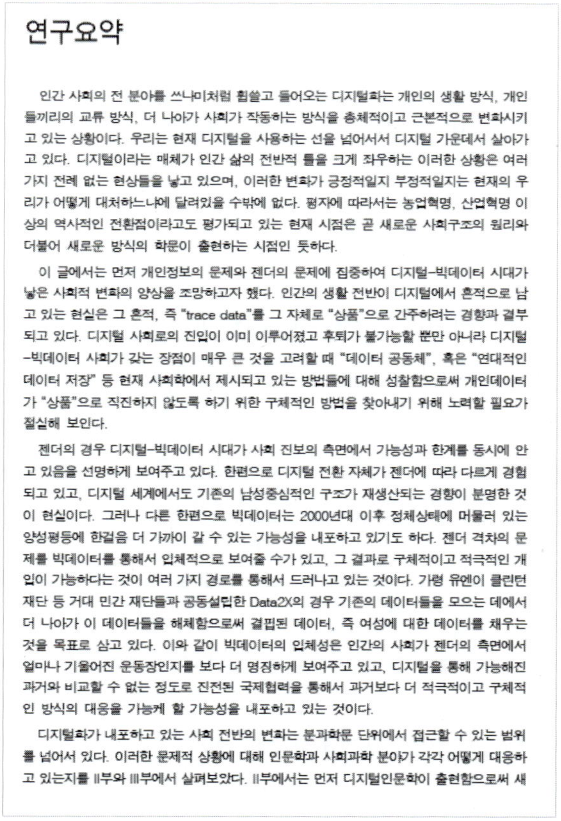

연구요약

인간 사회의 전 분야를 쓰나미처럼 휩쓸고 들어오는 디지털화는 개인의 생활 방식, 개인들끼리의 교류 방식, 더 나아가 사회가 작동하는 방식을 총체적이고 근본적으로 변화시키고 있는 상황이다. 우리는 현재 디지털을 사용하는 선을 넘어서서 디지털 가운데서 살아가고 있다. 디지털이라는 매체가 인간 삶의 전반적 틀을 크게 좌우하는 이러한 상황은 여러가지 전례 없는 현상들을 낳고 있으며, 이러한 변화가 긍정적일지 부정적일지는 현재의 우리가 어떻게 대처하느냐에 달려있을 수밖에 없다. 평자에 따라서는 농업혁명, 산업혁명 이상의 역사적인 전환점이라고도 평가되고 있는 현재 시점은 곧 새로운 사회구조의 원리와 더불어 새로운 방식의 학문이 출현하는 시점인 듯하다.

이 글에서는 먼저 개인정보의 문제와 젠더의 문제에 집중하여 디지털-빅데이터 시대가 낳은 사회적 변화의 양상을 조망하고자 했다. 인간의 생활 전반이 디지털에서 흔적으로 남고 있는 현실은 그 흔적, 즉 "trace data"를 그 자체로 "상품"으로 간주하려는 경향과 결부되고 있다. 디지털 사회로의 진입이 이미 이루어졌고 후퇴가 불가능할 뿐만 아니라 디지털-빅데이터 사회가 갖는 장점이 매우 큰 것을 고려할 때 "데이터 공동체", 혹은 "연대적인 데이터 저장" 등 현재 사회학에서 제시되고 있는 방법들에 대해 성찰함으로써 개인데이터가 "상품"으로 직진하지 않도록 하기 위한 구체적인 방법을 찾아내기 위해 노력할 필요가 절실해 보인다.

젠더의 경우 디지털-빅데이터 시대가 사회 진보의 측면에서 가능성과 한계를 동시에 안고 있음을 선명하게 보여주고 있다. 한편으로 디지털 전환 자체가 젠더에 따라 다르게 경험되고 있고, 디지털 세계에서도 기존의 남성중심적인 구조가 재생산되는 경향이 분명한 것이 현실이다. 그러나 다른 한편으로 빅데이터는 2000년대 이후 정체상태에 머물러 있는 양성평등에 한걸음 더 가까이 갈 수 있는 가능성을 내포하고 있기도 하다. 젠더 격차의 문제를 빅데이터를 통해서 입체적으로 보여줄 수가 있고, 그 결과로 구체적이고 적극적인 개입이 가능하다는 것이 여러 가지 경로를 통해서 드러나고 있는 것이다. 가령 유엔이 클린턴재단 등 거대 민간 재단들과 공동설립한 Data2X의 경우 기존의 데이터들을 모으는 데에서 더 나아가 이 데이터들을 해체함으로써 결핍된 데이터, 즉 여성에 대한 데이터를 채우는 것을 목표로 삼고 있다. 이와 같이 빅데이터의 입체성은 인간의 사회가 젠더의 측면에서 얼마나 기울어진 운동장인지를 보다 더 명징하게 보여주고 있고, 디지털을 통해 가능해진 과거와 비교할 수 없는 정도로 진전된 국제협력을 통해서 과거보다 더 적극적이고 구체적인 방식의 대응을 가능케 할 가능성을 내포하고 있는 것이다.

디지털화가 내포하고 있는 사회 전반의 변화는 분과학문 단위에서 접근할 수 있는 범위를 넘어서 있다. 이러한 문제적 상황에 대해 인문학과 사회과학 분야가 각각 어떻게 대응하고 있는지를 II부와 III부에서 살펴보았다. II부에서는 먼저 디지털인문학이 출현함으로써 새

그림 4.2 원본 PDF 문서

려운 문제가 발생할 수 있습니다. 즉, 문서의 마지막 문장이 완결된 형태로 저장되지 않는 경우가 생깁니다.

하나의 document에 여러 개의 의미가 포함되면 사용자의 질문에 대해 최적의 답변을 제공하는 데 한계가 있을 수밖에 없습니다. 이러한 문제를 해결하기 위해 문서 분할 기법이 고안되었습니다. 이어지는 절에서는 여러 가지 분할 기법을 실습하겠습니다.

4.3.2 텍스트 분할

텍스트 분할, 즉 청킹(chunking)은 긴 문장을 짧게 나누어 노드에 담는 작업을 말합니다. 앞서 '인문학의 새로운 역할에 대한 고찰' 보고서를 로드한 뒤, 각 도큐먼트가 페이지별로 분할된 내용을 담고 있음을 확인했습니다.

그러나 하나의 도큐먼트 안에 여러 의미가 뒤섞여 있을 수 있으므로, 의미의 일관성을 유지하며 인덱싱을 하려면 텍스트를 별도로 분할하는 절차가 필요합니다. 잘 분할된 데이터는 RAG의 답변 성능에 큰 영향을 미치며, 답변 정확도 뿐 아니라 답변 속도에도 영향을 줍니다. 이번 절에서는 라마인덱스가 제공하는 주요 세 가지 분할 방법을 실습해 보겠습니다.

토큰 단위 분할

토큰 단위 분할(Token Text Splitting)에서 TokenTextSplitter 클래스는 텍스트를 토큰 단위로 나누며, 각 청크의 크기와 중첩을 설정할 수 있습니다. 청크 크기(chunk_size)는 각 청크의 최대 토큰 수를, 청크 오버랩(chunk_overlap)은 연속된 청크 간의 중첩 토큰 수를 지정합니다. 텍스트 중첩은 나뉜 청크들이 서로 의미적으로 어색하지 않도록 문맥을 유지하기 위해 사용하는 기법입니다.

먼저 llama_index.core.node_parser에서 TokenTextSplitter 클래스를 불러옵니다.

```
from llama_index.core.node_parser import TokenTextSplitter
```

chunk_size를 1024토큰으로 설정하고, chunk_overlap은 20토큰으로 설정해 보겠습니다. 이 기준으로 documents를 분할한 뒤, 결과를 nodes 변수에 담아둡니다.

```
# TokenTextSplitter 설정하기
splitter = TokenTextSplitter(chunk_size=1024, chunk_overlap=20)

# TokenTextSplitter 적용 후 노드에 담기
nodes = splitter.get_nodes_from_documents(documents)
```

print(len(nodes))로 nodes의 개수 출력해 보니 186개가 나옵니다. 만약 청크 크기를 1024토큰의 2배인 2048토큰으로 설정하면 nodes의 개수는 93(186/2)개로 줄어듭니다.

```
print(len(nodes))
```

실행 결과

```
186
```

청크가 어떻게 구성되어 있는지 살펴보기 위해 nodes 중 하나를 임의로 출력해 보겠습니다.

```
print(nodes[3].get_content())
```

실행 결과

```
연구요약
인간 사회의 전 분야를 쓰나미처럼 휩쓸고 들어오는 디지털화는 개인의 생활 방식, 개인
들끼리의 교류 방식, 더 나아가 사회가 작동하는 방식을 총체적이고 근본적으로 변화시키
고 있는 상황이다 . 우리는 현재 디지털을 사용하는 선을 넘어서서 디지털 가운데서 살아가
고 있다.
------------------------------------------- 중    략 --------------------------------
-------------------------
그러나 다른 한편으로 빅데이터는 2000년대 이후 정체상태에 머물러 있는 양성평등에 한걸음
더 가까이 갈 수 있는 가능성을 내포하고 있기도 하다. 젠더 격차의 문제를 빅데이터를 통해서
입체적으로 보여줄 수가 있고, 그 결과로 구체적이고 적극적인 개입이 가능하다는 것이 여러
```

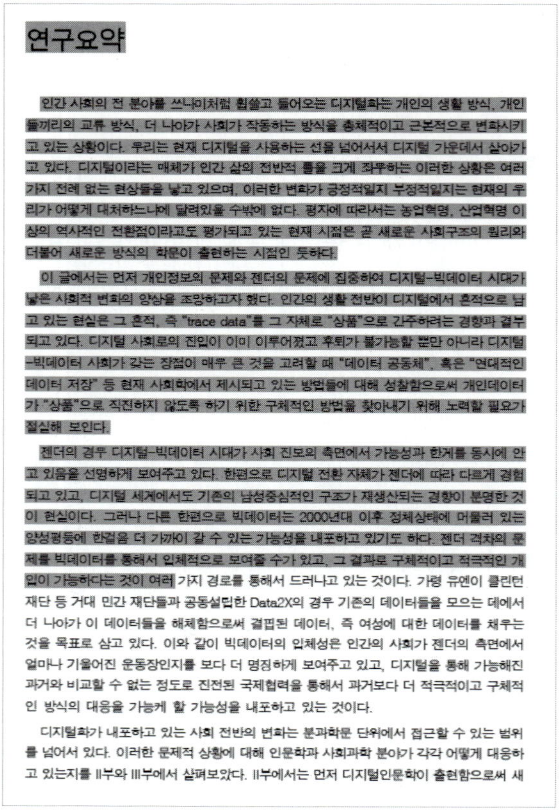

연구요약

인간 사회의 전 분야를 쓰나미처럼 휩쓸고 들어오는 디지털화는 개인의 생활 방식, 개인들끼리의 교류 방식, 더 나아가 사회가 작동하는 방식을 총체적이고 근본적으로 변화시키고 있는 상황이다. 우리는 현재 디지털을 사용하는 선을 넘어서서 디지털 가운데서 살아가고 있다. 디지털이라는 매체가 인간 삶의 전반적 틀을 크게 좌우하는 이러한 상황은 여러 가지 전례 없는 현상들을 낳고 있으며, 이러한 변화가 긍정적일지 부정적일지는 현재의 우리가 어떻게 대처하느냐에 달려있을 수밖에 없다. 평자에 따라서는 농업혁명, 산업혁명 이상의 역사적인 전환점이라고도 평가되고 있는 현재 시점은 곧 새로운 사회구조의 원리와 더불어 새로운 방식의 학문이 출현하는 시점인 듯하다.

이 글에서는 먼저 개인정보의 문제와 젠더의 문제에 집중하여 디지털-빅데이터 시대가 낳은 사회적 변화의 양상을 조망하고자 했다. 인간의 생활 전반이 디지털에서 흔적으로 남고 있는 현실은 그 흔적, 즉 "trace data"를 그 자체로 "상품"으로 간주하려는 경향과 결부되고 있다. 디지털 사회로의 진입이 이미 이루어졌고 후퇴가 불가능할 뿐만 아니라 디지털-빅데이터 사회가 갖는 장점이 매우 큰 것을 고려할 때 "데이터 공동체", 혹은 "연대적인 데이터 저장" 등 현재 사회학에서 제시되고 있는 방법들에 대해 성찰함으로써 개인데이터가 "상품"으로 직진하지 않도록 하기 위한 구체적인 방법을 찾아내기 위해 노력할 필요가 절실해 보인다.

젠더의 경우 디지털-빅데이터 시대가 사회 진보의 측면에서 가능성과 한계를 동시에 안고 있음을 선명하게 보여주고 있다. 한편으로 디지털 전환 자체가 젠더에 따라 다르게 경험되고 있고, 디지털 세계에서도 기존의 남성중심적인 구조가 재생산되는 경향이 분명한 것이 현실이다. 그러나 다른 한편으로 빅데이터는 2000년대 이후 정체상태에 머물러 있는 양성평등에 한걸음 더 가까이 갈 수 있는 가능성을 내포하고 있기도 하다. 젠더 격차의 문제를 빅데이터를 통해서 입체적으로 보여줄 수가 있고, 그 결과로 구체적이고 적극적인 개입이 가능하다는 것이 여러 가지 경로를 통해서 드러나고 있는 것이다. 가령 유엔이 클린턴 재단 등 거대 민간 재단들과 공동설립한 Data2X의 경우 기존의 데이터들을 모으는 데에서 더 나아가 이 데이터들을 해체함으로써 결핍된 데이터, 즉 여성에 대한 데이터를 채우는 것을 목표로 삼고 있다. 이와 같이 빅데이터의 입체성은 인간의 사회가 젠더의 측면에서 얼마나 기울어진 운동장인지를 보다 더 명징하게 보여주고 있고, 디지털을 통해 가능해진 과거와 비교할 수 없는 정도로 진전된 국제협력을 통해서 과거보다 더 적극적이고 구체적인 방식의 대응을 가능케 할 가능성을 내포하고 있는 것이다.

디지털화가 내포하고 있는 사회 전반의 변화는 분과학문 단위에서 접근할 수 있는 범위를 넘어서 있다. 이러한 문제적 상황에 대해 인문학과 사회과학 분야가 각각 어떻게 대응하고 있는지를 II부와 III부에서 살펴보았다. II부에서는 먼저 디지털인문학이 출현함으로써 새

그림 4.3 토큰 단위 분할 결과

토큰 단위 분할을 실행한 결과를 원문 보고서와 비교해 보겠습니다. 그림 4.3에서 형광펜으로 표시한 부분이 하나의 청크로 구분된 것을 확인할 수 있습니다.

청크의 마지막 부분이 "젠더 격차의 문제를 빅데이터를 통해서 입체적으로 보여줄 수가 있고, 그 결과로 구체적이고 적극적인 개입이 가능하다는 것이 여러"에서 끝나고 있습니다. 즉, 문장이 중간에 잘린 상태로 청크가 만들어졌습니다.

하나의 청크는 단일한 의미를 담고 있어야 RAG의 성능이 좋아집니다. 따라서 이렇게 문장 중간에 잘리는 것은 바람직하지 않습니다.

의미 단위 분할

의미 단위 분할(Semantic Splitting)은 텍스트를 고정된 크기의 청크로 나누는 대신, 임베딩 유사성을 기반으로 하나의 의미를 지닌 문장 단위를 찾아 분할하는 방식입니다. 2장에서 벡터 임베딩은 텍스트의 의미를 수치로 표현한 것이라고 설명한 바 있습니다. 의미가 비슷한 텍스트는 수학적으로 유사한 임베딩 값을 가집니다. 예를 들어, "고양이"와 "개"라는 단어는 임베딩 공간에서 "고양이"와 "하늘"보다 가까운 위치에 놓일 수 있습니다. 이를 통해 LLM은 쿼리와 관련된 텍스트를 효율적으로 찾아낼 수 있습니다. 의미 단위 분할을 적용하면 분할할 위치가 고정적이지 않고 유동적으로 결정됩니다. 그 결과 청크 분할 위치가 달라지기도 합니다. 즉, 데이터가 분할되는 지점이 항상 일치하지 않고 상황에 따라 달라지므로 분할 후 노드의 길이와 노드의 총 개수가 다른 경우가 발생하기도 합니다.

의미 단위 분할을 하기 위해 먼저 `llama-index-embeddings-openai`를 설치합니다. 임베딩 라이브러리를 설치하는 이유는 의미 단위 분할의 토대가 벡터 임베딩이기 때문입니다. `llama-index-embeddings-openai`는 이전 장에서 이미 설치를 진행했는데, 이전 장을 건너뛰고 4장부터 보는 독자라면 아래와 같이 설치합니다.

```
!pip install llama-index-embeddings-openai
```

이어 VSCode에서 `SemanticSplitterNodeParser`와 `OpenAIEmbedding` 클래스를 임포트합니다.

```
from llama_index.core.node_parser import SemanticSplitterNodeParser
from llama_index.embeddings.openai import OpenAIEmbedding
```

이제 모델(embed_model) 인스턴스를 만들고 의미 단위 분할을 적용합니다.

```
# embed_model 인스턴스 만들기
embed_model = OpenAIEmbedding()

# semantic_splitter 설정하기
semantic_splitter = SemanticSplitterNodeParser(
    buffer_size=10,
```

```
    breakpoint_percentile_threshold=95,
    embed_model=embed_model
)
# semantic_splitter 적용 후 노드에 담기
nodes_semantic=semantic_splitter.get_nodes_from_documents(documents)
```

buffer_size(버퍼 크기)는 10, breakpoint_percentile_threshold(브레이크포인트 퍼센타일 임계값)는 95로 설정했습니다. buffer_size는 텍스트를 분할하기 위해 의미적 유사성을 평가할 때, 그룹화할 문장 수를 의미합니다. 이 값이 작으면 메모리 사용량은 줄지만, 너무 작으면 데이터 처리 속도가 느려지는 등 성능 저하를 초래할 수 있습니다. 반대로 이 값이 크면 메모리는 더 많이 사용하지만 성능이 향상될 수 있습니다. 메모리 사용을 최적화하고 성능을 향상시키려면 시스템의 성능 테스트를 통해 최적의 값을 찾는 것이 좋습니다.

breakpoint_percentile_threshold(브레이크포인트 퍼센타일 임계값)는 데이터를 순서대로 나열했을 때, 특정 값이 전체 데이터 중 어느 위치에 있는지를 나타내는 기준점입니다. 예를 들어, 어떤 값이 90번째 백분위수(퍼센타일)에 위치한다면, 이는 그 값이 전체 데이터의 상위 10%에 속한다는 의미입니다. 즉, 그 값보다 작은 데이터가 전체의 90%를 차지하고, 그 값보다 큰 데이터는 10%만 포함된다는 뜻입니다.

breakpoint_percentile_threshold를 95로 설정한다는 것은, 데이터를 분석할 때 특정 값이 전체 데이터 분포의 상위 5%에 속하도록 기준을 설정한다는 의미입니다. 여기에서는 문장 간 의미 차이를 계산한 뒤, 그 차이가 95% 이상인 지점에서 분할하라고 지정하는 것입니다. 이 수치가 작아질수록 분할 기준이 더 엄격해집니다. 즉, 의미 차이가 조금만 나더라도 분할하도록 설정하는 셈입니다.

이렇게 분할된 결과물을 nodes_semantic에 담고, 토큰 단위 분할 결과와 어떻게 다른지 확인해 보겠습니다. 먼저 nodes_semantic의 개수를 출력해 보겠습니다.

```
len(nodes_semantic)
```

실행 결과

```
193
```

의미 단위로 분할한 nodes_semantic의 개수는 193개로, 토큰 단위 분할 결과인 186개보다 많습니다. 청크를 분할하는 기준이 달라지면 생성되는 노드의 개수 역시 달라집니다.

이번에는 청크 내용을 확인하기 위해 nodes_semantic[3]을 출력해 보겠습니다. 여러분이 실습할 때는 3번 노드의 내용이 아래와 정확히 일치하지 않을 수도 있습니다. 이는 분할 지점이 유동적이기 때문입니다.

```
print(nodes_semantic[3].get_content())
```

실행 결과

연구요약
인간 사회의 전 분야를 쓰나미처럼 휩쓸고 들어오는 디지털화는 개인의 생활 방식, 개인들끼리의 교류 방식, 더 나아가 사회가 작동하는 방식을 총체적이고 근본적으로 변화시키고 있는 상황이다 . 우리는 현재 디지털을 사용하는 선을 넘어서서 디지털 가운데서 살아가고 있다
-- 중   략 --
얼마나 기울어진 운동장인지를 보다 더 명징하게 보여주고 있고, 디지털을 통해 가능해진 과거와 비교할 수 없는 정도로 진전된 국제협력을 통해서 과거보다 더 적극적이고 구체적인 방식의 대응을 가능케 할 가능성을 내포하고 있는 것이다 .

그림 4.4 의미 단위 분할 결과

원문 보고서에서 블록으로 지정한 부분이 하나의 청크로 구분된 것을 확인할 수 있습니다. 앞서 문장이 중간에 애매하게 끊겼던 토큰 단위 분할과 달리, 의미 단위 분할에서는 하나의 완결된 문장 혹은 완결된 단락을 기준으로 청크가 구성됩니다.

문장 단위 분할

다음으로 문장 분할을 적용해 보겠습니다. 문장 단위 분할(Sentence Splitting)은 문장의 경계를 존중하면서 텍스트를 분리하는 방식입니다. 우선 `SentenceSplitter` 클래스를 임포트하고, `chunk_size`를 1024토큰, `chunk_overlap`을 20토큰으로 설정합니다. 이는 토큰 단위 분할 때와 같은 값입니다.

```python
from llama_index.core.node_parser import SentenceSplitter

# semantic_splitter 설정하기
splitter = SentenceSplitter(
    chunk_size=1024,
    chunk_overlap=20,
)

# semantic_splitter 적용 후 노드에 담기
nodes_sentence = splitter.get_nodes_from_documents(documents)
```

nodes_sentence의 개수를 알아보겠습니다.

```python
print(len(nodes_sentence))
```

실행 결과

```
185
```

nodes_sentence의 개수는 185개로, 토큰 단위 분할의 결과(186개)와 거의 비슷합니다. 그렇다면 nodes_sentence 안에 담긴 청크는 어떤 형태인지 살펴보겠습니다.

```python
print(nodes_sentence[3].get_content())
```

실행 결과

```
연구요약
인간 사회의 전 분야를 쓰나미처럼 휩쓸고 들어오는 디지털화는 개인의 생활 방식, 개인
들끼리의 교류 방식, 더 나아가 사회가 작동하는 방식을 총체적이고 근본적으로 변화시키
고 있는 상황이다 .
-------------------------------------------- 중  략 --------------------------------
-----------------------
젠더의 경우 디지털 -빅데이터 시대가 사회 진보의 측면에서 가능성과 한계를 동시에 안
고 있음을 선명하게 보여주고 있다. 한편으로 디지털 전환 자체가 젠더에 따라 다르게 경험
되고 있고, 디지털 세계에서도 기존의 남성중심적인 구조가 재생산되는 경향이 분명한 것
이 현실이다 . 그러나 다른 한편으로 빅데이터는 2000년대 이후 정체상태에 머물러 있는
양성평등에 한걸음 더 가까이 갈 수 있는 가능성을 내포하고 있기도 하다.
```

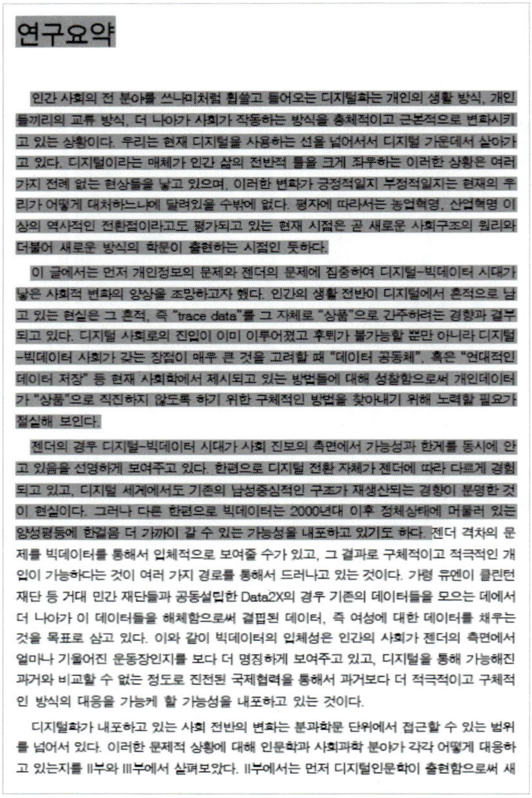

연구요약

인간 사회의 전 분야를 쓰나미처럼 휩쓸고 들어오는 디지털화는 개인의 생활 방식, 개인들끼리의 교류 방식, 더 나아가 사회가 작동하는 방식을 총체적이고 근본적으로 변화시키고 있는 상황이다. 우리는 현재 디지털을 사용하는 선을 넘어서서 디지털 가운데서 살아가고 있다. 디지털이라는 매체가 인간 삶의 전반적 틀을 크게 좌우하는 이러한 상황은 여러 가지 전례 없는 현상들을 낳고 있으며, 이러한 변화가 긍정적일지 부정적일지는 현재의 우리가 어떻게 대처하느냐에 달려있을 수밖에 없다. 평자에 따라서는 농업혁명, 산업혁명 이상의 역사적인 전환점이라고도 평가되고 있는 현재 시점은 곧 새로운 사회구조의 원리와 더불어 새로운 방식의 학문이 출현하는 시점인 듯하다.

이 글에서는 먼저 개인정보의 문제와 젠더의 문제에 집중하여 디지털-빅데이터 시대가 낳은 사회적 변화의 양상을 조망하고자 했다. 인간의 생활 전반이 디지털에서 흔적으로 남고 있는 현실은 그 흔적, 즉 "trace data"를 그 자체로 "상품"으로 간주하려는 경향과 결부되고 있다. 디지털 사회로의 진입이 이미 이루어졌고 후퇴가 불가능할 뿐만 아니라 디지털-빅데이터 사회가 갖는 장점이 매우 큰 것을 고려할 때 "데이터 공동체", 혹은 "연대적인 데이터 저장" 등 현재 사회학에서 제시되고 있는 방법들에 대해 성찰함으로써 개인데이터가 "상품"으로 직진하지 않도록 하기 위한 구체적인 방법을 찾아내기 위해 노력할 필요가 절실해 보인다.

젠더의 경우 디지털-빅데이터 시대가 사회 진보의 측면에서 가능성과 한계를 동시에 안고 있음을 선명하게 보여주고 있다. 한편으로 디지털 전환 자체가 젠더에 따라 다르게 경험되고 있고, 디지털 세계에서도 기존의 남성중심적인 구조가 재생산되는 경향이 분명한 것이 현실이다. 그러나 다른 한편으로 빅데이터는 2000년대 이후 정체상태에 머물러 있는 양성평등에 한걸음 더 가까이 갈 수 있는 가능성을 내포하고 있기도 하다. 젠더 격차의 문제를 빅데이터를 통해서 입체적으로 보여줄 수가 있고, 그 결과로 구체적이고 적극적인 개입이 가능하다는 것이 여러 가지 경로를 통해서 드러나고 있는 것이다. 가령 유엔이 클린턴 재단 등 거대 민간 재단들과 공동설립한 Data2X의 경우 기존의 데이터들을 모으는 데에서 더 나아가 이 데이터들을 해체함으로써 결핍된 데이터, 즉 여성에 대한 데이터를 채우는 것을 목표로 삼고 있다. 이와 같이 빅데이터의 입체성은 인간의 사회가 젠더의 측면에서 얼마나 기울어진 운동장인지를 보다 더 명징하게 보여주고 있고, 디지털을 통해 가능해진 과거와 비교할 수 없는 정도로 진전된 국제협력을 통해서 과거보다 더 적극적이고 구체적인 방식의 대응을 가능케 할 가능성을 내포하고 있는 것이다.

디지털화가 내포하고 있는 사회 전반의 변화는 분과학문 단위에서 접근할 수 있는 범위를 넘어서 있다. 이러한 문제적 상황에 대해 인문학과 사회과학 분야가 각각 어떻게 대응하고 있는지를 II부와 III부에서 살펴보았다. II부에서는 먼저 디지털인문학이 출현함으로써 새

그림 4.5 문장 단위 분할 결과

문장 단위 분할 결과, 각 청크의 길이가 약간 짧아졌는데, 청크의 마지막 부분이 "빅데이터는 2000년대 이후 정체상태에 머물러 있는 양성평등에 한걸음 더 가까이 갈 수 있는 가능성을 내포하고 있기도 하다."로 끝나고 있습니다. 즉, 문장이 완결성을 띠는 지점에서 청크가 분할되는 것을 확인할 수 있습니다. 토큰 단위 분할과 동일한 청크 크기를 적용했지만, 하나의 청크에 담긴 내용이 다른 것을 확인할 수 있습니다.

하지만 아쉬운 점도 있습니다. 하나의 단락에 들어 있는 내용을 전부 담지 못하고, 단락 중간에 끊어진 경우가 있다는 점입니다. 보통 하나의 단락이 하나의 주요 문장을 뒷받침한다는 점을 고려하면, 이렇게 끊긴 단락은 '팥 빠진 팥빵'처럼 알맹이를 담지 못한 상태가 된다고 볼 수 있습니다. 이는 `chunk_size`를 1024토큰으로 제한했기 때문에 하나의 청크 크기가 더 커질 수 없어 중간에 끊긴 것으로 추정됩니다.

이로써 문서 분할 실습을 모두 살펴보았습니다. 다음 절에서는 인덱싱을 어떻게 수행하는지 알아보겠습니다.

4.3.3 인덱싱

인덱싱은 데이터를 구조화하여 빠르게 검색할 수 있도록 하는 과정입니다. 라마인덱스에서는 문서를 노드로 분할한 뒤, 각 노드의 의미를 벡터 임베딩으로 변환해 저장합니다. 인덱스가 잘 구축되어 있으면 데이터를 효율적으로 검색하고 관리할 수 있습니다.

앞서 노드를 분할하는 세 가지 방법을 실습했습니다. 이번 절에서는 문장 단위 분할로 얻은 노드를 기반으로 인덱싱을 실행해 보겠습니다.

라마인덱스는 다양한 유형의 인덱스를 지원하지만, 여기서는 벡터 스토어 인덱스를 활용해 실습을 진행합니다. 벡터 스토어 인덱스는 각 노드의 텍스트를 벡터 임베딩으로 변환하고, 쿼리가 들어오면 쿼리 또한 벡터 임베딩으로 변환한 뒤, 이 두 임베딩 간의 유사도를 계산해 가장 유사한 상위 K개의 노드를 반환합니다.

이제 벡터 스토어 인덱스 클래스를 임포트하고, 문장 단위로 분할된 노드를 이용해 인덱스를 생성하겠습니다.

```
from llama_index.core import VectorStoreIndex
index = VectorStoreIndex(nodes_sentence)
```

그 다음 인덱스가 어떻게 형성돼 있는지 출력해 보겠습니다.

```
print(index)
```

실행 결과

```
<llama_index.core.indices.vector_store.base.VectorStoreIndex object at 0x0000012A304FBFD0>
```

벡터 스토어 인덱스 클래스의 인스턴스가 정상적으로 생성되어 0x0000012A304FBFD0라는 메모리 위치에 저장되어 있음을 확인할 수 있습니다.

4.3.4 쿼리 실행

지금까지 데이터 로드와 인덱스 구축을 진행했습니다. 이제 LLM 애플리케이션에서 가장 중요한 단계인 쿼리를 실행해 보겠습니다.

먼저 `index.as_query_engine()` 메서드를 사용해 쿼리 엔진을 설정합니다. `index.as_query_engine()`은 `VectorIndexRetriever`와 `RetrieverQueryEngine`을 기본 검색 및 쿼리 엔진으로 사용합니다.

```
query_engine = index.as_query_engine(similarity_top_k=5)
```

쿼리 엔진을 설정할 때는 몇 가지 키워드 인수를 통해 동작 방식을 조정할 수 있습니다. 예를 들어, 쿼리와 유사한 상위 K개의 문서를 검색할 때 기본값은 2개(top_k=2)이지만, 2개가 너무 적다고 판단된다면 `similarity_top_k=n`으로 설정하여 상위 N개의 문서를 검색하도록 바꿀 수 있습니다. 이번 실습에서는 상위 5개 문서를 참조하도록 설정했습니다.

이어서 쿼리를 실행해 보겠습니다. "디지털 인문학은 인문학을 어떤 방식과 관점으로 다루는 학문인지 알려줘."라고 질문한 뒤, 결과를 출력합니다.

```
response = query_engine.query("디지털 인문학은 인문학을 어떤 방식과 관점으로 다루는 학문인지 알려줘")
print(response)
```

실행 결과

> 디지털 인문학은 전통적인 인문학 분야를 디지털 기술과의 접목을 통해 새로운 방식으로 탐구하고 이해하는 학문으로 다룹니다. 이를 통해 디지털 인문학은 인문학의 관점을 확장시키고, 데이터와 기술을 활용하여 인문학적 주제를 연구하며, 전통적인 인문학의 영역을 넘어서 다양한 분야와의 융합을 모색합니다.

앞서 쿼리 엔진을 설정하면서 쿼리와 유사한 상위 5개의 문서를 사용하도록 설정했습니다. 유사한 문서를 제대로 검색했는지 확인해볼 수도 있습니다. 아래는 응답에 사용된 소스 노드 중에서 가장 먼저 참조된 문서, 즉 0번 소스 노드의 내용을 확인하는 코드입니다.

```
print(response.source_nodes[0].get_content())
```

실행 결과

디지털-빅데이터의
시대
인문사회학의
새로운
역할에
대한
고찰
22 인쇄술이 활용된 14세기 이래 가장 근본적인 변화를 목도하고 있다고 해도 과언이 아닐 것이다. 가장 단순하게는 일반 문서를 컴퓨터가 읽을 수 있는 형태로 스캔하는 것을 포함하는 디지털화가 "디지털 턴"이라는 용어로 구체화되기에 이르렀지만, 특정한 논점에 대해 입증하거나 반박하는 것을 중시하는 전통적인 인문학은 이러한 변화에 대해 소극적이거나 부정적으로 대응해 왔다. 엄청난 규모로 이루어지고 있는 자료의 디지털화에 대해, 그리고 디지털 데이터에 대한 접근이 용이해진 점에 대해서는 경외감을 보이면서도, 이러한 연구들이 분석적인 측면에서의 기여가 분명하지 않다며 "디지털", "디지털 인문학" 등에 대해 회의적인 시선을 보내고 있는 것이 인문학자들 대부분이 보이는 태도인 듯하다.
그러나 현재까지의 각국의 디지털 인문학 관련 논의의 범위와 깊이는 이 분야에 대해 학계 전체의 체계적인 공동대응이 필요함을 보여주고 있다. 먼저 1장에서는 디지털 인문학과 관련되는 여러 쟁점들을 짚어보게 될 것이다. 이 경우 디지털 인문학 연구가 가장 발전한 미국의 최신 연구 및 관련 논의들을 종합적으로 정리한 새런 블럭(Sharon Block)의 논문을 주로 참고하였다. 이 글은 개인 저자인 블럭의 글이기보다 초기 미국사 연구의 최고 권위지인 "William and Mary Quarterly"가 2018년 10월 개최한 워크숍의 논의 결과들을 정리한 글이기 때문에, 이에 근거하여 미국의 인문학자들이 최근의 디지털인문학 연구
...
국과 영국사 분야의 연구 및 고고학 분야의 연구를 살펴봄으로써 그동안의 성과에 대해 가늠해보고자 했다. 3장에서는 영국과 독일을 중심으로 하여 각국의 정부가 어떤 방식으로, 그리고 어느 정도로 디지털인문학 연구를 지원하고 있는지 살펴보고, 4장에서는 이에 근거한 종합을 시도하게 될 것이다.

"디지털 인문학은 인문학을 어떤 방식과 관점으로 다루는 학문인지 알려줘"라는 쿼리에 대해 디지털 인문학과 관련된 여러 쟁점을 간략히 소개하는 청크가 반환되었습니다. 이를 통해 유사도 검색이 정상적으로 작동하고 있음을 알 수 있습니다.

4.4 텍스트 파일 다루기

텍스트(TXT) 파일을 다루는 방식은 PDF 파일을 다루는 방식과 크게 다르지 않습니다. 파일 이름만 바꾸면 동일한 방식으로 처리할 수 있기 때문입니다. 이 예시에서는 폴 그레이엄의 에세이를 실습에 사용하겠습니다. 아직 파일을 내려받지 않았다면 아래 링크에서 내려받거나 이 책의 깃허브에서 내려받을 수 있습니다.

- 폴 그레이엄의 에세이: https://raw.githubusercontent.com/run-llama/llama_index/main/docs/docs/examples/data/paul_graham/paul_graham_essay.txt

4.4.1 기본 RAG 실습

우선 `SimpleDirectoryReader`를 이용해 텍스트 파일을 로드합니다.

```
from llama_index.core import SimpleDirectoryReader

reader = SimpleDirectoryReader(input_files=["data/paul_graham_essay.txt"])
documents = reader.load_data()
```

이렇게 로드된 문서는 하나의 `documents` 객체로 생성됩니다. 실제로 `documents`의 개수를 출력해 보면 1개가 나옵니다. 즉, 텍스트 문서 전체가 하나의 `documents`에 담겨 있다는 의미입니다.

```
print(len(documents))
```

실행 결과

```
1
```

`documents`에 담긴 내용을 출력해 보겠습니다. 예상했던 대로 에세이 전체가 문서 하나에 모두 포함된 것을 확인할 수 있습니다.

```
print(documents)
```

실행 결과

```
[Document(id_='5fcef68b-532f-4746-a67e-eaf5d3574c1f', embedding=None,
metadata={'file_path': 'data\\paul_graham_essay.txt', 'file_name':
'paul_graham_essay.txt', 'file_type': 'text/plain', 'file_size':
75389, 'creation_date': '2024-09-25', 'last_modified_date': '2024-
09-25'}, excluded_embed_metadata_keys=['file_name', 'file_type',
'file_size', 'creation_date', 'last_modified_date', 'last_accessed_date'],
excluded_llm_metadata_keys=['file_name', 'file_type', 'file_size',
'creation_date', 'last_modified_date', 'last_accessed_date'], relationships={},
text='What I Worked On\r\n\r\nFebruary 2021\r\n\r\nBefore college the two main
things I worked on, outside of school, were writing and programming. I didn\'t
write essays. I wrote what beginning writers were supposed to write then, and
probably still are: short stories. My stories were awful. They had hardly any
plot, just characters with strong feelings, which I imagined made them deep.\
r\n\r\nThe first programs I tried writing were on the IBM 1401 that our school
district used for what was then called "data processing."
---- 하 략 ----
```

이제 노드를 구성하기 위해 텍스트를 분할해 보겠습니다. 의미 기반 분할 기법을 적용하기 전에, LLM과 임베딩 모델을 어떻게 변경하는지 간단히 짚고 넘어가겠습니다. 앞 절에서는 라마인덱스에 기본 설정된 모델을 사용했지만, 아래 코드와 같이 기본 설정된 모델을 원하는 LLM과 임베딩 모델로 교체할 수 있습니다.

```
from llama_index.embeddings.openai import OpenAIEmbedding
from llama_index.llms.openai import OpenAI
from llama_index.core import Settings

llm = OpenAI(model="gpt-4o", temperature=0.2)
embed_model = OpenAIEmbedding()

Settings.llm = llm
Settings.embed_model = embed_model
```

위 코드에서는 LLM 모델을 OpenAI의 gpt-4o로 설정했고, 임베딩 모델은 OpenAI Embedding을 사용했습니다. temperature는 LLM이 생성하는 답변의 랜덤성을 조절하는 하이퍼파라미터로, 0에서 1 사이 값을 설정할 수 있습니다. 낮은 값을 사용하면 사용자의 문서에 기반한 예측 가능한 답변이 나오고, 높은 값을 사용하면 더 다양하고 창의적인 답변이 생성됩니다. 여기서는 **temperature=0.2**로 지정해 텍스트 문서를 좀 더 엄격하게 반영하도록 했습니다.

이제 노드를 생성하겠습니다. 의미 기반 분할을 할 때 `buffer_size`를 10, `breakpoint_percentile_threshold`를 80으로 설정했고, 이렇게 분할한 결과를 `txt_nodes_semantic`에 담았습니다.

```python
from llama_index.core.node_parser import SemanticSplitterNodeParser

semantic_splitter = SemanticSplitterNodeParser(
    buffer_size=10,
    breakpoint_percentile_threshold=80,
    embed_model=embed_model
)
txt_nodes_semantic=semantic_splitter.get_nodes_from_documents(documents)
```

이어서 `txt_nodes_semantic`의 전체 개수를 확인하고, 임의로 선택한 항목인 `txt_nodes_semantic[10]`의 내용을 출력해 보겠습니다.

```python
print("노드 개수:", len(txt_nodes_semantic))
print(txt_nodes_semantic[10].get_content())
```

실행 결과

```
노드 개수: 152
In fact, I decided to write a book about Lisp hacking. It's scary to think how
little I knew about Lisp hacking when I started writing that book. But there's
nothing like writing a book about something to help you learn it. The book, On
Lisp, wasn't published till 1993, but I wrote much of it in grad school.

Computer Science is an uneasy alliance between two halves, theory and systems. The
theory people prove things, and the systems people build things. I wanted to build
things.
```

의미 단위로 분할된 `txt_nodes_semantic`의 개수는 152개입니다. 그리고 `txt_nodes_semantic[10]` 노드에는 저자가 'On Lisp'이라는 책을 썼다는 내용이 포함돼 있습니다.

이제 벡터 스토어 인덱스를 이용해 인덱스를 생성해 보겠습니다. `txt_nodes_semantic`을 벡터 스토어 인덱스로 인덱싱하고, 이를 `txt_index`에 저장합니다.

```
from llama_index.core import VectorStoreIndex

txt_index = VectorStoreIndex(txt_nodes_semantic)
```

마지막으로 쿼리 엔진을 설정하고 쿼리를 실행합니다. `similarity_top_k=5`로 설정해 쿼리와 유사한 문서를 최대 5개까지 가져오도록 했습니다.

```
#쿼리 엔진 설정하기
txt_query_engine = txt_index.as_query_engine(similarity_top_k=5)

#쿼리 실행하기
txt_response = txt_query_engine.query("저자는 유년 시절에 무엇에 열정을 쏟았어? 자세히 설명해 줘")
print(txt_response)
```

실행 결과

프로그래밍에 열정을 쏟았습니다. 처음에는 간단한 게임을 만들고, 모델 로켓이 얼마나 높이 날아갈지 예측하는 프로그램을 만들었으며, 아버지가 책을 쓸 때 사용한 워드 프로세서를 만들었습니다. 그 워드 프로세서는 한 번에 약 2 페이지의 텍스트만 메모리에 저장할 수 있었기 때문에 아버지는 2 페이지씩 작성한 후 인쇄했습니다. 그러나 대학에서는 철학을 공부할 계획이었으며, 프로그래밍을 대학에서 공부할 계획은 없었습니다.

4.4.2 인덱스 저장: 크로마 사용하기

앞서 4.3.1절에서는 폴 그레이엄의 에세이를 텍스트 파일로 로드하여 인덱싱하고, 이를 바탕으로 간단한 질의응답 과정을 실습했습니다. 그러나 이 방식은 프로그램을 실행할 때마다 문서를 새로 로드하고 임베딩을 생성해야 하므로 자원이 낭비된다는 단점이 있습니다.

이러한 비효율을 해소하기 위해 사용되는 것이 벡터 저장소입니다. 벡터 저장소는 한 번 생성된 임베딩을 저장해 두고, 필요할 때마다 불러올 수 있습니다. 여러 종류의 벡터 저장소가 있지만, 이번 예제에서는 크로마 벡터 저장소를 통해 임베딩을 저장하고 재사용하는 방법을 알아보겠습니다. 이론과 관련하여 더 자세한 설명은 3장을 참조하기 바랍니다.

임베딩 저장하기

우선 명령 프롬프트를 열어 크로마를 설치합니다. 3장에서 크로마 설치 안내를 했는데, 3장을 건너뛰고 실습하는 독자라면 아래와 같이 하면 됩니다.

```
(ch04_env) C:\llamaindex\ch04> pip install chromadb
(ch04_env) C:\llamaindex\ch04> pip install llama-index-vector-stores-chroma
```

이어서 VSCode의 실습 파일 코드 창에서 아래와 같이 입력해 필요한 클래스를 불러오고, 문서를 로드합니다.

```
import chromadb
from llama_index.core import VectorStoreIndex, SimpleDirectoryReader
from llama_index.vector_stores.chroma import ChromaVectorStore
from llama_index.core import StorageContext

documents = SimpleDirectoryReader(input_files=["data/paul_graham_essay.txt"]).load_data()
```

다음으로 크로마 클라이언트를 초기화하고, 데이터를 저장할 경로를 설정합니다. 이 책에서는 데이터를 저장할 폴더 이름을 **chroma_db_test**로 지정하겠습니다.

```
db = chromadb.PersistentClient(path="./chroma_db_test")
```

이 코드를 실행하면 작업 중인 폴더 내에 새로운 **chroma_db_test** 폴더가 자동으로 생성됩니다. 그림 4.6에서 주황색으로 강조한 폴더가 새로 생성된 폴더입니다.

이름	수정한 날짜	유형
ch04_env	2025-03-09 오전 8:38	파일 폴더
chroma_db_test	2025-03-09 오전 8:54	파일 폴더
data	2025-03-08 오전 9:01	파일 폴더
ch04_practice	2025-03-09 오전 8:54	Jupyter 원본 파일

그림 4.6 실습 폴더 안에 새로 생성된 크로마 DB 폴더

이어서 컬렉션을 생성합니다. 컬렉션은 크로마가 데이터셋을 관리하는 단위입니다. 여기서는 quickstart_v.1이라는 이름으로 컬렉션을 생성하겠습니다.

```
chroma_collection = db.get_or_create_collection("quickstart_v.1")
```

다음으로 생성한 컬렉션을 ChromaVectorStore로 초기화하고, 이를 기반으로 storage_context를 설정합니다. storage_context는 데이터의 저장과 검색을 관리하는 구성 요소입니다.

```
vector_store = ChromaVectorStore(chroma_collection=chroma_collection)
storage_context = StorageContext.from_defaults(vector_store=vector_store)
```

여기서는 윗줄에서 설정한 vector_store를 통해 벡터 데이터를 저장하고 불러오도록 설정했습니다. StorageContext.from_defaults()는 기본 설정에 따라 storage_context를 생성합니다.

이제 인덱스를 구축합니다. VectorStoreIndex를 이용해 문서를 벡터 임베딩으로 변환하고, 앞서 설정한 storage_context에 저장해 인덱스를 생성합니다.

```
index = VectorStoreIndex.from_documents(
    documents, storage_context=storage_context
)
```

마지막으로 쿼리 엔진을 생성하고, 쿼리를 실행해 보겠습니다.

```
query_engine = index.as_query_engine()
response = query_engine.query("저자는 유년 시절에 어떤 작업에 열중했어? 자세히 설명해 줘")
print(response)
```

실행 결과

> 저자는 유년 시절에 글쓰기와 프로그래밍에 주력했습니다. 학교 외에서 주로 글쓰기와 프로그래밍을 하며, 9학년 때 IBM 1401 컴퓨터를 사용하여 프로그래밍을 시도했습니다. 초기에는 Fortran 언어를 사용했고, 프로그램을 펀칭 카드에 입력한 후 이를 카드 리더에 쌓아 메모리로 로드하여 실행했습니다. 이후에는 마이크로컴퓨터가 등장하면서 컴퓨터를 직접 조작할 수 있게 되었고, 이를 통해 프로그래밍에 대한 새로운 경험을 얻었습니다.

벡터 스토어를 사용하는 이유는 생성한 임베딩을 재사용하여 작업 효율을 높이기 위해서입니다. 앞서 임베딩을 저장해 두었으니, 이번에는 저장된 임베딩을 불러오는 실습을 진행해 보겠습니다.

임베딩 불러오기

VSCode를 재시작하는 것이 저장된 임베딩이 실제로 잘 불러와지는지를 확인하는 가장 확실한 방법입니다. 환경을 다시 세팅한 후, 필요한 라이브러리를 불러오고 크로마 클라이언트를 초기화한 뒤, 앞서 만들어둔 `quickstart_v.1` 컬렉션을 가져옵니다.

```
import chromadb

from llama_index.core import VectorStoreIndex, SimpleDirectoryReader
from llama_index.vector_stores.chroma import ChromaVectorStore
from llama_index.core import StorageContext

# 크로마 클라이언트 초기화
db = chromadb.PersistentClient(path="./chroma_db_test")

# 컬렉션 호출
chroma_collection = db.get_or_create_collection("quickstart_v.1")
```

이어서 크로마를 벡터 스토어로 설정하고, 저장된 벡터 DB로부터 인덱스를 로드합니다.

```python
# 벡터 스토어 설정
vector_store = ChromaVectorStore(chroma_collection=chroma_collection)
storage_context = StorageContext.from_defaults(vector_store=vector_store)

# 저장했던 인덱스 로드
index = VectorStoreIndex.from_vector_store(
    vector_store, storage_context=storage_context
)
```

이제 쿼리할 준비가 완료됐습니다. 쿼리 엔진을 설정하고 질문을 입력한 후 응답을 확인합니다.

```python
query_engine = index.as_query_engine()
response = query_engine.query("저자에게 프로그래밍은 어떤 의미인가요")
print(response)
```

실행 결과

> 프로그래밍은 저자에게 초기에는 IBM 1401에서의 실험과 TRS-80을 통한 게임 개발, 모델 로켓 비행 예측 프로그램 및 워드 프로세서 개발 등을 통해 컴퓨터와 상호작용하고 창의적인 작업을 할 수 있는 수단으로 보였습니다. 이후에는 인공지능 분야로 진출하면서 Lisp를 배우고 연구하는 과정을 통해 프로그래밍은 그가 이루고자 했던 것을 실현할 수 있는 도구로 인식되었습니다.

이번 실습에서는 데이터를 다시 로드하거나 분할하거나, 벡터 임베딩을 새로 생성하지 않았음에도 불구하고, 저장된 인덱스만으로 바로 쿼리를 수행할 수 있었습니다. 이는 크로마에 임베딩과 인덱스를 저장해 두었기 때문입니다. 따라서 프로그램을 실행할 때마다 이 과정을 반복하지 않아도 되므로 시간과 컴퓨팅 자원을 절약할 수 있는 매우 효율적인 방법입니다.

4.5 CSV 파일 다루기

CSV 파일을 다루는 것은 텍스트 파일을 다루는 것처럼 간단하지는 않습니다. `SimpleDirectoryReader`로 CSV 파일을 로드하면 헤더(데이터 파일의 첫 번째 행으로, 각 열의 이름을 나타내는 행)를 제대로 읽지 못하기 때문입니다. 따라서 `SimpleDirectoryReader` 이외에도 CSV 파일에 특화된 리더인 `CSVReader`를 함께 사용하는 것을 권장합니다.

이번에 로드할 데이터는 경찰청 미래치안정책국 데이터정책팀이 2023년 12월 31일 기준으로 작성한 범죄 발생 장소별 통계입니다. 특정 장소에서 발생한 범죄 건수가 범죄의 종류별로 기록된 데이터입니다.

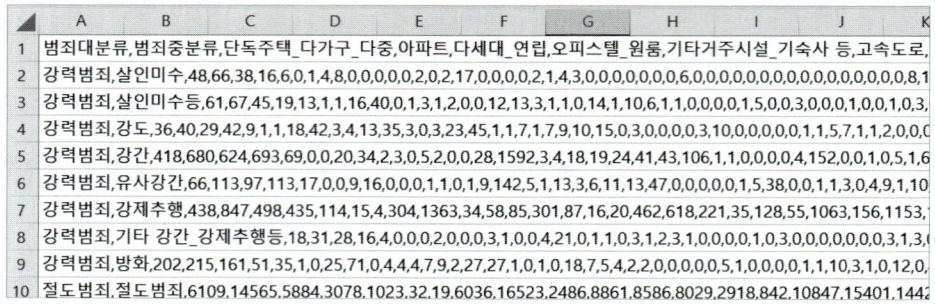

그림 4.7 CSV 원본 파일의 내용

먼저 SimpleDirectoryReader만 사용했을 때의 실행 결과를 살펴보겠습니다.

```
from llama_index.core import SimpleDirectoryReader

reader = SimpleDirectoryReader(input_files=["data/범죄 발생 장소별 통계_2023.csv"])
documents = reader.load_data()

print("documents 개수:", len(documents))
print(documents[0])
```

실행 결과

```
documents 개수: 1
Doc ID: 4fe725df-15b7-4288-8b32-03301d0ea84f
Text: 강력범죄,살인미수,48,66,38,16,6,0,1,4,8,0,0,0,0,0,2,0,2,17,0,0,0,0,2,1,4
,3,0,0,0,0,0,0,6,0,0,0,0,0,0,0,0,0,0,0,0,0,0,8,1,7,2,2,0,0,0,0,1
,29,4 강력범죄,살인미수등,61,67,45,19,13,1,1,16,40,0,1,3,1,2,0,0,12,13,3,1,1,0,
14,1,10,6,1,1,0,0,0,0,1,5,0,0,3,0,0,0,1,0,0,1,0,3,0,0,1,1,14,3,15,1,3,
0,3,0,3,1,93,7
강력범죄,강도,36,40,29,42,9,1,1,18,42,3,4,13,35,3,0,3,23,45,1,1,...
```

documents의 개수를 확인해보면 1개로 나타납니다. 이는 CSV 파일의 모든 내용이 하나의 documents 객체에 담겼음을 의미합니다. 그리고 로드된 documents의 첫 줄을 보면 '강력범죄,살인미수,48,66,38,16,6,0,1,4,8,0,0,0,0,0,2,0,2,17,0,0,0,0,2…'와 같이 CSV 파일의 헤더 부분이 사라진 것을 볼 수 있습니다.

이번에는 CSVReader를 추가로 사용하여 개선해 보겠습니다. llama_index.readers.file에서 CSVReader 클래스를 불러옵니다. CSVReader()로 parser 인스턴스를 만들어 확장자가 '.csv'인 파일을 파싱하도록 file_extractor를 설정합니다.

```
from llama_index.core import SimpleDirectoryReader
from llama_index.readers.file import CSVReader

parser = CSVReader()
file_extractor = {".csv": parser}
```

이후 문서를 읽어와 documents에 담습니다.

```
documents = SimpleDirectoryReader(
    input_files=["data/범죄 발생 장소별 통계_2023.csv"],
    file_extractor=file_extractor
).load_data()
```

이제 documents의 개수와 형태를 확인해 보겠습니다.

```
print("documents 개수:", len(documents))
print(documents[0])
```

실행 결과

```
documents 개수: 1
Doc ID: 1d4803a7-8b30-4811-b024-1ddda2a87f99
Text: "범죄대분류, 범죄중분류, 단독주택_다가구_다중, 아파트, 다세대_연립, 오피스텔_원룸, 기타거주시설_기숙사 등,
고속도로, 자동차 전용도로, 일반도로, 통행로_보도_골목길, 백화점, 대형할인점,
슈퍼마켓_소매점, 편의점, 시장_노점,
창고_매장창고한정, 무인상점, 기타상점, 숙박업소_호텔_모텔_여관, 목욕탕_찜질방_사우나,
```

```
이발소_미용실, 마사지업소,
공중위생업소_기타, 음식점, 카페, 주점, 단란_유흥주점_나이트_클럽_카바레, 버스터미널_정류소,
지하철역_전철역, 기차역,
여객선터미널, 공항, 버스, 택시, 자가용자동차, 지하철_전철, 기차, 선박, 비행기,
교통수단내_기타, 공연장_극장,
체육시설, 공원_놀... (하략)
```

맨 위의 헤더 부분이 '범죄대분류, 범죄중분류, 단독주택_다가구_다중, 아파트…' 등으로 제대로 로드된 것을 볼 수 있습니다.

다음으로 의미 기반 분할 기법을 사용해 documents를 분할하고, 그 결과를 노드 형태로 담아보겠습니다.

```
from llama_index.core.node_parser import SemanticSplitterNodeParser
from llama_index.embeddings.openai import OpenAIEmbedding

embed_model = OpenAIEmbedding()
semantic_splitter = SemanticSplitterNodeParser(
    buffer_size=10,
    breakpoint_percentile_threshold=80,
    embed_model=embed_model
)
csv_nodes_semantic=semantic_splitter.get_nodes_from_documents(documents)
```

csv_nodes_semantic의 개수와 첫 번째 노드인 csv_nodes_semantic[0]의 내용을 출력해 보면, CSV 파일 전체가 하나의 노드에 담겨 있음을 확인할 수 있습니다.

```
print("노드 개수:", len(csv_nodes_semantic))
print(csv_nodes_semantic[0].get_content())
```

실행 결과

```
노드 개수: 1
"범죄대분류, 범죄중분류, 단독주택_다가구_다중, 아파트, 다세대_연립, 오피스텔_원룸,
기타거주시설_기숙사 등, 고속도로, 자동차 전용도로, 일반도로, 통행로_보도_골목길,
백화점, 대형할인점, 슈퍼마켓_소매점, 편의점, 시장_노점, 창고_매장창고한정, 무인상점,
기타상점, 숙박업소_호텔_모텔_여관, 목욕탕_찜질방_사우나, 이발소_미용실, 마사지업소,
```

```
공중위생업소_기타, 음식점, 카페, 주점, 단란_유흥주점_나이트_클럽_카바레, 버스터미널_정류소,
지하철역_전철역, 기차역, 여객선터미널, 공항, 버스, 택시, 자가용자동차, 지하철_전철, 기차,
선박, 비행기, 교통수단내_기타, 공연장_극장, 체육시설, 공원_놀이시설, 게임장_(PC)방,
기타_(DVD)방_유원지, 어린이집_유치원, 학교, 도서관, 학원, 기타 교육시설, 금융보험기관,
의료기관, 종교시설, 야외_산야, 해안, 폐가_공터, 공중화장실, 관공서, 군사기지_군사시설,
구금장소, 사회복지시설, 기타, 미상"
강력범죄,살인미수,48,66,38,16,6,0,1,4,8,0,0,0,0,0,2,0,2,17,0,0,0,0,2,1,4,3,0,0,0,0,
0,0,0,6,0,0,0,0,0,0,0,0,0,0,0,0,0,0,0,0,8,1,7,2,2,0,0,0,0,1,29,4
강력범죄,살인미수등,61,67,45,19,13,1,1,16,40,0,1,3,1,2,0,0,12,13,3,1,1,0,14,1,10,6,
1,1,0,0,0,0,1,5,0,0,3,0,0,0,1,0,0,1,0,3,0,0,1,1,14,3,15,1,3,0,3,0,3,1,93,7
...
기타범죄,기타범죄,11219,22129,10127,5367,2145,775,452,20080,9509,115,319,595,2607,
909,343,267,4513,3061,251,212,872,366,5113,650,2663,2962,166,535,64,32,237,318,362
,527,165,11,3801,226,126,74,1040,783,1852,895,681,1918,79,473,315, 288,2280,578,43
65,15674,380,151,9370,818,170,502,89259,26728
```

이제 인덱스를 생성하겠습니다. 앞에서 해왔던 것처럼 VectorStoreIndex를 이용해 인덱스를 생성합니다.

```
from llama_index.core import VectorStoreIndex

csv_index = VectorStoreIndex(csv_nodes_semantic)
```

마지막으로 쿼리 엔진을 설정한 뒤 쿼리를 실행해 보겠습니다. 이 책에서는 절도범죄가 많이 일어난 장소와 범죄 건수에 대해 물어보겠습니다.

```
csv_query_engine = csv_index.as_query_engine(similarity_top_k=5)

csv_response = csv_query_engine.query("절도범죄가 가장 많이 일어난 장소는 어디야? 수치도 알려줘")
print(csv_response)
```

실행 결과

절도범죄가 가장 많이 일어난 장소는 "도로"이며, 해당 장소에서 절도범죄가 36517건 발생했습니다.

이번에는 우리가 자주 가는 편의점에서는 어떤 범죄가 일어났는지 물어보겠습니다.

```
csv_response = csv_query_engine.query( "편의점에서는 자주 벌어지는 범죄는 어떤 것들이
있어? 이 중에서 가장 빈번하게 일어난 범죄와 범죄 건수도 알려줘" )
print(csv_response)
```

실행 결과
```
편의점에서 일어난 범죄에는 절도범죄, 폭행, 강도, 사기, 상해, 협박, 공갈, 손괴,
유가증권인지, 횡령이 있습니다. 이중에서 가장 빈번하게 일어난 범죄는 절도범죄이며, 해당 범죄
건수는 15,401건입니다.
```

실제로 CSV 파일의 내용을 잘 반영하여 해당 데이터에 기반한 답변이 생성되는 것을 확인할 수 있습니다.

4.6 HWP 파일 다루기

HWP 파일은 한글과컴퓨터(이하 한컴)의 워드프로세서 프로그램인 '아래아한글'의 문서 형식입니다. 확장자가 '.hwp'인 문서는 다른 나라에서는 거의 사용되지 않기 때문에 데이터 로드하는 과정이 다소 번거로운 편입니다.

다행히 라마인덱스는 HWP 파일 로드를 지원합니다. 이 절에서는 `HWPReader`를 이용하는 방법과 `SimpleDirectoryReader`를 이용하는 방법을 살펴보겠습니다.

4.6.1 HWPReader 이용하기

먼저 명령 프롬프트 창에서 `llama-index-readers-file`을 설치합니다. 이 모듈에는 다양한 파일 형식을 읽을 수 있는 클래스들이 포함돼 있습니다. 또한, `olefile` 라이브러리도 함께 설치합니다. HWP 파일은 OLE(Object Linking and Embedding) 구조로 저장되기 때문에, HWP 파일을 다루려면 `olefile` 라이브러리가 필요합니다. `olefile`은 파이썬에서 OLE 파일을 읽고 쓸 수 있게 해주는 라이브러리입니다.

```
(ch04_env) C:\llamaindex\ch04> pip install llama-index-readers-file
(ch04_env) C:\llamaindex\ch04> pip install olefile
```

이어서 HWPReader 클래스를 임포트하고, 데이터를 로드하여 documents에 담습니다. 그 다음 documents의 개수와 로드된 documents의 형태를 출력해 보겠습니다.

```
from llama_index.readers.file import HWPReader

reader = HWPReader()
documents = reader.load_data("data/미국의 통화정책 변화가 외국자본 유출에 미치는 영향_20180528.hwp")

print("도큐먼트 개수: ", len(documents))
print(documents[0])
```

실행 결과

```
도큐먼트 개수:  1
Doc ID: e1895107-021a-4530-9fad-90774b246be5
Text: 汤捌捛獥 氣瑢  漠杳  漠杳  漠杳  漠杳
2018년 5월 28일(월) 조간     漠杳     최우진 KDI 거시경제연구부 연구위원  (044-550-4053,
wooj.choi@kdi.re.kr)     漠杳    2018년 5월 25일(금) 09:00     漠杳     KDI
홍보팀(044-550-4030, press@kdi.re.kr)     漠杳  塏灩 미국의 통화정책 변화가
외국자본 유출에 미치는 영향 漠杳  최우진 거시경제연구부 연구위원  氣瑢 汤渿 본고는 2018년
상반기... (하략)
```

원본 파일과 실행 결과를 비교해 보면, 하나의 documents 객체에 문서 전체가 담겨 있음을 확인할 수 있습니다.

다만 한글 파일에 포함된 표 서식이나 꺾쇠 이미지 등이 한자 형태로 변환되어 드문드문 보이기도 합니다. 이 한자들은 보기 싫긴 하지만, RAG의 답변 생성에는 큰 영향을 주지는 않습니다.

만약 깨끗하게 로딩된 문서를 원한다면, 불필요한 한자를 제거하는 코드를 추가로 작성해야 합니다.

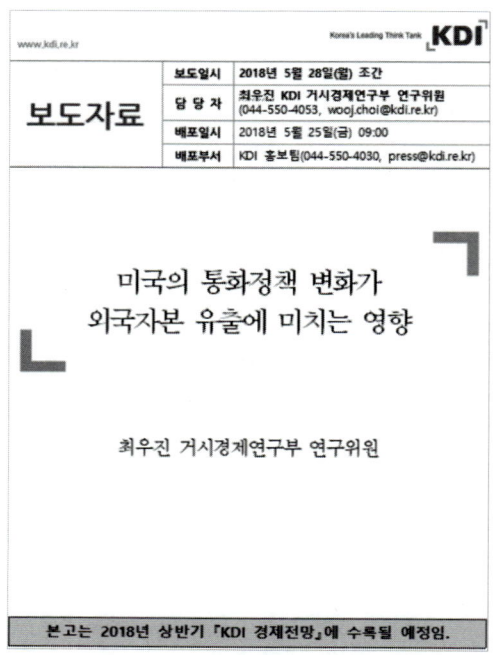

그림 4.8 원본 hwp 파일

4.6.2 SimpleDirectoryReader 이용하기

이번에는 `SimpleDirectoryReader`를 이용해 HWP 파일을 로드해 보겠습니다.

```
from llama_index.core import SimpleDirectoryReader

reader = SimpleDirectoryReader(input_files=["data/미국의 통화정책 변화가 외국자본
유출에 미치는 영향_20180528.hwp"], encoding='euc-kr' )
documents = reader.load_data()

print("도큐먼트 개수: ", len(documents))
print(documents[0].get_content())
```

실행 결과

도큐먼트 개수: 1
汤捯捬獬

2018년 5월 28일(월) 조간

최우진 KDI 거시경제연구부 연구위원
(044-550-4053, wooj.choi@kdi.re.kr)

2018년 5월 25일(금) 09:00

KDI 홍보팀(044-550-4030, press@kdi.re.kr)

미국의 통화정책 변화가
외국자본 유출에 미치는 영향

최우진 거시경제연구부 연구위원

본고는 2018년 상반기 「KDI 경제전망」에 수록될 예정임.

연구위원 최우진

미국의 통화정책 변화가 외국자본 유출에 미치는 영향
1. 문제제기
...

 특히, 최근 신흥국 전반에서 외국자본 유출 가능성이 확대되고 있다는 점을 고려할 때 변동성이 급격히 확대되는 상황에 대한 면밀한 모니터링을 요함.

 아울러 단기 외채 비율 점검 등 현재 양호한 외환건전성을 지속적으로 유지하기 위한 노력이 필요

HWPReader와 SimpleDirectoryReader 모두 비슷한 결과물을 얻을 수 있습니다. 문서를 로드한 뒤에는 앞 절과 마찬가지로 LLM과 임베딩 모델을 설정합니다.

```
from llama_index.embeddings.openai import OpenAIEmbedding
from llama_index.llms.openai import OpenAI
from llama_index.core import Settings

llm = OpenAI(model="gpt-4o", temperature=0.2)
embed_model = OpenAIEmbedding()

Settings.llm = llm
Settings.embed_model = embed_model
```

이어서 노드를 생성합니다. 문서 분할은 의미 기반 분할로 하겠습니다.

```
from llama_index.core.node_parser import SemanticSplitterNodeParser

semantic_splitter = SemanticSplitterNodeParser(
    buffer_size=10,
    breakpoint_percentile_threshold=80,
    embed_model=embed_model
)
hwp_nodes_semantic=semantic_splitter.get_nodes_from_documents(documents)
```

이제 hwp_nodes_semantic의 개수와 hwp_nodes_semantic에 담긴 내용을 출력해 보겠습니다.

```
print("노드의 개수:", len(hwp_nodes_semantic))
print(hwp_nodes_semantic[11].get_content())
```

실행 결과

```
노드의 개수: 13
漢杳
  한편, 정치/지정학적 위험의 경우에는 채권투자를 중심으로 GDP 대비 0.10%(전체 외국자본 대비
0.13%) 규모의 유출이 발생하는 것으로 추정됨.
```

- 남북 정상회담 등으로 지정학적 위험이 다소 완화됨에 따라 국제금융시장의 변동성 확대 등에 따른 채권투자의 유출을 일정 부분 완충시킬 가능성을 시사

4. 요약과 시사점

漠杏
 미국의 금리인상이 본격화될 것으로 예상되는 가운데, 신흥국 불안에 따라 국제금융시장의 변동성도 확대되고 있어 급격한 외국자본의 유출에 대한 우려가 확대됨.

漠杏
 외국자본 유출은 그 형태에 따라 실물경제에 반영되는 모습이 다르게 나타날 수 있어, 미국 금리인상이 형태별 외국자본 유출에 미치는 영향을 살펴볼 필요가 있음.

漠杏
 미국 금리의 인상은 부채성 자금(채권 및 차입 투자)을 중심으로 외국자본을 유출시킬 가능성이 있으나, 그 규모는 우리 경제의 규모와 외환보유액 등 외환건전성 상황을 감안할 때 미미한 것으로 평가됨.

漠杏
 실증분석 결과, 미국의 통화정책 변화에 따른 금리인상은 주로 차입투자와 채권투자 자금을 중심으로 외국자본의 유출을 유발할 수 있으나 이는 GDP 대비 0.38% 정도로 미미한 수준이라고 평가할 수 있음.

hwp_nodes_semantic의 개수를 확인해 보니 노드의 개수는 13개입니다. 그리고 hwp_nodes_semantic[11]로 노드의 내용을 확인해 보니, 앞에서 살펴본 것과 마찬가지로 한글 파일의 문단 구분용 이미지가 한자로 변환되어 함께 출력되었습니다.

```
● 한편, 정치/지정학적 위험의 경우에는 채권투자를 중심으로 GDP 대비 0.10%(전체 외
  국자본 대비 0.13%) 규모의 유출이 발생하는 것으로 추정됨.
  - 남북 정상회담 등으로 지정학적 위험이 다소 완화됨에 따라 국제금융시장의 변동성 확대
    등에 따른 채권투자의 유출을 일정 부분 완충시킬 가능성을 시사
```

4. 요약과 시사점

```
■ 미국의 금리인상이 본격화될 것으로 예상되는 가운데, 신흥국 불안에 따라 국제금융
  시장의 변동성도 확대되고 있어 급격한 외국자본의 유출에 대한 우려가 확대됨.
  ● 외국자본 유출은 그 형태에 따라 실물경제에 반영되는 모습이 다르게 나타날 수 있어,
    미국 금리인상이 형태별 외국자본 유출에 미치는 영향을 살펴볼 필요가 있음.
■ 미국 금리의 인상은 부채성 자금(채권 및 차입 투자)을 중심으로 외국자본을 유출시킬
  가능성이 있으나, 그 규모는 우리 경제의 규모와 외환보유액 등 외환건전성 상황을
  감안할 때 미미한 것으로 평가됨.
  ● 실증분석 결과, 미국의 통화정책 변화에 따른 금리인상은 주로 차입투자와 채권투자
    자금을 중심으로 외국자본의 유출을 유발할 수 있으나 이는 GDP 대비 0.38% 정도로
    미미한 수준이라고 평가할 수 있음.
```

그림 4.9 hwp_nodes_semantic[11]에 해당하는 원본 hwp 파일

이러한 한자들을 제거하면 더 깔끔한 결과를 얻을 수 있지만, 답변 생성에는 큰 영향을 주지 않기 때문에 이번 실습에서는 따로 제거하지 않겠습니다.

이제 인덱스를 생성하고 쿼리를 실행해 보면, 정상적으로 답변이 출력됩니다.

```python
from llama_index.core import VectorStoreIndex

hwp_index = VectorStoreIndex(hwp_nodes_semantic)

hwp_query_engine = hwp_index.as_query_engine(similarity_top_k=5)

hwp_response = hwp_query_engine.query("미국 금리가 올라가면 한국 금융 시장은 어떤 영향을 받아? 한국어로 정리해 줘")
print(hwp_response)
```

실행 결과

한국 금융 시장은 미국 금리가 올라갈 때 외국자본 유출이 발생할 수 있으며, 이는 주로 부채성 자금(채권 및 차입 투자)을 중심으로 이루어질 수 있습니다. 그러나 외국자본 유출의 규모는 한국의 경제 규모와 외환보유액 등 외환건전성 상황을 고려할 때 미미한 수준으로 평가될 수 있습니다.

답변을 생성하는데 사용된 소스 노드(source_nodes)를 확인하면, 질문과 유사한 청크가 제대로 참조되었는지 확인할 수 있습니다.

```
print("소스노드의 수: ", len(hwp_response.source_nodes))
print(hwp_response.source_nodes[0].get_content())
```

실행 결과

```
소스노드의 수:  5
Louis; Bloomberg.

漢查
 한편, 한국과 미국 금융시장의 구조적 차이를 반영하기 위해 모형을 재설정하여 분석을 시도한
결과에서도, 미국의 금리인상이 외국자본의 유출에 미치는 영향은 미미한 것으로 나타남.

漢查
 원화와 미 달러화 표시 자산들의 수익률이 단순 비교될 수 없다는 점에서, 한미 금리차가 아닌
각국 금리를 독립적인 설명변수로 사용하였음.
```

예를 들어, `similarity_top_k`를 5로 설정했다면 `source_nodes`는 총 5개가 반환됩니다. 그중 첫 번째 노드에는 "미국의 금리인상이 외국자본의 유출에 미치는 영향은 미미하다"라는 내용이 담겨 있습니다.

참고로 2021년 한컴이 '아래아한글'의 확장자를 HWP에서 HWPX로 변경하는 정기 패치를 실시한 이후로는 HWPX 파일도 자주 접하게 되었습니다. 그러나 이 책이 집필된 2025년 현재, 라마인덱스에서 HWPX 파일을 직접 로드하는 기능은 지원하지 않는 것으로 보입니다. 따라서 HWPX 파일을 사용하려면, HWP 파일로 변환하는 과정을 거쳐야 합니다.

이번 장에서는 PDF 파일을 비롯하여 TXT, CSV, HWP 등 일상적으로 쓰이는 여러 문서 형식에서 텍스트를 추출해 로드하고, 인덱싱한 뒤 간단한 쿼리를 실행해 봤습니다. 이어지는 다음 장에서는 한 단계 더 나아가 문서 뿐 아니라 이미지도 다룰 수 있는 다중모달 RAG에 대해 살펴보겠습니다.

05

다중모달 RAG 실습

개발 환경 구축하기
데이터 준비하기
OpenAI API로 다중모달 벡터 인덱싱하기
쿼드런트를 활용한 다중모달 RAG 구축하기
질의응답 기반 RAG 시스템 구축
이미지 기반 RAG 시스템 구축

다중모달(Multimodal) 검색 시스템은 텍스트와 이미지 등 다양한 데이터 유형을 통합적으로 이해하고 검색할 수 있는 기술입니다. 이를 구축하기 위해 라마인덱스를 활용하면, 텍스트와 이미지 데이터를 효과적으로 인덱싱하고, 이들 간의 의미적 연관성에 기반하여 정교한 검색을 수행할 수 있습니다. 그 과정은 텍스트와 이미지 데이터를 각각 벡터화하고, 이를 통합하여 다중모달 인덱스를 생성하는 단계로 이루어집니다.

다중모달 검색 시스템에서 벡터는 다양한 방법으로 구성할 수 있습니다. 예를 들어 텍스트 데이터는 OpenAI의 텍스트 임베딩 모델(ada 등)을 사용하고, 이미지 데이터는 클립(CLIP)이나 다른 이미지 모델을 사용할 수 있습니다. 이번 실습에서는 GPT-4V를 활용하여 다중모달 검색 시스템을 구현하겠습니다. GPT-4V는 텍스트와 이미지 데이터를 모두 벡터화할 수 있기 때문에 다중모달 시스템을 가장 간편하게 구축할 수 있는 도구 중 하나입니다.

5.1 개발 환경 구축하기

먼저 실습을 위한 개발 환경을 준비합니다. 명령 프롬프트를 활용해 프로젝트 폴더를 생성하고, 가상 환경을 구축합니다.

프로젝트 폴더 생성하기

5장에서 실습할 코드와 데이터를 저장할 ch05 폴더를 생성하고 해당 경로로 이동합니다. 명령 프롬프트에서 아래 명령어를 순서대로 입력합니다.

```
C:\llamaindex> cd C:\llamaindex
C:\llamaindex> mkdir ch05
C:\llamaindex> cd ch05
C:\llamaindex\ch05>
```

실습 폴더인 llamaindex 폴더 안에 ch05 폴더가 생긴 것을 확인할 수 있습니다.

가상 환경 생성하기

다음 명령어를 입력하여 ch05_env라는 이름의 가상 환경을 생성합니다.

```
C:\llamaindex\ch05> python -m venv ch05_env
```

가상 환경이 생성되면 아래 명령어로 가상 환경을 활성화합니다.

```
C:\llamaindex\ch05> ch05_env\Scripts\activate.bat[1]
(ch05_env) C:\llamaindex\ch05>
```

프롬프트 왼쪽에 (ch05_env)가 표시되면 가상 환경이 정상적으로 활성화된 것입니다. 가상 환경에 라마인덱스 최신 버전을 설치합니다. 이 책에서 사용한 버전은 0.12.35입니다.

```
(ch05_env) C:\llamaindex\ch05> pip install llama-index==0.12.35
```

VS Code에서 프로젝트 파일 만들기

이번 실습에 사용할 주피터 노트북 파일을 만들어 보겠습니다. VSCode를 실행하고, 상단 메뉴에서 [File] → [Open Folder]를 클릭합니다. 앞서 생성한 ch05 폴더(C:\llamaindex\ch05)를 선택하고 [열기] 버튼을 누릅니다. 이어서 [New File] 버튼을 클릭해 새로운 파일을 추가합니다. 새 파일 이름은 ch05_practice.ipynb로 지정합니다.

5.2 데이터 준비하기

다중모달 검색 시스템을 구축하려면 먼저 텍스트와 이미지 데이터를 수집해야 합니다. 이번 실습에서는 위키피디아에서 특정 주제와 관련된 텍스트와 이미지를 가져와 데이터셋으로 활용하겠습니다. 위키피디아는 방대한 공개 데이터를 API를 통해 비교적 쉽게 내려받을 수 있는 훌륭한 자료입니다. 유명한 미술 작품과 관련된 텍스트와 이미지를 수집한 뒤, 라마인덱스를 활용해 검색 가능한 다중모달 인덱스를 구축해 보겠습니다. 전체적인 과정은 다음과 같습니다.

1. 위키피디아에서 특정 미술 작품과 관련된 텍스트 데이터 가져오기
2. 위키피디아에서 해당 작품과 관련된 이미지 파일 내려받기
3. 내려받은 데이터를 로컬 디렉터리에 저장하기

---

[1] macOS 사용자는 source ch05_env/bin/activate 명령어를 사용합니다.

이제 위 과정을 수행하는 코드를 살펴보겠습니다. 먼저 위키피디아(wikipedia) API 라이브러리를 설치해야 합니다. 이 라이브러리는 위키피디아의 콘텐츠에 접근할 수 있도록 지원하는 파이썬 라이브러리로, 문서 검색, 요약, 전체 텍스트 가져오기 등의 기능을 제공합니다. 간단한 함수 호출만으로 위키피디아 페이지의 제목, 본문 내용, 링크 등을 쉽게 가져올 수 있어 데이터 수집에 유용합니다.

```
!pip install wikipedia
```

설치가 완료되면 `wikipedia.page()` 함수를 활용해 특정 문서를 가져와 정상적으로 동작하는지 확인할 수 있습니다.

그림 5.1 '별이 빛나는 밤(The Starry Night)'에 대한 위키피디아 제공 정보

위키피디아 라이브러리로 위키피디아에 있는 '별이 빛나는 밤(The Starry Night)' 문서(그림 5.1 참고)[2]를 가져와 보겠습니다.

```
import wikipedia

# 위키피디아 언어 설정 (영어 위키피디아)
wikipedia.set_lang("en")

# 테스트할 문서 제목
test_title = "The Starry Night"

try:
    # 문서 내용 가져오기
    page = wikipedia.page(test_title)
    print("Wikipedia page found!")
    print("Title:", page.title)
    print("Summary:", page.summary[:500])   # 500자까지만 출력

except Exception as e:
    print(f"Error fetching Wikipedia page: {e}")
```

`wikipedia.set_lang()` 함수를 사용하면 위키피디아의 언어를 설정할 수 있습니다. 한글 위키피디아는 상대적으로 문서 수가 적고, 이미지 정보도 부족한 경우가 많기 때문에, 이번 실습에서는 영어 문서를 기준으로 텍스트와 이미지를 수집하겠습니다. 따라서 `wikipedia.set_lang("en")`으로 언어를 영어로 설정합니다.

실행 결과

```
Wikipedia page found!
Title: The Starry Night
Summary: The Starry Night is an oil-on-canvas painting by the Dutch Post-Impressionist painter Vincent van Gogh
```

---

2 https://en.wikipedia.org/wiki/The_Starry_Night

설치가 제대로 이뤄졌다면, 'Wikipedia page found!'라는 메시지와 함께 문서 제목과 요약 정보가 출력됩니다.

이제 위키피디아 문서를 다운로드하고, 이미지를 수집하는 과정을 진행하겠습니다. 모네의 '수련(Water Lilies)', 고흐의 '별이 빛나는 밤(The Starry Night)' 등의 문서를 대상으로 실습합니다.

```python
import wikipedia
import os
import re

# 위키피디아에서 가져올 문서 목록
wiki_titles = [
    "Water Lilies (Monet series)",
    "The Starry Night",
    "Where Do We Come From? What Are We? Where Are We Going?",
    "The Card Players",
    "Bedroom in Arles",
    "Café Terrace at Night",
    "Women in the Garden",
    "Impression, Sunrise",
    "The Kiss (Klimt)",
]

# 다운로드한 파일을 저장할 폴더 생성
output_folder = "wiki_downloads"
os.makedirs(output_folder, exist_ok=True)

def download_wikipedia_page(title):
    """위키피디아 문서를 다운로드하여 텍스트 파일로 저장"""
    try:
        page = wikipedia.page(title)
        title = title.replace(" ", "_")
        file_path = os.path.join(output_folder, f"{title}.txt")
        with open(file_path, "w", encoding="utf-8") as f:
            f.write(page.content)
```

```
        print(f"Saved Wikipedia article: {file_path}")
        return file_path
    except Exception as e:
        print(f"Error downloading page '{title}': {str(e)}")
        return None
```

`wikipedia.page(title)`를 통해 위키피디아에서 해당 문서를 가져온 뒤 `title.replace(" ", "_")`를 사용해 파일명에 공백이 들어가지 않도록 처리합니다. 파일명에 공백이 있으면 나중에 파일을 조회하거나 사용할 때 번거로워질 수 있으므로 공백을 "_"로 치환하여 저장합니다.

위키피디아 라이브러리로 문서를 조회하면 `page.content`에는 문서의 텍스트 내용이, `page.image`에는 문서에 포함된 이미지 경로 목록이 담겨 있습니다. 이를 활용해 문서에 포함된 이미지를 가져올 수 있지만, 이 중 일부는 우리가 원하는 대표 작품 이미지가 아닐 수도 있으므로, 대표 이미지를 얻으려면 추가적인 필터링이 필요합니다.

이번 실습에서는 문서의 핵심 정보를 요약해 놓은 인포박스(Infobox)를 활용해 작품 이미지를 가져오겠습니다. 위키피디아 문서의 우측에 있는 인포박스에는 작품명, 작가, 제작 연도, 대표 이미지 등 주요 정보가 정리돼 있습니다.

예를 들어, '밤의 카페 테라스(Café Terrace at Night)' 문서[3]를 살펴보면, 오른쪽 인포박스에 해당 작품의 이미지가 표시돼 있는 것을 확인할 수 있습니다.

---

[3] https://en.wikipedia.org/wiki/Caf%C3%A9_Terrace_at_Night

그림 5.2 위키피디아에서 제공하는 인포박스(주황색 테두리 안)

다음 단계는 인포박스에서 작품 이미지를 추출하는 절차입니다. 인포박스에서 이미지를 추출하기 위한 절차는 다음과 같습니다.

1. **위키피디아 문서의 위키데이터(Wikidata) ID 조회하기**
   각 위키피디아 문서는 위키데이터와 연결돼 있으며, 고유한 위키데이터 ID(QID)가 있습니다. 예를 들어 'The Starry Night' 문서의 QID는 'Q5582'입니다.

2. **위키데이터 API를 사용해 인포박스 정보 가져오기**
   위키데이터는 문서별로 구조화된 속성(Property)과 값(Value)을 제공합니다. 예를 들어, 'The Starry Night'의 인포박스에 포함된 대표 이미지는 P18(image) 속성에 저장되어 있습니다.

3. **인포박스에서 필요한 속성 추출하기**
   인포박스에서 실제로 필요한 속성(Property)을 확인하고, 해당 속성에서 원하는 이미지를 내려받습니다.

다음은 위키데이터 문서의 속성과 그 설명입니다.

표 5.1 위키데이터 문서 속성

속성 (Property)	설명	예제 (The Starry Night)
P18	대표 이미지	Starry_Night_Over_the_Rhone.jpg
P31	유형 (Instance of)	회화(Painting)
P170	제작자 (Creator)	빈센트 반 고흐 (Vincent van Gogh)
P571	제작 연도 (Date of Creation)	1889-06-01T00:00:00Z
P195	현재 소장처 (Collection)	뉴욕 현대미술관 (MoMA)
P276	위치 (Location)	뉴욕 현대미술관 (MoMA)
P217	작품 번호 (Inventory number)	472
P2048	높이 (Height)	73.7 cm
P2049	너비 (Width)	92.1 cm
P186	사용된 재료 (Material used)	유화(Oil on canvas)

먼저 위키피디아 제목으로 위키데이터 ID(QID)를 조회하는 `get_wikidata_id` 함수를 만들어 보겠습니다. 이 ID는 이후 이미지 정보나 인포박스 등의 데이터를 가져올 때 키로 사용될 것입니다.

```
import requests

def get_wikidata_id(title):
    """위키피디아 문서에서 위키데이터 ID 조회"""
    wiki_api_url = f"https://en.wikipedia.org/w/api.php?action=query&titles={encoded_title}&prop=pageprops&format=json"

    # 위키피디아 API에 GET 요청을 보내고 응답을 받아옴
    response = requests.get(wiki_api_url)
    data = response.json()
```

여기서 `wiki_api_url`은 위키피디아 API 서버에 요청을 보낼 때 사용하는 주소(URL)를 문자열로 저장한 변수입니다. 이 문자열에 어떤 문서를 조회할지, 어떤 형식으로 응답을 받을지 등의 정보를 지정하여 호출합니다. 예를 들어, 아래와 같은 URL의 의미는 다음과 같습니다.

```
https://en.wikipedia.org/w/api.php?action=query&titles=The%20Starry%20Night&prop=pageprops&format=json
```

- action=query: 문서 정보를 조회하겠다는 의미입니다.
- titles=The Starry Night: 조회할 문서의 제목이 The Starry Night임을 의미합니다.
- prop=pageprops: 문서의 속성들(예: 위키데이터 ID 등)을 요청합니다.
- format=json: 응답을 JSON 형식으로 받겠다는 의미입니다.

이제 이 wiki_api_url에 대해 requests.get() 함수를 통해 HTTP GET 방식으로 요청을 보내면, 위키피디아 서버로부터 해당 문서에 대한 정보를 받아올 수 있습니다.

```
response = requests.get(wiki_api_url)
```

받아온 응답은 텍스트 형식의 JSON 데이터이며, 이 데이터를 다루기 쉽도록 .json() 메서드를 사용하여 딕셔너리 형태로 변환합니다.

```
data = response.json()
```

예를들어 The Starry Night 위키 문서에 대한 response.json()을 출력하면 다음과 같은 결과를 확인할 수 있습니다.

```
{
    "batchcomplete":"",
    "query":{
        "pages":{
            "1115370":{
                "pageid":1115370,
                "ns":0,
                "title":"The Starry Night",
```

```
            "pageprops":{
                "defaultsort":"Starry Night, The",
                "displaytitle":"<i>The Starry Night</i>",
                "jsonconfig_getdata":"1",
                "page_image_free":"Van_Gogh_-_Starry_Night_-_Google_Art_Project.jpg",
                "wikibase-shortdesc":"1889 painting by Vincent van Gogh",
                "wikibase_item":"Q45585"
            }
        }
    }
  }
}
```

여기서 우리가 추출하고자 하는 값은 wikibase_item 키에 해당하는 "Q45585"입니다. 이 값은 query 〉 pages 〉 [page ID] 〉 pageprops 〉 wikibase_item 경로를 따라 접근하여 가져올 수 있습니다.

```
# query > pages 추출
pages = data.get("query", {}).get("pages", {})

# 페이지 정보에서 'pageprops' 내 'wikibase_item' 속성을 찾아 위키데이터 ID(QID) 추출
for page_id, page_data in pages.items():
    if "pageprops" in page_data and "wikibase_item" in page_data["pageprops"]:
        page_data["pageprops"]["wikibase_item"]
```

지금까지 위키피디아 문서 이름(title)을 통해 해당 문서의 위키데이터 ID(QID)를 추출하는 get_wikidata_id 함수의 핵심 로직을 살펴봤습니다. 하지만 실제로 정상적으로 작동하기 위해서는 몇 가지 세부 코드가 추가로 필요합니다.

위키피디아 문서 이름에 공백이나 특수문자를 URL 형식에 사용할 수 있도록 전처리를 합니다. 가령, The Starry Night와 같은 공백이 포함된 문자열은 The%20Starry%20Night와 같이 변환해야 합니다.

```
encoded_title = quote(title)
```

또한 requests.get(wiki_api_url)로 호출할 때, User-Agent를 명시적으로 설정해 요청을 보내야 합니다. 위키피디아 API 서버는 User-Agent가 지정되지 않은 요청을 차단하거나 응답을 거부하는 경우가 있기 때문입니다.

```python
# 요청을 보낼 때 User-Agent 없이 요청하면 차단됨
headers = {"User-Agent": "Mozilla/5.0"}
# 위키피디아 API에 GET 요청을 보내고 응답을 받아옴
response = requests.get(wiki_api_url, headers=headers)
```

지금까지의 내용을 종합하면, 전체 코드는 다음과 같습니다.

```python
import requests
from urllib.parse import quote

def get_wikidata_id(title):
    """위키피디아 문서에서 위키데이터 ID 조회"""

    # 문서 제목을 URL에 사용할 수 있도록 인코딩 (공백 등 특수문자 처리)
    encoded_title = quote(title)
    wiki_api_url = f"https://en.wikipedia.org/w/api.php?action=query&titles={encoded_title}&prop=pageprops&format=json"
    # 요청을 보낼 때 User-Agent 없이 요청하면 차단됨
    headers = {"User-Agent": "Mozilla/5.0"}
    # 위키피디아 API에 GET 요청을 보내고 응답을 받아옴
    response = requests.get(wiki_api_url, headers=headers)

    # 응답 상태가 200이면 정상이지만, 아니면 오류 처리
    if response.status_code != 200:
        print(f"Failed to fetch Wikidata ID for {title}. HTTP Status: {response.status_code}")
        return None

    data = response.json()
    # JSON 데이터에서 'query' → 'pages' 키를 찾아 문서 정보 가져오기
    pages = data.get("query", {}).get("pages", {})
```

```
    # 페이지 정보에서 'pageprops' 내 'wikibase_item' 속성을 찾아 위키데이터 ID(QID)
추출
    for page_id, page_data in pages.items():
        if "pageprops" in page_data and "wikibase_item" in page_data["pageprops"]:
            return page_data["pageprops"]["wikibase_item"]

    return None
```

앞서 설명했듯이, quote(title) 함수를 사용해 문서 제목을 URL 인코딩하여 API 요청에 사용할 수 있는 형식으로 변환합니다. 이어서 위키피디아 API에서 requests.get(wiki_api_url)을 호출하여 해당 문서의 메타데이터를 가져옵니다. 위키데이터 ID(QID)는 wikibase_item에 저장되어 있습니다. 따라서 page_data["pageprops"]["wikibase_item"]을 통해 해당 ID를 추출합니다.

위키데이터 ID를 기반으로 대표 이미지 파일 경로 가져오기

이번에는 위키데이터 ID(QID)를 이용해 해당 항목의 대표 이미지를 가져오는 get_infobox_image() 함수를 구현해 보겠습니다. 이 함수는 위키피디아 문서의 인포박스에 표시되는 이미지 파일을 수집하는 데 사용됩니다. 이미지는 위키데이터의 속성 중 하나인 P18 항목(표 5.1 위키데이터 문서 속성 참고)에 저장되어 있으며, 이 값을 추출하여 최종적으로 사용자가 접근 가능한 이미지 URL을 생성하는 것이 함수의 목적입니다.

먼저, 앞서 wiki_api_url을 이용해 위키피디아 문서 정보를 조회했던 방식과 유사하게, 이번에는 위키데이터 ID(wikidata_id)를 기반으로 API 요청 URL을 생성합니다.

```
wikidata_url = f"https://www.wikidata.org/wiki/Special:EntityData/{wikidata_id}.json"
```

예를 들어, wikidata_id = Q45585는 Starry Night 작품을 의미하며, 이 API를 호출하면 해당 항목과 관련된 메타데이터와 속성 정보가 포함된 JSON을 반환합니다.

이후, 역시 requests 라이브러리를 사용해 GET 요청을 보내고 응답을 받아옵니다.

```
response = requests.get(wikidata_url)
```

응답에는 텍스트 형식의 JSON 데이터가 포함되어 있으며, 이를 .json() 함수를 통해 딕셔너리 형태로 변환합니다.

```
data = response.json()
```

예를 들어 The Starry Night 위키 문서에 대한 response.json()을 출력하면 다음과 같은 형식의 응답을 확인할 수 있습니다.

```
{
    "entities":{
        "Q45585":{
            "pageid":47750,
            "title":"Q45585",
            "modified":"2025-02-26T02:22:01Z",
            "id":"Q45585",
            …
            "claims":{
                "P18":[
                    {
                        "mainsnak":{
                            "snaktype":"value",
                            "property":"P18",
                            "hash":"473fbeb9509facfaba1f85048e712b922ce79785",
                            "datavalue":{
                                "value":"Van Gogh - Starry Night - Google Art Project.jpg",
                                "type":"string"
                            },
                            "datatype":"commonsMedia"
                        },
                        "type":"statement",
                        "id":"q45585$70fe3636-438e-566c-2991-b5d01f6a625a",
                        "rank":"normal"
                    }
                ],
            }
```

```
        }
    }
}
```

우리가 필요한 값은 claims 〉 P18에 해당하는 이미지 파일 이름입니다. 위 구조를 보면 P18 키는 리스트로 구성되어 있으며, 그 안의 datavalue 〉 value 항목이 이미지 파일명을 담고 있습니다.

```
# 응답 데이터를 JSON 형식으로 변환
data = response.json()
# 'entities' 딕셔너리에서 특정 Wikidata ID에 해당하는 데이터 가져오기
entity = data.get("entities", {}).get(wikidata_id, {})
# 'claims' 항목에서 속성 정보 가져오기
claims = entity.get("claims", {})

# 'P18' 속성이 존재하는지 확인 (모든 문서가 대표 이미지가 있는게 아니므로)
if "P18" in claims:
    image_filename = claims["P18"][0]["mainsnak"]["datavalue"]["value"]
```

여기까지 진행했으면 결과적으로 Q44585라는 위키데이터 아이디를 통해 "Van Gogh - Starry Night - Google Art Project.jpg"라는 대표 이미지 파일명을 얻을 수 있습니다. 하지만 Wikimedia Commons에 저장된 실제 이미지 파일은 단순히 파일명을 URL에 붙이는 방식이 아니라, MD5 해시 기반 경로 구조를 따라 저장되어 있습니다. 따라서 서버 요구에 맞는 경로 형식을 따르기 위해, 파일명을 MD5 해싱한 뒤, 특정 규칙을 따라 URL을 구성해야 합니다.

이 과정을 수행하는 `get_md5_path()` 함수는 위키피디아 이미지를 가져오기 위한 헬퍼 함수로, 구조만 이해하고 깊이 살펴보지 않아도 무방합니다.

예를 들어, "Van Gogh - Starry Night - Google Art Project.jpg" 파일명의 경우, 다음과 같이 MD5 해시를 계산한 뒤, 앞에서부터 한 글자, 두 글자를 딴 폴더를 만들어 접근하는 형식입니다.

1. 이 문자열에 대해 MD5 해시를 계산합니다.
   예) e3d2fa5b6ad4f2cbf230a03f83c03c3c

2. URL 경로는 다음과 같이 구성됩니다.
    a. 첫 글자: e
    b. 앞 두 글자: e3
    c. 전체 파일명: Van Gogh – Starry Night – Google Art Project.jpg

위의 절차대로 파일명이 Van Gogh – Starry Night – Google Art Project.jpg인 최종 URL은 다음과 같습니다.

```
https://upload.wikimedia.org/wikipedia/commons/e/e3/Starry_Night_Google_Art_Project.jpg
```

이를 코드로 구현하면 다음과 같습니다.

```python
import hashlib

def get_md5_path(filename):
    # 파일명에서 공백을 제거하고 첫 글자를 소문자로 변환
    filename_normalized = filename.replace(' ', '_')

    # MD5 해시 생성
    md5 = hashlib.md5(filename_normalized.encode('utf-8')).hexdigest()
    return f"{md5[0]}/{md5[0:2]}/{filename_normalized}"
```

지금까지의 내용을 종합하면, 전체 코드는 아래와 같습니다.

```python
import requests

def get_infobox_image(wikidata_id):
    """위키데이터에서 대표 이미지 URL 가져오기"""
    if not wikidata_id:
        return None

    wikidata_url = f"https://www.wikidata.org/wiki/Special:EntityData/{wikidata_id}.json"
    headers = {"User-Agent": "Mozilla/5.0"}
```

```
    response = requests.get(wikidata_url, headers=headers)

    # 응답 상태가 200이면 정상이지만, 아니면 오류 처리
    if response.status_code != 200:
        print(f"Failed to fetch Wikidata data for {wikidata_id}. HTTP Status: {response.status_code}")
        return None

    # 응답 데이터를 JSON 형식으로 변환
    data = response.json()
    # 'entities' 딕셔너리에서 특정 Wikidata ID에 해당하는 데이터 가져오기
    entity = data.get("entities", {}).get(wikidata_id, {})
    # 'claims' 항목에서 속성 정보 가져오기 (각종 메타데이터 포함)
    claims = entity.get("claims", {})

    # 'P18' 속성이 존재하는지 확인 (P18은 대표 이미지 속성을 의미)
    if "P18" in claims:
        image_filename = claims["P18"][0]["mainsnak"]["datavalue"]["value"]
        # 이미지 파일명을 위키미디어 URL 형식으로 변환 (MD5 해싱 적용)
        md5_path = get_md5_path(image_filename)
        # 최종적으로 위키미디어 공용(Wikimedia Commons)에서 접근 가능한 이미지 URL 반환
        return f"https://upload.wikimedia.org/wikipedia/commons/{md5_path}"
    return None
```

위키피디아 문서에서 위키데이터 ID(QID)를 가져왔습니다(get_wikidata_id 함수). 이후, 위키데이터 API에서 P18 속성을 조회해 대표 이미지 파일명을 가져오고, 이를 https://upload.wikimedia.org/wikipedia/commons/ 경로와 결합하여 이미지를 내려받을 수 있는 URL을 생성했습니다. 결과적으로 위키 문서 제목으로 위키 ID를 얻고, 이 ID를 통해 대표 이미지의 경로를 생성한 것입니다(get_infobox_image() 함수).

이미지 파일 경로를 기반으로 대표 이미지 가져오기

이제 가져온 이미지 링크로 이미지를 내려받고, 크기를 조정하는 과정을 살펴보겠습니다. 이전과 비슷하게 주어진 이미지 URL에서 데이터를 가져옵니다.

```
response = requests.get(url, headers=headers)
```

requests.get(url, headers=headers)를 사용하면 주어진 URL에서 이미지를 내려받을 수 있습니다. 앞서 언급했듯이, 일부 서버는 기본 요청을 차단할 수 있으므로 {"User-Agent": "Mozilla/5.0"}와 같이 헤더를 설정합니다.

이미지를 내려받은 후에는 OpenAI API 호출에 적합하도록 이미지의 크기를 적절히 조정해야 합니다.

```python
img = Image.open(BytesIO(response.content))
width, height = img.size

if width > max_size or height > max_size:
    # 비율 유지하면서 리사이징
    if width > height:
        new_width = max_size
        new_height = int(height * (max_size / width))
    else:
        new_height = max_size
        new_width = int(width * (max_size / height))
```

지금까지 진행한 과정의 전체 코드는 다음과 같습니다.

```python
import requests
from PIL import Image
from io import BytesIO

def download_image(url, title, max_size=800):
    if not url:
        print(f"No image found for {title}.")
        return None

    try:
        # PIL 라이브러리 임포트
        Image.MAX_IMAGE_PIXELS = None  # DecompressionBomb 에러 방지

        headers = {"User-Agent": "Mozilla/5.0"}
        response = requests.get(url, headers=headers)
```

```python
        response.raise_for_status()

        # 이미지 열기
        img = Image.open(BytesIO(response.content))

        # 원본 크기 확인
        width, height = img.size
        print(f"Original size: {width}x{height}")

        # 리사이징 필요 여부 확인
        if width > max_size or height > max_size:
            # 비율 유지하면서 리사이징
            if width > height:
                new_width = max_size
                new_height = int(height * (max_size / width))
            else:
                new_height = max_size
                new_width = int(width * (max_size / height))

            try:
                # 고품질 리사이징 (LANCZOS)
                img.thumbnail((new_width, new_height), Image.Resampling.LANCZOS)
                print(f"Resized to: {new_width}x{new_height}")
            except Exception as e:
                print(f"Error during resize, trying with NEAREST resampling: {str(e)}")
                img.thumbnail((new_width, new_height), Image.Resampling.NEAREST)

        # 이미지 저장
        safe_title = sanitize_filename(title)
        image_path = os.path.join(output_folder, f"{safe_title}.jpg")

        # JPEG로 저장 (품질 85%)
        img.convert('RGB').save(image_path, 'JPEG', quality=85)
        print(f"Downloaded and saved image: {image_path}")
        return image_path
```

```
        except requests.exceptions.RequestException as e:
            print(f"Failed to download image for {title}. Error: {str(e)}")
            # 썸네일 URL이 실패하면 원본 URL로 재시도
            if "thumb" in url:
                original_url = url.split("/thumb/")[0] + "/" + url.split("/thumb/")[1].split("/")[0]
                print(f"Trying original URL: {original_url}")
                return download_image(original_url, title, max_size)
        return None
    except Exception as e:
        print(f"Error processing image for {title}. Error: {str(e)}")
        return None
```

맨 먼저 작성한 `def download_image` 함수에서 `max_size=800`을 설정하여, 다운로드한 이미지가 너무 클 경우 최대 800px로 조정되도록 했습니다. 여기서 사용하는 LANCZOS 알고리즘과 `Image.Resampling.NEAREST`는 모두 고품질 리사이징을 위한 설정이므로 간단히 참고만 하고 넘어가도 됩니다.

그리고 이미지 파일명을 URL에 사용할 때는 공백이나 특수문자로 인해 문제가 발생할 수 있습니다. 이를 방지 하기 위해 중간에 `sanitize_filename(title)` 함수를 정의하여 사용하였습니다.

```
def sanitize_filename(title):
    """파일명에서 특수문자를 제거하고 안전한 형식으로 변환"""
    return re.sub(r'[^a-zA-Z0-9_-]', '_', title)
```

예를 들어 파일#제목!.jpg 같은 이름은 URL에서 오류를 유발할 수 있으므로, 파일_제목_.jpg처럼 바꿔주는 역할입니다.

이제 맨 처음에 지정한 `wiki_titles`를 기준으로 데이터를 수집합니다.

```
for title in wiki_titles:
    text_path = download_wikipedia_page(title)

    if text_path:
```

```
            wikidata_id = get_wikidata_id(title)
            image_url = get_infobox_image(wikidata_id)
            download_image(image_url, title)
```

실행 결과

```
Saved Wikipedia article: wiki_downloads/Water_Lilies_(Monet_series).txt
Original size: 5472x3648
Resized to: 800x533
Downloaded and saved image: wiki_downloads/Water_Lilies__Monet_series_.jpg
...(중략)...
Downloaded and saved image: wiki_downloads/Impression__Sunrise.jpg
Saved Wikipedia article: wiki_downloads/The_Kiss_(Klimt).txt
Original size: 7376x7401
Resized to: 797x800
Downloaded and saved image: wiki_downloads/The_Kiss__Klimt_.jpg
```

정상적으로 저장되었다면, 주피터 노트북에서 `wiki_downloads` 폴더 하위에 다음과 같이 파일들이 생성된 것을 확인할 수 있습니다.

	Name
☐	🖼 Bedroom_in_Arles.jpg
☐	📄 Bedroom_in_Arles.txt
☐	🖼 Caf__Terrace_at_Night.jpg
☐	📄 Café_Terrace_at_Night.txt
☐	🖼 Impression__Sunrise.jpg
☐	📄 Impression,_Sunrise.txt
☐	🖼 The_Card_Players.jpg
☐	📄 The_Card_Players.txt
☐	🖼 The_Kiss__Klimt_.jpg
☐	📄 The_Kiss_(Klimt).txt
☐	🖼 The_Starry_Night.jpg
☐	📄 The_Starry_Night.txt
☐	🖼 Water_Lilies__Monet_series_.jpg
☐	📄 Water_Lilies_(Monet_series).txt
☐	🖼 Where_Do_We_Come_From__What_Are_We__Where_Are_We_Going_.jpg
☐	📄 Where_Do_We_Come_From?_What_Are_We?_Where_Are_We_Going?.txt
☐	🖼 Women_in_the_Garden.jpg
☐	📄 Women_in_the_Garden.txt

그림 5.3 수집된 위키피디아 문서와 문서 대표 이미지

그림 5.4 수집된 Bedroom_in_Aries.jpg 이미지

지금까지 위키피디아에서 텍스트 데이터를 수집하고, 위키데이터에서 이미지 데이터를 수집하는 방법을 살펴봤습니다. 텍스트 데이터와 이미지 데이터를 성공적으로 수집했다면, 이제 라마인덱스를 활용해 다중모달 벡터를 생성하는 방법을 살펴보겠습니다.

5.3 OpenAI API로 다중모달 벡터 인덱싱하기

다중모달 검색 시스템을 효과적으로 구축하려면 텍스트와 이미지 데이터를 벡터화하고 인덱싱하는 과정이 필수적입니다. 이번 절에서는 라마인덱스를 활용해 텍스트와 이미지 데이터를 벡터화하고, 이를 검색 가능한 인덱스로 저장하는 방법을 살펴보겠습니다.

라마인덱스는 OpenAI의 다중모달 모델인 OpenAIMultiModal을 활용할 수 있습니다. 이 모델은 텍스트와 이미지 데이터를 동시에 처리할 수 있으며, 입력된 데이터를 벡터로 변환하여 인덱싱하는 기능을 제공합니다.

이번 예제에서는 GPT-4o-mini를 활용해 이미지 데이터를 벡터화하는 과정을 다룹니다. 이를 위해 5.2절에서 저장한 아래 2개의 이미지에 대해 텍스트로 짧은 설명을 작성해 보겠습니다.

첫 번째 이미지

두 번째 이미지

그림 5.5 5.1절에서 저장한 2개의 이미지

```python
from llama_index.multi_modal_llms.openai import OpenAIMultiModal
from llama_index.core import SimpleDirectoryReader
from llama_index.core.schema import ImageDocument
import os
OPENAI_API_KEY = os.environ["OPENAI_API_KEY"]

# 이미지 데이터 로딩
image_documents = SimpleDirectoryReader("wiki_downloads").load_data()

documents = []
for doc in image_documents:
    if isinstance(doc, ImageDocument):
        documents.append(doc)

# OpenAI 다중 모달 모델 설정
openai_mm_llm = OpenAIMultiModal(
    model="gpt-4o-mini", api_key=OPENAI_API_KEY, max_new_tokens=1500
)
```

```
# 이미지 데이터를 텍스트로 변환
response_1 = openai_mm_llm.complete(
    prompt="이미지를 텍스트로 설명해주세요.",
    image_documents=documents[:2],
)

print(response_1)
```

`SimpleDirectoryReader("wiki_downloads")`를 사용해 로컬 디렉터리에 저장된 이미지 데이터를 불러옵니다. 그 다음 `ImageDocument` 형식의 데이터만 선택하여 리스트에 저장합니다.

`OpenAIMultiModal` 클래스를 사용하여 GPT-4o-mini 모델을 초기화하고, API 키를 설정합니다. 그 다음 `openai_mm_llm.complete()` 메서드를 호출해 이미지 데이터를 입력하고, 이에 대한 텍스트 설명을 생성합니다.

실행 결과

> 첫 번째 이미지는 빈센트 반 고흐의 유명한 작품인 "아를의 침실"입니다. 이 그림은 아를에 있는 그의 방을 묘사하고 있으며, 노란색 침대와 나무 바닥, 그리고 창문이 있는 벽이 특징입니다. 방 안에는 테이블과 의자들이 배치되어 있고, 벽에는 여러 개의 그림이 걸려 있습니다. 전체적으로 따뜻한 색조와 단순한 형태가 돋보입니다.
>
> 두 번째 이미지는 "별이 빛나는 밤"이라는 작품으로, 밤하늘 아래의 거리 풍경을 그린 것입니다. 노란색 건물과 테라스가 있으며, 사람들이 앉아 있는 테이블이 보입니다. 하늘에는 별들이 반짝이고, 거리에는 사람들이 걸어 다니고 있습니다. 이 그림은 강렬한 색상과 역동적인 붓질로 유명합니다.

각 이미지에 대한 텍스트 설명이 성공적으로 생성되었습니다. OpenAIMultiModal을 활용하면 이미지 데이터를 효과적으로 벡터화하고, 이후 검색 시스템에 활용할 수 있습니다.

5.4 쿼드런트를 활용한 다중모달 RAG 구축하기

쿼드런트(Qdrant)는 벡터 검색을 위한 강력한 오픈 소스 데이터베이스로, 다중모달 검색 시스템을 구축하는 데 적합합니다. 특히 이미지와 텍스트 데이터를 동시에 저장하고 검색할 수 있는 기능을 제공하므로, 라마인덱스와 함께 활용하면 보다 정교한 검색 기능을 구현할 수 있습니다.

이번 절에서는 다음과 같은 단계로 실습을 진행하겠습니다.

- 쿼드런트 설치 및 클라이언트 설정
- 텍스트 및 이미지 데이터를 위한 벡터 스토어 생성
- 라마인덱스를 사용해 다중모달 벡터 인덱스 구축
- 질의(Query)를 통해 검색 결과 확인

5.4.1 쿼드런트 설치 및 클라이언트 설정

쿼드런트는 로컬 파일 기반으로 실행할 수도 있고, 클라우드 환경에서도 활용할 수 있습니다. 로컬에서 실행하려면 다음 명령어를 사용하여 설치할 수 있습니다.

```
!pip install qdrant-client
!pip install llama-index-vector-stores-qdrant
```

설치가 완료되면 파이썬에서 **qdrant_client**를 이용해 로컬 데이터베이스를 생성하고 벡터 저장소를 설정합니다.

```
import qdrant_client
from llama_index.vector_stores.qdrant import QdrantVectorStore

# 로컬 쿼드런트 벡터 스토어 생성
client = qdrant_client.QdrantClient(path="qdrant_mm_db")
```

qdrant_client.QdrantClient(path="qdrant_mm_db")는 qdrant_mm_db라는 이름의 쿼드런트 벡터 스토어를 생성하는 코드입니다. 이 코드를 실행하면 해당 경로에 **qdrant_mm_db** 디렉터리가 생성된 것을 확인할 수 있습니다.

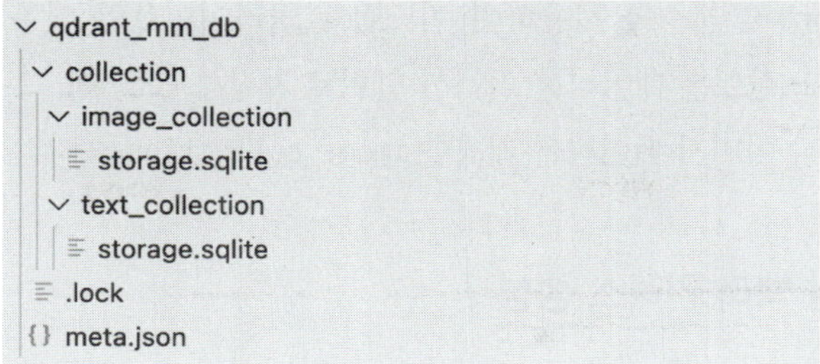

```
  ∨ qdrant_mm_db
    ∨ collection
      ∨ image_collection
          ≡ storage.sqlite
      ∨ text_collection
          ≡ storage.sqlite
    ≡ .lock
    {} meta.json
```

그림 5.6 로컬 데이터베이스에 쿼드런트 벡터 스토어가 설치된 모습

생성된 각 요소를 간단히 설명하면 다음과 같습니다.

- **collection**: 데이터가 저장되는 컬렉션을 포함하는 폴더
- **image_collection**: 이미지 데이터를 위한 벡터 컬렉션
- **storage.sqlite**: 쿼드런트가 내부적으로 사용하는 SQLite 데이터베이스 파일. 벡터 및 메타데이터 저장소 역할을 함.
- **text_collection**: 텍스트 데이터를 위한 벡터 컬렉션
- **storage.sqlite**: image_collection과 동일한 역할을 하는 SQLite 데이터베이스 파일
- **meta.json**: 쿼드런트 데이터베이스의 메타데이터를 저장하는 JSON 파일. 컬렉션 정보 및 설정값을 포함할 수 있음.

5.4.2 텍스트 및 이미지 벡터 스토어 생성

쿼드런트는 컬렉션을 생성하여 다양한 종류의 데이터를 저장할 수 있습니다. 여기서는 텍스트 데이터와 이미지 데이터를 각각 별도의 컬렉션에 저장하도록 설정하겠습니다. 다음은 해당 설정을 위한 예제 코드입니다.

```python
# 텍스트 및 이미지 벡터 저장소 생성
text_store = QdrantVectorStore(
    client=client, collection_name="text_collection"
)
image_store = QdrantVectorStore(
    client=client, collection_name="image_collection"
)
```

QdrantVectorStore 클래스를 사용하여 쿼드런트 클라이언트와 연동되는 벡터 저장소를 생성합니다. 쿼드런트는 데이터를 컬렉션 단위로 저장하므로, 텍스트 데이터를 저장할 `text_collection`과 이미지 데이터를 저장할 `image_collection`을 각각 생성합니다.

5.4.3 다중모달 벡터 인덱스 생성

이제 라마인덱스를 사용해 다중모달 데이터를 인덱싱할 수 있도록 설정하겠습니다. `MultiModalVectorStoreIndex`를 활용하면 텍스트 및 이미지 데이터를 벡터화하고, 쿼드런트를 저장소로 활용할 수 있습니다.

`MultiModalVectorStoreIndex`는 텍스트와 이미지 모두를 임베딩하여 저장하는 인덱스입니다. 이때 텍스트는 llama-index 기본 설정 혹은 사용자가 지정한 텍스트 임베딩 모델을 사용하지만, 이미지 임베딩을 위해선 CLIP과 같은 멀티모달 임베딩 모델이 필요합니다.

```
!pip install git+https://github.com/openai/CLIP.git
!pip install llama-index-embeddings-clip
```

이를 위해 CLIP 임베딩 모듈이 필요하며, `llama-index-embeddings-clip` 패키지를 설치하면 내부적으로 이미지를 벡터로 변환할 수 있는 `CLIPEmbedding`이 활성화됩니다.

```python
from llama_index.core import SimpleDirectoryReader, StorageContext
from llama_index.core.indices import MultiModalVectorStoreIndex

# 스토리지 컨텍스트 설정
storage_context = StorageContext.from_defaults(
    vector_store=text_store, image_store=image_store
)

# 문서 데이터 로딩
documents = SimpleDirectoryReader("wiki_downloads").load_data()

# 멀티모달 벡터 인덱스 생성
index = MultiModalVectorStoreIndex.from_documents(
```

```
        documents,
        storage_context=storage_context,
    )
```

라마인덱스에서 StorageContext는 다양한 데이터 저장소(VectorStore, Document Store, IndexStore 등)를 관리하며 인덱스 데이터를 저장하고 검색하는 역할을 합니다.

StorageContext.from_defaults()에 별도의 벡터 스토어를 지정하지 않으면, Simple VectorStore, SimpleDocumentStore, SimpleIndexStore가 자동으로 사용됩니다. 예제에서는 StorageContext.from_defaults()를 사용할 때 vector_store=text_store, image_store=image_store와 같이 인자를 전달했으므로 기본 StorageContext 대신 사용자가 지정한 저장소를 포함한 StorageContext가 생성됩니다.

이어서 SimpleDirectoryReader("wiki_downloads")를 사용해 로컬 디렉터리에서 이미지 데이터를 불러옵니다. 그런 다음 MultiModalVectorStoreIndex.from_documents()를 사용해 텍스트와 이미지 데이터를 인덱싱합니다.

5.4.4 검색

이제 다중모달 벡터 인덱스를 활용해 특정 주제에 대한 정보를 검색할 수 있습니다. 여기서는 인상주의 화가인 모네(Monet)의 대표적인 작품을 검색해 보겠습니다.

```
# 텍스트 검색을 위한 설정
MAX_TOKENS = 100
retriever_engine = index.as_retriever(
    image_similarity_top_k=3
)

# 검색할 질문 입력
question = "Introduce representative works of Monet"
retrieval_results = retriever_engine.retrieve(question)
print(retrieval_results)
```

`index.as_retriever()`를 사용해 유사도 검색을 수행할 검색 엔진을 생성합니다. 그런 다음 `retriever_engine.retrieve(question)`을 호출해 검색 결과를 가져옵니다.

실행 결과

```
NodeWithScore(node=TextNode(id_='f1ab0e39-8f9e-4807-93d8-63ef37fe8c00',
embedding=None, metadata={'file_path': '/external/rag_study/multimodal/
wiki_downloads/Women_in_the_Garden.txt', …
NodeWithScore(node=TextNode(id_='3cd61c6b-1518-45d5-8105-47acf8b298ee',
embedding=None, metadata={'file_path': '/external/rag_study/multimodal/
wiki_downloads/Water_Lilies_(Monet_series).txt',
NodeWithScore(node=ImageNode(id_='9c5d96fb-15cc-4213-882b-d1202c3c7d27',
embedding=None, metadata={'file_path': '/external/rag_study/multimodal/
wiki_downloads/Impression__Sunrise.jpg'…
NodeWithScore(node=ImageNode(id_='0e8ed5c0-866d-4528-95e3-fb67e0a46bef',
embedding=None, metadata={'file_path': '/external/rag_study/multimodal/
wiki_downloads/Water_Lilies__Monet_series_.jpg'…
NodeWithScore(node=ImageNode(id_='13b2d311-5f4f-4913-b26f-1f3230d2cd3c',
embedding=None, metadata={'file_path': '/external/rag_study/multimodal/
wiki_downloads/Women_in_the_Garden.jpg'…
```

검색 결과는 `NodeWithScore` 객체로 반환되며, 각 결과에는 텍스트 또는 이미지 데이터가 포함됩니다.

검색 결과를 살펴보면, 텍스트 노드에는 'Women in the Garden.txt', 'Water Lilies (Monet series).txt'와 같은 텍스트 문서들이 검색된 것을 볼 수 있고, 이미지 노드로는 'Impression__Sunrise.jpg', 'Water Lilies (Monet series).jpg', 'Women in the Garden.jpg'와 같은 모네의 대표작 이미지가 검색되어 다중모달 검색이 제대로 수행된 것을 확인할 수 있습니다.

이미지 시각화를 위해 `plot_images()` 함수를 정의하겠습니다. 필요한 경우 matplotlib 패키지를 설치해야 할 수 있습니다.

```
!pip install matplotlib
```

```python
import matplotlib.pyplot as plt
from PIL import Image

def plot_images(image_paths):
    images_shown = 0
    plt.figure(figsize=(16, 9))
    for img_path in image_paths:
        if os.path.isfile(img_path):
            image = Image.open(img_path)

            plt.subplot(2, 3, images_shown + 1)
            plt.imshow(image)
            plt.xticks([])
            plt.yticks([])

            images_shown += 1
            if images_shown >= 9:
                break
```

이미지 경로 리스트를 받아 최대 9장까지 배치해서 보여주도록 구성하였습니다.

이제 검색된 결과를 출력해 보면 다음과 같습니다.

```python
from llama_index.core.schema import ImageNode

retrieved_image = []
for res_node in retrieval_results:
    if isinstance(res_node.node, ImageNode):
        retrieved_image.append(res_node.node.metadata["file_path"])

# 검색된 이미지 출력
plot_images(retrieved_image)
```

그림 5.7 쿼드런트를 이용해 위키피디아에서 모네의 대표 작품 정보를 검색한 결과

모네의 대표작을 묻는 질문에 대한 검색 결과를 보면, 왼쪽부터 차례대로 'Port of Le Havre', 'Woman in the Garden', 'Impression Sunrise' 작품이 정상적으로 검색된 것을 확인할 수 있습니다.

5.5 질의응답 기반 RAG 시스템 구축

앞서 구축한 다중모달 벡터 인덱스를 활용해 LLM을 결합한 질의응답 시스템을 구성할 수 있었습니다. 여기서 라마인덱스의 `as_query_engine` 기능을 활용하면 LLM을 이용한 질의 응답을 보다 자연스럽게 수행할 수 있습니다.

5.5.1 기본 질의 실행

먼저 다양한 자연 풍경과 정원을 주제로 많은 명작을 남긴 모네의 대표 작품을 검색하는 기본적인 질의 실행 방법을 살펴보겠습니다.

```
result = index.as_query_engine(llm=openai_mm_llm).query("Introduce representative works of Claude Monet. Answer in Korean")
print(result.response)
```

`index.as_query_engine(llm=openai_mm_llm)`을 사용하여 검색 결과를 LLM과 연결하고, 질의 응답 시스템을 구성합니다. 이전과 동일하게 'Introduce representative works of Claude Monet'라는 질의문을 입력하여 모네의 대표 작품을 검색합니다.

실행 결과

> 클로드 모네의 대표적인 작품으로는 다음과 같은 것들이 있습니다:
> 1. 인상, 해돋이 (Impression, Sunrise) - 이 작품은 인상파라는 이름의 유래가 된 작품으로, 모네의 독특한 색채와 빛의 표현이 돋보입니다.
> 2. 수련 (Water Lilies) - 모네의 대표적인 시리즈로, 그의 정원에서 자생하는 수련을 주제로 한 여러 작품이 있습니다. 빛과 색의 변화가 아름답게 표현되어 있습니다.

다음 절에서는 더 향상된 질의응답을 얻기 위해 추가적인 프롬프트 엔지니어링 기법을 적용하는 방법을 살펴보겠습니다.

5.5.2 개선된 프롬프트를 활용한 질의 실행

기본 질의응답보다 더 정교한 응답을 얻기 위해서는 프롬프트를 효과적으로 구성해야 합니다. 구조화된 프롬프트 템플릿을 활용하여 LLM에 좀 더 정확한 컨텍스트를 제공하면, LLM이 더욱 정확하고 풍부한 답변을 생성할 수 있습니다. 아래 예제 코드를 살펴보겠습니다.

```
from llama_index.core import PromptTemplate

# 개선된 프롬프트 템플릿 정의
qa_templeate_str = (
    "다음은 신뢰할 수 있는 출처로부터 추출한 관련 정보입니다.\n"
    "--------------------\n"
    "{context_str}\n"
    "--------------------\n"
    "제공된 정보를 바탕으로 아래 질의에 대해 명확하고 구조적인 답변을 생성하세요.\n"
    "주어진 정보 외의 외부 지식에는 의존하지 마세요.\n"
    "답변은 구체적이고 유익하며 일관성 있게 작성해야 합니다.\n"
    "질문: {query_str}\n"
    "답변: "
)

qa_tmpl = PromptTemplate(qa_templeate_str)

query_engine = index.as_query_engine(
```

```
    llm=openai_mm_llm, text_qa_template=qa_tmpl
)

query_str = "클로드 모네에 대해 한국어로 좀 더 자세히 설명해주세요."
result = query_engine.query(query_str)
print(result.response)
```

`qa_template_str`을 설정할 때 다음과 같이 추가 요청 사항을 제시했습니다.

- "제공된 컨텍스트를 기반으로 다음 쿼리에 대해 명확하고 잘 구조화된 응답을 생성하세요."
- "주어진 맥락을 벗어난 외부 지식에 의존하지 마십시오."
- "응답이 상세하고 유익하며 일관성이 있는지 확인하세요."

실행 결과

클로드 모네(Claude Monet)는 1840년 프랑스에서 태어난 화가로, 인상파 화풍의 선구자로 알려져 있습니다. 그의 작품은 빛과 대기의 상호작용을 탐구하며, 자연을 직접 관찰하고 그린 '앙 플레인 에어(en plein air)' 기법으로 유명합니다.

모네는 1866년에 시작한 대작 '정원 속의 여성들(Women in the Garden)'을 통해 초기 경력을 쌓았습니다. 이 작품은 그가 임대하던 집의 정원을 배경으로 하며, 그의 동반자이자 미래의 아내인 카미유 돈시외(Camille Doncieux)가 모델로 등장합니다. 모네는 이 작품을 완성하기 위해 트렌치를 파고 그 안에서 캔버스를 낮춰 한 지점에서 관찰하며 작업했습니다.

그의 초기 작품들은 파리 살롱에서 성공을 거두었지만, '정원 속의 여성들'은 1867년에 주제와 서사적 약점으로 인해 거부당했습니다. 그러나 이 작품은 모네가 빛과 그림자의 처리에서 뛰어난 기량을 보여주었고, 이는 그가 인상파 화풍으로 나아가는 길을 제시했습니다.

모네의 화풍은 두꺼운 붓질로 특징지어지며, 이는 후에 인상파의 중요한 요소가 되었습니다. 그의 작품은 후에 많은 비평가들에 의해 재평가되었고, 오늘날에는 그의 독창적인 스타일과 기법이 높이 평가받고 있습니다.

기본 프롬프트를 사용하면, 답변이 단순한 정보 나열에 그치는 경우가 많습니다. 하지만 프롬프트를 조금만 구체화해도 작품의 의미와 영향까지 포함된 더욱 풍부한 답변을 얻을 수 있습니다.

이처럼 프롬프트를 적절히 활용하면 LLM 응답의 형식과 내용을 효과적으로 조정할 수 있습니다. 예를 들어, 간결한 요약, 상세한 분석, 비교 평가 등 다양한 응답 형식을 유도할 수 있습니다.

5.6 이미지 기반 RAG 시스템 구축

이번 절에서는 라마인덱스와 쿼드런트를 활용해 이미지 검색을 수행하는 방법을 살펴보겠습니다. 이미지 검색은 입력 이미지와 가장 유사한 이미지를 데이터베이스에서 찾아내는 과정입니다. 이 과정은 이미지의 특징을 벡터화한 뒤 벡터 간 유사도를 비교해 가장 적합한 이미지를 반환하는 방식으로 이루어집니다. 이번 과정에서는 다음 단계를 수행합니다.

1. 검색할 이미지 데이터를 수집합니다.
2. 내려받은 이미지를 벡터화하여 데이터베이스에 저장합니다.
3. 입력 이미지와 유사한 이미지를 검색하고 결과를 비교합니다.

5.6.1 새로운 이미지 내려받기 및 저장하기

먼저 검색할 이미지 데이터를 확보하기 위해 5.1절에서 작성한 소스 코드를 활용하여 위키피디아에서 새로운 예술 작품 이미지를 내려받습니다.

```
import os

wiki_titles = [
    "Nave nave moe",
]

output_folder = "wiki_downloads2"
os.makedirs(output_folder, exist_ok=True)

for title in wiki_titles:
    text_path = download_wikipedia_page(title)
```

```
    if text_path:
        wikidata_id = get_wikidata_id(title)
        image_url = get_infobox_image(wikidata_id)
        if image_url:
            print(f"해당 URL로부터 다운로드를 진행 중입니다: {image_url}")
            download_image(image_url, title)
```

실행 결과

```
Saved Wikipedia article: wiki_downloads2/Nave_nave_moe.txt
Attempting to download from URL: https://upload.wikimedia.org/wikipedia/
commons/9/95/Paul_Gauguin_068.jpg
Original size: 4356x3304
Resized to: 800x606
Downloaded and saved image: wiki_downloads2/Nave_nave_moe.jpg
```

`wiki_titles = ["Nave nave moe"]`로 설정해 인상파 화가 고갱의 '나브 나브 모에(Nave nave moe)'를 내려받습니다. 해당 이미지는 `wiki_downloads2` 경로에 저장됩니다. 자세한 설명은 5.1절을 참고하기 바랍니다.

다운로드가 성공적으로 완료되면, 다음과 같은 내용을 확인할 수 있습니다.

```
input_image = "wiki_downloads2/Nave_nave_moe.jpg"
plot_images([input_image])
```

실행 결과

5.6.2 이미지 검색 수행

5.4절 예제와 동일하게 쿼드런트를 활용하여 벡터 스토어를 구성합니다.

```
from llama_index.core import SimpleDirectoryReader, StorageContext
from llama_index.vector_stores.qdrant import QdrantVectorStore
from llama_index.core.indices import MultiModalVectorStoreIndex
import qdrant_client

# 만약 이미 이전 코드에서 생성된 client를 사용하는 것이라면 주석처리해야 합니다.
client = qdrant_client.QdrantClient(path="qdrant_mm_db")

text_store = QdrantVectorStore(
    client=client, collection_name="text_collection"
)
image_store = QdrantVectorStore(
    client=client, collection_name="image_collection"
)

storage_context = StorageContext.from_defaults(
    vector_store=text_store, image_store=image_store
)

documents = SimpleDirectoryReader("wiki_downloads").load_data()
index = MultiModalVectorStoreIndex.from_documents(
    documents,
    storage_context=storage_context,
)
```

> **참고** Storage folder qdrant_mm_db is already accessed by another instance of Qdrant client 에러

만약 'Storage folder qdrant_mm_db is already accessed by another instance of Qdrant client. If you require concurrent access, use Qdrant server instead.'와 같은 에러 메시지가 출력되었다면 이는 쿼드런트가 단일 프로세스 모드에서 실행 중일 때, 여러 인스턴스가 동일한 스토리지 폴더에 동시에 접근하는 것을 허용하지 않기 때문입니다. 이 문제를 해결하려면 다음 중 하나를 선택할 수 있습니다.

- 현재 실행 중인 노트북 커널을 재시작하여 중복된 클라이언트 인스턴스를 제거합니다.
- 쿼드런트를 서버 모드로 전환하여 동시 접근을 허용합니다. 쿼드런트 서버 모드는 3.4.2절 '도커를 활용한 로컬 기반 환경 설정'을 참고합니다.
- 이전에 생성한 QdrantClient 인스턴스를 그대로 사용하는 경우, 새로운 클라이언트를 생성하는 코드를 주석 처리하면 에러를 피할 수 있습니다.

이제 내려받은 이미지를 바탕으로 유사한 이미지를 찾는 검색을 실행하겠습니다. 검색 엔진을 설정한 후, 입력 이미지와 가장 비슷한 이미지를 찾아 비교합니다.

```
retriever_engine = index.as_retriever(image_similarity_top_k=1)
retrieval_results = retriever_engine.image_to_image_retrieve(
    "wiki_downloads2/Nave_nave_moe.jpg"
)
retrieved_images = []
for res in retrieval_results:
    retrieved_images.append(res.node.metadata["file_path"])

plot_images(retrieved_images)
```

실행 결과

`index.as_retriever(image_similarity_top_k=1)`를 사용하여 검색 엔진을 생성하고, 가장 유사한 이미지를 검색하도록 설정합니다. 그 다음 `retriever_engine.image_to_image_retrieve("images2/9.jpg")`를 호출해 입력 이미지(`wiki_downloads2/Nave_nave_moe.jpg`)와 유사한 이미지를 찾습니다.

이미지 검색 결과를 보면, 모델이 반환한 결과로 같은 작가의 작품인 'Where Do We Come From? What Are We? Where Are We Going?'이 검색된 것을 확인할 수 있습니다. 두 작품 모두 고갱이 타히티 섬에서의 경험을 바탕으로 제작한 것입니다.

5.6.3 비슷한 화풍을 가진 이미지 분석

5.6.2절에서는 입력 이미지와 유사한 작품을 검색하는 방법을 살펴보았습니다. 이번 예제에서는 입력된 이미지가 어떤 화가의 작품인지 추론하고, 같은 시대에 활동한 또 다른 예술가와 그의 대표작을 소개하도록 요청하는 등 보다 복잡적인 다중모달 검색을 수행해 보겠습니다.

```python
from llama_index.multi_modal_llms.openai import OpenAIMultiModal
from llama_index.core.schema import ImageDocument
from llama_index.core.llms import ChatMessage

# 비교할 이미지 문서 준비
image_documents = [
    ImageDocument(image_path=input_image),
    ImageDocument(image_path=retrieved_images[0]),
]

openai_mm_llm = OpenAIMultiModal(
    model="gpt-4o-mini",
    api_key=OPENAI_API_KEY,
    max_new_tokens=1500
)

# 멀티모달 질의 수행
response = openai_mm_llm.complete(
```

```
        prompt="첫 번째 이미지의 화가를 알려주고, 같은 시대의 다른 화가 한 명과 그 대표 작품도
함께 소개해주세요.",
        image_documents=image_documents
)

# 결과 출력
print(response.text)
```

`image_path=retrieved_images[0]`로 설정해 앞서 사용한 고갱의 'Nave nave moe' 작품을 입력 이미지로 사용합니다. 프롬프트에서는 이미지의 화가를 식별하고, 동시대의 또 다른 화가와 그의 대표작을 소개하도록 요청합니다. 단순히 화가의 이름만 반환하는 것이 아니라, 해당 화가의 예술적 특징과 동시대의 화가를 함께 설명하도록 구성합니다.

실행 결과

첫 번째 이미지는 폴 고갱(Paul Gauguin)의 작품입니다. 고갱은 19세기 후반 프랑스 인상파 화가로, 주로 타히티의 풍경과 사람들을 주제로 한 작품으로 유명합니다.

같은 시대의 다른 화가로는 빈센트 반 고흐(Vincent van Gogh)를 들 수 있습니다. 그의 대표 작품 중 하나는 "별이 빛나는 밤"(Starry Night)입니다. 반 고흐는 강렬한 색채와 독특한 붓질로 잘 알려져 있으며, 그의 작품은 감정과 표현을 중시합니다.

실행 결과를 보면 우선 모델이 입력된 이미지를 인식하여 고갱의 작품임을 식별했습니다. 이후 동시대에 활동한 예술가로 빈센트 반 고흐를 추천한 것을 확인할 수 있습니다. 또한 고흐의 대표작으로 '별이 빛나는 밤(The Starry Night)'을 소개했습니다.

이처럼 다중모달 검색 시스템은 단순히 이미지 간 유사도를 비교하는 것에서 더 나아가, 해당 작품의 작가를 인식하고 동시대의 다른 예술가까지 탐색할 수 있도록 구성할 수 있습니다.

06

에이전트 RAG

개발 환경 구축하기
데이터 준비
허깅페이스 임베딩
에이전트 만들기

AI 에이전트는 주어진 환경을 관찰하고, 판단하며, 행동함으로써 특정 목표를 달성하는 AI 시스템을 말합니다. 마치 비서가 사용자를 대신해 업무를 처리하듯, AI 에이전트는 사용자를 대신하여 주어진 작업을 자율적으로 수행합니다. 이러한 에이전트 시스템을 개발하는 방법에는 여러 가지가 있습니다. 이번 장에서는 그중에서도 프린스턴 대학교와 구글 연구원들이 공동으로 개발한 ReAcT 방법론에 대해 알아보겠습니다.

ReAcT는 대규모 언어 모델이 추론(Reasoning)과 행동(Acting)을 결합하여 문제를 해결하는 방법론입니다. 구글과 프린스턴 대학교 연구진이 개발한 이 방식은 모델이 스스로 생각하고, 도구를 활용하며, 관찰하는 순환적 과정을 통해 문제를 해결합니다.

실제 동작 방식을 의사의 진단 과정에 빗대어 살펴보겠습니다.

- **Thought(첫 번째 생각):** "환자가 배가 아프다고 하는데, 어디가 문제인지 정확히 알려면 혈액검사부터 해봐야겠다."
- **Action(도구 사용):** 혈액검사 실시
- **Observation(도구 사용 결과):** "혈액검사 결과 염증 수치가 매우 높게 나왔다."
- **Thought(두 번째 생각):** "염증 수치가 높은 건 알았는데 위치를 모르니 CT 촬영을 해보자."
- **Action(도구 사용):** CT 촬영 실시
- **Observation(도구 사용 결과):** "CT 결과 맹장에 심한 염증이 보인다."
- **Thought(세 번째 생각):** "혈액검사에서 염증 수치가 높고, CT에서 맹장 염증이 확인됐으니 맹장염이 확실하다."

의사는 총 세 번의 생각 끝에 결론을 내릴 수 있었습니다. LLM은 각 단계에서 지금까지의 정보를 바탕으로 다음 행동을 판단하고, 도구를 사용한 후 그 결과를 관찰하고 해석합니다.

이 과정은 마치 우리가 어려운 문제를 풀 때 계산기를 사용해보고, 인터넷도 검색해보고, 결과를 확인하면서 문제를 풀어가는 방식과 유사합니다. ReAcT 방법론을 통해 LLM은 새롭고 복잡한 상황에서도 적절한 도구를 활용하여 효과적으로 문제를 해결할 수 있습니다.

이번 장에서는 ReAcT 기반 에이전트에 두 개의 벡터 저장소를 도구로 제공하고, 스스로 판단해 검색을 수행하며 RAG(Retrieval-Augmented Generation, 검색 증강 생성)를 실행하는 에이전트 시스템을 구현해 보겠습니다.

6.1 개발 환경 구축하기

먼저 실습을 위한 개발 환경을 준비합니다. 명령 프롬프트를 사용해 프로젝트 폴더를 생성하고, 가상 환경을 구축합니다.

프로젝트 폴더 생성하기

6장에서 실습할 코드와 데이터를 저장할 ch06 폴더를 생성하고 해당 경로로 이동합니다. 명령 프롬프트에서 아래 명령어를 순서대로 입력합니다.

```
C:\llamaindex> cd C:\llamaindex
C:\llamaindex> mkdir ch06
C:\llamaindex> cd ch06
C:\llamaindex\ch06>
```

실습 폴더인 llamaindex 폴더 안에 ch06 폴더가 생긴 것을 확인할 수 있습니다.

가상 환경 생성하기

다음 명령어를 입력하여 ch06_env라는 이름의 가상 환경을 생성합니다.

```
C:\llamaindex\ch06> python -m venv ch06_env
```

가상 환경이 생성되면 아래 명령어로 가상 환경을 활성화합니다.

```
C:\llamaindex\ch06> ch06_env\Scripts\activate.bat[1]
(ch06_env) C:\llamaindex\ch06>
```

프롬프트 왼쪽에 (ch06_env)가 표시되면 가상 환경이 정상적으로 활성화된 것입니다.

실습을 위해 필요한 패키지들을 설치합니다. 이번 실습에서는 라마인덱스 패키지 외에, 허깅페이스에서 임베딩 모델을 내려받아 라마인덱스와 통합하기 위해 llama-index-embeddings-huggingface를 별도로 설치합니다.

---

[1] macOS 사용자는 source ch06_env/bin/activate 명령어를 사용합니다.

```
(ch06_env) C:\llamaindex\ch06> pip install llama-index==0.12 llama-index-embedd
ings-huggingface==0.4.0 openai==1.79.0 multiprocess==0.70.18 xxhash==3.5.0 pyar
row==20.0.0
```

- llama-index-embeddings-huggingface==0.3.0: 허깅페이스의 임베딩 모델을 라마인덱스와 통합하는 패키지입니다. 이 패키지를 사용하면 유사성 검색과 같은 작업을 위해 라마인덱스 애플리케이션 내에서 허깅페이스 라이브러리의 다양한 임베딩 모델을 사용할 수 있습니다.

VSCode에서 프로젝트 파일 만들기

이번 실습에 사용할 주피터 노트북 파일을 만들어 보겠습니다. VSCode를 실행하고, 상단 메뉴에서 [File] → [Open Folder]를 클릭합니다. 앞서 생성한 ch06 폴더(C:\llamaindex\ch06)를 선택하고 [열기] 버튼을 누릅니다. 이어서 [New File] 버튼을 클릭해 새로운 파일을 추가합니다. 새 파일의 이름은 ch06_agentic_rag.ipynb로 지정합니다.

6.2 데이터 준비

실습을 위해 환경을 설정하고, 데이터를 로드한 후 전처리하는 과정을 진행하겠습니다. OpenAI 키는 1.3.2절에서 설명한 환경 변수를 사용한다고 가정합니다.

패키지 임포트

실습을 위해 필요한 패키지들을 임포트합니다.

```
import requests
from llama_index.core import (
    SimpleDirectoryReader,
    VectorStoreIndex,
    StorageContext,
    load_index_from_storage,
)
from llama_index.embeddings.huggingface import HuggingFaceEmbedding
from llama_index.core.tools import QueryEngineTool, ToolMetadata
from llama_index.core.agent import ReActAgent
```

```
from llama_index.llms.openai import OpenAI
from llama_index.core import PromptTemplate
```

- **requests**: HTTP 요청을 처리하는 파이썬 라이브러리로, 원격 서버에서 파일을 다운로드할 수 있습니다. 이 코드에서는 깃허브에서 PDF 파일(ict_japan_2024.pdf, ict_usa_2024.pdf)을 다운로드하는 데 사용됩니다.

- **SimpleDirectoryReader**: 라마인덱스 라이브러리의 문서 로더 클래스입니다. 지정된 디렉터리 또는 파일 목록에서 문서를 로드하고 구조화된 Document 객체로 변환합니다. PDF, TXT, DOCX 등 다양한 형식을 지원하며, 메타데이터도 함께 추출합니다.

- **VectorStoreIndex**: 문서 컬렉션을 벡터화하여 검색 가능한 인덱스를 생성하는 라마인덱스의 핵심 클래스입니다. 문서를 청크로 분할한 뒤 임베딩 모델을 사용해 각 청크를 벡터로 변환하고, 이를 벡터 저장소에 저장합니다. 의미 기반 검색의 기본 구조를 제공합니다.

- **StorageContext, load_index_from_storage**: 벡터 인덱스를 디스크에 저장하고 나중에 다시 로드하기 위한 유틸리티 클래스입니다. StorageContext는 인덱스 저장 위치와 방식을 관리하고, load_index_from_storage는 저장된 인덱스를 메모리로 다시 불러옵니다.

- **HuggingFaceEmbedding**: 허깅페이스의 임베딩 모델을 라마인덱스에 통합하는 어댑터 클래스입니다. 여기서는 "BAAI/bge-m3" 모델을 사용하여 한국어 텍스트에 최적화된 임베딩을 생성합니다. 이 임베딩은 의미적 검색의 기반이 됩니다.

- **QueryEngineTool, ToolMetadata**: 에이전트가 사용할 도구를 정의하는 클래스입니다. QueryEngineTool은 검색 엔진을 에이전트가 호출할 수 있는 도구로 래핑하고, ToolMetadata는 도구의 이름, 설명 등 메타데이터를 정의합니다. 이를 통해 에이전트는 적절한 상황에서 올바른 도구를 선택할 수 있습니다.

- **ReActAgent**: Reasoning(추론)과 Acting(행동)을 결합한 ReAct 에이전트 프레임워크의 라마인덱스 구현체입니다. 이 에이전트는 Thought(생각) – Action(도구 사용) – Observation(관찰)의 사이클을 반복하여 문제를 단계적으로 해결합니다. 여러 도구 중 상황에 맞는 도구를 선택하고 사용할 수 있는 능력을 가지고 있습니다.

- **OpenAI**: OpenAI의 언어 모델(예: GPT-4.1)을 라마인덱스 프레임워크 내에서 사용할 수 있게 하는 어댑터 클래스입니다. 에이전트의 "두뇌" 역할을 하며, 추론, 도구 선택, 최종 응답 생성을 담당합니다.

- **PromptTemplate**: 에이전트에게 전달되는 프롬프트의 템플릿을 정의하는 클래스입니다. 도구 설명, 도구 이름 등 가변적인 정보를 포함할 수 있으며, 실행 시점에 실제 값으로 대체됩니다. 에이전트의 행동 방식을 세부적으로 제어하는 데 중요한 역할을 합니다.

데이터 다운로드

이번 실습에서 사용할 데이터는 총 두 개의 파일로 구성되어 있으며, 각 파일명은 ict_japan_2024.pdf와 ict_usa_2024.pdf입니다. 이 두 파일의 원본 출처는 다음과 같습니다.

- 미국 ICT 시장동향(ict_usa_2024.pdf): https://www.globalict.kr/country/country_view.do?menuCode=040100&p_cateNo=29&catNo=101&viewMode=view&knwldNo=143712
- 일본 ICT 시장동향(ict_japan_2024.pdf): https://www.globalict.kr/country/country_view.do?menuCode=040100&p_cateNo=27&catNo=52&viewMode=view&knwldNo=143629

먼저 두 개의 데이터를 내려받습니다. 아래 코드를 실행하면 데이터가 다운로드됩니다.

```python
urls = [
    "https://raw.githubusercontent.com/llama-index-tutorial/llama-index-tutorial/main/ch06/ict_japan_2024.pdf",
    "https://raw.githubusercontent.com/llama-index-tutorial/llama-index-tutorial/main/ch06/ict_usa_2024.pdf"
]

# 각 파일 다운로드
for url in urls:
    filename = url.split("/")[-1]  # URL에서 파일명 추출
    response = requests.get(url)

    with open(filename, "wb") as f:
        f.write(response.content)
    print(f"{filename} 다운로드 완료")
```

다운로드가 정상적으로 완료되면, 실행 후 다음과 같이 다운로드 완료라는 메시지가 출력됩니다.

실행 결과
```
ict_japan_2024.pdf 다운로드 완료
ict_usa_2024.pdf 다운로드 완료
```

다운로드 한 각각의 데이터를 SimpleDirectoryReader를 사용하여 읽습니다. 이때, '미국 ICT 시장동향'에 해당하는 파일인 ict_usa_2024.pdf는 us_docs에 저장하고, '일본 ICT 시장동향'에 해당하는 파일인 ict_japan_2024.pdf는 jp_docs에 저장합니다.

```
us_docs = SimpleDirectoryReader(
    input_files=["ict_usa_2024.pdf"]
).load_data()
jp_docs = SimpleDirectoryReader(
    input_files=["ict_japan_2024.pdf"]
).load_data()
```

각 파일이 몇 개의 문서로 로드되었는지 출력해 보겠습니다.

```
print('미국 시장동향 문서의 개수:', len(us_docs))
print('일본 시장동향 문서의 개수:', len(jp_docs))
```

실행 결과

```
미국 시장동향 문서의 개수: 29
일본 시장동향 문서의 개수: 30
```

미국 시장동향 문서의 개수는 29개, 일본 시장동향 문서의 개수는 30개입니다. 미국 시장동향 문서 중 임의로 5번 문서를 출력해 보겠습니다.

```
us_docs[5]
```

실행 결과

```
Document(id_='4ecc83ec-2d0e-47f2-bdcd-bf576e963c76',
embedding=None, metadata={'page_label': '6', 'file_name': 'ict_usa_2024.pdf',
'file_path': 'ict_usa_2024.pdf', 'file_type': 'application/pdf',
'file_size': 1240453, 'creation_date': '2024-12-05', 'last_modified_date':
'2024-12-05'}, excluded_embed_metadata_keys=['file_name', 'file_type',
'file_size', 'creation_date', 'last_modified_date', 'last_accessed_date'],
excluded_llm_metadata_keys=['file_name', 'file_type', 'file_size',
'creation_date', 'last_modified_date', 'last_accessed_date'], relationships={},
metadata_template='{key}: {value}', metadata_separator='\n', text='
```

```
6 \nI. ICT 국가 산업 현황 2.ICT 정부기구  ① 국가통신정보관리청(NTIA)\n
국가통신정보관리청(NTIA)• 상무부 산하의 국가통신정보관리청(National Telecommunications
and Information Administration)은 주로 통신 및 정보 정책 문제에 대하여 대통령에게 자문을
제공할 책임이 있는 행정 기관임• 국가통신정보관리청은 최근 'AI 업무',
..중략...
Open Weight AI 모델 관련 위험, 이점, 향후 정책에 대한 의견 요청 시작▶ 정책
권장사항 개발 목적\n주요산하 조직\n출처 : 미국 국가통신정보관리청', mimetype='text/
plain', start_char_idx=None, end_char_idx=None, metadata_seperator='\n',
text_template='{metadata_str}\n\n{content}')
```

출력된 내용에는 PDF 내부의 실제 내용뿐만 아니라 파일명, PDF 파일의 페이지 번호 등 여러 추가 정보가 함께 출력됩니다. 만약 실제 문서 내용만 출력하려면 .text 속성을 사용하면 됩니다. 실제 문서의 정보를 출력해 보겠습니다.

```
print('5번 샘플에서 텍스트만 출력: ', us_docs[5].text)
```

실행 결과

```
5번 샘플에서 텍스트만 출력:                     6
I. ICT 국가 산업 현황 2.ICT 정부기구  ① 국가통신정보관리청(NTIA)
 국가통신정보관리청(NTIA)• 상무부 산하의 국가통신정보관리청(National Telecommunications
and Information Administration)은 주로 통신 및 정보 정책 문제에 대하여 대통령에게
자문을 제공할 책임이 있는 행정 기관임• 국가통신정보관리청은 최근 'AI 업무', 'Open Weight
AI 모델' 등 AI 관련 정책 권장 사항 개발을 위한 대중 참여, 의견 요청 등을 시작함. 또 무선
공급망 혁신 기금을 통해 차세대 무선 기술 지원에 약 8,000만 달러(약 1,068억 4,000만 원)를
지원함[표 2] 미국 국가통신정보관리청(NTIA)구분 내용
주요 인사앨런 데이비슨(Alan Davidson)
..중략...
출처 : 미국 국가통신정보관리청
```

실제 문서의 정보만 출력된 것을 확인할 수 있습니다. 이제 PDF 파일을 로드했으므로, 각 문서를 임베딩하고 벡터 데이터베이스에 적재하는 작업을 진행하겠습니다.

6.3 허깅페이스 임베딩

미국 시장동향 문서와 일본 시장동향 문서 각각에 대해 임베딩을 수행해 보겠습니다. 여기서는 이전 실습에서 유료로 사용해왔던 OpenAI의 Embedding API가 아닌, 온라인에 무료로 공개된 임베딩 모델을 활용하겠습니다.

무료로 공개된 임베딩 모델은 일반적으로 허깅페이스(Huggingface) 저장소에서 검색하고 내려받을 수 있습니다. 이번 실습에서는 한글 성능이 뛰어난 임베딩 모델인 'BAAI/bge-m3'를 사용하겠습니다. 해당 모델의 정보는 아래의 허깅페이스 웹 주소에서 확인할 수 있습니다.

- 'BAAI/bge-m3' 모델이 업로드 된 저장소: https://huggingface.co/BAAI/bge-m3

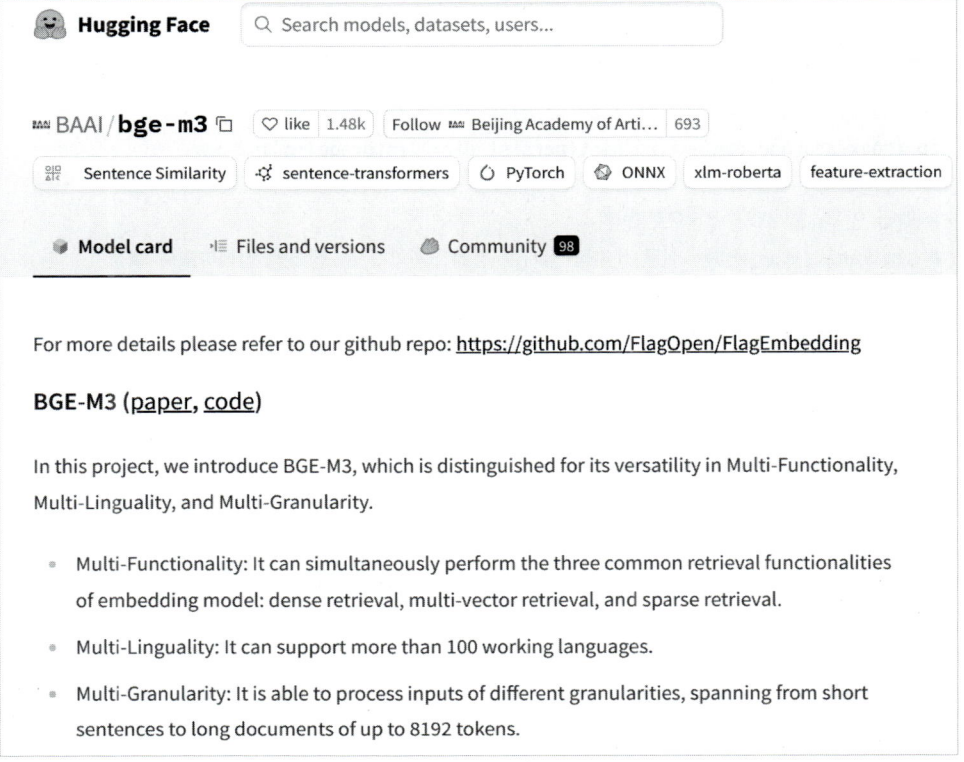

그림 6.1 'BAAI/bge-m3'가 업로드 된 허깅페이스 저장소

다음은 허깅페이스 저장소에서 임베딩 모델을 내려받는 코드입니다. `HuggingFace Embedding()`에서 `model_name` 값으로 사용하고자 하는 임베딩 모델의 이름을 지정합니다. 여기서는 `BAAI/bge-m3`로 지정해 해당 모델을 다운로드합니다.

```
embed_model = HuggingFaceEmbedding(model_name="BAAI/bge-m3")
```

위 코드를 실행하면 모델이 다운로드되어 `embed_model`에 저장됩니다. 이제 `embed_model`을 사용하여 벡터 데이터베이스를 구축하고 검색 엔진을 생성해 보겠습니다.

```
# 미국과 일본 문서를 각각의 벡터 인덱스로 생성
# 문서를 임베딩 모델을 통해 벡터화하여 인덱스를 구축
us_index = VectorStoreIndex.from_documents(us_docs, embed_model=embed_model)
jp_index = VectorStoreIndex.from_documents(jp_docs, embed_model=embed_model)

# 생성된 벡터 인덱스를 로컬 스토리지에 저장
# 이후 재사용시 다시 생성할 필요 없이 저장된 인덱스를 불러올 수 있음
us_index.storage_context.persist(persist_dir="./storage/us")
jp_index.storage_context.persist(persist_dir="./storage/jp")

# 벡터 인덱스를 쿼리 엔진으로 변환
# similarity_top_k=5는 질문과 가장 유사한 상위 5개의 문서 청크를 검색하도록 설정
us_engine = us_index.as_query_engine(similarity_top_k=5)
jp_engine = jp_index.as_query_engine(similarity_top_k=5)
```

`us_docs`와 `jp_docs`라는 두 문서 집합을 `embed_model`을 통해 벡터화한 후, 각각 `us_index`와 `jp_index`라는 벡터 인덱스로 생성합니다.

생성된 `us_index`와 `jp_index`는 `storage_context.persist()` 메서드를 통해 로컬 스토리지의 지정된 디렉터리에 저장됩니다. 이렇게 저장된 인덱스는 다음 실행 시 로드하여 재사용할 수 있어 다시 벡터화 작업을 수행할 필요가 없습니다.

마지막으로 `as_query_engine()` 메서드를 사용하여 저장된 인덱스를 `us_engine`과 `jp_engine`이라는 쿼리 엔진 객체로 변환합니다. `similarity_top_k` 값을 5로 설정하여 각 질문에 대해 벡터 유사도가 가장 높은 5개의 문서 청크를 반환하도록 구성합니다. 이렇게 생성된 쿼리 엔진을 활용하여 미국과 일본 관련 문서를 각각 독립적으로 검색할 수 있습니다.

이제 쿼리 엔진 객체에 임의의 질문을 입력해 보겠습니다. 미국 시장동향 문서에 해당하는 us_engine에 "이 문서의 요약본을 한글로 작성해줘"라는 질의를 입력합니다.

```
response = us_engine.query("이 문서의 요약본을 한글로 작성해줘")
print(response)
```

이렇게 하면 미국의 시장동향을 설명하는 답변을 얻을 수 있습니다.

실행 결과

> 이 문서의 요약은 미국의 ICT 산업 현황과 관련된 내용을 다루고 있습니다. 국가의 개황, 정부기구, 주요 정책, 법령 및 규제, 주요 기업, 그리고 한국과의 협력 및 국내 기업 진출 사례에 대한 정보가 포함되어 있습니다.

6.4 에이전트 만들기

이제 도구를 등록하고, 이를 LLM과 연결하여 실제로 에이전트를 구현해 보겠습니다.

도구 등록

앞서 설명한 ReAcT 에이전트는 Thought(생각), Action(도구 사용), Observation(관찰) 세 가지 과정을 반복하여 문제를 해결합니다. 여기서는 에이전트가 사용할 도구로 앞서 구현한 us_engine과 jp_engine을 제공할 것입니다. 생각을 통해 문제를 해결하기 위해 미국 시장동향 정보가 필요하다면 us_engine을 사용하고, 시장동향 정보가 필요하다면 jp_engine을 사용하도록 할 것입니다. 이제 에이전트가 사용할 도구를 등록해 보겠습니다.

```
query_engine_tools = [
    QueryEngineTool(
        query_engine=us_engine,
        metadata=ToolMetadata(
            name="usa_ict",
```

```
                description=(
                    "미국의 ICT 시장동향 정보를 제공합니다. 미국 ICT와 관련된 질문은 해당 도구를 사용하세요. "
                ),
            ),
        ),
        QueryEngineTool(
            query_engine=jp_engine,
            metadata=ToolMetadata(
                name="japan_ict",
                description=(
                    "일본의 ICT 시장동향 정보를 제공합니다. 일본 ICT와 관련된 질문은 해당 도구를 사용하세요."
                ),
            ),
        ),
]
```

위 코드는 ReAcT 에이전트가 사용할 도구들을 query_engine_tools 리스트에 등록하는 과정입니다. QueryEngineTool 클래스를 사용하여 두 개의 도구를 생성하고 등록합니다.

첫 번째 도구는 앞서 생성한 us_engine을 query_engine의 매개변수로 전달하여 미국 ICT 시장동향 검색 도구로 등록합니다. metadata 매개변수에는 ToolMetadata 객체를 전달하며, 여기서 name은 'usa_ict'로 지정하고, description에는 도구의 기능을 설명하는 문자열을 입력합니다.

두 번째 도구도 jp_engine을 query_engine의 매개변수로 전달하여 일본 ICT 시장동향 검색 도구를 생성합니다. 마찬가지로 metadata에는 name을 'japan_ict'로 지정하고, description에는 도구의 기능을 설명하는 문자열을 입력합니다.

이렇게 생성된 두 개의 QueryEngineTool 객체는 하나의 리스트로 묶여 query_engine_tools에 저장됩니다. ReAcT 에이전트가 동작할 때에는 각 도구의 이름과 설명이 프롬프트로 입력되며, 에이전트는 이를 참조하여 질문의 내용에 따라 적절한 도구를 선택하여 사용합니다. 예를 들어, 미국 ICT 시장에 대한 질문이 입력되면 'usa_ict' 도구를 선택하고, 일본 ICT 시장에 대한 질문이 들어오면 'japan_ict' 도구를 선택하여 관련 정보를 검색하게 됩니다. 에이전트는 각 도구의 설명을 바탕으로 매 순간 필요한 도구를 선택합니다. 따라서 도구에 대한 설명이 불충분하면 에이전트가 적절한 도구를 선택하지 못할 수 있습니다. 따라서 `metadata`의 `description` 값은 반드시 도구의 성격을 명확하게 드러낼 수 있도록 작성해야 합니다.

LLM과 도구의 연결

이제 도구들을 GPT-4.1과 연결하여 스스로 생각하고, 도구를 선택하고 실행하는 ReACT 에이전트를 만들어 보겠습니다.

```
llm = OpenAI(model="gpt-4.1", temperature=0)

agent = ReActAgent.from_tools(
    query_engine_tools,
    llm=llm,
    verbose=True,
)
```

첫 번째 줄에서는 `OpenAI()`를 사용하여 `llm`이라는 이름으로 언어 모델 객체를 초기화합니다. `model="gpt-4.1"`로 설정하여 GPT-4.1 모델을 사용합니다. `temperature=0`으로 설정하여 모델이 항상 결정적이고 일관된 응답을 생성하도록 합니다. `temperature`는 모델 응답의 다양성을 정하는 값으로, 이 값을 0으로 두어 모델이 일관된 답변을 하도록 합니다. `temperature` 값이 0이 아닌 경우(예: 0.7), 모델은 동일한 요청에 대해 호출할 때마다 답변이 달라질 수 있습니다. 반대로, 같은 요청에 대해 재현 가능한 결과가 필요할 때는 0으로 설정하는 것을 권장합니다.

`llm` 객체를 선언한 후에는 도구를 연결해야 합니다. 이를 위해 `ReActAgent.from_tools()`를 사용하여 실제 에이전트를 생성합니다. `ReActAgent.from_tools()`의 첫 번째 인자로 `query_engine_tools`를 전달하여 에이전트가 사용할 도구를 등록합니다. `llm` 매개변수에는 앞서 생성한 `llm` 객체를 전달하여 에이전트의 두뇌 역할을 하도록 설정합니다. `verbose=True`로 설정하면 에이전트가 작동할 때 Thought(생각), Action(도구 사용), Observation(관찰)으로 이어지는 추론 과정을 모두 화면에 표시합니다. 이제 이렇게 생성된 `agent`는 사용자의 질문을 받으면 다음과 같은 방식으로 작동합니다.

1. GPT-4.1이 질문을 분석하고 필요한 정보 유형을 판단한다.
2. usa_ict나 japan_ict 도구 중 적절한 것을 선택하여 정보를 검색한다.
3. 검색 결과를 바탕으로 최종 답변을 생성하여 사용자에게 제공한다.

이제 에이전트를 실행하여 실제로 질문을 입력하고 응답을 확인해 보겠습니다.

ReAcT 프롬프트 입력하기

앞서 살펴본 것과 같이 `ReActAgent.from_tools()`를 사용하여 에이전트 객체를 선언하면 기본적으로 에이전트의 동작을 위한 프롬프트가 자동으로 설정됩니다. 하지만 기본적으로 설정된 기본 프롬프트를 사용하는 것은 그리 권장하지 않습니다. 그 이유는 라마인덱스에서 제공하는 기본 프롬프트가 충분히 정교하게 작성되지 않았기 때문에 에이전트가 잘못된 방식으로 동작하는 경우가 많기 때문입니다.

따라서 이번 실습에서는 기본 프롬프트 대신 직접 작성한 프롬프트를 ReAcT 에이전트에 등록할 것입니다. 우선 기본적으로 등록된 프롬프트를 확인해 보겠습니다. 다음 코드를 실행하면 현재 설정된 기본 프롬프트를 출력할 수 있습니다.

```
print('기본 프롬프트')
print(agent.get_prompts()['agent_worker:system_prompt'].template)
```

실행 결과

```
기본 프롬프트
You are designed to help with a variety of tasks, from answering questions to
providing summaries to other types of analyses.

## Tools

You have access to a wide variety of tools. You are responsible for using the
tools in any sequence you deem appropriate to complete the task at hand.
This may require breaking the task into subtasks and using different tools to
complete each subtask.

You have access to the following tools:
```

{tool_desc}

Output Format

Please answer in the same language as the question and use the following format:

```
Thought: The current language of the user is: (user's language). I need to use a tool to help me answer the question.
Action: tool name (one of {tool_names}) if using a tool.
Action Input: the input to the tool, in a JSON format representing the kwargs (e.g. {{"input": "hello world", "num_beams": 5}})
```

Please ALWAYS start with a Thought.

NEVER surround your response with markdown code markers. You may use code markers within your response if you need to.

Please use a valid JSON format for the Action Input. Do NOT do this {{'input': 'hello world', 'num_beams': 5}}.

If this format is used, the user will respond in the following format:

```
Observation: tool response
```

You should keep repeating the above format till you have enough information to answer the question without using any more tools. At that point, you MUST respond in the one of the following two formats:

```
Thought: I can answer without using any more tools. I'll use the user's language to answer
Answer: [your answer here (In the same language as the user's question)]
```

```
```
Thought: I cannot answer the question with the provided tools.
Answer: [your answer here (In the same language as the user's question)]
```

## Current Conversation

Below is the current conversation consisting of interleaving human and assistant messages.
```

영어로 작성된 기본 프롬프트에 따르면, 에이전트는 주어진 도구들을 자유롭게 활용할 수 있으며, 사용자의 요청을 해결하기 위해 다음 과정을 순서대로 수행하도록 설정되어 있습니다.

- **Thought(생각)**: 사용자의 요청을 분석하고, 어떤 도구와 입력값을 사용할지 고민.
- **Action(도구 선택)**: 사용할 도구를 결정.
- **Action Input(도구 입력값)**: 선택한 도구에 제공할 입력값을 결정.
- **Observation(도구 사용 결과)**: 도구의 출력 결과를 확인

위의 네 가지 과정은 문제가 해결될 때까지 몇 번이고 반복할 수 있으며, 문제를 해결하는 데 필요한 정보가 모두 수집되면 최종적으로 Answer(답변) 단계에서 결과를 생성하게 됩니다. 프롬프트 중간에 {tool_desc}와 {tool_names}가 등장하는데, 이 값들은 가변적인 값으로, 사용자가 ReAcT 에이전트에 등록한 도구에 따라 동적으로 변경됩니다.

즉, 코드에서 query_engine_tools에 등록한 도구들의 이름은 {tool_names}로 연결되고, 각 도구에 대한 설명은 {tool_desc}에 연결되어 프롬프트 내에서 자동으로 적용됩니다.

앞서 언급한 바와 같이, 기본 프롬프트는 설명이 부족하여 실제로 사용하지는 않을 예정입니다. 독자의 이해를 돕기 위해 기본 프롬프트를 한글로 번역하고, 에이전트가 더 정확하게 동작하도록 설명을 보강하여 다음과 같이 프롬프트를 재작성했습니다.

```
react_system_header_str = """
```
당신은 질문에 답변하는 것부터 요약 제공, 기타 여러 유형의 분석까지 다양한 작업을 돕기 위해 설계되었습니다.

도구
당신은 다양한 도구에 접근할 수 있습니다. 현재 작업을 완료하기 위해 적절하다고 판단되는 순서로 도구를 사용하는 것은 당신의 책임입니다. 이를 위해 작업을 하위 작업으로 나누고, 각 하위 작업에 다른 도구를 사용할 필요가 있을 수 있습니다.

당신은 다음 도구들에 접근할 수 있습니다:
{tool_desc}

출력 형식
질문에 답변하기 위해 다음 형식을 사용하십시오.

###
Thought: I need to use a tool to help me answer the question.
Action: 도구 이름 (사용할 도구 중 하나인 {tool_names})
Action Input: 도구에 대한 입력을 JSON 형식으로 제공하십시오. 예: {{\"input\": \"hello world\", \"num_beams\": 5}}
###

항상 'Thought'로 시작하십시오.

'Action Input'에서는 올바른 JSON 형식을 사용하십시오. 이렇게 쓰지 마십시오: {{'input': 'hello world', 'num_beams': 5}}.

이 형식이 사용되면, 사용자는 다음 형식으로 응답할 것입니다:

###
Observation: 도구 응답
###

이 형식을 계속 반복하여 더 이상 도구를 사용하지 않고 질문에 답변할 수 있을 만큼 충분한 정보를 얻을 때까지 진행하십시오. 그 시점에서는 반드시 다음 두 가지 형식 중 하나로 응답해야 합니다:

###

```
Thought: I can answer without using any more tools.
Answer: [여기에 답변을 작성하세요]
###


###
Thought: I cannot answer the question with the provided tools.
Answer: 죄송합니다. 해당 질문에 답변할 수 없습니다.
###


## 추가 규칙
- 답변은 반드시 질문에 도달하기까지의 과정을 설명하는 순차적인 항목들로 구성되어야 합니다.
여기에는 이전 대화의 내용이 포함될 수 있습니다.
- 각 도구의 함수 서명을 반드시 준수해야 하며, 함수가 인수를 기대할 경우 인수를 생략하지
마십시오.
- 답변은 반드시 '한글'로 상세하게 작성되어야 합니다.
- 질문에 대한 답변만 작성하세요. 질문과 관계없는 검색을 수행하지 마십시오. 이는 매우
중요합니다.
- Please follow the thought-action-input format.
- 하나의 질문에 많은 검색어가 포함되어져 있는 것처럼 보인다면 검색어를 나누어서 순차적으로
검색하십시오. 더 좋은 답변을 얻을 수 있을 것입니다.
- 도구를 사용하여 답변할 수 있는 주제라면 반드시 도구를 사용하시기 바랍니다. 이는 매우
중요합니다.
- 당신이 도구 없이 답변하는 것은 도구의 주제와 완전히 다른 주제의 질문이 들어왔을 때
뿐입니다. 도구와 연관된 질문이라면 반드시 도구를 호출하십시오. 이는 매우 중요하며 당신이
지켜야 할 1순위의 우선사항입니다.

## 현재 대화
아래는 인간과 어시스턴트 메시지가 교차되어 있는 현재 대화 내용입니다.


"""
```

영어로 작성된 기본 프롬프트와 대부분의 설명은 동일합니다. 다만, 오동작을 방지하기 위해 몇 가지의 추가적인 설명을 덧붙였습니다. 에이전트는 `query_engine_tools`에 등록된 도구들의 이름을 `{tool_names}`로 연결하고, 도구에 대한 설명을 `{tool_desc}`에 연결합니다. 따라서 사용자의 입력 내용에 따라 미국 ICT 시장과 관련된 질문이라면 'usa_ict' 도구를 선택하고, 일본 ICT 시장과 관련된 질문이라면 'japan_ict' 도구를 선택할 것입니다.

또한 문제를 해결하기 위해 반드시 아래 과정을 순서대로 거쳐야 합니다.

- **Thought(생각)**: 사용자의 요청을 분석하고, 어떤 도구와 입력값을 사용할지 고민.
- **Action(도구 선택)**: 사용할 도구를 결정.
- **Action Input(도구 입력값)**: 선택한 도구에 제공할 입력값을 결정.
- **Observation(도구 사용 결과)**: 도구의 출력 결과 확인

그리고 모든 정보가 취합되면 최종적으로 Answer(답변) 단계에 접어들게 됩니다. 위 프롬프트를 에이전트에 적용하는 코드는 다음과 같습니다. 우선 새로 작성한 프롬프트를 `PromptTemplate()`을 사용하여 프롬프트 템플릿 객체로 변환합니다. 그 다음 변환된 프롬프트를 `agent_worker:system_prompt`의 값으로 할당합니다. 그리고 이를 `agent.update_prompts()`의 입력값으로 전달하여 프롬프트를 업데이트합니다. 이후 `agent.reset()`을 실행하여 에이전트를 재시작하면 프롬프트가 완전히 덮어쓰기 됩니다.

```
react_system_prompt = PromptTemplate(react_system_header_str)
agent.update_prompts({"agent_worker:system_prompt": react_system_prompt})
agent.reset()
```

ReAcT 에이전트 실행하기

에이전트 객체는 `chat()`을 통해 답변을 얻을 수 있습니다. 한국과 미국의 ICT 기관 협력 사례라는 입력을 넣어보겠습니다.

```
response = agent.chat("한국과 미국의 ICT 기관 협력 사례")
```

실행 결과

```
> Running step 428582bc-a94e-451a-aa49-83e4d838f54d. Step input: 한국과 미국의 ICT 기관 협력 사례

Thought: I need to use a tool to find information about ICT collaboration between Korea and the USA.
Action: usa_ict
Action Input: {'input': 'Korea and USA ICT collaboration examples'}
```

```
Observation: Korea and USA ICT collaboration examples include the Korea-USA FTA
agreement, cooperation between the Ministry of Science and ICT in Korea and
various US institutions, as well as efforts by Korean companies to enter the
US market in various industries. Additionally, there have been instances of
collaboration such as joint events, agreements, and support for startups between
the two countries in the field of ICT.

> Running step e02a90e7-ed12-4916-b211-87dc81069918. Step input: None

Thought: I can answer without using any more tools.
Answer: 한국과 미국의 ICT 협력 사례로는 한미 FTA 협정, 한국의 과학기술정보통신부와 미국의
다양한 기관 간의 협력, 그리고 한국 기업들이 다양한 산업 분야에서 미국 시장에 진출하려는
노력이 포함됩니다. 또한, 두 나라 간의 ICT 분야에서의 협력으로는 공동 행사, 협정 체결,
스타트업 지원 등이 있습니다. 이러한 협력은 양국 간의 기술 발전과 시장 확대에 기여하고
있습니다.
```

출력 결과에서 Running step으로 시작되는 줄들은 실제 에이전트의 동작 과정과 무관한 랭체인에서 출력된 내용입니다. 따라서 이 부분은 실제 에이전트 동작과 무관하므로 무시해도 좋습니다.

에이전트는 문제를 해결하기 위해 가장 먼저 아래와 생각합니다. 실제로는 영어로 출력되지만, 한글로 번역하면 다음과 같습니다.

- **Thought(생각)**: 한국과 미국의 ICT 협력 정보를 찾기 위해 도구를 사용해야겠다.

첫 번째 생각 과정을 거쳐 에이전트는 다음과 같이 Action(도구 선택)과 Action Input(도구 입력값)을 결정합니다.

- **Action(도구 선택)**: usa_ict
- **Action Input(도구 입력값)**: 'Korea and USA ICT collaboration examples' 검색
- **Observation(도구 사용 결과)**: 한미 ICT 협력 사례들에 대한 영문 정보 획득

선택한 도구를 실행한 후, 에이전트는 검색 결과를 확인합니다. Observation은 검색 결과를 의미합니다. 첫 번째의 검색 결과를 바탕으로 에이전트는 두번째 생각을 진행하였고,

이를 바탕으로 최종 답변을 작성할 수 있었습니다. 두번째 생각 또한 위의 실행 결과에서 실제로는 영어로 작성되었지만 아래에서는 번역하여 기재하였습니다.

- **Thought(생각)**: 더 이상 도구를 사용하지 않고 답변할 수 있다.
- **Answer(최종 답변)**: 한국과 미국의 ICT 협력 사례로는 한미 FTA 협정, 한국의 과학기술정보통신부와 미국의 다양한 기관 간의 협력, 그리고 한국 기업들이 다양한 산업 분야에서 미국 시장에 진출하려는 노력이 포함됩니다. 또한, 두 나라 간의 ICT 분야에서의 협력으로는 공동 행사, 협정 체결, 스타트업 지원 등이 있습니다. 이러한 협력은 양국 간의 기술 발전과 시장 확대에 기여하고 있습니다.

이번에는 하나의 질문에 두 개의 의도가 포함된 경우, 각각 서로 다른 도구(벡터 데이터베이스)를 호출하여 문제를 해결하는 예제를 살펴보겠습니다. 미국과 일본의 ICT 주요 정책의 공통점과 차이점을 질문할텐데, 이를 해결하려면 미국의 ICT 주요 정책과 일본의 ICT 주요 정책을 따로 검색한 후에 결과를 취합하여 답변을 생성해야 합니다.

```
response = agent.chat("미국과 일본의 ICT 주요 정책의 공통점과 차이점을 설명해줘.")
```

실행 결과

```
> Running step b0a62dbb-778a-4297-ba7f-77706b05cb54. Step input: 미국과 일본의 ICT 주요 정책의 공통점과 차이점을 설명해줘.

Thought: I need to gather information about the ICT policies of the United States.
Action: usa_ict
Action Input: {'input': '미국의 ICT 주요 정책'}
Observation: 미국의 ICT 주요 정책은 '국가 스펙트럼 전략(National Spectrum Strategy)'과 '반도체 과학법(CHIPS and Science Act)'입니다. 이러한 정책들은 미국의 기술 혁신과 경쟁력 강화를 위해 주요한 방향성을 제시하고 있습니다.

> Running step 2196750d-4970-4b83-badc-8c6719730934. Step input: None

Thought: Now I need to gather information about the ICT policies of Japan to compare them with those of the United States.
Action: japan_ict
Action Input: {'input': '일본의 ICT 주요 정책'}
Observation: Japan's ICT major policies include the revision of the semiconductor and digital industry strategy to achieve a highly digital society. The strategy
```

focuses on establishing a digital foundation to achieve DX and GX in the context of a low birthrate and aging society, while also aiming to build a circular economy society with high resilience. The comprehensive policy includes measures to enhance response capabilities for stabilizing global supply chains such as semiconductors and secondary batteries, as well as supporting capital strengthening for the development and commercialization of next-generation technologies.

> Running step f534ed6e-706a-4220-bc7c-6f2cc703df49. Step input: None

Thought: I have gathered information on the ICT policies of both the United States and Japan. Now, I can compare their commonalities and differences.
Answer: 미국과 일본의 ICT 주요 정책의 공통점과 차이점은 다음과 같습니다.

공통점:
1. **기술 혁신과 경쟁력 강화**: 두 나라 모두 ICT 분야에서 기술 혁신을 촉진하고 국가 경쟁력을 강화하는 것을 목표로 하고 있습니다. 미국은 '국가 스펙트럼 전략'과 '반도체 과학법'을 통해 이를 추진하고 있으며, 일본은 반도체 및 디지털 산업 전략을 개정하여 디지털 사회를 구축하려 하고 있습니다.

2. **반도체 산업 강화**: 미국과 일본 모두 반도체 산업을 강화하기 위한 정책을 추진하고 있습니다. 이는 글로벌 공급망 안정화와 차세대 기술 개발을 위한 기반을 마련하기 위함입니다.

차이점:
1. **디지털 사회 구축**: 일본은 저출산 및 고령화 사회를 배경으로 디지털 전환(DX)과 녹색 전환(GX)을 통해 고도로 디지털화된 사회를 구축하는 데 중점을 두고 있습니다. 반면, 미국은 스펙트럼 관리와 반도체 산업에 보다 직접적인 초점을 맞추고 있습니다.

2. **순환 경제와 회복력**: 일본은 순환 경제 사회 구축과 높은 회복력을 목표로 하는 정책을 포함하고 있습니다. 이는 환경적 지속 가능성과 경제적 회복력을 동시에 고려한 접근입니다.

이와 같이, 두 나라의 ICT 정책은 기술 혁신과 산업 강화라는 공통된 목표를 가지고 있지만, 각국의 사회적, 경제적 배경에 따라 구체적인 정책 방향과 중점 사항에서 차이를 보이고 있습니다.

에이전트가 문제를 해결한 과정을 살펴보겠습니다. 출력 결과를 보면, 에이전트는 문제를 해결하기 위해 먼저 다음과 같이 생각했습니다. 실제로는 영어로 출력됐지만, 한글로 번역하면 다음과 같습니다.

- **Thought(생각)**: 미국의 ICT 정책에 대한 정보를 수집해야 한다.

즉, 질문을 해결하려면 먼저 미국의 ICT 정책에 대한 정보를 수집해야 한다고 판단한 것입니다. 질문에서는 미국과 일본의 ICT 정책을 모두 요구했지만, 에이전트는 문제를 순차적으로 해결해야 한다는 점을 인지하고 있습니다. 이를 통해, 미국의 ICT 정책을 찾기 위해 `usa_ict` 도구를 선택하고, 검색어로 '미국의 ICT 주요 정책'을 사용할 것을 결정했습니다. 이러한 과정이 Action(도구 선택)과 Action Input(도구 입력 값)으로 이어졌습니다.

- **Action(도구 선택)**: usa_ict
- **Action Input(도구 입력값)**: '미국의 ICT 주요 정책' 검색
- **Observation(도구 사용 결과)**: 미국의 ICT 주요 정책에 대한 정보 획득

도구 사용 결과, 미국의 ICT 주요 정책에 대한 정보를 확보했으며, 이어서 두 번째 생각이 진행됩니다.

- **Thought(생각)**: 이제 일본의 ICT 정책에 대한 정보를 수집하여, 미국의 ICT 정책과 비교해야 한다.

즉, 에이전트는 문제 해결의 다음 단계로 일본의 ICT 정책에 대한 정보를 수집해야 한다고 판단한 것입니다. 이를 바탕으로, 일본의 ICT 정책을 찾기 위해 `japan_ict` 도구를 선택하고, 검색어로 '일본의 ICT 주요 정책'을 사용할 것을 결정합니다. 이러한 과정이 Action(도구 선택)과 Action Input(도구 입력 값)의 값으로 사용되었습니다.

- **Action(도구 선택)**: japan_ict
- **Action Input(도구 입력값)**: '일본의 ICT 주요 정책' 검색
- **Observation(도구 사용 결과)**: 일본의 ICT 주요 정책에 대한 정보 획득

일본의 ICT 주요 정책에 대한 정보를 확보한 후, 에이전트는 세 번째 생각으로 넘어갑니다.

- **Thought(생각)**: 미국과 일본의 ICT 정책에 대한 정보를 수집했다. 이제 두 국가의 공통점과 차이점을 비교할 수 있다.

세 번째 생각에서 에이전트는 질문에 답변하기 위한 충분한 정보를 확보했다고 판단합니다. 따라서 더 이상 도구를 사용하지 않고, 수집한 정보를 바탕으로 최종 답변을 작성합니다.

- **Answer(최종 답변)**: 미국과 일본의 ICT 주요 정책의 공통점과 차이점은 다음과 같습니다. …이하 중략… 이와 같이, 두 나라의 ICT 정책은 기술 혁신과 산업 강화라는 공통된 목표를 가지고 있지만, 각국의 사회적, 경제적 배경에 따라 구체적인 정책 방향과 중점 사항에서 차이를 보이고 있습니다.

지금까지 ReAcT 에이전트가 생각을 통해서 도구를 선택하고, 도구 사용 결과를 바탕으로 다음 생각을 진행하면서 복잡한 문제를 단계적으로 해결하는 방식을 알아봤습니다. 또한, 이를 활용하여 구현한 에이전트 RAG에 대해서도 살펴봤습니다.

이처럼 에이전트 RAG는 복잡한 질문이나 다수의 벡터 데이터베이스가 주어진 상황에서 RAG를 효과적으로 해결할 수 있는 방법입니다. 만약 기존의 RAG 방식으로 해결하기 어려운 문제를 만난다면 6.3절에서 설명한 것처럼 도구에 대한 상세한 설명을 추가하고, 해당 문제에 맞는 최적의 커스텀 ReAcT 프롬프트를 작성하여 여러분만의 에이전트 RAG를 구현해 보기 바랍니다.

07

고급 RAG
(Advanced RAG)

개발 환경 구축하기
리랭킹(ReRanking)
LLM 기반 리랭킹의 비용 문제
하이드(Hyde)

RAG(검색 증강 생성)의 성능을 좌우하는 요소는 크게 두 가지입니다. 하나는 사용자의 질의로부터 적절한 문서를 찾아내는 검색기의 성능이고, 다른 하나는 검색된 결과를 바탕으로 답변을 생성하는 답변 단계에서 사용하는 거대 언어 모델의 성능입니다. 이번 장에서는 검색기의 성능을 높일 수 있는 몇 가지 고급 방법의 이론을 설명하고, 실습을 통해 이를 이해해 보겠습니다.

7.1 개발 환경 구축하기

먼저 실습을 위한 개발 환경을 준비합니다. 명령 프롬프트를 사용해 프로젝트 폴더를 생성하고, 가상 환경을 구축합니다.

프로젝트 폴더 생성하기

7장에서 실습할 코드와 데이터를 저장할 ch07 폴더를 생성하고 해당 경로로 이동합니다. 명령 프롬프트에서 아래 명령어를 순서대로 입력합니다.

```
C:\llamaindex> cd C:\llamaindex
C:\llamaindex> mkdir ch07
C:\llamaindex> cd ch07
C:\llamaindex\ch07>
```

실습 폴더인 llamaindex 폴더 안에 ch07 폴더가 생긴 것을 확인할 수 있습니다.

가상 환경 생성하기

다음 명령어를 입력하여 ch07_env라는 이름의 가상 환경을 생성합니다.

```
C:\llamaindex\ch07> python -m venv ch07_env
```

가상 환경이 생성되면 아래 명령어로 가상 환경을 활성화합니다.

```
C:\llamaindex\ch07> ch07_env\Scripts\activate.bat¹
(ch07_env) C:\llamaindex\ch07>
```

프롬프트 왼쪽에 (ch07_env)가 표시되면 가상 환경이 정상적으로 활성화된 것입니다.

실습을 위해 가상 환경에 라마인덱스 0.11.11 버전을 설치하고, 허깅페이스로부터 모델을 다운로드해 사용하기 위해 센텐스 트랜스포머(SentenceTransformer) 라이브러리를 설치합니다. 그 외 multiprocess, xxhash, pyarrow는 센텐스트랜스포머의 실행에 필요한 의존성 패키지입니다.

```
(ch07_env) C:\llamaindex\ch07> pip install llama-index==0.12 sentence-
transformers==4.1.0 multiprocess==0.70.18 xxhash==3.5.0 pyarrow==20.0.0
openai==1.79.0
```

VS Code에서 프로젝트 파일 만들기

이번 실습에 사용할 주피터 노트북 파일을 만들어 보겠습니다. VSCode를 실행하고, 상단 메뉴에서 [File] → [Open Folder]를 클릭합니다. 앞서 생성한 ch07 폴더(C:\llamaindex\ch07)를 선택하고 [열기] 버튼을 누릅니다. 이어서 [New File] 버튼을 클릭해 새로운 파일을 추가합니다. 새 파일 이름은 ch07_advanced_rag.ipynb로 지정합니다.

7.2 리랭킹(ReRanking)

검색 시스템은 사용자의 질의에 대해 관련된 정보를 정확하게 찾아내야 합니다. 하지만 초기 검색만으로는 완벽한 결과를 얻기 어려운 경우가 많기 때문에 검색 결과를 더욱 정교하게 개선하는 추가 과정이 필요합니다. 이때 사용되는 기법이 리랭킹입니다.

리랭킹은 초기에 검색된 결과를 더 정밀하게 평가하고, 이를 기반으로 결과의 순위를 재조정하는 과정입니다. 예를 들어, 온라인 강의 플랫폼에서 사용자가 "파이썬 웹 개발"을 검색한다고 가정해 보겠습니다. 초기 검색 단계에서는 시스템 부하를 고려하여 가장 관련성이 높은 여섯 개의 결과만을 선별합니다.

---

1 macOS 사용자는 `source ch07_env/bin/activate` 명령어를 사용합니다.

- 파이썬 기초부터 웹 개발까지
- 웹 개발자를 위한 파이썬 심화
- 파이썬으로 시작하는 웹 스크래핑
- 장고(Django) 웹 프레임워크 완벽 가이드
- 파이썬 코딩 테스트 준비
- 웹 보안과 파이썬

리랭커는 각 강의와 검색어의 관련성을 평가하여 관련성 점수(relevance score)를 계산합니다. 이 점수는 0에서 1 사이의 값으로, 1에 가까울수록 검색 의도와의 관련성이 높음을 의미합니다.

- 파이썬 기초부터 웹 개발까지: 0.95
- 장고(Django) 웹 프레임워크 완벽 가이드: 0.89
- 웹 개발자를 위한 파이썬 심화: 0.82
- 파이썬으로 시작하는 웹 스크래핑: 0.58
- 웹 보안과 파이썬: 0.65
- 파이썬 코딩 테스트 준비: 0.35

이렇게 계산된 점수를 기반으로 다시 정렬하고 Top-3 결과만을 선별하면, 최종 검색 결과는 다음과 같습니다.

- 파이썬 기초부터 웹 개발까지 (relevance score: 0.95)
- 장고(Django) 웹 프레임워크 완벽 가이드 (relevance score: 0.89)
- 웹 개발자를 위한 파이썬 심화 (relevance score: 0.82)

이처럼 리랭킹은 초기 검색 결과에 대해 관련성 점수를 계산고 이를 정렬하여, 실제로 파이썬 웹 개발을 배우고자 하는 사용자의 검색 의도에 가장 부합하는 Top-3 결과를 최종적으로 선별합니다. 이러한 리랭킹을 구현하는 대표적인 방법으로는 LLM 기반 리랭킹과 크로스인코더 기반 리랭킹이 있으며, 이 책에서는 이 두 가지 방식을 자세히 살펴보겠습니다.

7.2.1 LLM 기반의 리랭킹

LLM 기반 리랭킹은 대규모 언어 모델(LLM)을 활용해 초기 검색 결과를 다시 평가하고, 사용자의 질문과 가장 관련성이 높은 순서로 결과를 정렬하는 방법입니다. 초기 검색 단계에서는 보통 빠른 처리 속도를 위해 임베딩 모델을 이용한 기본적인 유사도 계산만 수행하는데, 이 방식은 LLM에 비해 상대적으로 정확도가 낮은 편입니다. LLM 기반 리랭킹은 이러한 한계를 보완하기 위해 고안된 방법입니다.

이 과정은 다음과 같은 절차로 진행됩니다.

초기 검색 결과 준비

임베딩 기반 검색 시스템에서 반환된 상위 몇 개의 결과(예: Top-4, Top-6 등)를 입력으로 사용합니다.

LLM을 통한 검색 결과 순위 조정

LLM은 초기 검색 결과를 전체적으로 검토합니다. 예를 들어, 사용자가 '초보자를 위한 요리법'을 검색했을 때, 임베딩 모델이 반환한 결과가 '고급 프랑스 요리 과정'과 '간단한 샌드위치 만들기'라면, 기본 임베딩 모델에서는 '고급 프랑스 요리 과정'이 더 높은 순위를 받을 수 있습니다. 이는 '요리 과정'과 '요리법'이 의미적으로 유사하기 때문입니다. 하지만 LLM은 사용자의 검색 의도를 더 정교하게 반영하여 '초보자'라는 단어에 초점을 맞춘 후 '간단한 샌드위치 만들기'가 더 적절한 결과라고 판단하고, 이를 더 높은 순위로 조정할 수 있습니다.

점수 기반 재정렬

LLM이 새롭게 계산한 점수를 기준으로, 기존 임베딩 모델의 검색 결과를 다시 정렬합니다. 예를 들어, LLM이 검색 결과에 대한 관련성 점수를 1~10 범위로 부여했다면, 점수가 높은 순서대로 검색 결과를 정렬합니다. 이 과정에서 점수가 낮은 항목은 최종 목록에서 제외될 수도 있습니다. 이는 실습을 통해 자세히 알아보겠습니다.

LLM은 각 문서마다 점수를 계산해야 하므로, 호출 횟수가 증가할 수 있다는 점에 유의해야 합니다. 이를 구체적으로 살펴보기 위해 임베딩 기반 검색으로 상위 4개의 문서를 가져온 후 RAG를 수행하는 두 가지 방식을 비교해 보겠습니다.

- 기본 RAG
    - 벡터 검색으로 상위 4개 문서를 찾아옵니다.
    - LLM 호출 1회: 검색된 4개 문서 전체를 바탕으로 답변을 생성합니다.
    - 총 LLM 호출: 1회

- 리랭킹 적용 RAG
    - 벡터 검색으로 상위 4개 문서를 찾아옵니다.
    - LLM 호출 4회: 각 문서와 질문의 관련성을 1~10점 사이로 평가합니다.
    - LLM 호출 1회: 관련성 점수가 높은 상위 2개 문서를 이용해 답변을 생성합니다.
    - 총 LLM 호출: 5회

즉, LLM 기반 리랭킹을 적용하면 정확도는 향상되지만, 각 문서의 관련성 평가 및 최종 답변 생성 과정에서 총 5번의 LLM 호출이 필요하므로, 비용과 시간이 증가할 수 있습니다. 이제 본격적으로 실습을 진행해 보겠습니다.

패키지 임포트

실습에 필요한 패키지들을 아래와 같이 임포트합니다. OpenAI API 키는 1.3.2절에서 설명한 환경 변수를 사용하는 것으로 가정합니다.

```
import requests
from llama_index.core import SimpleDirectoryReader, VectorStoreIndex, Settings
from llama_index.core.retrievers import BaseRetriever
from llama_index.core.schema import NodeWithScore, QueryType
from llama_index.llms.openai import OpenAI
from llama_index.embeddings.openai import OpenAIEmbedding
from llama_index.core.postprocessor.types import BaseNodePostprocessor
from llama_index.core.query_engine import RetrieverQueryEngine
from typing import List
from llama_index.core.schema import MetadataMode
import json
```

- **requests**: HTTP 요청을 처리하는 라이브러리로, 북한인권보고서 PDF 파일을 깃허브에서 내려받는 데 사용됩니다.
- **SimpleDirectoryReader**: 파일 시스템에서 문서를 로드하는 라마인덱스 컴포넌트입니다. 다운로드된 PDF 파일을 읽어들이는 데 사용됩니다.
- **VectorStoreIndex**: 문서를 벡터로 변환하여 저장하고 검색할 수 있는 인덱스를 생성하는 컴포넌트입니다. PDF에서 추출된 텍스트를 벡터화하여 검색 가능한 형태로 저장합니다.
- **Settings**: 라마인덱스의 전역 설정을 관리하는 클래스입니다. 사용할 LLM, 임베딩 모델, 청크 크기 등을 지정하는 데 사용됩니다.
- **BaseRetriever**: 문서 검색 기능을 구현하기 위한 기본 클래스입니다. 이 클래스를 상속받아 SemanticRanker 클래스를 구현합니다.
- **NodeWithScore**: 검색된 문서 노드와 관련성 점수를 함께 저장하는 데이터 구조입니다. 벡터 검색 결과 및 리랭킹 결과를 표현하는 데 사용됩니다.
- **QueryType**: 쿼리 타입을 정의하는 클래스입니다. 문서 검색 시 쿼리의 타입을 지정하는 데 사용됩니다.
- **OpenAI**: OpenAI의 언어 모델을 라마인덱스에서 사용하기 위한 인터페이스입니다. GPT-4.1 모델을 사용하도록 설정합니다.
- **OpenAIEmbedding**: OpenAI의 임베딩 모델을 사용하기 위한 인터페이스입니다. text-embedding-3-large 모델을 사용하여 문서를 벡터화합니다.
- **BaseNodePostprocessor**: 검색된 노드를 후처리하기 위한 기본 클래스입니다. 이 클래스를 상속받아 DocumentScorer 클래스를 구현합니다.
- **RetrieverQueryEngine**: 검색기를 사용하여 쿼리를 처리하는 엔진입니다. SemanticRanker를 검색기로 사용하여 질의응답 엔진을 생성합니다.
- **List**: 파이썬의 typing 모듈에서 제공하는 타입 힌트로, 리스트 타입을 명시하는 데 사용됩니다. NodeWithScore 객체의 리스트 타입을 명시할 때 사용됩니다.
- **MetadataMode**: 문서 노드의 메타데이터 모드를 지정하는 클래스입니다. 노드의 콘텐츠만 추출할 때 메타데이터를 제외하는 데 사용됩니다.
- **json**: JSON 데이터를 처리하는 모듈입니다. LLM이 반환한 JSON 형식의 관련성 점수를 파싱하는 데 사용됩니다.

데이터 내려받기

이번 실습에서 사용할 데이터는 2023_북한인권보고서.pdf입니다.

```
# 분석할 PDF 파일을 웹에서 다운로드.
url = "https://github.com/llama-index-tutorial/llama-index-tutorial/raw/main/ch07/
2023_%EB%B6%81%ED%95%9C%EC%9D%B8%EA%B6%8C%EB%B3%B4%EA%B3%A0%EC%84%9C.pdf"
filename = "2023_북한인권보고서.pdf"

response = requests.get(url)
with open(filename, "wb") as f:
    f.write(response.content)

print(f"{filename} 다운로드 완료")
```

다운로드가 정상적으로 완료되면, 실행 후 다음과 같이 '다운로드 완료'라는 메시지가 출력됩니다.

실행 결과

```
2023_북한인권보고서.pdf 다운로드 완료
```

Settings를 이용한 실습 환경 설정

Settings를 사용하여 실습에서 사용할 다양한 설정 값을 지정합니다.

```
# 라마인덱스의 핵심 설정: LLM, 임베딩 모델, 문서 분할 방식을 전역으로 설정
# GPT-4.1를 언어 모델로 사용
Settings.llm = OpenAI(model="gpt-4.1", temperature=0.2)
# 임베딩 모델 사용
Settings.embed_model = OpenAIEmbedding(model="text-embedding-3-large")
Settings.chunk_size = 300    # 문서를 300자 단위로 분할
Settings.chunk_overlap = 100 # 문맥 유지를 위해 청크 간 100자 중복

# PDF 문서를 읽고 벡터 인덱스 생성
# PDF 문서 로더
reader = SimpleDirectoryReader(input_files=["2023_북한인권보고서.pdf"])
```

```
# 문서에서 텍스트 추출
documents = reader.load_data()
# 추출된 텍스트로 벡터 인덱스 생성
index = VectorStoreIndex.from_documents(documents)
```

라마인덱스의 `Settings`는 실습에 필요한 모든 환경 설정을 효율적으로 관리할 수 있도록 돕는 중앙 저장소 역할을 합니다. 이 설정된 값들은 실습 환경 전체에서 공유되며, 실습이 진행되는 동안 지속적으로 활용됩니다. 이번 실습에서는 다음과 같이 사용할 LLM과 임베딩 모델을 설정했습니다.

- `Settings.llm`: 이번 실습에서 사용할 LLM을 OpenAI의 GPT-4.1로 설정합니다.
- `Settings.embed_model`: 이번 실습에서 사용할 임베딩 모델을 OpenAI의 `text-embedding-3-large`로 설정합니다.

이처럼 `Settings`를 활용하면 각 컴포넌트마다 설정을 반복할 필요 없이, 한 번의 설정으로 OpenAI 모델, 임베딩, 텍스트 분할 방식 등의 기본값을 통합 관리할 수 있습니다.

문서 처리를 위해 다음과 같은 설정을 추가로 적용합니다. 이 설정은 이후 VectorStoreIndex가 문서를 인덱싱할 때 적용됩니다.

- `chunk_size=300`: 문서를 300자 단위로 분할합니다.
- `chunk_overlap=100`: 각 청크 간 100자의 중복 영역을 추가하여, 검색 시 문맥이 끊기지 않도록 합니다.

이렇게 설정한 후, `SimpleDirectoryReader`를 이용해 PDF 파일을 읽고, `load_data()`를 통해 텍스트를 추출합니다. 추출된 텍스트는 `VectorStoreIndex.from_documents()`를 사용하여 벡터 인덱스로 변환됩니다. 이 과정에서 위에서 설정한 임베딩 모델과 청크 설정이 적용되며, 생성된 벡터 인덱스는 이후 `SemanticRanker` 클래스에서 벡터 유사도 검색의 기반이 됩니다.

리랭킹 구현하기

```
class DocumentScorer(BaseNodePostprocessor):
    # LLM을 사용해 문서의 관련성을 정밀하게 평가하고 점수를 매기는 클래스
```

```python
    def evaluate_document(self, query: str, content: str) -> float:
        # LLM을 사용해 문서와 쿼리 간의 의미적 관련성을 1-10점으로 평가
        prompt = f"""
        아래 주어진 질문과 문서의 관련성을 평가해주세요.

        [평가 기준]
        - 문서가 질문에서 요구하는 정보를 직접적으로 포함하면 8-10점
        - 문서가 질문과 관련된 맥락을 포함하지만 직접적인 답이 아니면 4-7점
        - 문서가 질문과 거의 관련이 없으면 1-3점

        [주의사항]
        - 단순히 비슷한 단어가 등장하는 것은 높은 점수의 근거가 될 수 없습니다
        - 질문의 의도와 문맥을 정확히 파악하여 평가해주세요
        - 시간, 장소, 수치 등 구체적인 정보의 일치 여부를 중요하게 고려해주세요

        질문: {query}
        문서: {content}

        응답은 반드시 다음 JSON 형식이어야 합니다:
        {{"relevance_score": float}}
        """

        try:
            # LLM에 프롬프트를 전송하고 JSON 형식의 응답을 받음
            response = Settings.llm.complete(prompt)
            # 응답에서 relevance_score 값을 추출
            score = json.loads(response.text)["relevance_score"]
            # 점수를 float로 변환하여 반환
            return float(score)
        except Exception as e:
            print(f"Error occurred: {str(e)}")
            return 5.0  # 에러 발생시 중간 점수로 처리하여 시스템 안정성 유지

    def _postprocess_nodes(self, nodes: List[NodeWithScore], query: QueryType) -> List[NodeWithScore]:
        # 벡터 검색으로 찾은 4개 문서를 LLM으로 재평가하여 최적의 2개 선택
        print('\n=== LLM이 4개의 검색 결과에 대해서 관련성을 평가합니다. ===')
```

```
scored_docs = []
for node in nodes:
    # 현재 처리 중인 문서 노드에서 순수 텍스트 컨텐츠만 추출
    content = node.node.get_content(metadata_mode=MetadataMode.NONE)
    # LLM으로 문서 관련성 점수 계산 (1-10 사이 점수)
    score = self.evaluate_document(str(query), content)
    # 디버깅/모니터링을 위해 각 문서의 내용과 점수를 출력
    print(f"\nLLM 기반의 평가:\n{content}\n=> 점수: {score}\n")
    # 현재 노드와 계산된 점수를 튜플로 저장
    scored_docs.append((node, score))

# 모든 문서를 점수 기준 내림차순으로 정렬하고 상위 2개만 선택하여 반환
ranked_docs = sorted(scored_docs, key=lambda x: x[1], reverse=True)
return [node for node, _ in ranked_docs[:2]]
```

DocumentScorer는 LLM을 활용하여 문서 검색 결과를 다시 평가(리랭킹)하는 모듈입니다. 이제 실제 리랭킹이 어떻게 수행되는지 살펴보겠습니다. 먼저 DocumentScorer 내부의 evaluate_document 함수는 LLM이 검색 결과의 관련성 점수를 측정하는 프롬프트를 포함하고 있습니다. 이 프롬프트는 prompt 변수에 저장되며, 입력된 질문과 문서의 관련성을 1~10점으로 평가하도록 설계되어 있습니다. 프롬프트에서 사용되는 평가 기준은 다음과 같습니다.

- 8~10점: 문서가 질문에 대한 직접적인 정보를 포함함
- 4~7점: 문서가 질문과 관련된 맥락을 포함함
- 1~3점: 문서가 질문과 거의 관련이 없는 경우

실제로 DocumentScorer의 실행 순서는 다음과 같습니다. 먼저 _postprocess_nodes 함수가 실행되며, 이 내부에서 evaluate_document가 호출되는 구조입니다. _postprocess_nodes는 사용자의 질문과 초기 검색을 통해 찾은 4개의 문서를 입력으로 받아 각 문서를 evaluate_document에 전달합니다.

evaluate_document는 각 문서의 관련성을 평가한 후, LLM으로부터 받은 점수와 평가 과정을 출력합니다. 이후 점수를 기준으로 결과를 정렬한 뒤, 가장 높은 점수를 받은 상위 2

개의 문서만 반환합니다. 즉, 초기 검색 결과 4개는 LLM을 통해 다시 관련성 점수가 측정되며, 최종적으로 관련성이 높은 2개의 문서만 남는 리랭킹 과정을 거치게 됩니다.

지금까지 검색 결과 4개를 입력받아 리랭킹을 수행하는 DocumentScorer에 대해 설명했습니다. 이제 검색 결과 4개를 입력받아 DocumentScorer를 호출하는 역할을 하는 SemanticRanker에 대해 알아보겠습니다. 실제 실행 순서는 SemanticRanker의 _retrieve에서 DocumentScorer의 _postprocess_nodes를 호출하는 구조로 이루어져 있습니다.

```python
class SemanticRanker(BaseRetriever):
    # 벡터 검색 결과에 LLM 기반 의미적 평가를 적용하여 최적의 문서를 선별하는 시스템

    def __init__(self, index, scorer):
        # 생성자에서 벡터 검색용 인덱스와 LLM 기반 문서 평가기 인스턴스를 받아 저장
        self.index = index  # 벡터 검색용 인덱스
        self.scorer = scorer  # LLM 기반 문서 평가기

    def _retrieve(self, query: str) -> List[NodeWithScore]:
        # 벡터 검색으로 유사도 기반 후보 문서 4개를 추출하고 LLM으로 재평가
        vector_results = self.index.as_retriever(similarity_top_k=4).retrieve(query)

        # 초기 벡터 검색 결과를 디버깅/분석용으로 출력
        print("\n=== 실제 검색 결과 (Top 4) ===")
        for i, node in enumerate(vector_results, 1):
            print(f"\n검색 문서 {i}:")
            print(node.node.get_content(metadata_mode=MetadataMode.NONE))

        # LLM으로 문서들을 재평가하고 재정렬하여 최적의 2개 선택
        reranked_results = self.scorer._postprocess_nodes(vector_results, query)

        # 최종 선별된 문서를 디버깅/분석용으로 출력
        print("\n=== LLM의 리랭킹 결과 (Top 2) ===")
        for i, node in enumerate(reranked_results, 1):
            print(f"\n검색 문서 {i}:")
            print(node.node.get_content(metadata_mode=MetadataMode.NONE))

        return reranked_results
```

SemanticRanker는 벡터 검색을 수행한 후, LLM을 활용하여 검색 결과를 재평가(리랭킹)하는 모듈입니다. 이제 실제 검색이 어떻게 이뤄지는지 살펴보겠습니다.

SemanticRanker가 실행되면 내부적으로 `_retrieve` 메서드가 호출됩니다. 이 과정에서 `index.as_retriever`를 사용하여 벡터 기반 검색을 수행하고, 가장 관련성이 높은 상위 4개의 문서를 가져옵니다. 이때 `similarity_top_k=4` 파라미터를 설정하여 검색 결과를 상위 4개로 제한합니다. 검색된 4개의 문서는 디버깅 목적으로 '**실제 검색 결과 (Top 4)**'라는 제목으로 출력됩니다.

그다음, 앞서 설명한 `DocumentScorer`의 `_postprocess_nodes`가 호출되어, 검색된 4개의 문서를 LLM을 이용해 재평가(리랭킹)합니다. LLM은 각 문서의 관련성을 점수로 평가한 후, 점수가 높은 상위 2개의 문서를 선택합니다. 최종적으로 선정된 2개의 문서는 '**LLM의 리랭킹 결과 (Top 2)**'라는 제목으로 출력됩니다.

이와 같은 방식으로 SemanticRanker는 벡터 검색으로 1차 필터링을 하고, LLM으로 2차 정밀 평가를 수행하여 사용자의 질문에 가장 적합한 문서를 찾아내는 2단계 검색 방식을 구현합니다.

아래 코드는 앞서 설명한 리랭킹 모듈을 선언하고 실행하는 예제입니다.

```
# 문서 평가 및 검색 시스템 선언(초기화)
scorer = DocumentScorer()   # LLM 기반 문서 평가기 생성
ranker = SemanticRanker(index, scorer)  # 벡터 검색과 LLM 평가를 결합한 시스템 생성
query_engine = RetrieverQueryEngine(retriever=ranker)  # 최종 질의응답 엔진 생성

# 실제 쿼리 실행
query = "19년 말 평양시 소재 기업소에서 달마다 배급받은 음식"
print(f"\n질문: {query}")
response = query_engine.query(query)   # 쿼리 실행하여 응답 생성
print(f"\n최종 답: {response}")   # 최종 응답 출력
```

먼저 모듈 선언 단계에서는 총 세 개의 객체가 생성됩니다.

1. DocumentScorer 객체를 scorer라는 이름으로 생성합니다.
2. 생성한 scorer를 SemanticRanker에 전달하여, 벡터 검색과 리랭킹을 결합한 시스템 객체인 ranker를 생성합니다.
3. 마지막으로 ranker를 RetrieverQueryEngine에 전달하여, 최종 질의응답 엔진 객체인 query_engine을 생성합니다.

이후 query_engine.query()에 사용자의 질문을 입력하면 기본 검색, 리랭킹, 최종 답변 생성까지 모든 과정이 순차적으로 실행됩니다. 예를 들어, 사용자가 '19년 말 평양시 소재 기업소에서 달마다 배급받은 음식'이라는 질문을 입력한다고 가정해 보겠습니다. 이 질문이 query_engine.query()에 전달되면, 내부적으로 다음과 같은 과정이 수행됩니다.

1. SemanticRanker가 벡터 검색으로 4개 문서를 찾습니다.
2. DocumentScorer가 LLM을 활용해 4개의 문서를 재평가하고, 관련성이 높은 상위 2개 문서를 선택합니다.
3. RetrieverQueryEngine은 최종 선택된 2개의 문서를 바탕으로 LLM을 통해 답변을 생성한 후 반환합니다.

실행 결과

```
질문: 19년 말 평양시 소재 기업소에서 달마다 배급받은 음식

=== 실제 검색 결과 (Top 4) ===

검색 문서 1:
대체로 합영·합작회사,
외화벌이 기관 등 운영이 잘되는 경우였으며, 보수를 달러나 위안
화 또는 쌀이나 기름 등 현물로 지급하였다고 한다. 2019년 평양
의 외화벌이 사업소에서는 보수 50달러를 월 2회로 나누어 현금으
로 지급하였다고 하는 사례가 있었고, 평양 외화벌이 식당에서는 매

검색 문서 2:
2023 북한인권보고서
252
```

며, 배급량의 80%는 강냉이로 쌀은 명절에만 배급되었다는 진술이
있었다. 기업소에서 배급표는 매월 두 차례(7~8일경 및 21~22일경
상·하순) 지급되었고, 거주지 배급소에서 식량으로 바꾸면 되었다고
한다.
식량배급이 되더라도 규정에 미치지 못하는 매우 적은 양을 받았
던 경우도 많았다.

검색 문서 3:
외화벌이 기관 등
에는 식량배급이 원활하게 이뤄지고 있었다는 증언이 수집되었다.
2019년 평양시에서 기업소 운전원으로 일하였던 노동자는 매월 쌀·
설탕·기름·야채·돼지고기 등을 배급받아 식량이 부족하지 않았다는
증언과 2019년 중앙당 산하의 기업소에서 매월 쌀 6kg 정도, 기름 5
ℓ, 설탕 2kg, 맛내기 2봉지, 돼지고기 2kg, 닭고기 1마리 정도 받았
다는 증언이 있었다.

검색 문서 4:
279 체제보위기관 등을
제외한 기관·기업소에서는 식량자력조달을 강화하여 노동자에 대
한 식량배급은 기관·기업소에서 독자적으로 이뤄지고 있는 것으로
파악되었다. 따라서 기관·기업소의 상황에 따라 식량배급량, 주기,
곡식종류에 상당한 차이가 있는 것으로 나타났다. 외화벌이 기관 등
에는 식량배급이 원활하게 이뤄지고 있었다는 증언이 수집되었다.

=== LLM이 4개의 검색 결과에 대해서 관련성을 평가합니다. ===

LLM 기반의 평가:
대체로 합영·합작회사,
외화벌이 기관 등 운영이 잘되는 경우였으며, 보수를 달러나 위안
화 또는 쌀이나 기름 등 현물로 지급하였다고 한다. 2019년 평양
의 외화벌이 사업소에서는 보수 50달러를 월 2회로 나누어 현금으
로 지급하였다고 하는 사례가 있었고, 평양 외화벌이 식당에서는 매
=> 점수: 3.0

LLM 기반의 평가:
2023 북한인권보고서

252
며, 배급량의 80%는 강냉이로 쌀은 명절에만 배급되었다는 진술이
있었다. 기업소에서 배급표는 매월 두 차례(7~8일경 및 21~22일경
상·하순) 지급되었고, 거주지 배급소에서 식량으로 바꾸면 되었다고
한다.
식량배급이 되더라도 규정에 미치지 못하는 매우 적은 양을 받았
던 경우도 많았다.
=> 점수: 4.0

LLM 기반의 평가:
외화벌이 기관 등
에는 식량배급이 원활하게 이뤄지고 있었다는 증언이 수집되었다.
2019년 평양시에서 기업소 운전원으로 일하였던 노동자는 매월 쌀·
설탕·기름·야채·돼지고기 등을 배급받아 식량이 부족하지 않았다는
증언과 2019년 중앙당 산하의 기업소에서 매월 쌀 6㎏ 정도, 기름 5
ℓ, 설탕 2㎏, 맛내기 2봉지, 돼지고기 2㎏, 닭고기 1마리 정도 받았
다는 증언이 있었다.
=> 점수: 10.0

LLM 기반의 평가:
279 체제보위기관 등을
제외한 기관·기업소에서는 식량자력조달을 강화하여 노동자에 대
한 식량배급은 기관·기업소에서 독자적으로 이뤄지고 있는 것으로
파악되었다. 따라서 기관·기업소의 상황에 따라 식량배급량, 주기,
곡식종류에 상당한 차이가 있는 것으로 나타났다. 외화벌이 기관 등
에는 식량배급이 원활하게 이뤄지고 있었다는 증언이 수집되었다.
=> 점수: 4.0

=== LLM의 리랭킹 결과 (Top 2) ===

검색 문서 1:
외화벌이 기관 등
에는 식량배급이 원활하게 이뤄지고 있었다는 증언이 수집되었다.
2019년 평양시에서 기업소 운전원으로 일하였던 노동자는 매월 쌀·

> 설탕·기름·야채·돼지고기 등을 배급받아 식량이 부족하지 않았다는
> 증언과 2019년 중앙당 산하의 기업소에서 매월 쌀 6kg 정도, 기름 5
> ℓ, 설탕 2kg, 맛내기 2봉지, 돼지고기 2kg, 닭고기 1마리 정도 받았
> 다는 증언이 있었다.
>
> 검색 문서 2:
> 2023 북한인권보고서
> 252
> 며, 배급량의 80%는 강냉이로 쌀은 명절에만 배급되었다는 진술이
> 있었다. 기업소에서 배급표는 매월 두 차례(7~8일경 및 21~22일경
> 상·하순) 지급되었고, 거주지 배급소에서 식량으로 바꾸면 되었다고
> 한다.
> 식량배급이 되더라도 규정에 미치지 못하는 매우 적은 양을 받았
> 던 경우도 많았다.
>
> 최종 답: 2019년에 평양시의 기업소에서는 매월 쌀 6kg, 기름 5ℓ, 설탕 2kg, 맛내기 2봉지,
> 돼지고기 2kg, 닭고기 1마리를 배급받았습니다.

먼저 '19년 말 평양시 소재 기업소에서 달마다 배급받은 음식'이라는 질문에 대해 벡터 검색을 실행하여 상위 4개의 문서를 찾았습니다. 이후, LLM이 해당 문서들을 평가하여 다음과 같은 점수를 부여했습니다. 해당 점수는 실행 시점에 따라서 이 책의 결과와 조금 다를 수 있습니다.

- **LLM 평가 점수**
    - 외화벌이 사업소 보수 관련 문서: 3.0점
    - 기업소 배급표 지급 관련 문서: 4.0점
    - 2019년 평양시 기업소 구체적 배급량 문서: 10.0점
    - 기업소 일반적 배급 현황 문서: 4.0점

LLM이 가장 높은 점수(10.0)를 준 문서는 '2019년 평양시 기업소 구체적 배급량 문서'였습니다. 이는 해당 문서가 질문이 요구한 시기(19년), 장소(평양시), 내용(배급받은 음식)을 모두 정확히 포함하고 있기 때문입니다.

최종적으로 점수 순으로 상위 2개 문서가 선택되었으며, 이를 바탕으로 답변이 생성되었습니다. 가장 관련성이 높은 문서에서 추출한 구체적인 배급량 정보(쌀 6kg, 기름 5ℓ, 설탕 2kg, 맛내기 2봉지, 돼지고기 2kg, 닭고기 1마리)를 답변으로 제시했습니다.

이러한 결과를 통해 LLM 기반 리랭킹이 질문의 의도에 매우 적절하게 작동했음을 확인할 수 있습니다.

7.3 LLM 기반 리랭킹의 비용 문제

LLM 기반 리랭킹은 GPT-4.1와 같은 대규모 언어 모델을 활용하여 질문과 문서 간의 관련성을 평가하는 방식입니다. 이 방식은 인간과 유사한 판단 능력을 바탕으로 문서 내용을 깊이 있게 이해하고 평가할 수 있습니다. 특히 복잡한 쿼리나 미묘한 의미를 파악해야 하는 경우에 효과적입니다. LLM은 고수준의 이해력과 추론 능력을 바탕으로, 다양한 문맥과 복잡한 질문에 대해서도 적절한 관련성 평가를 수행할 수 있습니다. 또한 구조화된 점수 체계(예: 1~10점 척도)를 통해 객관적인 평가 기준을 적용할 수 있다는 장점도 있습니다.

그러나 각 문서를 평가하기 위해 LLM API를 개별 호출해야 하기 때문에 비용이 많이 들고 처리 시간이 길다는 단점이 있습니다. 각 문서마다 LLM API를 호출해야 하므로 검색 결과가 많아질수록 API 호출 비용이 증가하며, 이로 인해 비용이 기하급수적으로 증가할 수 있습니다. 예를 들어, 벡터 검색을 통해 상위 100개의 문서를 가져온 경우, 이를 LLM으로 재평가하려면 100번의 API 호출이 필요합니다. GPT-4와 같은 고급 모델은 토큰당 비용이 높은 편이기 때문에, 대규모 문서 집합에서는 리랭킹 비용이 전체 시스템 운영 비용의 상당 부분을 차지할 수 있습니다.

이러한 비용 문제를 해결하기 위해 대부분의 실무에서는 LLM 기반의 리랭킹 방식보다는 BAAI/bge-reranker와 같은 리랭킹 특화 모델을 사용합니다. 이러한 모델들은 크로스 인코더라는 구조를 기반으로 동작하며, LLM보다 리랭킹 성능은 다소 떨어질 수 있으나, 비용 효율성이 매우 우수하여 실용적인 대안으로 널리 활용되고 있습니다.

7.3.1 크로스 인코더 기반의 리랭킹

크로스 인코더 기반 리랭킹을 이해하려면 먼저 이중 인코더(Bi-Encoder)와 크로스 인코더(Cross-Encoder) 방식의 차이를 알아야 합니다.

검색 시스템의 기본이 되는 이중 인코더는 텍스트를 벡터로 변환하여 의미적 유사도를 계산하는 방식입니다. 우리가 지금까지 `VectorStoreIndex`와 `OpenAIEmbedding`을 활용하여 사용해 온 기본 검색 방식이 바로 이중 인코더입니다. 검색 과정에서 이중 인코더는 질문을 하나의 벡터로 변환하고, 데이터베이스에 저장된 문서들도 각각 벡터로 변환합니다. 예를 들어 '고양이의 수명'이라는 질문을 입력하면 질문은 하나의 벡터가 되고, 데이터베이스에 저장된 각 문서 조각들도 각자의 벡터를 가지게 됩니다. 그런 다음 질문 벡터와 문서 벡터 간의 코사인 유사도를 계산하여 가장 관련성이 높은 문서를 찾아냅니다. 이중 인코더 방식의 장점은 문서의 벡터를 미리 계산하여 저장할 수 있어 검색 속도가 매우 빠르다는 점입니다. 그러나 질문과 문서를 독립적으로 처리하기 때문에 문맥을 충분히 반영하지 못하는 한계가 있습니다.

반대로 크로스 인코더는 질문과 문서를 따로 벡터화하지 않고 하나의 쌍으로 입력받아 직접적인 관련성을 판단하는 방식입니다. 이 방식은 두 텍스트의 관계를 동시에 고려하여 문맥을 더 깊이 이해할 수 있기 때문에 보다 정밀한 관련성 평가가 가능합니다. 하지만 치명적인 단점도 있습니다. 예를 들어, 문서가 1,000개라면 검색어가 입력될 때마다 1,000개의 문서 각각에 대해 연산을 수행해야 하므로 실시간 검색 시스템의 첫 단계 검색기로는 적합하지 않습니다.

이러한 문제를 해결하기 위해 등장한 방식이 바로 리랭킹입니다. 앞으로 살펴볼 예제에서는 `BAAI/bge-reranker-v2-m3`라는 크로스 인코더 모델을 사용하여 2단계 검색의 재정렬 단계에서 활용할 것입니다. 즉, 검색 과정은 다음과 같이 진행됩니다.

1. 이중 인코더를 활용해 빠르게 관련 문서를 일부 선별합니다.
2. 선택된 문서에 대해서만 크로스 인코더를 적용하여 정밀한 재평가를 수행합니다.

실제 예시를 들어보겠습니다. 사용자가 '고양이의 수명'이라는 질문을 입력하면 검색 과정은 다음과 같이 진행됩니다.

1. 먼저 이중 인코더를 사용하여 관련 문서 4개를 빠르게 검색합니다.
2. 그 다음 검색된 4개의 문서를 BAAI/bge-reranker가 질문–문서 쌍으로 변환하여 더 정교한 관련성을 평가합니다. 이때는 4쌍만 평가하면 되므로 속도 문제 없이 높은 정확도를 확보할 수 있습니다.

즉, 이중 인코더의 속도 장점과 크로스 인코더의 정확성 장점을 모두 활용할 수 있는 것이 바로 리랭킹의 핵심입니다. 이러한 이중 필터링 과정을 통해 검색의 정확도를 크게 향상시킬 수 있습니다. 이제 이 개념을 실제 코드로 구현해 보겠습니다.

패키지 임포트

실습을 위해 필요한 패키지들을 임포트합니다. OpenAI 키는 1.3.2절에서 설명한 환경 변수를 사용한다고 가정합니다.

```
import urllib.request
from llama_index.core import VectorStoreIndex, SimpleDirectoryReader, Settings
from llama_index.embeddings.openai import OpenAIEmbedding
from llama_index.llms.openai import OpenAI
from llama_index.core.postprocessor import SentenceTransformerRerank
```

데이터 내려받기

이번 실습에서 사용할 데이터는 2023_북한인권보고서.pdf입니다.

```
# 분석할 PDF 파일을 웹에서 다운로드.
urllib.request.urlretrieve("https://github.com/llama-index-tutorial/llama-index-tutorial/raw/main/ch07/2023_%EB%B6%81%ED%95%9C%EC%9D%B8%EA%B6%8C%EB%B3-%B4%EA%B3%A0%EC%84%9C.pdf", filename="2023_북한인권보고서.pdf")
```

Settings를 이용한 실습 환경 설정

Settings를 사용하여 실습에 필요한 각종 설정 값을 지정합니다.

```
# LlamaIndex의 핵심 설정: LLM, 임베딩 모델, 문서 분할 방식을 전역으로 설정
# GPT-4.1을 언어 모델로 사용
```

```
Settings.llm = OpenAI(model="gpt-4.1", temperature=0.2)
# 임베딩 모델 사용
Settings.embed_model = OpenAIEmbedding(model="text-embedding-3-large")
Settings.chunk_size = 300   # 문서를 300자 단위로 분할
Settings.chunk_overlap = 100   # 문맥 유지를 위해 청크 간 100자 중복

# PDF 문서를 읽고 벡터 인덱스 생성
# PDF 문서 로더
reader = SimpleDirectoryReader(input_files=["2023_북한인권보고서.pdf"])
# 문서에서 텍스트 추출
documents = reader.load_data()
# 추출된 텍스트로 벡터 인덱스 생성
index = VectorStoreIndex.from_documents(documents)
```

위 설정에 대한 설명은 7.1.1절 'Settings를 이용한 실습 환경 설정'에서 다룬 내용과 동일합니다.

리랭킹 구현하기

이번 실습에서는 리랭킹을 사용하지 않는 기본 검색 엔진과 리랭킹을 적용한 검색 엔진을 각각 구현하여 검색 결과의 차이를 비교해 보겠습니다.

```
# 기본 검색 엔진 (리랭킹 없음)
basic_query_engine = index.as_query_engine(
    similarity_top_k=4
)

# Reranker 설정
reranker = SentenceTransformerRerank(
    model="BAAI/bge-reranker-v2-m3",
    top_n=2
)
# 리랭킹이 포함된 검색 엔진
rerank_query_engine = index.as_query_engine(
    similarity_top_k=4,
    node_postprocessors=[reranker]
)
```

basic_query_engine은 리랭킹을 사용하지 않고, 기본적인 벡터 검색만 수행하는 엔진입니다. similarity_top_k=4로 설정하여, 임베딩 유사도를 기준으로 상위 4개의 관련성 높은 문서 조각을 검색합니다. 검색 과정에서는 텍스트를 벡터로 변환한 후, 코사인 유사도를 계산하여 가장 가까운 문서를 찾습니다. 이 방식은 단순하지만 매우 빠른 검색 속도를 제공한다는 장점이 있습니다.

reranker는 뒤에서 구현할 리랭킹 기반 검색 엔진(rerank_query_engine)에서 리랭킹을 수행하는 데 사용할 크로스 인코더 모델입니다. BAAI/bge-reranker-v2-m3 모델을 사용하여 문장 간의 의미적 관계를 더 깊이 분석하고, 보다 정확한 관련성 순위를 매깁니다. 크로스 인코더 방식은 질문과 문서를 함께 분석하여, 단순한 벡터 유사도보다 더 정확한 관련성 판단이 가능합니다. top_n=2로 설정하여 가장 관련성 높은 상위 2개 문서만 최종 선택하도록 구성합니다.

rerank_query_engine은 리랭킹을 적용하여 더 정교한 검색을 수행하는 검색 엔진입니다. 기본적인 벡터 검색 방식은 basic_query_engine과 동일하지만, 추가로 크로서 인코더 모델(reranker 객체)을 node_postprocessors에 적용하여 검색 결과를 더욱 정밀하게 정제합니다. 검색 과정은 다음과 같이 진행됩니다. similarity_top_k=4로 설정하여 먼저 상위 4개의 관련 문서를 검색합니다. 그 다음 검색된 문서를 reranker(크로스 인코더 모델)를 사용해 재평가하여 더 정확한 검색 결과를 제공합니다. 이러한 이중 필터링(리랭킹) 과정을 통해 리랭킹을 사용하지 않는 basic_query_engine과 비교했을 때 검색 정확도를 향상시킬 수 있습니다. 그러나 리랭킹 과정이 추가되면서 처리 시간이 증가할 수 있습니다. 이는 basic_query_engine이 벡터 검색만 수행하는 반면, rerank_query_engine은 벡터 검색 후 추가로 크로스 인코더를 적용해야 하기 때문입니다.

우선 리랭킹을 사용하지 않는 basic_query_engine을 실행하여 응답 결과와 참고한 문서를 확인해 보겠습니다.

```
# 쿼리 실행
query = "19년 말 평양시 소재 기업소에서 달마다 배급받은 음식"

print("=== 기본 검색 엔진 검색 결과 ===")
basic_response = basic_query_engine.query(query)
```

```
print(f"\n질문: {query}")
print(f"답변: {basic_response.response}")
print("\n검색된 문서:")
for i, node in enumerate(basic_response.source_nodes):
    print(f"\n검색 문서 {i+1}:")
    print(node.node.get_content())
    print("---")
```

실행 결과

=== 기본 검색 엔진 검색 결과 ===

질문: 19년 말 평양시 소재 기업소에서 달마다 배급받은 음식
답변: 2019년에 평양시에 위치한 기업소에서는 매월 쌀, 설탕, 기름, 야채, 돼지고기 등을 배급받았다는 증언이 있었습니다. 또한, 중앙당 산하의 기업소에서는 매월 쌀 6kg, 기름 5ℓ, 설탕 2kg, 맛내기 2봉지, 돼지고기 2kg, 닭고기 1마리 정도를 받았다는 증언이 있었습니다.

검색된 문서:

검색 문서 1:
대체로 합영·합작회사,
외화벌이 기관 등 운영이 잘되는 경우였으며, 보수를 달러나 위안화 또는 쌀이나 기름 등 현물로 지급하였다고 한다. 2019년 평양의 외화벌이 사업소에서는 보수 50달러를 월 2회로 나누어 현금으로 지급하였다고 하는 사례가 있었고, 평양 외화벌이 식당에서는 매

검색 문서 2:
2023 북한인권보고서
252
며, 배급량의 80%는 강냉이로 쌀은 명절에만 배급되었다는 진술이 있었다. 기업소에서 배급표는 매월 두 차례(7~8일경 및 21~22일경 상·하순) 지급되었고, 거주지 배급소에서 식량으로 바꾸면 되었다고 한다.
식량배급이 되더라도 규정에 미치지 못하는 매우 적은 양을 받았던 경우도 많았다.

검색 문서 3:
외화벌이 기관 등
에는 식량배급이 원활하게 이뤄지고 있었다는 증언이 수집되었다.
2019년 평양시에서 기업소 운전원으로 일하였던 노동자는 매월 쌀·
설탕·기름·야채·돼지고기 등을 배급받아 식량이 부족하지 않았다는
증언과 2019년 중앙당 산하의 기업소에서 매월 쌀 6㎏ 정도, 기름 5
ℓ, 설탕 2㎏, 맛내기 2봉지, 돼지고기 2㎏, 닭고기 1마리 정도 받았
다는 증언이 있었다.

검색 문서 4:
279 체제보위기관 등을
제외한 기관·기업소에서는 식량자력조달을 강화하여 노동자에 대
한 식량배급은 기관·기업소에서 독자적으로 이뤄지고 있는 것으로
파악되었다. 따라서 기관·기업소의 상황에 따라 식량배급량, 주기,
곡식종류에 상당한 차이가 있는 것으로 나타났다. 외화벌이 기관 등
에는 식량배급이 원활하게 이뤄지고 있었다는 증언이 수집되었다.

유사도 점수가 가장 높은 검색 문서1과 검색 문서2를 실제로 확인해보면, 질문에 대한 답이 포함되어 있지 않음을 알 수 있습니다. 결국 생성된 답변에는 검색 문서3이 사용된 것을 확인할 수 있습니다. 이번에는 리랭킹을 적용한 검색 엔진(rerank_query_engine)을 사용하여 답변과 참고한 검색 결과가 어떻게 달라지는지 확인해 보겠습니다.

```python
print("\n\n=== 리랭킹 후 검색 결과 ===")
rerank_response = rerank_query_engine.query(query)
print(f"\n질문: {query}")
print(f"답변: {rerank_response.response}")
print("\n검색된 문서:")
for i, node in enumerate(rerank_response.source_nodes):
    print(f"\n검색 문서 {i+1}:")
    print(node.node.get_content())
    print("---")
```

실행 결과

```
=== 리랭킹 후 검색 결과 ===

질문: 19년 말 평양시 소재 기업소에서 달마다 배급받은 음식
답변: 2019년 말 평양시의 기업소 배급 상황은 두 가지 증언이 있습니다. 한 기업소 운전원은
매월 쌀, 설탕, 기름, 야채, 돼지고기 등을 배급받았다고 증언했습니다. 중앙당 산하 기업소의
경우 매월 쌀 6kg, 기름 5L, 설탕 2kg, 맛내기 2봉지, 돼지고기 2kg, 닭고기 1마리 정도를
배급받았다는 증언이 있었습니다.

검색된 문서:

검색 문서 1:
외화벌이 기관 등
에는 식량배급이 원활하게 이뤄지고 있었다는 증언이 수집되었다.
2019년 평양시에서 기업소 운전원으로 일하였던 노동자는 매월 쌀·
설탕·기름·야채·돼지고기 등을 배급받아 식량이 부족하지 않았다는
증언과 2019년 중앙당 산하의 기업소에서 매월 쌀 6kg 정도, 기름 5
ℓ, 설탕 2kg, 맛내기 2봉지, 돼지고기 2kg, 닭고기 1마리 정도 받았
다는 증언이 있었다.
---

검색 문서 2:
2023 북한인권보고서
252
며, 배급량의 80%는 강냉이로 쌀은 명절에만 배급되었다는 진술이
있었다. 기업소에서 배급표는 매월 두 차례(7~8일경 및 21~22일경
상·하순) 지급되었고, 거주지 배급소에서 식량으로 바꾸면 되었다고
한다.
식량배급이 되더라도 규정에 미치지 못하는 매우 적은 양을 받았
던 경우도 많았다.
```

리랭킹을 적용한 결과, 기본 검색 엔진과 달리 검색 문서 수가 2개로 줄었습니다. 기존 검색 엔진에서는 문서 3번이 실제 답변에 사용됐는데, 리랭킹을 통해 해당 문서가 유사도 점수가 가장 높은 문서로 재정렬된 것을 확인할 수 있습니다.

이처럼 리랭킹은 기존 검색 엔진에서 놓쳤던 실제 질문과 밀접하게 연관된 문서들을 효과적으로 필터링해주는 역할을 합니다. 즉, 보다 강력한 모델을 2단계 검색 모델로 추가함으로써 검색 성능을 향상시키고, 답변의 오류를 줄이는 방식입니다. 이어서 검색 성능을 더욱 높일 수 있는 또 다른 방법인 하이드(Hyde)에 대해 알아보겠습니다.

7.4 하이드(Hyde)

하이드(HyDE, Hypothetical Document Embedding)는 검색 시스템의 성능을 향상시키는 혁신적인 접근 방식입니다. 전통적인 검색 시스템에서는 사용자의 질의를 직접 임베딩하여 문서를 검색했지만, 하이드는 질의에 대한 가상의 이상적인 답변 문서를 먼저 생성한 후, 이를 기반으로 검색을 수행합니다.

하이드의 작동 과정은 크게 세 단계로 나눌 수 있습니다. 첫 번째는 **가상 문서 생성 단계**입니다. 이 단계에서는 LLM을 활용하여 사용자의 질문에 대한 이상적인 답변 문서를 생성합니다. 예를 들어, 의료 정보 검색 시스템에서 사용자가 '코로나19의 주요 증상은 무엇인가요?'라는 질문을 했다고 가정해 보겠습니다. 이때 LLM은 다음과 같은 가상의 문서를 생성할 수 있습니다.

"코로나19의 주요 증상으로는 발열(37.5도 이상), 기침, 호흡곤란, 오한, 근육통, 두통, 인후통, 후각·미각소실 등이 있습니다. 증상은 감염 후 평균 5-7일 이내에 나타나며, 경증에서 중증까지 다양한 범위로 발현될 수 있습니다."

두 번째는 **임베딩 및 검색 단계**입니다. 이 단계에서는 생성된 가상 문서를 임베딩 모델을 사용하여 벡터화한 후, 이를 기반으로 벡터 데이터베이스에서 유사한 문서를 검색합니다. 예를 들어, 다음과 같은 문서들이 검색될 수 있습니다.

- 문서1 (유사도: 0.92): '코로나19 임상적 특징: 주요 증상으로는 발열(38도 이상), 마른기침, 피로감이 있으며...'
- 문서2 (유사도: 0.85): 'WHO 코로나19 증상 가이드라인: 가장 흔한 증상은 발열, 기침, 피로감입니다...'
- 문서3 (유사도: 0.76): '코로나19 감염자 통계 분석: 증상별 발현 비율을 보면 발열 89%, 기침 68%...'

마지막으로 **최종 답변 생성 단계**입니다. 벡터 데이터베이스에서 검색된 관련 문서들을 컨텍스트로 활용하여 LLM이 최종 답변을 생성합니다. 이때 LLM은 검색된 문서들의 정보만을 사용하여 정확하고 신뢰할 수 있는 답변을 제공합니다.

하이드는 다음과 같은 두 가지 주요 장점을 가집니다. 첫째, 의미적 확장 능력입니다. 질문을 직접 검색하는 대신 가상의 답변 문서를 생성함으로써, 검색 쿼리의 의미를 자연스럽게 확장할 수 있습니다. 예를 들어, 사용자가 '감기 예방법'이라는 간단한 질문을 입력하면, 가상 문서에는 손 씻기, 마스크 착용, 충분한 수면 등 구체적인 방법들이 포함될 수 있습니다. 이를 통해 더 풍부하고 정확한 검색 결과를 얻을 수 있습니다.

둘째, 검색 정확도 향상입니다. 가상 문서를 활용하면 실제 벡터 데이터베이스 검색에서 놓칠 수 있는 관련 문서들을 더 효과적으로 찾아낼 수 있습니다. 의미적으로 유사하지만 다른 표현을 사용한 문서들도 검색될 가능성이 높아집니다.

하이드를 효과적으로 구현하려면 다음과 같은 요소들을 고려해야 합니다. 먼저 가상 문서의 품질이 중요합니다. LLM이 생성하는 가상 문서의 품질은 전체 시스템 성능에 큰 영향을 미칩니다. 따라서 프롬프트 엔지니어링을 통해 고품질의 가상 문서가 생성될 수 있도록 최적화하는 것이 중요합니다.

연산 비용도 중요한 고려사항입니다. LLM을 사용하여 가상 문서를 생성하는 과정이 추가되므로, 전통적인 검색 방식보다 더 많은 연산 비용이 발생합니다. 특히 실시간 검색이 필요한 시스템에서는 연산 비용을 고려하여 적절한 시스템을 설계하는 것이 중요합니다.

도메인 특화 문제도 있습니다. 법률, 의료, 금융 등 특정 도메인에서는 가상 문서 생성을 위한 프롬프트를 해당 도메인의 특성에 맞게 조정해야 할 수 있습니다. 예를 들어 법률 문서 검색과 의료 문서 검색에서는 각각 다른 스타일의 가상 문서가 필요할 수 있습니다.

이러한 특성들을 고려하여 하이드를 구현하면, 더욱 정확하고 관련성 높은 검색 결과를 제공할 수 있습니다. 이제 실제 구현을 통해 하이드를 이해해 보겠습니다.

7.4.1 데이터 준비

패키지 임포트

실습을 위해 필요한 패키지들을 임포트합니다.

```
import requests
import openai
from llama_index.core import VectorStoreIndex, Settings
from llama_index.core.readers import SimpleDirectoryReader
from llama_index.llms.openai import OpenAI
from llama_index.core.retrievers import VectorIndexRetriever
from llama_index.embeddings.openai import OpenAIEmbedding
```

- **requests**: HTTP 요청 라이브러리로, 북한인권보고서 PDF 파일을 깃허브에서 내려받는 데 사용됩니다.

- **openai**: OpenAI API와 통신하기 위한 공식 파이썬 클라이언트 라이브러리입니다. API를 직접 호출하는 데 사용됩니다.

- **VectorStoreIndex**: 라마인덱스 라이브러리의 핵심 컴포넌트로, 문서를 벡터화하여 저장하고 검색할 수 있는 인덱스를 생성합니다. 텍스트를 임베딩하여 의미 기반 검색을 가능하게 합니다.

- **Settings**: 라마인덱스의 전역 설정을 관리하는 클래스입니다. LLM, 임베딩 모델, 청크 크기 등 다양한 매개변수를 중앙에서 설정할 수 있게 해줍니다.

- **SimpleDirectoryReader**: 파일 시스템에서 문서를 로드하는 역할을 하는 라마인덱스의 컴포넌트입니다. PDF, TXT 등 다양한 형식의 파일을 읽을 수 있습니다.

- **OpenAI**: 라마인덱스에서 OpenAI의 언어 모델을 사용하기 위한 인터페이스입니다. 이 코드에서는 GPT-4.1 모델이 사용됩니다.

- **VectorIndexRetriever**: 벡터 인덱스에서 쿼리와 가장 유사한 문서를 검색하는 검색기입니다. 유사도 기반으로 상위 k개의 문서를 반환합니다.

- **OpenAIEmbedding**: OpenAI의 임베딩 모델을 라마인덱스에서 사용하기 위한 인터페이스입니다. 텍스트를 벡터 공간으로 변환하는 역할을 합니다.

데이터 내려받기

이번 실습에서 사용할 데이터는 2023_북한인권보고서.pdf입니다.

```
# 분석할 PDF 파일을 웹에서 다운로드.
url = "https://github.com/llama-index-tutorial/llama-index-tutorial/raw/main/ch07/2023_%EB%B6%81%ED%95%9C%EC%9D%B8%EA%B6%8C%EB%B3%B4%EA%B3%A0%EC%84%9C.pdf"
filename = "2023_북한인권보고서.pdf"

response = requests.get(url)
with open(filename, "wb") as f:
    f.write(response.content)

print(f"{filename} 다운로드 완료")
```

다운로드가 정상적으로 완료되면, 실행 후 다음과 같이 다운로드 완료라는 메시지가 출력됩니다.

실행 결과

```
2023_북한인권보고서.pdf 다운로드 완료
```

7.4.2 거대 언어 모델과 임베딩 설정

Settings를 이용한 실습 환경 설정

Settings를 사용하여 실습에서 사용할 다양한 설정 값을 지정합니다.

```
# 라마인덱스의 핵심 설정: LLM, 임베딩 모델, 문서 분할 방식을 전역으로 설정
# GPT-4.1을 언어 모델로 사용
Settings.llm = OpenAI(model="gpt-4.1", temperature=0.2)
# 임베딩 모델 사용
Settings.embed_model = OpenAIEmbedding(model="text-embedding-3-large")
Settings.chunk_size = 300   # 문서를 300자 단위로 분할
Settings.chunk_overlap = 100   # 문맥 유지를 위해 청크 간 100자 중복
```

```
# PDF 문서를 읽고 벡터 인덱스 생성
# PDF 문서 로더
reader = SimpleDirectoryReader(input_files=["2023_북한인권보고서.pdf"])
# 문서에서 텍스트 추출
documents = reader.load_data()
# 추출된 텍스트로 벡터 인덱스 생성
index = VectorStoreIndex.from_documents(documents)
```

위 코드의 설명은 7.1.1절 'Settings를 이용한 실습 환경 설정'과 동일합니다.

7.4.3 하이드 구현하기

하이드 구현하기

기본 검색기 `VectorIndexRetriever`를 설정합니다.

```
# 기본 검색기 설정
retriever = VectorIndexRetriever(
    index=index,
    similarity_top_k=4
)
```

`VectorIndexRetriever`는 벡터 데이터베이스에서 검색을 수행하는 검색기입니다. 이 코드에서는 다음과 같이 설정합니다. `index` 매개변수를 통해 앞서 생성한 벡터 데이터베이스를 검색기와 연결하고, `similarity_top_k=4`로 설정해 검색 결과로 상위 4개의 가장 유사한 문서를 반환하도록 설정합니다. 예를 들어, 사용자가 질문을 입력하면 검색기는 해당 질문과 가장 유사한 4개의 문서 조각을 찾아 반환하게 됩니다.

```
def generate_hypothetical_doc(question: str) -> str:
    """질문에 대한 가상의 이상적인 답변 문서 생성"""
    prompt = f"""주어진 질문에 대해, 마치 실제 문서에서 발췌한 것 같은 이상적인 답변을 작성해주세요.
    단, 구체적인 수치, 날짜, 트렌드와 같은 상세 정보를 포함해야 합니다.
    
    질문: {question}
```

```
    답변:"""

    response = Settings.llm.complete(prompt)
    return response.text
```

generate_hypothetical_doc 함수는 하이드의 첫 번째 단계인 가상 문서 생성을 수행합니다. 이 함수는 사용자의 질문을 입력 받아, 검색 없이 거대 언어 모델(LLM)이 임의의 답변을 생성하도록 합니다.

이 함수에서는 가상 문서 생성을 위한 프롬프트가 prompt라는 변수에 작성돼 있습니다. LLM에게 실제 문서처럼 보이는 답변을 생성하도록 지시합니다. 특히 '구체적인 수치, 날짜, 트렌드와 같은 상세 정보를 포함해야 합니다'라는 지시를 추가하여 보다 정밀한 답변을 생성합니다.

생성된 프롬프트는 Settings.llm.complete를 통해 gpt-4.1로 전달됩니다. LLM은 이에 대한 응답을 생성하고, 함수는 이 응답의 텍스트 부분을 최종적으로 반환합니다. 이렇게 생성된 가상 문서는 이후 실제 문서 검색을 위한 쿼리로 사용됩니다.

```
def search_with_hyde(hypothetical_doc: str):
    """가상 문서를 이용해 실제 문서 검색"""
    nodes = retriever.retrieve(hypothetical_doc)
    return [
        {
            'content': node.node.get_content(),
            'score': node.score
        } for node in nodes
    ]
```

search_with_hyde 함수는 하이드의 두 번째 단계인 검색 과정을 수행합니다. 앞서 generate_hypothetical_doc에서 생성한 가상 문서를 입력으로 받아, 이를 기반으로 실제 문서를 검색합니다.

이 함수는 retriever.retrieve를 호출하여 가상 문서와 가장 유사한 실제 문서들을 검색합니다. retriever는 앞서 설정한 VectorIndexRetriever로, similarity_top_k 값에 따라 유사도가 높은 상위 문서들을 반환합니다.

검색 결과는 각 검색된 문서(node)에 대해 문서의 내용(content)과 유사도 점수(score)를 딕셔너리 형태로 구성합니다. node.node.get_content()는 문서의 실제 텍스트 내용을 가져오고, node.score는 해당 문서와 가상 문서 간의 유사도 점수를 나타냅니다. 이렇게 가공된 검색 결과는 최종 답변을 생성하는 다음 단계로 전달됩니다.

```python
def generate_final_answer(question: str, relevant_docs: list) -> str:
    """검색된 문서를 바탕으로 최종 답변 생성"""
    context = "\n\n".join([doc['content'] for doc in relevant_docs])
    
    prompt = f"""다음 검색 결과를 바탕으로 질문에 답변해주세요.
    검색 결과의 정보를 최대한 사용하고, 없는 정보는 답변하지 마세요.
    
    검색 결과:
    {context}
    
    질문: {question}
    
    답변:"""
    
    response = Settings.llm.complete(prompt)
    return response.text
```

generate_final_answer 함수는 하이드의 마지막 단계인 최종 답변 생성을 담당하는 함수입니다. 이 함수에서 가장 중요한 부분은 context 변수를 만드는 과정입니다.

context = "\n\n".join([doc['content'] for doc in relevant_docs]) 코드를 보면, search_with_hyde 함수에서 검색된 4개의 문서가 하나의 문자열로 합쳐져 context 변수에 저장됩니다. 이렇게 생성된 context는 프롬프트의 {context} 부분에 삽입됩니다.

그 다음으로 prompt 변수에 프롬프트를 생성하여, LLM이 검색된 문서들의 정보만을 사용하여 답변을 생성하도록 지시합니다. 특히 '검색 결과의 정보를 최대한 사용하고, 없는 정보는 답변하지 마세요'라는 제약 조건을 추가하여 LLM이 검색된 문서의 범위를 벗어나거나 자체적으로 정보를 생성하는 것을 방지합니다. 프롬프트의 {question} 부분에는 사용자가 처음 입력한 질문이 그대로 삽입됩니다.

최종적으로 Settings.llm.complete를 사용하여 prompt 변수에 저장된 프롬프트를 gpt-4.1에 전달하고, 생성된 답변의 텍스트를 반환합니다. 여기서 Settings.llm은 전역 설정에서 정의된 gpt-4.1 모델을 의미합니다. 그리고 complete() 메서드는 프롬프트를 LLM에 전달하고 응답을 받아오는 역할을 합니다. 이렇게 생성된 답변은 검색된 문서들의 정보에 기반한 신뢰할 수 있는 응답이 됩니다. 즉, 모든 답변의 내용은 검색된 문서 안에서 찾을 수 있는 정보들로만 구성되므로 사실 관계를 신뢰할 수 있습니다.

```python
def process_query(question: str):
    """전체 HyDE 프로세스"""
    # 1. 가상 문서 생성
    print("1. 가상 문서 생성 중...")
    hypothetical_doc = generate_hypothetical_doc(question)
    print("\n가상 문서:", hypothetical_doc)

    # 2. 가상 문서로 검색
    print("\n2. 실제 문서 검색 중...")
    relevant_docs = search_with_hyde(hypothetical_doc)

    # 3. 최종 답변 생성
    print("\n3. 최종 답변 생성 중...")
    final_answer = generate_final_answer(question, relevant_docs)

    return {
        "hypothetical_doc": hypothetical_doc,
        "retrieved_docs": relevant_docs,
        "final_answer": final_answer
    }
```

process_query 함수는 하이드의 전체 프로세스를 실행하는 메인 함수입니다. 사용자의 질문을 입력 받아 가상 문서 생성, 문서 검색, 최종 답변 생성이라는 세 단계를 순차적으로 실행합니다.

첫 번째 단계에서는 generate_hypothetical_doc 함수에 question을 전달하여 가상 문서를 생성합니다. 이렇게 생성된 문서는 hypothetical_doc 변수에 저장됩니다. 이 과정에서

'1. 가상 문서 생성 중…'이라는 진행 메시지와 함께 생성된 가상 문서의 내용을 출력합니다.

두 번째 단계에서는 search_with_hyde 함수에 hypothetical_doc을 전달하여 실제 문서 검색을 수행합니다. 검색된 문서들은 relevant_docs 변수에 저장됩니다. 이 과정에서 '2. 실제 문서 검색 중…'이라는 진행 메시지가 출력됩니다.

세 번째 단계에서는 generate_final_answer 함수에 원래 질문(question)과 검색된 문서들(relevant_docs)을 전달하여 최종 답변을 생성합니다. 생성된 답변은 final_answer 변수에 저장됩니다. 이 과정에서 '3. 최종 답변 생성 중…'이라는 진행 메시지가 출력됩니다.

마지막으로 함수는 생성된 가상 문서(hypothetical_doc), 검색된 문서들(retrieved_docs), 최종 답변(final_answer)을 딕셔너리 형태로 묶어 반환합니다. 이 반환값을 통해 전체 프로세스의 각 단계별 결과를 확인할 수 있습니다.

아래 코드는 process_query 함수를 실행하고, 그 결과를 순차적으로 출력하는 부분입니다.

```python
question = "북한에서 강제로 이루어지는 조직 생활은 무엇이 있나요?"
result = process_query(question)

print("\n=== 프로세스 결과 ===")
print("\n[가상 문서]")
print(result["hypothetical_doc"])
print("\n[검색된 문서들]")
for idx, doc in enumerate(result["retrieved_docs"], 1):
    print(f"\n문서 {idx} (유사도 점수: {doc['score']:.4f}):")
    print(doc['content'])
print("\n[최종 답변]")
print(result["final_answer"])
```

먼저 '북한에서 강제로 이루어지는 조직 생활은 무엇이 있나요?'라는 질문을 process_query 함수에 전달하여 하이드 프로세스를 실행합니다. 이 실행 결과는 앞서 설명한 세 가지 요소(가상 문서, 검색된 문서들, 최종 답변)를 포함하는 딕셔너리로 반환되어 result 변수에 저장됩니다.

출력은 '=== 프로세스 결과 ==='라는 구분선으로 시작하며, 세 부분으로 나뉩니다. 첫 번째로 [가상 문서] 섹션에서는 result["hypothetical_doc"]을 출력하여 gpt-4.1이 생성한 가상의 이상적인 답변 문서를 확인할 수 있습니다.

두 번째로 [검색된 문서들] 섹션에서는 벡터 데이터베이스에서 검색된 관련 문서들을 순차적으로 출력합니다. 각 문서는 번호가 매겨지며(enumerate 함수는 숫자를 순차적으로 반환하는 함수입니다), 가상 문서와의 유사도 점수(소수점 4자리까지 표시)와 함께 문서의 전체 내용이 출력됩니다.

마지막으로 [최종 답변] 섹션에서는 result["final_answer"]를 출력하여 검색된 문서들의 정보를 바탕으로 gpt-4.1이 최종적으로 생성한 답변을 확인할 수 있습니다.

이러한 단계별 출력을 통해 하이드 프로세스의 전체 과정과 각 단계의 결과를 상세하게 파악할 수 있습니다.

실행 결과

1. 가상 문서 생성 중...

가상 문서: 북한에서 강제로 이루어지는 조직 생활은 주로 주민들의 사상 교육과 사회 통제를 목적으로 운영됩니다. 대표적인 예로는 '인민반'과 '청년동맹', '여맹'(여성동맹) 등이 있습니다.

1. **인민반**: 인민반은 북한의 가장 기초적인 사회 조직 단위로, 보통 20~30가구로 구성됩니다. 인민반장은 주민들의 일상생활을 감시하고, 당의 지시 사항을 전달하는 역할을 합니다. 주민들은 정기적으로 인민반 회의에 참석해야 하며, 이 회의에서는 정치 사상 교육, 사회주의 생활 총화 등이 이루어집니다.

2. **청년동맹**: 조선사회주의노동청년동맹, 줄여서 청년동맹은 북한의 청년들을 대상으로 한 조직입니다. 만 14세부터 30세까지의 청년들이 가입 대상이며, 이들은 정기적으로 사상 교육과 사회주의 건설 사업에 동원됩니다. 청년동맹은 청년에게 당의 이념을 주입하고, 충성심을 고취시키는 역할을 합니다.

3. **여맹**: 조선민주여성동맹, 줄여서 여맹은 북한의 여성 조직으로, 주로 30세 이상의 여성들이 가입합니다. 여맹은 여성들에게 사상 교육을 실시하고, 사회주의 건설에 필요한 노동력을 제공하는 역할을 합니다. 또한, 여성들의 사회적 역할을 강조하며, 가정과 사회에서의 책임을 다할 것을 요구합니다.

이 외에도 북한 주민들은 각종 집단 행사, 예를 들어 김일성·김정일 생일과 같은 국가 기념일 행사에 강제로 동원되며, 이러한 조직 생활은 개인의 사생활을 철저히 통제하고, 사회주의 체제에 대한 충성을 강요하는 수단으로 활용됩니다.

2. 실제 문서 검색 중...

3. 최종 답변 생성 중...

=== 프로세스 결과 ===

[가상 문서]
북한에서 강제로 이루어지는 조직 생활은 주로 주민들의 사상 교육과 사회 통제를 목적으로 운영됩니다. 대표적인 예로는 '인민반'과 '청년동맹', '여맹'(여성동맹) 등이 있습니다.

1. **인민반**: 인민반은 북한의 가장 기초적인 사회 조직 단위로, 보통 20~30가구로 구성됩니다. 인민반장은 주민들의 일상생활을 감시하고, 당의 지시 사항을 전달하는 역할을 합니다. 주민들은 정기적으로 인민반 회의에 참석해야 하며, 이 회의에서는 정치 사상 교육, 사회주의 생활 총화 등이 이루어집니다.

2. **청년동맹**: 조선사회주의노동청년동맹, 줄여서 청년동맹은 북한의 청년들을 대상으로 한 조직입니다. 만 14세부터 30세까지의 청년들이 가입 대상이며, 이들은 정기적으로 사상 교육과 사회주의 건설 사업에 동원됩니다. 청년동맹은 청년들에게 당의 이념을 주입하고, 충성심을 고취시키는 역할을 합니다.

3. **여맹**: 조선민주여성동맹, 줄여서 여맹은 북한의 여성 조직으로, 주로 30세 이상의 여성들이 가입합니다. 여맹은 여성들에게 사상 교육을 실시하고, 사회주의 건설에 필요한 노동력을 제공하는 역할을 합니다. 또한, 여성들의 사회적 역할을 강조하며, 가정과 사회에서의 책임을 다할 것을 요구합니다.

이 외에도 북한 주민들은 각종 집단 행사, 예를 들어 김일성·김정일 생일과 같은 국가 기념일 행사에 강제로 동원되며, 이러한 조직 생활은 개인의 사생활을 철저히 통제하고, 사회주의 체제에 대한 충성을 강요하는 수단으로 활용됩니다.

[검색된 문서들]

문서 1 (유사도 점수: 0.7054):
사회주의애국청년동맹(이하 청년동맹), 조선직
업총동맹(이하 직맹), 조선농업근로자동맹(이하 농근맹), 조선사회

주의여성동맹(이하 여맹) 등 노동당의 지도 감독을 받는 각종 사회
단체에 의무적으로 가입하여야 한다고 알려져 있다.
북한에서의 조직생활은 소학교 2학년인 만7세에 소년단 가입으
로 시작되는데, 소년단은 청년동맹219이 관리하는 청소년조직으로
초급중학교 학생까지 소속된다.

문서 2 (유사도 점수: 0.6593):
북한에서 인민반이나 직장 등의 조직을 통해 주민의 노동력을 동
원하는 것은 일상적으로 일어나고 있는 것으로 파악되었다. 거주지
의 인민반, 전업주부로 구성된 조선사회주의여성동맹(이하 여맹),
각급 학교의 사회주의애국청년동맹(이하 청년동맹), 직장의 조선직
업총동맹(이하 직맹) 등에 의해 이뤄지는 것으로 나타났다. 특히 직
장에 다니지 않는 결혼한 여성들의 조직인 여맹을 통한 노력동원의
빈도가 매우 높아졌다는 진술이 많았다.

문서 3 (유사도 점수: 0.6434):
학생들은 집단체조에 동
원되는데 늦은 시간까지 오랜시간 동안 연습에 참여해야 하며, 불참
시 비용을 납부해야 한다고 한다. 또한 북한주민들에게는 조직생활
이 강제되고 있는데, 소학교 2학년부터 소년단을 시작으로 청년동
맹, 직맹, 여맹 등 당국이 허용하는 조직에 의무적으로 가입해야 하
며 남성은 60세, 여성은 55세까지 지속된다고 한다. 조직의 가입과

문서 4 (유사도 점수: 0.6401):
북한 주민들은 어려서부터 당국의 영향력 아래에 있는 사회조직
에 소속되어 광범위한 감시와 통제를 받는 것으로 나타났다. 거주
지 단위의 인민반 제도는 주민을 감시하는 가장 하부조직이며, 인민
반장을 비롯하여 당국의 지시를 받은 통보원, 정보원들이 주민들의
생활과 사상동향, 외부 방문자 감시 등을 수행하는데, 탈북한 경험
이 있는 사람이나 그의 가족들은 더욱 엄격한 감시대상이 되고 있다

[최종 답변]
북한에서 강제로 이루어지는 조직 생활에는 여러 사회 단체에의 의무적인 가입과 활동이
포함됩니다. 주민들은 소학교 2학년인 만 7세부터 소년단에 가입하며, 이후 청년동맹,
조선직업총동맹(직맹), 조선농업근로자동맹(농근맹), 조선사회주의여성동맹(여맹) 등 노동당의
지도 감독을 받는 다양한 사회 단체에 의무적으로 가입해야 합니다. 이러한 조직 생활은 남성은
60세, 여성은 55세까지 지속됩니다. 또한, 주민들은 인민반이나 직장 등의 조직을 통해 노동력
동원에 참여해야 하며, 학생들은 집단체조와 같은 활동에 동원되어 늦은 시간까지 연습에 참여해야

> 합니다. 이러한 조직 생활은 주민들에 대한 광범위한 감시와 통제를 목적으로 하며, 특히 탈북한 경험이 있는 사람이나 그의 가족들은 더욱 엄격한 감시를 받습니다.

`process_query` 함수의 실행 결과를 살펴보면, 하이드의 세 단계가 순차적으로 실행되는 과정을 확인할 수 있습니다.

첫 번째 단계인 가상 문서 생성에서, `gpt-4.1`는 북한의 조직생활에 대한 상세한 가상 문서를 생성했습니다. 이 문서에는 인민반, 청년동맹, 여맹과 같은 주요 조직들의 특성과 역할이 체계적으로 설명돼 있습니다. 또한, 각 조직의 구체적인 운영 방식까지 포함하고 있습니다.

두 번째 단계에서는 가상 문서를 기반으로 벡터 데이터베이스에서 실제 문서를 검색했습니다. 검색된 네 개의 문서의 유사도 점수는 각각 0.7054, 0.6593, 0.6434, 0.6401로 나타났습니다. 이 문서들은 북한의 조직생활에 대한 실제 정보들을 포함하고 있으며, 특히 소년단 가입 시기, 의무 가입 연령, 조직별 특성 등 구체적인 사실들을 확인할 수 있습니다.

마지막 단계에서 `gpt-4.1`는 검색된 문서들의 정보를 종합하여 최종 답변을 생성했습니다. 이 답변은 가상 문서의 추측이 아닌, 검색된 실제 문서들의 정보에 기반하여 북한의 조직 생활 시스템을 체계적으로 설명합니다. 특히 소학교 2학년(만 7세)부터 시작되는 조직생활, 남성 60세/여성 55세까지의 의무 가입 기간과 같은 구체적인 정보가 실제 문서에서 확인되어 답변에 반영되었습니다. 이러한 실행 결과는 하이드가 가상 문서를 통해 효과적으로 관련 정보를 검색하고, 이를 바탕으로 신뢰할 수 있는 답변을 생성할 수 있음을 보여줍니다.

지금까지 리랭킹과 하이드라는 두 가지 방식을 통해 검색 시스템의 성능을 향상시키는 방법을 살펴보았습니다. 리랭킹은 초기 검색 결과를 더욱 정교하게 재정렬하여 사용자의 의도에 가장 부합하는 문서를 선별해내는 방식입니다. 그리고 하이드는 가상의 이상적인 답변을 생성한 후, 이를 기반으로 검색의 정확도를 높이는 방식입니다. RAG 시스템에서는 검색 성능 향상 기법을 적절히 적용함으로써 검색 정확도를 높이고, 보다 신뢰할 수 있는 답변을 얻을 수 있습니다.

08

펑션 콜링 에이전트

개발 환경 구축하기
펑션 콜링 작동 방식 이해하기
외부 API를 활용한 펑션 콜링
펑션 콜링으로 구현하는 RAG 에이전트

펑션 콜링(function calling)은 앞서 설명한 ReAcT와 마찬가지로 에이전트 시스템을 개발하는 방법 중 하나로, LLM이 코드의 특정 함수를 사용자의 요구에 맞게 스스로 인식하고 호출하여 문제를 해결할 수 있도록 하는 기술입니다. 펑션 콜링을 통해 LLM은 단순히 텍스트나 이미지로 응답하는 것을 넘어, 사용자의 요청을 분석하여 사전에 등록된 함수를 호출할 수 있습니다. 이는 마치 LLM이 수많은 함수 중 필요한 것을 선반에서 꺼내어 스스로 실행하는 것과 유사합니다. 이와 같은 방식으로 LLM은 더 다양한 기능을 수행할 수 있으며, 외부 시스템과도 효과적으로 연동할 수 있는 확장된 능력을 갖추게 됩니다.

펑션 콜링의 작업 프로세스는 다음과 같습니다.

1. **함수 정의**: 수행하고자 하는 작업을 함수 형태로 작성합니다. 특정 작업을 수행하거나 API를 호출하는 함수를 만듭니다. 예를 들어, 데이터베이스 조회, 웹 서비스 호출, 계산 등의 작업을 함수로 정의할 수 있습니다.

2. **도구 등록**: 정의한 함수들을 도구(tools)로 등록하여 LLM이 필요할 때 사용할 수 있도록 설정합니다. 이러한 도구는 LLM이 사용자의 질문이나 명령에 따라 적절한 시점에 호출할 수 있도록 준비된 상태가 됩니다. (이 과정은 사용하는 LLM 모델이나 프레임워크에 따라 다를 수도 있으므로, 도구를 등록할 때는 해당 모델이나 프레임워크의 설명서를 참고해야 합니다).

3. **함수 호출 실행**: LLM이 함수 호출이 필요하다고 판단하면, FunctionCallingAgent가 해당 함수를 식별하고 필요한 인자와 함께 호출합니다.

4. **결과 처리 및 응답 생성**: 함수 실행 후 반환된 결과는 LLM의 응답에 포함되어 자연스러운 문장 형태로 사용자에게 제공됩니다.

ReAct 에이전트와 펑션 콜링 에이전트는 모두 LLM이 외부 시스템과 상호작용하거나 복잡한 작업을 처리할 수 있도록 설계된 프레임워크라는 공통점이 있습니다. 그러나 사용 사례, 장점, 제한 사항 측면에서 차이가 있습니다.

ReAct 에이전트는 사고-행동-관찰(Thought-Action-Observation) 루프를 통해 문제를 단계적으로 해결하는 방식인 반면, 펑션 콜링은 일반적으로 사고 과정이 생략되어 즉각 도구를 실행하는 행동-관찰(Action-Observation) 단계의 형태로 동작합니다. 따라서 ReAct 에이전트는 사고 과정을 통해 복잡한 문제 해결에 유리한 반면, 루프 과정에서 반드시 사고 과정을 거쳐야 하므로 실행 과정이 다소 복잡해질 수 있고 답변에 도달하기까지 느려진다는 단점이 있습니다. 펑션 콜링은 이와 달리 사고 과정이 생략되어 구현이 간단하고 빠르다는 특징이 있습니다.

이러한 특성으로 인해 ReAct 에이전트는 여러 정보 소스에서 정보를 검색하고 종합하는 챗봇이나 실시간 물류 경로를 최적화 등 복잡한 업무에 자주 활용되며, 펑션 콜링은 항공권 예약, 날씨 정보 제공 등 명확하게 정의된 API 호출 기반 작업에 적합합니다.

이번 장에서는 펑션 콜링 에이전트의 작동 원리를 살펴보고, 간단한 펑션 콜링 에이전트를 직접 구현해 보겠습니다.

8.1 개발 환경 구축하기

먼저 실습을 위한 개발 환경을 준비합니다. 명령 프롬프트를 사용해 프로젝트 폴더를 생성하고, 가상 환경을 구축합니다.

프로젝트 폴더 생성하기

8장에서 실습할 코드와 데이터를 저장할 ch08 폴더를 생성하고 해당 경로로 이동합니다. 명령 프롬프트에서 아래 명령어를 순서대로 입력합니다.

```
C:\llamaindex> cd C:\llamaindex
C:\llamaindex> mkdir ch08
C:\llamaindex> cd ch08
C:\llamaindex\ch08>
```

실습 폴더인 llamaindex 폴더 안에 ch08 폴더가 생긴 것을 확인할 수 있습니다.

가상 환경 생성하기

다음 명령어를 입력하여 ch08_env라는 이름의 가상 환경을 생성합니다.

```
C:\llamaindex\ch08> python -m venv ch08_env
```

가상 환경이 생성되면 아래 명령어로 가상 환경을 활성화합니다.

```
C:\llamaindex\ch08> ch08_env\Scripts\activate.bat[1]
(ch08_env) C:\llamaindex\ch08>
```

프롬프트 왼쪽에 (ch08_env)가 표시되면 가상 환경이 정상적으로 활성화된 것입니다.

가상 환경에 라마인덱스 0.11.11 버전을 설치합니다.

```
(ch08_env) C:\llamaindex\ch08> pip install llama-index==0.11.11
```

VS Code에서 프로젝트 파일 만들기

이번 실습에 사용할 주피터 노트북 파일을 만들어 보겠습니다. VSCode를 실행하고, 상단 메뉴에서 [File] → [Open Folder]를 클릭합니다. 앞서 생성한 ch08 폴더(C:\llamaindex\ch08)를 선택하고 [열기] 버튼을 누릅니다. 이어서 [New File] 버튼을 클릭해 새로운 파일을 추가합니다. 새 파일 이름은 ch08_practice.ipynb로 지정합니다.

8.2 펑션 콜링 작동 방식 이해하기

펑션 콜링의 작동 원리를 이해하기 위해, 간단한 계산식을 함수로 정의하고 이를 호출하는 예제를 작성해 보겠습니다. 아래는 라마인덱스 라이브러리를 사용하여 펑션 콜링 에이전트를 구현한 코드입니다.

```python
from llama_index.llms.openai import OpenAI
from llama_index.core.agent import FunctionCallingAgent
from llama_index.core.tools import FunctionTool
import numpy as np

llm = OpenAI(model="gpt-4o")
```

---

[1] macOS 사용자는 source ch08_env/bin/activate 명령어를 사용합니다.

먼저 라마인덱스 라이브러리에서 FunctionCallingAgent 클래스를 가져옵니다. 이 클래스는 함수 호출 기능을 갖춘 AI 에이전트를 생성하는 데 사용됩니다. 이어서 사용자 정의 함수를 tools(도구)로 변환하는 FunctionTool 클래스를 가져옵니다. FunctionTool은 사용자 정의 함수를 도구로 변환해 LLM이 호출할 수 있게 만듭니다. 또 수학 계산을 위한 numpy 라이브러리도 함께 임포트합니다. 마지막으로 OpenAI의 gpt-4o 모델을 사용하는 LLM 인스턴스를 생성합니다.

이제 계산용 함수를 정의해보겠습니다. 더하기, 곱하기, 나누기 함수를 각각 정의합니다.

```
def add(a,b):
    """ 주어진 두 숫자를 더하고 결과를 출력합니다 """
    return a+b

def mul(a,b):
    """ 주어진 두 숫자를 곱하고 결과를 출력합니다 """
    return a*b

def div(a,b):
    """ 주어진 두 숫자 중 첫 번째 숫자를 두 번째 숫자로 나누고 결과를 출력합니다 """
    return a/b
```

def add(a,b)는 두 숫자를 더하는 함수, def mul(a,b)은 두 숫자를 곱하는 함수, def div(a,b)는 첫 번째 숫자를 두 번째 숫자로 나누는 함수입니다.

함수를 정의했으면 각각의 함수를 FunctionTool로 변환합니다.

```
at = FunctionTool.from_defaults(fn=add)
mt = FunctionTool.from_defaults(fn=mul)
dt = FunctionTool.from_defaults(fn=div)
```

여기서 FunctionTool은 함수의 이름, 설명, 인자 등을 정의해 LLM이 적절한 시점에 해당 함수를 호출할 수 있도록 합니다. 예를 들어 더하기 함수는 'at', 곱하기 함수는 'mt'라는 이름으로 도구화됩니다.

이어서 앞서 정의한 도구들을 사용하는 에이전트를 생성합니다.

```
agent_worker = FunctionCallingAgent.from_tools([at, mt, dt],
                                               llm=llm,
                                               verbose=True,
                                               allow_parallel_tool_calls=False
                                               )
```

FunctionCallingAgent.from_tools()는 도구 목록을 입력받아 에이전트를 생성하는 메서드입니다. 앞에서 만들었던 도구 목록을 [at, mt, dt]로 전달하고 verbose=True로 설정해 에이전트의 동작 로그를 자세히 출력하도록 했습니다. 이렇게 하면 디버깅이나 에이전트의 동작을 관찰하는 데 유용합니다.

allow_parallel_tool_calls는 여러 도구를 병렬로 호출할지 결정하는 설정입니다. allow_parallel_tool_calls=True로 설정하면 여러 도구들을 동시에 호출할 수 있지만, 이번 예제에서는 False로 설정했습니다. 따라서 에이전트는 도구 호출을 병렬로 처리하지 않고 한 번에 하나의 도구만 호출할 수 있습니다.

생성된 agent_worker 객체는 사용자 쿼리에 응답하고, 필요할 때 적절한 도구(at, mt, dt)를 호출하는 AI 에이전트입니다. 이제 질문을 해보겠습니다.

```
response = agent_worker.chat("(77*2+2)를 78로 나눈 값을 계산해 줘")
print(response)
```

실행 결과

```
> Running step d8ace394-89b3-405e-9c94-3dd475db3981. Step input: (77*2+2)를 78로 나눈 값을 계산해 줘
Added user message to memory: (77*2+2)를 78로 나눈 값을 계산해 줘
=== Calling Function ===
Calling function: mul with args: {"a": 77, "b": 2}
=== Function Output ===
154
> Running step 73212b70-1064-46d7-bb99-63bb60887686. Step input: None
=== Calling Function ===
Calling function: add with args: {"a": 154, "b": 2}
```

```
=== Function Output ===
156
> Running step 9bbf42f7-ded0-420c-9663-d48e6071e233. Step input: None
=== Calling Function ===
Calling function: div with args: {"a": 156, "b": 78}
=== Function Output ===
2.0
> Running step 548face1-8a98-49d6-8d62-9b988ddf174e. Step input: None
=== LLM Response ===
\((77\times 2 + 2)\)를 78로 나눈 값은 2.0입니다.
\((77\times 2 + 2)\)를 78로 나눈 값은 2.0입니다.
```

실행 결과를 보면 `Calling function: mul with args: {"a": 77, "b": 2}`를 통해 가장 먼저 곱셈 함수가 호출되었음을 확인할 수 있습니다. 이 연산의 결과로 154가 산출되었습니다. 다음으로 `add with args: {"a": 154, "b": 2}`가 호출되어 156이라는 값을 얻었고, 마지막으로 `div with args: {"a": 156, "b": 78}`를 통해 2.0이라는 최종 결과가 도출되었습니다.

최종적으로 LLM은 "\((77\times 2 + 2)\)를 78로 나눈 값은 2.0입니다."라는 응답을 생성했습니다.

이처럼 펑션 콜링 에이전트는 사용자가 호출할 함수를 일일이 지정하지 않아도, 입력된 요청을 분석하여 필요한 함수를 스스로 선택하고 실행할 수 있는 편리한 도구입니다.

이제 펑션 콜링의 작동 방식을 알아봤으니, 다음 단계로 실습을 진행하겠습니다. 실습에서는 외부 API를 활용하는 펑션 콜링 에이전트와 특정 문서를 기반으로 작동하는 펑션 콜링 에이전트의 두 가지 유형을 구현해 보겠습니다.

8.3 외부 API를 활용한 펑션 콜링

펑션 콜링은 외부 API와 연동하여 실시간 데이터를 활용할 수 있도록 함으로써 RAG의 한계를 보완할 수 있습니다. RAG는 대규모 데이터에서 정보를 검색해 응답을 생성함으로써 LLM의 지식 한계를 보완하지만, 날씨, 주가, 교통 상황처럼 실시간으로 변동되는 정보에는 적합하지 않습니다. 이는 RAG가 정보를 미리 수집하고 가공하는 전처리 과정이 필요하며, 데이터가 자주 변경되는 경우 이 과정을 반복해서 수행해야 하기 때문입니다.

반면, 펑션 콜링은 에이전트와 외부 API를 직접 연결하여 실시간 정보 검색과 API 호출을 가능하게 합니다. 이를 통해 RAG에서 발생할 수 있는 검색 지연과 데이터 처리 시간을 효과적으로 줄일 수 있습니다. 예를 들어, "내 주식 포트폴리오 상태가 궁금하다"는 질문에 금융 데이터 API를 통해 실시간 주가 정보를 조회하고 분석 결과를 제공할 수 있으며, "오늘 저녁 날씨가 어때?"와 같은 질문에는 기상청 API로부터 최신 기상 정보를 받아 즉시 응답할 수 있습니다.

이번 절에서는 실시간 주가 정보를 확인할 수 있는 펑션 콜링 에이전트를 만들어 보겠습니다.

8.3.1 증시 정보 호출 에이전트 만들기

패키지 임포트

실습 환경을 세팅하기 위해 먼저 필요한 패키지들을 임포트합니다.

```
from llama_index.llms.openai import OpenAI
from llama_index.core.agent import FunctionCallingAgent
from llama_index.core.tools import FunctionTool
import numpy as np

llm = OpenAI(model="gpt-4o")
```

이어서 증시 정보를 받아오기 위한 라이브러리를 설치합니다. 이번 실습에서는 **yfinance**를 사용하겠습니다. **yfinance**는 야후 파이낸스(Yahoo Finance) API를 기반으로 주식, 환율 등 금융 시장과 관련된 데이터를 무료로 가져와 분석할 수 있도록 설계된 오픈 소스 라이브러리입니다.

```
!pip install yfinance==0.2.55
import yfinance as yf
```

yfinance 외에도 Alpha Vantage, IEX Cloud, Quandl 등 다양한 금융 데이터 라이브러리가 있습니다. 각 라이브러리는 데이터 제공 방식, 기능, 가격 모델 등이 서로 다릅니다. 따라서 목적에 맞는 라이브러리를 선택해 사용하면 됩니다.

8.3.2 펑션 콜링 도구 준비

이제 에이전트가 호출할 함수를 정의하고, 이를 도구(tools)로 등록하겠습니다. 이번 실습에서는 미국 주식 종가와 한국 주식 종가를 불러오는 함수를 구현하겠습니다.

함수 정의

먼저 미국 주식 시장에서 종목 코드를 받아 해당 종목의 종가를 반환하는 함수입니다.

```
def get_stock_price_us(code):
    ticker = yf.Ticker(f"{code}")
    todays_data = ticker.history(period='1d')
    return round(todays_data['Close'].iloc[0], 2)
```

이 `get_stock_price` 함수는 매개변수로 `code`를 받고, `yf.Ticker()`를 이용해 해당 주식 심볼에 대한 `Ticker` 객체를 생성합니다. 생성된 `Ticker` 객체의 `history()` 메서드를 호출하면 최근 1일치('1d')의 주가 데이터가 데이터프레임(pandas DataFrame) 형태로 반환됩니다.

이 중 'Close' 열(종가)의 첫 번째 값을 `iloc[0]`으로 가져오고, 이를 `round()` 함수를 사용해 소수점 둘째 자리까지 반올림하여 반환합니다.

이어서 한국 주식 시장에 대한 종가 정보를 조회하는 함수입니다.

```
def get_stock_price_Korea(code):
    ticker = yf.Ticker(f"{code}.KS")
    todays_data = ticker.history(period='1d')
    return round(todays_data['Close'].iloc[0], 2)
```

한국 주식 정보를 받아오는 함수는 미국 주식 종가를 조회하는 코드와 거의 동일하지만, Ticker 객체를 생성할 때 yf.Ticker(f"{code}.KS")와 같이 .KS를 붙여야 한다는 점이 다릅니다. 한국 주식을 조회할 때는 종목코드 뒤에 .KS(코스피 상장 종목) 또는 .KQ(코스닥 상장 종목)를 반드시 붙여야 합니다. 이를 생략하면 'OOO(종목 이름이나 코드)의 종가 정보를 알 수 없다'는 오류 메시지가 반환됩니다.

도구 등록

이렇게 만들어진 개별 함수를 도구들(tools)로 변환합니다.

```
stock_k = FunctionTool.from_defaults(fn=get_stock_price_Korea)
stock_u = FunctionTool.from_defaults(fn=get_stock_price_us)
```

FunctionTool.from_defaults() 메서드를 사용하여 도구를 등록합니다. get_stock_price_Korea 함수는 stock_k라는 이름의 도구로, get_stock_price_us 함수는 stock_u라는 이름의 도구로 각각 등록했습니다.

8.3.3 에이전트 만들고 쿼리 실행하기

이제 펑션 콜링 에이전트를 생성하겠습니다.

```
agent_worker = FunctionCallingAgent.from_tools([stock_k, stock_u],
                                                llm=llm,
                                                verbose=True,
                                                allow_parallel_tool_calls=False
                                                )
```

앞에서 정의한 도구 목록 [stock_k, stock_u]을 에이전트에 전달하고 verbose=True로 설정해 동작 로그를 자세히 출력하도록 합니다. 또한, 여러 도구를 동시에 호출할 수 있을지를 결정하는 allow_parallel_tool_calls 옵션은 False로 설정하여, 에이전트가 한 번에 하나의 도구만 호출하도록 합니다.

이렇게 생성된 agent_worker 객체는 사용자 쿼리에 따라 stock_k 또는 stock_u 도구 중 적절한 함수를 선택해 호출하고, 그 결과를 응답으로 반환하는 AI 에이전트입니다.

쿼리 실행하기

이제 실제로 질문을 입력하여 주식 종가 정보가 정확히 반환되는지 확인해 보겠습니다.

```
response = agent_worker.chat("TESLA 최신 종가가 어떻게 돼?")
```

실행 결과

```
> Running step 2fc06d09-528b-4bfe-aa3b-d7980039e269. Step input: tesla 최신 종가가 어떻게 돼?
Added user message to memory: tesla 최신 종가가 어떻게 돼?
=== Calling Function ===
Calling function: get_stock_price_us with args: {"code": "TSLA"}
=== Function Output ===
252.31
> Running step 99f8222e-b929-4efd-8388-08541572122c. Step input: None
=== LLM Response ===
테슬라(Tesla)의 최신 종가는 $252.31입니다.
```

출력 로그 중 `get_stock_price_us with args: {"code": "TSLA"}`에서 볼 수 있듯이 에이전트는 테슬라의 종목 코드인 'TSLA'를 자동으로 인식하여 `get_stock_price_us` 함수를 호출합니다. 그 결과로 252.31이라는 종가 값을 얻었으며, 이 정보는 LLM을 통해 "테슬라(Tesla)의 최신 종가는 $252.31입니다."라는 자연어 응답으로 사용자에게 전달됩니다.

국내 주식 정보도 잘 가져오는지 확인해 보겠습니다.

```
response = agent_worker.chat("삼성전자의 최신 종가가 어떻게 돼?")
```

실행 결과

```
> Running step 6569c1f9-1a95-4788-80fa-563ab5c0ee73. Step input: 삼성전자의 최신 종가가 어떻게 돼?
Added user message to memory: 삼성전자의 최신 종가가 어떻게 돼?
=== Calling Function ===
Calling function: get_stock_price_Korea with args: {"code": "005930"}
=== Function Output ===
55200.0
> Running step e613ab59-6cf5-4214-ada6-7ae4c4039be0. Step input: None
=== LLM Response ===
삼성전자(005930)의 최신 종가는 55,200원입니다.
```

출력 로그 중 get_stock_price_Korea with args: {"code": "005930"}에서 볼 수 있듯이, "005930"는 삼성전자의 종목 코드입니다. 에이전트는 해당 코드를 자동으로 인식하여 get_stock_price_us 함수를 호출하고, 55200.0이라는 결괏값을 얻었습니다. 이 정보는 LLM을 통해 "삼성전자(005930)의 최신 종가는 55,200원입니다"라는 자연어 응답으로 반환됩니다.

위 실행 결과에서 알 수 있듯이 사용자가 미국 주식 정보를 조회할지, 한국 주식 정보를 조회할지를 명시하지 않았음에도 에이전트는 문맥을 이해하고 적절한 함수를 자동으로 선택하여 작업을 수행했습니다.

위 코드에 덧붙여 특정 종목의 종가 정보를 날짜 정보와 함께 조회하고 싶다면, 함수를 아래와 같이 작성하면 됩니다.

```python
def get_stock_price_us(code):
    ticker = yf.Ticker(f"{code}")
    todays_data = ticker.history(period='1d')

    if not todays_data.empty:
        close_price = round(todays_data['Close'].iloc[0], 2)
        close_date = todays_data.index[0].strftime('%Y-%m-%d')
        return close_price, close_date

    else:
        return None, None
```

get_stock_price_us() 함수를 기본으로 close_date = todays_data.index[0].strftime('%Y-%m-%d') 코드를 추가했습니다. 이 코드를 추가하면 실행 결과에 종가뿐만 아니라 해당 종가의 기준 날짜도 함께 포함되어 반환됩니다.

실행 결과

```
> Running step 2d5d1b2b-a413-4f78-856c-0ad0b467394e. Step input: tesla 최신 종가가 어떻게 돼?
Added user message to memory: tesla 최신 종가가 어떻게 돼?
=== Calling Function ===
```

```
Calling function: get_stock_price_us with args: {"code": "TSLA"}
=== Function Output ===
(252.31, '2025-04-11')
> Running step f7e5cc02-b962-409e-86bc-f414dc22400e. Step input: None
=== LLM Response ===
테슬라(TSLA)의 최신 종가는 2025년 4월 11일 기준으로 $252.31입니다.
```

get_stock_price_us() 함수를 호출해 결괏값을 가져오는 과정은 앞서 설명한 것과 동일하지만, LLM이 최종적으로 반환하는 응답에는 해당 종가가 어떤 날짜 기준인지를 명확히 나타내는 정보가 포함되어 있습니다. 지금까지 살펴본 예제의 전체 소스 코드는 이 책의 깃허브 저장소에 게시되어 있습니다. 깃허브에 있는 코드를 참조하여 직접 실행해보기 바랍니다.

yfinance 사용 중 에러가 발생하는 경우

코드 실행 시 'Encountered error: 'Too Many Requests. Rate limited. Try after a while.'와 같은 에러가 발생할 수 있습니다. 이 경우 다음과 같이 함수를 수정하여 실행해보기 바랍니다.

```
!pip install curl_cffi          # curl_cffi 설치
from curl_cffi import requests

# 미국 주식 최신 종가 호출
def get_stock_price_us(code):
    session = requests.Session(impersonate="chrome")
    ticker = yf.Ticker(f"{code}", session=session)
    todays_data = ticker.history(period='1d')
    return round(todays_data['Close'].iloc[0], 2)

# 한국 주식 최신 종가 호출
def get_stock_price_Korea(code):
    session = requests.Session(impersonate="chrome")
    ticker = yf.Ticker(f"{code}.KS", session=session)
    todays_data = ticker.history(period='1d')
    return round(todays_data['Close'].iloc[0], 2)
```

curl_cffi는 파이썬에서 웹 요청을 보낼 때 사용하는 라이브러리입니다. 최근 야후가 보안을 강화하면서 기존의 requests, urllib 등 순수 파이썬 기반 HTTP 라이브러리로는 데이터를 받아오기 어려운 경우가 많아졌습니다.

이에 대응하여 yfinance는 curl_cffi를 활용해 브라우저를 모방한 세션을 생성하고, 실제 브라우저에서 요청하는 것처럼 위장하여 야후 파이낸스 서버의 차단을 우회할 수 있도록 기능을 보완하였습니다.

지금까지 외부 API를 활용한 펑션 콜링 예제를 살펴봤습니다. 깃허브에 공개된 API 정보[2]를 활용해 여러분만의 다양한 펑션 콜링 에이전트를 자유롭게 구현해보기 바랍니다.

8.4 펑션 콜링으로 구현하는 RAG 에이전트

펑션 콜링(function calling)을 활용하면 복잡한 질의가 입력된 고난이도의 RAG 상황에서도 적절한 응답을 생성하는 것이 가능합니다. 이번 절에서는 삼성전자의 2022년부터 2024년까 3개년 사업보고서를 읽고 분석해주는 펑션 콜링 에이전트를 구현해보겠습니다.

8.4.1 환경 세팅과 데이터 준비

패키지 임포트

실습 환경을 설정하기 위해 필요한 패키지들을 임포트합니다. 이번 실습에서는 LLM 모델을 gpt-4o, 임베딩 모델을 text-embedding-3-small로 설정하여 진행하겠습니다.

```python
from llama_index.llms.openai import OpenAI
from llama_index.embeddings.openai import OpenAIEmbedding
from llama_index.core.settings import Settings

Settings.llm = OpenAI(model="gpt-4o")
Settings.embed_model = OpenAIEmbedding(model="text-embedding-3-small")
```

---

[2] https://github.com/public-apis/public-apis에는 1400개 이상의 무료 API가 카테고리별로 정리되어 있습니다.

Settings.llm과 Settings.embed_model은 환경이나 목적에 따라 자유롭게 변경할 수 있습니다.

이어서 데이터를 로드하고 인덱싱하는 데 필요한 SimpleDirectoryReader, VectorStoreIndex 등의 패키지도 함께 임포트합니다.

```
from llama_index.core import (
    SimpleDirectoryReader,
    VectorStoreIndex
)
from llama_index.core.tools import QueryEngineTool
```

QueryEngineTool은 쿼리 엔진을 AI 에이전트가 사용할 수 있는 도구로 변환하는 클래스이며, 이를 통해 생성된 도구는 인덱스를 기반으로 문서에서 정보를 검색하는 데 사용됩니다. 즉, AI 에이전트가 문서에서 필요한 정보를 찾아 응답할 수 있도록 지원합니다.

데이터 내려받기

이번 실습에서 사용할 데이터는 금융감독원의 전자공시시스템(DART)[3]에 공개된 삼성전자의 2022년부터 2024년까지 3개년 사업보고서입니다. 해당 보고서는 전자공시시스템에서 삼성전자의 정기공시 항목을 검색하면 확인할 수 있습니다. 링크는 다음과 같습니다.

- 삼성전자 제56기 사업 보고서 (2024년1월1일 ~ 2024년12월31일)
  https://dart.fss.or.kr/dsaf001/main.do?rcpNo=20250311001085
- 삼성전자 제55기 사업 보고서 (2023년1월1일 ~ 2023년12월31일)
  https://dart.fss.or.kr/dsaf001/main.do?rcpNo=20240312000736
- 삼성전자 제54기 사업 보고서 (2022년1월1일 ~ 2022년12월31일)
  https://dart.fss.or.kr/dsaf001/main.do?rcpNo=20230307000542

해당 링크를 통해 직접 데이터를 내려받아도 되고, 이 책의 깃허브 저장소에서 제공하는 파일을 활용해도 무방합니다. 데이터를 내려받은 후에는 미리 생성해둔 ch08 실습 폴더

---

[3] 금융감독원 전자공시시스템 사이트 https://dart.fss.or.kr/

(C:\llamaindex\ch08) 안에 data라는 하위 폴더를 새로 만들고, 내려받은 파일들을 해당 data 폴더에 저장해 둡니다.

데이터 다운로드

실습에 사용할 데이터를 내려 받습니다. 아래 코드를 실행하면 데이터가 다운로드됩니다.

```
import os
import urllib.parse
import requests
import re

urls=[
    "https://raw.githubusercontent.com/llama-index-tutorial/llama-index-tutorial/main/ch08/data/%5BEC%82%BC%EC%84%B1%EC%A0%84%EC%9E%90%5D%EC%82%AC%EC%97%85%EB%B3%B4%EA%B3%A0%EC%84%9C_2022.pdf",
    "https://raw.githubusercontent.com/llama-index-tutorial/llama-index-tutorial/main/ch08/data/%5BEC%82%BC%EC%84%B1%EC%A0%84%EC%9E%90%5D%EC%82%AC%EC%97%85%EB%B3%B4%EA%B3%A0%EC%84%9C_2023.pdf",
    "https://raw.githubusercontent.com/llama-index-tutorial/llama-index-tutorial/main/ch08/data/%5BEC%82%BC%EC%84%B1%EC%A0%84%EC%9E%90%5D%EC%82%AC%EC%97%85%EB%B3%B4%EA%B3%A0%EC%84%9C_2024.pdf"
]

# 각 파일 다운로드
for url in urls:
    encoded_filename = url.split("/")[-1]  # URL에서 파일명 추출
    decoded_filename = urllib.parse.unquote(encoded_filename) # 한글 파일명 복원
    response = requests.get(url)
    if response.status_code == 200:
        # 임시 파일명으로 저장
        temp_filename = "temp_download_file" + os.path.splitext(decoded_filename)[1]
        with open(temp_filename, 'wb') as f:
            f.write(response.content)
        os.rename(temp_filename, decoded_filename) # 파일명 변경
        print(f"완료: {decoded_filename} 다운로드 완료")
```

```
    else:
        print(f"오류: {url} 다운로드 실패 (상태 코드: {response.status_code})\n")
```

파일명이 한글이기 때문에 URL에서는 아스키코드(ASCII 코드)로 변환되어 표기됩니다. 따라서 다운로드 시 임시 파일명으로 저장했다가, 다시 디코딩해 복원된 한글 이름으로 변경하여 저장되게 했습니다. 다운로드가 정상적으로 완료되면 다음과 같은 메시지가 출력됩니다.

실행 결과

```
완료: [삼성전자]사업보고서_2022.pdf 다운로드 완료
완료: [삼성전자]사업보고서_2023.pdf 다운로드 완료
완료: [삼성전자]사업보고서_2024.pdf 다운로드 완료
```

이 파일들이 data 폴더 안에 제대로 저장되어 있는지 확인합니다. 이제 실습에 사용할 주피터 노트북과 문서 데이터가 모두 준비되었습니다. 다음으로, 각 문서 파일을 로딩하고, 라마인덱스를 활용해 인덱싱하는 실습을 진행하겠습니다.

실습 폴더에 문서를 저장해 두었다면, 이제 각 문서를 SimpleDirectoryReader를 사용하여 읽어옵니다.

```
S2024_docs = SimpleDirectoryReader(
    input_files=["./data/[삼성전자]사업보고서_2024.pdf"]
).load_data()
S2023_docs = SimpleDirectoryReader(
    input_files=["./data/[삼성전자]사업보고서_2023.pdf"]
).load_data()
S2022_docs = SimpleDirectoryReader(
    input_files=["./data/[삼성전자]사업보고서_2022.pdf"]
).load_data()
```

이때, S2024_docs에는 2024년 사업보고서의 내용이, S2023_docs와 S2022_docs에는 각각 2023년과 2022년 사업보고서의 내용이 로드됩니다.

다음으로, VectorStoreIndex를 이용해 각 문서를 인덱싱합니다.

```
S2024_index = VectorStoreIndex.from_documents(S2024_docs)
S2023_index = VectorStoreIndex.from_documents(S2023_docs)
S2022_index = VectorStoreIndex.from_documents(S2022_docs)
```

세 문서 집합을 벡터화하여 각각 S2024_index, S2023_index, S2022_index라는 이름의 벡터 인덱스로 생성합니다.

8.4.2 펑션 콜링 도구 준비

이제 에이전트를 구성해 보겠습니다. 이번 절에서는 에이전트가 호출할 도구(tools)를 만들고, 해당 도구를 사용할 수 있도록 에이전트에 권한을 부여하는 과정을 진행합니다.

도구 등록

먼저, 앞서 생성한 S2022_index, S2023_index, S2024_index를 쿼리 엔진으로 변환합니다. query_engine은 특정 지식 베이스 내에서 사용자의 질문이나 쿼리와 의미적으로 가장 유사한 문서나 문서 조각을 찾아주는 역할을 합니다.

```
S2024_engine = S2024_index.as_query_engine(similarity_top_k=3)
S2023_engine = S2023_index.as_query_engine(similarity_top_k=3)
S2022_engine = S2022_index.as_query_engine(similarity_top_k=3)
```

S2024_index 객체에서 쿼리 엔진을 생성하고 이를 S2024_engine 변수에 할당합니다. 이때 similarity_top_k=3으로 설정하여 사용자 질의와 가장 유사한 문서를 최대 3개까지만 검색하도록 제한합니다. S2023_engine과 S2022_engine도 같은 방식으로 각각 생성합니다.

이렇게 만들어진 각 쿼리 엔진을 도구(tools)로 변환하겠습니다. query_engine_tools라는 리스트를 생성하여, 3개의 서로 다른 쿼리 엔진 도구를 이 리스트에 담아두겠습니다.

```
query_engine_tools = [
    QueryEngineTool.from_defaults(
        query_engine=S2024_engine,
        name="samsung_2024",
```

```
        description=(
            "삼성전자의 2024년 재무상태에 대해 정보 제공해 주세요."
            "도구에 입력할 때 자세한 일반 텍스트 질문을 사용합니다."
            "실적 분석할 때 보고서를 충분히 검토한 후 답변해 주세요"
        ),
    ),
    QueryEngineTool.from_defaults(
        query_engine=S2023_engine,
        name="samsung_2023",
        description=(
            "삼성전자의 2023년 재무상태에 대해 정보 제공해 주세요."
            "도구에 입력할 때 자세한 일반 텍스트 질문을 사용합니다."
            "실적 분석할 때 보고서를 충분히 검토한 후 답변해 주세요"
        ),
    ),
    QueryEngineTool.from_defaults(
        query_engine=S2022_engine,
        name="samsung_2022",
        description=(
            "삼성전자의 2022년 재무상태에 대해 정보 제공해 주세요."
            "도구에 입력할 때 자세한 일반 텍스트 질문을 사용합니다."
            "실적 분석할 때 보고서를 충분히 검토한 후 답변해 주세요"
        ),
    ),
]
```

도구는 `QueryEngineTool.from_defaults()` 메서드를 사용해 생성합니다. 이때 도구의 매개변수는 다음과 같이 설정합니다.

- `query_engine`: 실제로 질문에 답변을 제공할 쿼리 엔진(각 도구는 서로 다른 연도의 데이터를 포함)
- `name`: 도구의 이름
- `description`: 도구의 사용 목적과 사용 방법에 대한 설명

이렇게 설정하여 samsung_2024, samsung_2023, samsung_2022라는 이름의 도구들이 생성됐습니다. 이 도구들은 사용자의 질문에 따라 적절한 연도의 삼성전자 재무 데이터를 검색

할 수 있도록 구성된 것입니다. 예를 들어, 사용자가 "2023년 삼성전자의 영업이익은 얼마였나요?"라고 질문하면, 에이전트는 자동으로 samsung_2023 도구를 선택해 해당 정보를 검색하고 응답하게 됩니다.

8.4.3 에이전트 생성과 쿼리 실행

이제 펑션 콜링 에이전트를 생성할 차례입니다.

펑션 콜링 에이전트 만들기

```
from llama_index.core.agent import FunctionCallingAgent

agent = FunctionCallingAgent.from_tools(tools=query_engine_tools,
                                        llm=llm,
                                        verbose=True,
                                        )
```

`llama_index.core.agent` 모듈에서 `FunctionCallingAgent` 클래스를 임포트하고 `FunctionCallingAgent.from_tools()` 메서드를 사용하여 새로운 에이전트 객체를 생성합니다. 에이전트를 생성할 때 다음과 같은 매개변수를 설정합니다.

- `tools=query_engine_tools`: 앞서 정의한 세 개의 쿼리 엔진 도구 리스트를 에이전트에 제공합니다 (삼성전자의 2022, 2023, 2024년 재무 데이터를 검색할 수 있는 도구들).
- `llm=llm`: 에이전트가 이전에 정의한 LLM을 사용할 수 있도록 지정합니다.
- `verbose=True`: 에이전트의 동작 로그를 상세히 출력하도록 설정합니다.

쿼리 실행하기

에이전트가 생성됐으니, 이제 실제로 질문을 입력해 보겠습니다. 이번에는 2022년부터 2024년까지 3년년의 매출액을 알려달라고 질의합니다.

```
response = agent.chat("2022년 매출액과 2023년 매출액, 2024년 매출액을 차례로 알려줘")
```

실행 결과

```
> Running step 8fe7f172-e963-4c52-9561-50669a244a1c. Step input: 2022년 매출액과 2023년 매출액, 2024년 매출액을 차례로 알려줘
Added user message to memory: 2022년 매출액과 2023년 매출액, 2024년 매출액을 차례로 알려줘
=== Calling Function ===
Calling function: samsung_2022 with args: {"input": "2022\ub144 \uc0bc\uc131\uc804\uc790\uc758 \ub9e4\ucd9c\uc561\uc744 \uc54c\uace0 \uc2f6\uc2b5\ub2c8\ub2e4."}
=== Function Output ===
2022년 삼성전자의 매출액은 302조 2,314억원입니다.
=== Calling Function ===
Calling function: samsung_2023 with args: {"input": "2023\ub144 \uc0bc\uc131\uc804\uc790\uc758 \ub9e4\ucd9c\uc561\uc744 \uc54c\uace0 \uc2f6\uc2b5\ub2c8\ub2e4."}
=== Function Output ===
2023년 삼성전자의 매출액은 258조 9,355억원입니다.
=== Calling Function ===
Calling function: samsung_2024 with args: {"input": "2024\ub144 \uc0bc\uc131\uc804\uc790\uc758 \ub9e4\ucd9c\uc561\uc744 \uc54c\uace0 \uc2f6\uc2b5\ub2c8\ub2e4."}
=== Function Output ===
2024년 삼성전자의 매출액은 300조 8,709억원입니다.
> Running step a948d4ab-d602-4202-bacd-565f908985b8. Step input: None
=== LLM Response ===
- 2022년 삼성전자의 매출액은 302조 2,314억 원입니다.
- 2023년 삼성전자의 매출액은 258조 9,355억 원입니다.
- 2024년 삼성전자의 매출액은 300조 8,709억 원입니다.
```

실행 결과의 로그를 자세히 살펴보겠습니다. 사용자가 "2022년 매출액과 2023년 매출액, 2024년 매출액을 차례로 알려줘"라는 질문을 입력하자, 먼저 Calling function: samsung_2022라는 로그가 출력되며 에이전트가 samsung_2022 도구를 호출한 것을 확인할 수 있습니다. samsung_2022는 삼성전자의 2022년 재무 데이터를 검색하도록 설정된 도구입니다. 이 도구를 통해 "2022년 삼성전자의 매출액은 302조 2,314억원입니다."라는 응답을 얻었습니다.

같은 방식으로 Calling function: samsung_2023 단계에서는 samsung_2023 도구를 호출해 "2023년 삼성전자의 매출액은 258조 9,355억원입니다."라는 응답을 받았고, Calling function: samsung_2024 단계에서는 samsung_2024 도구를 호출해 "2024년 삼성전자의 매출액은 300조 8,709억원입니다."라는 응답을 얻었습니다.

마지막으로 LLLM은 위 세 단계에서 얻은 결과를 종합하여 사용자에게 최종 응답을 생성해 제공합니다.

```
=== LLM Response ===
- 2022년 삼성전자의 매출액은 302조 2,314억 원입니다.
- 2023년 삼성전자의 매출액은 258조 9,355억 원입니다.
- 2024년 삼성전자의 매출액은 300조 8,709억 원입니다.
```

이번에는 매출에 대한 분석이 가능한지 확인해 보겠습니다. 이를 위해 지난 3년간 매출 변동에 대해 질문해 보겠습니다.

```
response = agent.chat("삼성전자의 2023년 매출액이 2022년에 비해 많이 줄었는데, 2024년에는 다시 회복됐어. 이유를 뭐라고 분석하고 있어? 보고서를 충분히 검토하고 답변해 줘")
```

실행결과

```
> Running step b8ec18c8-885b-4b8e-902d-859bea0d4916. Step input: 삼성전자의 2023년 매출액이 2022년에 비해 많이 줄었는데, 2024년에는 다시 회복됐어. 이유를 뭐라고 분석하고 있어?
Added user message to memory: 삼성전자의 2023년 매출액이 2022년에 비해 많이 줄었는데, 2024년에는 다시 회복됐어. 이유를 뭐라고 분석하고 있어?
=== Calling Function ===
Calling function: samsung_2024 with args: {"input": "2024\ub144 \uc0bc\uc131\uc804\uc790\uc758 \ub9e4\ucd9c\uc561 \ud68c\ubcf5 \uc774\uc720\uc5d0 \ub300\ud574 \uc54c\uace0 \uc2f6\uc2b5\ub2c8\ub2e4."}
=== Function Output ===
2024년 삼성전자의 매출액은 전년 동기 대비 16.2% 증가했습니다. 이 회복은 주로 DS 부문의 매출이 66.8% 증가한 것이 큰 영향을 미쳤습니다. DS 부문은 DRAM, NAND Flash, 모바일 AP 등 반도체 부품을 포함하고 있으며, 특히 메모리 평균 판매가격이 전년 대비 약 63% 상승한 것이 매출 증가에 기여했습니다. 반면, DX 부문은 2.9% 증가에 그쳤고, SDC와 Harman 부문은 각각 5.9%와 0.8% 감소했습니다. 이러한 부문별 성과가 전체 매출 회복에 영향을 미쳤습니다.
```

```
> Running step bce028d0-60bd-4d94-aac7-724054d061ba. Step input: None
=== LLM Response ===
2024년 삼성전자의 매출액 회복은 주로 DS(Device Solutions) 부문의 매출이 66.8% 증가한
것이 큰 영향을 미쳤습니다. 특히, 메모리 평균 판매가격이 전년 대비 약 63% 상승하면서 매출
증가에 기여했습니다. 반면, DX 부문은 2.9% 증가에 그쳤고, SDC와 Harman 부문은 각각 5.9%와
0.8% 감소했지만, DS 부문의 성과가 전체 매출 회복을 이끌었습니다.
```

이 질문에 답변하기 위해 에이전트는 samsung_2024 도구를 호출했습니다. 2024년 사업보고서 35페이지의 '매출 및 수주상황' 항목에는 다음과 같은 내용이 포함되어 있습니다.

```
2024년 매출은 300조 8,709억원으로 전년 동기 대비 16.2% 증가하였습니다. 부문별로는 전년
대비 DX 부문이 2.9% 증가, DS 부문이 66.8% 증가하였으며, SDC는 5.9% 감소, Harman은 0.8%
감소하였습니다.
```

또한, 27페이지 '주요 제품 매출'의 '나. 주요 제품 등의 가격 변동 현황' 항목에는 다음과 같은 기록이 있습니다.

```
2024년 TV의 평균 판매가격은 전년 대비 약 2% 하락하였으며, 스마트폰은 전년 대비 약 2%
상승하였습니다. 그리고 메모리 평균 판매가격은 전년 대비 약 63% 상승하였으며, 스마트폰용
OLED 패널은 약 29% 하락하였습니다.
```

삼성전자의 DS 부문은 DRAM, NAND Flash, 모바일 AP 등 반도체 부품을 포함하고 있으며, 에이전트는 이와 같은 부문 구조에 대한 정보와 함께 보고서의 매출 및 수주상황, 제품 가격 변동 현황을 종합하여 최종 응답을 생성한 것으로 확인됩니다.

삼성전자와 같은 대기업의 사업보고서는 1년치 분량이 530페이지에 이를 정도로 방대합니다. 이러한 자료를 처음부터 끝까지 모두 읽고, 3년치 보고서 내용을 비교 분석하려면 상당한 시간과 노력이 요구됩니다. 하지만 이번 실습에서 확인했듯, 이러한 작업을 AI에게 맡기면 업무 효율을 크게 향상시킬 수 있습니다. 실습에서 사용한 코드를 여러분의 VSCode에 저장해두고, 필요한 문서를 데이터로 불러온 후 상황에 맞게 교체하며 반복적으로 활용하시면 좋겠습니다.

09

Text-to-SQL로 구현하는 상담사 에이전트

개발 환경 구축하기
에이전트 개발을 위한 환경 설정
병원 데이터베이스 설계하기
Text-to-SQL 에이전트 구현하기
멀티턴 대화 처리 기법
그라디오를 이용한 사용자 인터페이스

Text-to-SQL은 사용자의 자연어 질문을 구조화된 SQL 쿼리로 자동 변환하는 기술입니다. 이 기술을 활용하면 데이터베이스에 대한 전문 지식이 없는 사용자도 복잡한 쿼리 없이 원하는 정보를 쉽게 얻을 수 있습니다.

Text-to-SQL은 자연어 처리(NLP)와 데이터베이스 기술이 결합된 영역입니다. 일반적으로 사용자 인터페이스는 채팅 화면 형태로 제공되며, 사용자가 마치 사람과 대화하듯 질문을 입력하면, 시스템은 이를 이해해 SQL 쿼리를 생성하고 응답합니다.

전통적인 데이터베이스 접근 방식을 생각해 봅시다. 예를 들어, 특정 의사의 정보를 조회하려면, 개발자는 다음과 같은 SQL 쿼리를 작성해야 합니다.

```
SELECT name, specialty, hospital_name
    FROM doctors
    WHERE name = '김지훈';
```

이를 위해서는 SQL 문법과 데이터베이스 구조에 대한 이해가 필요합니다. 반면, Text-to-SQL 기술을 활용하면 사용자가 단순히 "김지훈 의사의 정보를 알려줘"와 같은 문장을 입력하는 것만으로도 원하는 정보를 얻을 수 있습니다. 이러한 기능이 가능한 이유는 LLM이 자연어를 분석해, 해당 질문에 적절한 SQL 쿼리로 자동 변환하고 실행하기 때문입니다.

LLM 기반 Text-to-SQL 시스템의 가장 큰 장점은 사용자가 친숙한 채팅 인터페이스를 통해 데이터베이스와 자연스럽게 대화할 수 있다는 점입니다. 예를 들어, 사용자가 "김지훈 의사의 전공은?"이라고 질문한 뒤 이어서 "그 의사의 병원은?"이라고 물으면, 시스템은 이전 대화의 맥락을 파악해 '그 의사'가 '김지훈'을 의미함을 인식하고 정확하게 응답합니다.

또한, LLM은 다양한 표현 방식도 이해할 수 있습니다. 예를 들어, "의사의 진료과목"이나 "의사의 전공"이라고 표현하더라도 시스템은 이를 동일한 데이터베이스 필드로 연결해 처리할 수 있습니다. 즉, 사용자는 데이터베이스 용어나 스키마를 정확히 알지 못하더라도 원하는 정보에 접근할 수 있습니다.

이와 같은 Text-to-SQL 기술은 데이터베이스에 익숙하지 않은 일반 사용자, 비즈니스 분석가, 의사결정자들이 직접 데이터를 탐색하고 활용할 수 있게 해줍니다. 이는 조직 내 데이터 활용도를 크게 높이고, 특히 의료, 금융, 소매업 등 다양한 분야에서 데이터 기반 의사결정을 촉진하는 데 기여하고 있습니다.

9.1 개발 환경 구축하기

먼저 실습을 위한 개발 환경을 준비합니다. 명령 프롬프트를 사용해 프로젝트 폴더를 생성하고, 가상 환경을 구축합니다.

프로젝트 폴더 생성하기

9장에서 실습할 코드와 데이터를 저장할 ch09 폴더를 생성하고 해당 경로로 이동합니다. 명령 프롬프트에서 아래 명령어를 순서대로 입력합니다.

```
C:\llamaindex> cd c:\llamaindex
C:\llamaindex> mkdir ch09
C:\llamaindex> cd ch09
C:\llamaindex\ch09>
```

실습 폴더인 llamaindex 폴더 안에 ch09 폴더가 생긴 것을 확인할 수 있습니다.

가상 환경 생성하기

다음 명령어를 입력하여 ch09_env라는 이름의 가상 환경을 생성합니다.

```
C:\llamaindex\ch09> python -m venv ch09_env
```

가상 환경이 생성되면 아래 명령어로 가상 환경을 활성화합니다.

```
C:\llamaindex\ch09> ch09_env\Scripts\activate.bat[1]
(ch09_env) C:\llamaindex\ch09>
```

---

[1] macOS 사용자는 source ch09_env/bin/activate 명령어를 사용합니다.

프롬프트 왼쪽에 (ch09_env)가 표시되면 가상 환경이 정상적으로 활성화된 것입니다. 이제 실습을 위해 라마인덱스와 챗봇 화면을 표시하기 위한 라이브러리인 gradio, 그리고 이를 사용하는 데 필요한 의존성 패키지인 pydantic을 설치합니다.

```
(ch09_env) C:\llamaindex\ch09> pip install llama-index==0.12 gradio==4.44.1
pydantic==2.10.6
```

VS Code에서 프로젝트 파일 만들기

이번 실습에 사용할 주피터 노트북 파일을 만들어 보겠습니다. VSCode를 실행하고, 상단 메뉴에서 [File] → [Open Folder]를 클릭합니다. 앞서 생성한 ch09 폴더(C:\llamaindex\ch09)를 선택하고 [열기] 버튼을 누릅니다. 이어서 [New File] 버튼을 클릭해 새로운 파일을 추가합니다. 새 파일 이름은 ch09_text_to_sql.ipynb로 지정합니다.

9.2 에이전트 개발을 위한 환경 설정

지금까지 Text-to-SQL의 개념과 이점을 살펴봤습니다. 이제 실제로 라마인덱스 프레임워크를 활용하여 병원 데이터베이스를 위한 Text-to-SQL 시스템을 구현해 보겠습니다. 이번 실습에서는 다음과 같은 기능을 단계적으로 구현하며 학습해 보겠습니다.

- 자연어 질문을 SQL 쿼리로 변환하는 기능
- 멀티턴 대화 지원
- 사용자 친화적인 인터페이스 구성

우리가 구현할 시스템은 의사, 환자, 예약 등의 정보를 포함하는 병원 관리 데이터베이스에 대해 사용자가 자연어로 질문할 수 있게 해줍니다. 예를 들어 "김지훈 의사의 전공은 무엇인가요?" 또는 "다음 주에 예약 가능한 내과 의사는 누구인가요?"와 같은 질문에 대답할 수 있습니다.

패키지 임포트

먼저 시스템 구현에 필요한 모듈들을 불러옵니다. 이번 실습에서는 데이터베이스 처리를 위한 sqlite3, 임시 파일 생성을 위한 tempfile, 비동기 처리를 위한 asyncio 등의 모듈이 필요합니다.

```
import os
import sqlite3
import tempfile
import asyncio

from typing import List, Tuple

import gradio as gr

from llama_index.core import SQLDatabase
from llama_index.llms.openai import OpenAI
from llama_index.core.agent.workflow import FunctionAgent, ToolCallResult, AgentOutput

import nest_asyncio
nest_asyncio.apply()
```

여기서 asyncio와 nest_asyncio는 비동기 프로그래밍을 위한 모듈입니다. 비동기 프로그래밍이란 코드가 순차적으로 실행되지 않고, 한 작업이 완료되기를 기다리는 동안 다른 작업을 병렬로 수행할 수 있게 하는 프로그래밍 방식입니다. 이러한 방식은 데이터베이스 쿼리나 네트워크 요청처럼 응답 시간이 오래 걸리는 작업을 보다 효율적으로 처리하는 데 매우 유용합니다.

nest_asyncio.apply()는 주피터 노트북 환경에서 비동기 코드를 정상적으로 실행하기 위해 필요한 설정입니다. 주피터 노트북은 자체적으로 비동기 이벤트 루프를 사용하고 있기 때문에 외부에서 작성한 비동기 코드가 충돌하지 않도록 nest_asyncio로 이벤트 루프를 확장해야 합니다. 이는 마치 이미 운행 중인 도로에 새로운 차선을 추가하는 것과 같은 개념으로 이해할 수 있습니다.

이제 자연어를 SQL로 변환하는 데 사용할 LLM을 초기화합니다. 이번 실습에서는 OpenAI의 GPT-4o 모델을 사용합니다.

```
llm = OpenAI(model="gpt-4o", temperature=0)
```

여기서 temperature=0으로 설정한 이유는, SQL 쿼리 생성 시 랜덤성이 없는 일관되고 예측 가능한 응답을 얻기 위해서입니다. 만약 temperature 값이 0보다 높으면 LLM의 출력에 랜덤성이 추가되어 보다 창의적인 응답이 생성될 수 있지만, 이 경우에는 불안정하거나 잘못된 SQL 쿼리가 생성될 위험이 있습니다. 따라서 이번 실습과 같이 정확성이 중요한 작업에서는 temperature=0으로 설정하는 것이 적절합니다. 이제 기본적인 환경 설정이 완료되었습니다. 다음 단계에서는 병원 관리 시스템을 위한 데이터베이스 구조를 설계하고 초기화하는 과정을 살펴보겠습니다.

9.3 병원 데이터베이스 설계하기

Text-to-SQL 시스템을 테스트하려면 실제로 질의할 수 있는 데이터가 포함된 데이터베이스가 필요합니다. 이번 절에서는 병원 관리 시스템을 위한 데이터베이스 구조를 설계하고 초기화하는 과정을 살펴보겠습니다.

실제 현업 환경에서는 대부분 이미 구축된 데이터베이스나 API에 Text-to-SQL 시스템을 연결하여 사용합니다. 이 경우 기존 시스템의 스키마 정보를 LLM에게 제공하고, 적절한 연결 설정만 해주면 됩니다. 하지만 이번 실습에서는 실제 병원 데이터베이스에 접근할 수는 없기 때문에, 학습과 테스트 목적으로 직접 데이터베이스를 설계하고 샘플 데이터를 생성하여 실습을 진행하겠습니다. 아래의 데이터베이스 구조와 데이터 생성은 GPT-4의 도움을 받아 작성되었습니다. 여러분도 GPT-4를 활용하여 자신만의 테이블과 샘플 데이터를 구축하여 실습해보기를 권장드립니다.

데이터베이스 스키마 설계

병원 관리 시스템을 위한 데이터베이스는 여러 개의 테이블로 구성됩니다. 주요 테이블은 다음과 같습니다.

- doctors: 의사 정보
- patients: 환자 정보
- availability: 의사 가용 시간
- appointments: 예약 정보
- medical_records: 의료 기록
- prescriptions: 처방전 정보
- insurance: 보험 정보
- procedure_coverage: 시술 보장 범위

이제 각 테이블의 스키마를 구체적으로 정의하겠습니다.

```
####################################
# 1. 병원 관련 테이블 DDL 정의
####################################

hospital_schema = """
-- 의사 테이블
CREATE TABLE doctors (
    doctor_id VARCHAR(10) PRIMARY KEY,  -- 의사ID (예: D001)
    name VARCHAR(50) NOT NULL,          -- 의사명
    specialty VARCHAR(50) NOT NULL,     -- 전공
    hospital_name VARCHAR(100) NOT NULL,-- 병원명
    office VARCHAR(20) NOT NULL,        -- 진료실
    phone VARCHAR(20) NOT NULL,         -- 전화번호
    email VARCHAR(100) NOT NULL         -- 이메일
);

-- 환자 테이블
CREATE TABLE patients (
    patient_id VARCHAR(10) PRIMARY KEY, -- 환자ID (예: P001)
    name VARCHAR(50) NOT NULL,          -- 환자명
    birth_date DATE NOT NULL,           -- 생년월일
    gender CHAR(1) NOT NULL,            -- 성별 (M/F)
```

```sql
    phone VARCHAR(20) NOT NULL,            -- 전화번호
    email VARCHAR(100) NOT NULL,           -- 이메일
    address VARCHAR(200) NOT NULL,         -- 주소
    insurance_number VARCHAR(20) NOT NULL, -- 보험번호
    blood_type VARCHAR(5) NOT NULL,        -- 혈액형
    allergies TEXT                         -- 알러지
);

-- 의사 가용 시간 테이블
CREATE TABLE availability (
    doctor_id VARCHAR(10) NOT NULL,        -- 의사ID
    available_date DATE NOT NULL,          -- 날짜
    available_time TIME NOT NULL,          -- 시간
    status VARCHAR(10) NOT NULL,           -- 예약상태 (가능/불가능)
    PRIMARY KEY (doctor_id, available_date, available_time),
    FOREIGN KEY (doctor_id) REFERENCES doctors(doctor_id)
);

-- 예약 테이블
CREATE TABLE appointments (
    appointment_id VARCHAR(10) PRIMARY KEY, -- 예약ID (예: A0001)
    patient_id VARCHAR(10) NOT NULL,        -- 환자ID
    doctor_id VARCHAR(10) NOT NULL,         -- 의사ID
    appointment_date DATE NOT NULL,         -- 예약날짜
    appointment_time TIME NOT NULL,         -- 예약시간
    reason TEXT,                            -- 방문이유
    status VARCHAR(20) NOT NULL,            -- 상태 (예정됨/완료됨/취소됨)
    notes TEXT,                             -- 진료노트
    FOREIGN KEY (patient_id) REFERENCES patients(patient_id),
    FOREIGN KEY (doctor_id) REFERENCES doctors(doctor_id)
);

-- 의료 기록 테이블
CREATE TABLE medical_records (
    record_id VARCHAR(10) PRIMARY KEY,     -- 기록ID (예: M0001)
    patient_id VARCHAR(10) NOT NULL,       -- 환자ID
    doctor_id VARCHAR(10) NOT NULL,        -- 의사ID
```

```sql
    record_date DATE NOT NULL,              -- 기록일자
    record_type VARCHAR(20) NOT NULL,       -- 기록유형 (진단/처방/검사)
    content TEXT NOT NULL,                  -- 내용
    notes TEXT,                             -- 메모
    FOREIGN KEY (patient_id) REFERENCES patients(patient_id),
    FOREIGN KEY (doctor_id) REFERENCES doctors(doctor_id)
);

-- 처방전 테이블
CREATE TABLE prescriptions (
    prescription_id VARCHAR(10) PRIMARY KEY, -- 처방ID (예: R0001)
    patient_id VARCHAR(10) NOT NULL,        -- 환자ID
    doctor_id VARCHAR(10) NOT NULL,         -- 의사ID
    prescription_date DATE NOT NULL,        -- 처방일자
    medication VARCHAR(100) NOT NULL,       -- 약품명
    dosage VARCHAR(50) NOT NULL,            -- 용량
    frequency VARCHAR(50) NOT NULL,         -- 빈도
    duration VARCHAR(20) NOT NULL,          -- 기간
    status VARCHAR(20) NOT NULL,            -- 상태 (발급완료/만료됨)
    renewable BOOLEAN NOT NULL,             -- 갱신가능
    FOREIGN KEY (patient_id) REFERENCES patients(patient_id),
    FOREIGN KEY (doctor_id) REFERENCES doctors(doctor_id)
);

-- 보험 테이블
CREATE TABLE insurance (
    insurance_id VARCHAR(10) PRIMARY KEY,   -- 보험ID (예: I12345)
    patient_id VARCHAR(10) NOT NULL,        -- 환자ID
    provider VARCHAR(100) NOT NULL,         -- 보험사
    insurance_type VARCHAR(50) NOT NULL,    -- 보험유형
    coverage_start DATE NOT NULL,           -- 보장시작일
    coverage_end DATE NOT NULL,             -- 보장종료일
    copay_percentage INT NOT NULL,          -- 자기부담금 비율
    FOREIGN KEY (patient_id) REFERENCES patients(patient_id)
);

-- 시술 보장 범위 테이블
```

```
CREATE TABLE procedure_coverage (
    insurance_id VARCHAR(10) NOT NULL,     -- 보험ID
    procedure_code VARCHAR(10) NOT NULL,   -- 시술코드
    procedure_name VARCHAR(100) NOT NULL,  -- 시술명
    coverage_rate INT NOT NULL,            -- 보장율
    max_coverage INT NOT NULL,             -- 최대보장금액
    PRIMARY KEY (insurance_id, procedure_code),
    FOREIGN KEY (insurance_id) REFERENCES insurance(insurance_id)
);
"""
```

이 SQL 문들은 각 테이블의 구조(필드명, 데이터 타입, 제약 조건 등)뿐만 아니라, 테이블 간의 관계도 정의합니다. 예를 들어, `appointments` 테이블은 `patient_id`와 `doctor_id` 필드를 통해 각각 `patients` 테이블과 `doctors` 테이블과 연결됩니다. 이와 같은 키 간의 관계는 데이터베이스 내에서 데이터의 일관성과 무결성을 유지하는 데 매우 중요합니다.

데이터베이스 테이블 구조를 정의했으니, 이제 각 테이블에 실제 데이터를 삽입해야 합니다. 이번 절에서는 Text-to-SQL 시스템을 테스트할 수 있도록 현실적인 샘플 데이터를 생성하는 과정을 살펴보겠습니다.

의사 데이터 준비

먼저 의사 정보를 담은 샘플 데이터를 생성합니다. 여기서는 5명의 의사 정보를 INSERT 문을 사용하여 데이터베이스에 삽입합니다.

```
# 의사 샘플 데이터
sample_doctors = """
INSERT INTO doctors VALUES('D001', '김지훈', '내과', '서울중앙병원', '301호', '02-123-4567', 'jihoon.kim@hospital.com');
INSERT INTO doctors VALUES('D002', '이수진', '소아과', '서울중앙병원', '302호', '02-123-4568', 'sujin.lee@hospital.com');
INSERT INTO doctors VALUES('D003', '박준석', '정형외과', '서울중앙병원', '401호', '02-123-4569', 'junseok.park@hospital.com');
INSERT INTO doctors VALUES('D004', '최미영', '피부과', '서울중앙병원', '402호', '02-123-4570', 'miyoung.choi@hospital.com');
```

```
INSERT INTO doctors VALUES('D005', '정태호', '신경과', '서울중앙병원', '501호', '02-
123-4571', 'taeho.jung@hospital.com');
"""
```

이 데이터는 의사의 ID, 이름, 전공, 근무 병원, 진료실, 전화번호, 이메일 정보를 포함합니다. 모든 의사는 '서울중앙병원'에 근무하지만 서로 다른 전공을 가지고 있어 다양한 쿼리 테스트에 활용할 수 있습니다.

환자 데이터 준비

다음으로 환자 정보를 담은 샘플 데이터를 생성합니다. 여기서는 5명의 환자 정보를 INSERT 문을 사용하여 데이터베이스에 삽입합니다.

```
# 환자 샘플 데이터
sample_patients = """
INSERT INTO patients VALUES('P001', '홍길동', '1980-05-15', 'M', '010-1234-5678',
'hong@example.com', '서울시 강남구', 'I12345', 'A+', '페니실린');
INSERT INTO patients VALUES('P002', '김영희', '1992-08-20', 'F', '010-2345-6789',
'kim@example.com', '서울시 서초구', 'I23456', 'O+', NULL);
INSERT INTO patients VALUES('P003', '이철수', '1975-12-10', 'M', '010-3456-7890',
'lee@example.com', '서울시 송파구', 'I34567', 'B-', '계란, 견과류');
INSERT INTO patients VALUES('P004', '박미선', '1988-03-25', 'F', '010-4567-8901',
'park@example.com', '서울시 마포구', 'I45678', 'AB+', NULL);
INSERT INTO patients VALUES('P005', '정민준', '2000-01-30', 'M', '010-5678-9012',
'jung@example.com', '서울시 영등포구', 'I56789', 'A-', '라텍스');
"""
```

이 데이터는 환자의 ID, 이름, 생년월일, 성별, 연락처, 이메일, 주소, 보험번호, 혈액형, 알러지 정보를 포함합니다. 특히 일부 환자는 알러지 정보가 NULL(없음)로 설정되어 있어, NULL 값 처리에 대한 쿼리 테스트도 가능합니다.

의사 가용 시간 데이터 준비

의사들의 진료 가능 시간을 정의하는 샘플 데이터를 생성합니다.

```python
# 가용 시간 샘플 데이터
sample_availability = """
INSERT INTO availability VALUES('D001', '2025-04-02', '09:00', '가능');
INSERT INTO availability VALUES('D001', '2025-04-02', '10:00', '불가능');
INSERT INTO availability VALUES('D001', '2025-04-02', '11:00', '가능');
INSERT INTO availability VALUES('D001', '2025-04-02', '14:00', '가능');
INSERT INTO availability VALUES('D001', '2025-04-02', '15:00', '불가능');
INSERT INTO availability VALUES('D001', '2025-04-03', '09:00', '가능');
INSERT INTO availability VALUES('D001', '2025-04-03', '10:00', '가능');
INSERT INTO availability VALUES('D002', '2025-04-02', '09:00', '불가능');
INSERT INTO availability VALUES('D002', '2025-04-02', '10:00', '가능');
INSERT INTO availability VALUES('D002', '2025-04-02', '11:00', '가능');
"""
```

예약 데이터 생성

환자와 의사 간의 예약 정보를 담은 샘플 데이터를 생성합니다.

```python
# 예약 샘플 데이터
sample_appointments = """
INSERT INTO appointments VALUES('A0001', 'P001', 'D002', '2025-03-20', '10:00',
'열 및 두통', '완료됨', '감기 증상. 안정 권장 및 처방전 발급함.');
INSERT INTO appointments VALUES('A0002', 'P002', 'D003', '2025-03-25', '11:00',
'무릎 통증', '완료됨', '연골 손상 의심. MRI 검사 예약 완료.');
INSERT INTO appointments VALUES('A0003', 'P001', 'D001', '2025-04-05', '09:00',
'정기 검진', '예정됨', NULL);
INSERT INTO appointments VALUES('A0004', 'P003', 'D005', '2025-03-30', '14:00',
'두통 및 어지러움', '취소됨', '환자 요청으로 취소됨');
INSERT INTO appointments VALUES('A0005', 'P004', 'D004', '2025-04-06', '15:00',
'피부 발진', '예정됨', NULL);
"""
```

이 데이터는 예약 ID, 환자 ID, 의사 ID, 예약 날짜, 예약 시간, 방문 이유, 상태, 진료 노트 등의 정보가 포함됩니다. 예약 상태는 '완료됨', '예정됨', '취소됨' 등으로 다양하게 설정되어 있어 여러 상황에 대한 쿼리 테스트에 활용할 수 있습니다.

의료 기록 데이터 생성

환자들의 의료 기록을 담은 샘플 데이터를 생성합니다.

```
# 의료 기록 샘플 데이터
sample_medical_records = """
INSERT INTO medical_records VALUES('M0001', 'P001', 'D002', '2025-03-20', '진단',
'급성 상기도 감염', '처방전 발급함');
INSERT INTO medical_records VALUES('M0002', 'P001', 'D002', '2025-03-20', '처방',
'타이레놀 500mg, 하루 3회', '7일분 처방');
INSERT INTO medical_records VALUES('M0003', 'P002', 'D003', '2025-03-25', '진단',
'무릎 연골 손상 의심', 'MRI 검사 요청함');
INSERT INTO medical_records VALUES('M0004', 'P002', 'D003', '2025-03-25', '검사',
'무릎 MRI 검사', '다음 주 예약 완료');
INSERT INTO medical_records VALUES('M0005', 'P003', 'D001', '2025-03-15', '처방',
'디아제팜 5mg, 취침 전 1회', '30일분 처방');
"""
```

이 데이터는 기록 ID, 환자 ID, 의사 ID, 기록 날짜, 기록 유형, 내용, 메모 정보가 포함됩니다. 기록 유형은 진단, 처방, 검사 등 다양하게 설정되어 있어, 여러 종류의 의료 행위를 테스트하는 데 활용할 수 있습니다.

처방전 데이터 생성

의사가 환자에게 발급한 처방전 정보를 담은 샘플 데이터를 생성합니다.

```
# 처방전 샘플 데이터
sample_prescriptions = """
INSERT INTO prescriptions VALUES('R0001', 'P001', 'D002', '2025-03-20', '타이레놀
500mg', '1정', '하루 3회', '7일', '발급완료', TRUE);
INSERT INTO prescriptions VALUES('R0002', 'P003', 'D001', '2025-03-15', '디아제팜
5mg', '1정', '취침 전 1회', '30일', '발급완료', FALSE);
INSERT INTO prescriptions VALUES('R0003', 'P005', 'D005', '2025-03-10', '아스피린
100mg', '1정', '하루 1회', '90일', '발급완료', TRUE);
INSERT INTO prescriptions VALUES('R0004', 'P002', 'D001', '2025-02-25', '암로디핀
5mg', '1정', '하루 1회', '30일', '만료됨', TRUE);
```

```
INSERT INTO prescriptions VALUES('R0005', 'P004', 'D004', '2025-03-05',
'프레드니솔론 크림', '소량', '하루 2회', '14일', '발급완료', FALSE);
"""
```

이 데이터는 처방전 ID, 환자 ID, 의사 ID, 처방 날짜, 약품명, 용량, 복용 빈도, 복용 기간, 상태, 갱신 가능 여부 등의 정보가 포함됩니다.

보험 데이터 생성

환자들의 보험 정보를 담은 샘플 데이터를 생성합니다.

```
# 보험 샘플 데이터
sample_insurance = """
INSERT INTO insurance VALUES('I12345', 'P001', '국민건강보험', '기본형', '2024-01-01', '2025-12-31', 20);
INSERT INTO insurance VALUES('I23456', 'P002', '한화생명', '프리미엄', '2024-01-01', '2025-12-31', 10);
INSERT INTO insurance VALUES('I34567', 'P003', '메리츠화재', '기본형', '2024-01-01', '2025-12-31', 15);
INSERT INTO insurance VALUES('I45678', 'P004', '삼성생명', '프리미엄', '2024-01-01', '2025-12-31', 5);
INSERT INTO insurance VALUES('I56789', 'P005', '국민건강보험', '기본형', '2024-01-01', '2025-12-31', 20);
"""
```

이 데이터는 보험 ID, 환자 ID, 보험 제공자, 보험 유형, 보장 시작일, 보장 종료일, 자기 부담금 비율 정보가 포함됩니다.

시술 보장 범위 데이터 생성

보험이 보장하는 시술 범위 정보를 담은 샘플 데이터를 생성합니다.

```
# 시술 보장 범위 데이터
sample_procedure_coverage = """
INSERT INTO procedure_coverage VALUES('I12345', 'PC001', '기본 진료', 80, 50000);
INSERT INTO procedure_coverage VALUES('I12345', 'PC002', 'X-ray 검사', 70,
```

```
100000);
INSERT INTO procedure_coverage VALUES('I23456', 'PC001', '기본 진료', 90, 100000);
INSERT INTO procedure_coverage VALUES('I23456', 'PC003', 'MRI 검사', 80, 500000);
INSERT INTO procedure_coverage VALUES('I34567', 'PC004', 'CT 검사', 75, 300000);
"""
```

이 데이터는 보험 ID, 시술 코드, 시술명, 보장률, 최대 보장 금액 정보가 포함됩니다.

모든 샘플 데이터 통합

앞서 정의한 모든 샘플 데이터를 하나의 변수에 통합합니다.

```
# 전체 DDL과 샘플 데이터 합치기
hospital_complete_schema = (hospital_schema + sample_doctors + sample_patients +
                            sample_availability + sample_appointments +
                            sample_medical_records + sample_prescriptions +
                            sample_insurance + sample_procedure_coverage)
```

이렇게 통합된 데이터는 뒤에서 정의할 create_hospital_db() 함수에서 데이터베이스 초기화 시 사용됩니다. 샘플 데이터는 실제 병원 환경을 현실적으로 반영하면서도, 다양한 유형의 쿼리를 테스트할 수 있도록 설계되었습니다. 예를 들어 다음과 같은 요청에 대응할 수 있습니다.

- 특정 의사의 전공이나 연락처 조회
- 특정 환자의 예약 기록이나 처방전 조회
- 특정 날짜에 예약 가능한 의사 찾기
- 특정 보험으로 보장받을 수 있는 시술 조회
- 특정 의사가 담당한 환자 수 계산

이제 데이터베이스 구조와 샘플 데이터 구성이 완료되었으므로 다음 절에서는 이 데이터베이스를 대상으로 자연어 질문을 SQL 쿼리로 변환하는 기능을 구현하겠습니다.

SQLite 데이터베이스 초기화

다음으로 앞서 정의한 테이블 구조를 기반으로 실제 SQLite 데이터베이스를 생성하고 초기화하는 함수를 구현합니다.

```python
# 임시 SQLite 데이터베이스 생성
def create_hospital_db():
    """
    임시 SQLite 데이터베이스를 생성하고, 스키마 및 샘플 데이터를 로드한 후
    SQLDatabase 인스턴스를 반환합니다.
    """
    db_file = os.path.join(tempfile.gettempdir(), "hospital.db")
    conn = sqlite3.connect(db_file)
    cursor = conn.cursor()

    # 기존 테이블 삭제
    cursor.executescript("""
    DROP TABLE IF EXISTS procedure_coverage;
    DROP TABLE IF EXISTS insurance;
    DROP TABLE IF EXISTS prescriptions;
    DROP TABLE IF EXISTS medical_records;
    DROP TABLE IF EXISTS appointments;
    DROP TABLE IF EXISTS availability;
    DROP TABLE IF EXISTS patients;
    DROP TABLE IF EXISTS doctors;
    """)

    # 스키마 및 샘플 데이터 실행
    cursor.executescript(hospital_schema)
    cursor.executescript(sample_doctors)
    cursor.executescript(sample_patients)
    cursor.executescript(sample_availability)
    cursor.executescript(sample_appointments)
    cursor.executescript(sample_medical_records)
    cursor.executescript(sample_prescriptions)
    cursor.executescript(sample_insurance)
    cursor.executescript(sample_procedure_coverage)
```

```
conn.commit()
conn.close()

return SQLDatabase.from_uri(f"sqlite:///{db_file}")
```

이 함수는 먼저 컴퓨터의 임시 디렉터리에 SQLite 데이터베이스 파일을 생성합니다. 그다음 데이터베이스 연결을 열고 커서(cursor) 객체를 생성합니다. 기존에 테이블이 존재할 가능성에 대비하여, 모든 테이블을 삭제하는 SQL 명령을 실행합니다. 이때 외래 키 관계를 고려하여 삭제 순서에 주의해야 하며, 외래 키로 참조되는 테이블을 먼저 삭제해야 데이터 무결성 오류를 방지할 수 있습니다.

이후 앞서 정의한 테이블 구조(hospital_schema)와 샘플 데이터를 데이터베이스에 로드합니다. 마지막으로 변경 사항을 데이터베이스에 커밋하고 연결을 닫은 뒤, 라마인덱스의 **SQLDatabase** 객체를 반환합니다.

이제 함수를 호출하여 데이터베이스를 생성하고 초기화한 후, 테이블이 제대로 생성되었는지 확인해 보겠습니다. 이를 위해 데이터베이스를 생성한 다음, 사용 가능한 테이블 이름 목록을 출력하고, 의사(doctors) 테이블의 상위 3개 레코드를 조회하여 출력합니다.

```
# 데이터베이스 생성 실행
db = create_hospital_db()
print("데이터베이스가 성공적으로 생성되었습니다.")
print(f"사용 가능한 테이블: {db.get_usable_table_names()}")

# 테이블 내용 확인 예시
doctors_example = db.run_sql("SELECT * FROM doctors LIMIT 3;")
print(f"의사 테이블 샘플: {doctors_example}")
```

실행 결과

데이터베이스가 성공적으로 생성되었습니다.
사용 가능한 테이블: ['appointments', 'availability', 'doctors', 'insurance', 'medical_records', 'patients', 'prescriptions', 'procedure_coverage']
의사 테이블 샘플: ("[('D001', '김지훈', '내과', '서울중앙병원', '301호', '02-123-4567', 'jihoon.kim@hospital.com'), ('D002', '이수진', '소아과', '서울중앙병원',

```
'302호', '02-123-4568', 'sujin.lee@hospital.com'), ('D003', '박준석', '정형외과',
'서울중앙병원', '401호', '02-123-4569', 'junseok.park@hospital.com')]",
{'result': [('D001', '김지훈', '내과', '서울중앙병원', '301호', '02-123-4567',
'jihoon.kim@hospital.com'), ('D002', '이수진', '소아과', '서울중앙병원', '302호',
'02-123-4568', 'sujin.lee@hospital.com'), ('D003', '박준석', '정형외과',
'서울중앙병원', '401호', '02-123-4569', 'junseok.park@hospital.com')], 'col_keys':
['doctor_id', 'name', 'specialty', 'hospital_name', 'office', 'phone', 'email']})
```

사용 가능한 테이블 목록과 의사 테이블의 상위 3개 레코드를 출력함으로써 데이터베이스 구조와 샘플 데이터가 성공적으로 정의되었음을 확인할 수 있습니다.

9.4 Text-to-SQL 에이전트 구현하기

Text-to-SQL의 핵심은 사용자의 자연어 질문을 SQL 쿼리로 변환하고 실행하여 결과를 변환하는 과정입니다. 이 절에서는 라마인덱스의 `FunctionAgent`를 활용하여 해당 기능을 구현하는 방법을 살펴봅니다.

DB 쿼리 실행 함수 구현

먼저 SQL 쿼리를 실행하고 결과를 반환하는 함수를 구현합니다. 이 함수는 에이전트가 생성한 SQL 쿼리를 실제 데이터베이스에서 실행하는 역할을 합니다.

```python
def db_query(sql_query: str) -> str:
    """병원 DB에 SQL을 날리고, 결과를 문자열로 반환"""
    try:
        result = db.run_sql(sql_query)
        if not result:
            return "쿼리 결과가 없습니다."
        return str(result)
    except Exception as e:
        return f"[DB 오류] {str(e)}"
```

사용자로부터 전달받은 SQL 쿼리를 `db.run_sql()`에 전달하면, 데이터베이스에서 쿼리가 실행되며 그 결과는 `result` 변수에 저장됩니다. 쿼리 결과가 없는 경우에는 적절한 메시지를 반환하고, 오류가 발생했을 경우에는 예외 처리를 통해 오류 메시지를 반환하도록 구현합니다.

시스템 프롬프트 설계

다음으로 LLM에게 제공할 프롬프트를 작성합니다.

```
system_prompt = f"""당신은 병원 DB 어시스턴트입니다.

아래는 병원 DB의 전체 테이블 스키마입니다:
-----------------------------------------------
{hospital_schema}
-----------------------------------------------

[규칙]
1) DB 조회가 필요한 질문이면, SQL 쿼리를 작성하고 db_query 함수를 호출하세요.
2) 일반 질문(날씨, 잡담 등)은 함수 호출 없이 답변하세요.
3) DB 결과를 간단히 요약해 최종 답변을 만드세요.
4) 이전 대화 맥락(멀티턴)도 유지하세요.
"""
```

프롬프트 내부를 보면 {hospital_schema}라는 항목이 있으며, 실제로 9.3절에서 정의한 테이블 스키마 변수인 hospital_schema를 해당 위치에 전달할 예정입니다. 이 스키마는 LLM이 테이블 이름, 필드 이름, 그리고 테이블 간의 관계를 이해하는 데 필요한 정보를 제공합니다. 예를 들어, 사용자가 "김지훈 의사의 전공은?"이라고 질문하면, LLM은 의사 정보가 'doctors' 테이블에 있으며, 전공 정보는 'specialty' 필드에 포함되어 있다는 것을 알 수 있습니다.

그 다음, [규칙] 하단을 보면 LLM에게 질문 유형에 따라 처리 방식을 안내하고 있습니다. 데이터베이스 조회가 필요한 질문에는 SQL 쿼리를 생성하고, db_query() 함수를 호출하도록 지시합니다. 반면, 날씨나 잡담과 같은 일반적인 질문에는 함수 호출 없이 직접 응답을 생성하도록 합니다.

마지막으로, 데이터베이스 쿼리 결과를 어떻게 문장으로 정리해 응답할지, 그리고 이전 대화의 맥락을 어떻게 유지할지에 대한 지침도 포함돼 있습니다.

에이전트 설정 및 초기화

이제 `FunctionAgent`를 설정하고 초기화합니다. `FunctionAgent`는 LLM과 함수(도구)를 연결하여 복잡한 작업을 수행할 수 있도록 해주는 펑션 콜링 에이전트입니다.

```
agent = FunctionAgent(
    tools=[db_query],           # 등록된 툴 목록 (여기서는 db_query만)
    llm=llm,                    # 사용할 LLM
    system_prompt=system_prompt,    # 위에서 정의한 시스템 지시문
    max_iterations=3,           # 한 번의 user 질문에 최대 3스텝 Reasoning
    verbose=True,               # 디버그 로깅
)
```

`FunctionAgent`를 설정할 때는 먼저 에이전트가 사용할 수 있는 함수를 지정해야 합니다. 여기서는 SQL 쿼리를 실행하는 `db_query()` 함수 하나만 등록했습니다. 그 다음, 사용할 LLM 모델을 지정합니다. 여기서는 앞서 초기화한 GPT-4o 모델을 사용합니다. 또한, 시스템 지시문과 함께 최대 추론 단계 수(`max_iterations`)를 설정합니다. `max_iterations`를 3으로 설정한다는 것은 하나의 질문을 처리할 때 최대 세 번의 사고 단계를 거칠 수 있도록 허용한다는 의미이며, 이는 복잡한 질문을 단계적으로 해결할 때 특히 유용합니다. 마지막으로, 디버그 로깅을 활성화하여 에이전트의 작동 과정을 확인할 수 있도록 합니다.

Text-to-SQL 과정 상세 로깅 함수

에이전트가 질문을 처리하는 과정을 자세히 확인하기 위해 로깅 함수를 구현합니다.

```
async def run_agent_verbose(query: str) -> AgentOutput:
    """
    한 번의 사용자 질의를 agent.run(query)로 처리하며,
    중간에 발생하는 ToolCallResult(함수 호출) 이벤트를 콘솔에 찍는다.

    반환값:
```

```
    - AgentOutput: 최종 LLM 답변(문자열)을 감싼 객체
                 str(...)로 최종 답변 텍스트를 얻을 수 있다.
    """
    handler = agent.run(query)
    async for event in handler.stream_events():
        if isinstance(event, ToolCallResult):
            print(f"[ToolCall] name={event.tool_name}, args={event.tool_kwargs}")
            print(f" -> result: {event.tool_output}\n")
    result = await handler   # 최종 AgentOutput
    return result
```

위 함수는 사용자의 질문을 에이전트에게 전달하고, 에이전트가 함수를 호출할 때마다 해당 내용을 콘솔에 출력합니다. 또한 처리 결과로부터 최종 응답을 반환합니다. 구체적으로는 `agent.run(query)`를 호출하면 에이전트는 질문을 처리하고, 처리 과정에서 발생하는 이벤트들을 스트림 형태로 반환합니다. 이 함수는 그중에서 `ToolCallResult` 이벤트(함수 호출 이벤트)를 찾아 콘솔에 출력합니다. 이를 통해 에이전트가 어떤 함수를 호출했고, 어떤 인자를 전달했으며, 그 결과가 무엇이었는지를 확인할 수 있습니다. 마지막으로, 에이전트가 질문 처리를 완료하면 에이전트는 최종 응답으로 `AgentOutput` 객체를 반환합니다. 이 객체에 `str(...)` 함수를 적용하면 텍스트 형태의 최종 응답 결과를 얻을 수 있습니다.

Text-to-SQL 변환의 전체 과정을 살펴보면 다음과 같습니다.

1. 사용자가 "김지훈 의사의 전공은?"과 같은 자연어 질문을 입력합니다.
2. 질문이 FunctionAgent에게 전달됩니다.
3. FunctionAgent는 LLM을 사용하여 질문을 분석하고, 데이터베이스 구조 정보를 참조하여 "SELECT specialty FROM doctors WHERE name = '김지훈'"과 같은 SQL 쿼리를 생성합니다.
4. 생성된 SQL 쿼리가 db_query() 함수를 통해 데이터베이스에서 실행됩니다.
5. 쿼리 실행 결과(예: "내과")가 다시 FunctionAgent에게 전달됩니다.
6. FunctionAgent는 이 결과를 바탕으로 "김지훈 의사의 전공은 내과입니다."와 같은 자연어 응답을 생성합니다.
7. 최종 응답이 사용자에게 출력됩니다.

이 과정을 통해 사용자는 SQL 문법을 전혀 모르더라도 자연어로 데이터베이스에 질문하고, 그에 대한 응답을 손쉽게 받을 수 있게 될 것입니다.

예시 쿼리 테스트 및 결과 분석

구현된 Text-to-SQL 시스템이 실제로 어떻게 작동하는지를 확인하기 위해, 다양한 예시 질문을 활용한 테스트 과정을 진행해 보겠습니다. 아래는 다섯 가지 서로 다른 질문을 사용하여 시스템을 테스트하는 코드입니다.

```python
async def test_five_queries():
    """
    5가지 질문을 순차 실행하여 툴 호출 로그 + 최종 답변을 확인.
    """
    queries = [
        "김지훈 의사의 전공은?",
        "홍길동 환자의 보험은?",
        "날씨가 궁금해",
        "의사 몇명 있니?",
        "김지훈 의사 병원?"
    ]
    for i, q in enumerate(queries, start=1):
        out: AgentOutput = await run_agent_verbose(q)
        print(f"[Q{i}] 최종 답변: {str(out)}")

# 실제 실행
await test_five_queries()
```

실행 결과

```
[ToolCall] name=db_query, args={'sql_query': "SELECT specialty FROM doctors WHERE name = '김지훈';"}
 -> result: ("[('내과',)]", {'result': [('내과',)], 'col_keys': ['specialty']})
[Q1] 최종 답변: 김지훈 의사의 전공은 내과입니다.

[ToolCall] name=db_query, args={'sql_query': "SELECT * FROM insurance WHERE patient_id = (SELECT patient_id FROM patients WHERE name = '홍길동')"}
 -> result: ("[('I12345', 'P001', '국민건강보험', '기본형', '2024-01-01', '2025-
```

12-31', 20)]", {'result': [('I12345', 'P001', '국민건강보험', '기본형', '2024-01-01', '2025-12-31', 20)], 'col_keys': ['insurance_id', 'patient_id', 'provider', 'insurance_type', 'coverage_start', 'coverage_end', 'copay_percentage']})
[Q2] 최종 답변: 홍길동 환자의 보험 정보는 다음과 같습니다:

- 보험사: 국민건강보험
- 보험유형: 기본형
- 보장시작일: 2024-01-01
- 보장종료일: 2025-12-31
- 자기부담금 비율: 20%

[Q3] 최종 답변: 죄송하지만, 현재 날씨 정보를 제공할 수 없습니다. 대신 다른 질문이나 도움이 필요하시면 말씀해 주세요!

[ToolCall] name=db_query, args={'sql_query': 'SELECT COUNT(*) FROM doctors;'}
 -> result: ('[(5,)]', {'result': [(5,)], 'col_keys': ['COUNT(*)']})
[Q4] 최종 답변: 현재 병원에는 총 5명의 의사가 있습니다.

[ToolCall] name=db_query, args={'sql_query': "SELECT hospital_name FROM doctors WHERE name = '김지훈';"}
 -> result: ("[('서울중앙병원',)]", {'result': [('서울중앙병원',)], 'col_keys': ['hospital_name']})
[Q5] 최종 답변: 김지훈 의사는 서울중앙병원에서 근무하고 있습니다.

총 5개의 질문을 순차적으로 시스템에 전달하고, 각 질문에 대한 처리 과정과 최종 응답을 출력해 보았습니다. 각 질문은 서로 다른 유형의 쿼리를 테스트하기 위해 선정되었습니다.

첫 번째 질문인 "김지훈 의사의 전공은?"은 특정 의사의 전공 정보를 묻는 단순한 질문입니다. 시스템은 doctors 테이블에서 name이 '김지훈'인 레코드의 specialty 필드를 조회하는 SQL 쿼리를 생성해야 합니다. 해당 질문은 기본적인 조건부 조회(WHERE 절 사용)를 테스트하는 데 사용됩니다.

두 번째 질문인 "홍길동 환자의 보험은?"은 두 테이블 간의 관계를 활용한 질문입니다. 시스템은 patients 테이블에서 '홍길동' 환자를 찾고, 그와 연결된 insurance 테이블의 정보를 조회해야 합니다. 이 과정에서는 테이블 간 관계를 올바르게 이해하고 JOIN 연산을 사용할 수 있는지가 핵심이며, 이 질문은 테이블 간 관계 처리 능력을 테스트합니다.

세 번째 질문인 **"날씨가 궁금해"**는 데이터베이스와 관련이 없는 일반적인 대화형 질문입니다. 이 경우 시스템은 SQL 쿼리를 실행하지 않고 자연어 기반의 일반 응답을 생성해야 합니다. 이 질문은 시스템이 DB 관련 질문과 일반 대화를 구분할 수 있는지를 테스트합니다.

네 번째 질문인 **"의사 몇명 있니?"**는 집계 함수를 사용해야 하는 질문입니다. 시스템은 doctors 테이블의 레코드 수를 세는 COUNT 함수를 포함한 SQL 쿼리를 생성해야 합니다. 이 질문은 집계 함수를 올바르게 적용할 수 있는지를 테스트합니다.

마지막 질문인 **"김지훈 의사 병원?"**은 문법적으로 완전하지 않은, 일상 대화에서 흔히 볼 수 있는 형태의 질문입니다. 시스템은 이런 불완전한 표현에서도 의도를 파악해 김지훈 의사가 근무하는 병원 정보를 조회하는 질문임을 이해해야 합니다. 이 질문은 시스템이 불완전한 자연어 입력도 유연하게 처리할 수 있는지 테스트합니다.

더 구체적으로 실행 과정을 살펴보겠습니다. 예를 들어, 첫 번째 질문 **"김지훈 의사의 전공은?"**에 대해 시스템은 다음과 같은 절차를 수행합니다.

1. LLM이 질문을 분석하여 "SELECT specialty FROM doctors WHERE name = '김지훈'"과 같은 SQL 쿼리를 생성합니다.
2. 이 쿼리는 db_query() 함수를 통해 데이터베이스에서 실행됩니다.
3. 쿼리 실행 결과인 "내과"가 반환됩니다.
4. LLM이 이 결과를 바탕으로 "김지훈 의사의 전공은 내과입니다."와 같은 자연어 응답을 생성합니다.

이러한 실행 결과를 보면 각 질문에 대한 최종 답변이 출력되기 전에 어떤 SQL 쿼리가 실제로 생성되고 실행되었는지를 [ToolCall] 항목을 통해 확인할 수 있습니다. 다섯 개의 질문 중 세 번째 질문(날짜 관련)에서는 에이전트가 SQL 쿼리를 생성하거나 실행하지 않았습니다. 이는 에이전트가 모든 질문에 대해 무조건 함수를 호출하는 것이 아니라, 필요한 경우에만 적절히 함수 실행을 판단할 수 있는 능력을 갖추고 있음을 보여줍니다.

9.5 멀티턴 대화 처리 기법

Text-to-SQL 시스템의 핵심 기능 중 하나는 사용자와의 자연스러운 대화 흐름을 유지하는 능력입니다. 대화형 시스템에서는 사용자가 이전 질문에 이어 후속 질문을 했을 때, 그 문맥을 올바르게 이해하고 반영하는 것이 매우 중요합니다. 이번 절에서는 대화 맥락을 유지하고 관리하는 방법을 자세히 살펴보겠습니다.

일상적인 대화에서는 매번 모든 맥락을 반복해서 말하지 않습니다. 예를 들어 다음과 같은 대화를 상상해봅시다.

- A: "김지훈 의사는 어떤 과 전문의인가요?"
- B: "김지훈 의사는 내과 전문의입니다."
- A: "그 분의 연락처가 뭐예요?"

두 번째 질문에서 "그 분"은 이전 대화에서 언급된 "김지훈 의사"를 가리킵니다. 사람 간의 대화에서는 이전 발화를 기억하며 자연스럽게 맥락을 이해하지만, LLM이 이와 같은 맥락을 바탕으로 현재 사용자의 요청을 이해하게 하려면, 이전에 이루어진 대화 내용도 함께 입력으로 제공해야 합니다.

이처럼 LLM이 이전 대화를 고려하여 현재 질문을 이해할 수 있는 능력을 멀티턴(Multi-turn) 성능이라고 부릅니다. 반대로 이전 대화 맥락을 전혀 반영하지 못하고 현재 입력으로만 판단하는 챗봇은 싱글턴(Single-turn) 기반 챗봇이라고 표현합니다.

멀티턴 대화 처리 기능은 Text-to-SQL 시스템의 사용성을 크게 향상시킵니다. 사용자는 복잡한 데이터베이스 쿼리를 자연스러운 대화 형식으로 표현할 수 있고, 시스템은 이전 대화의 맥락을 바탕으로 더 정확하고 관련성 높은 응답을 생성할 수 있습니다. 이 기능은 특히 단계적인 데이터 탐색이나 복잡한 분석 작업에 있어 매우 유용합니다.

이전 대화 누적하기

멀티턴 능력을 부여하려면 이전에 이루어진 대화 내용을 항상 현재 사용자의 요청과 함께 LLM에게 입력으로 전달해야 합니다. 아래 함수는 이를 수행하는 코드입니다.

```python
conversation = [
    {"role":"system", "content":system_prompt}
]
exec_log = ""

def build_prompt(new_user_msg: str) -> str:
    """
    기존 대화 + 새 사용자 발화 -> 하나의 문자열
    ex) "System: ...\nUser: ...\nAssistant: ...\nUser: new\nAssistant:"
    """
    lines = []
    for turn in conversation:
        r = turn["role"]
        c = turn["content"]
        if r == "system":
            lines.append(f"System: {c}")
        elif r == "user":
            lines.append(f"User: {c}")
        elif r == "assistant":
            lines.append(f"Assistant: {c}")
    lines.append(f"User: {new_user_msg}")
    lines.append("Assistant:")
    return "\n".join(lines)
```

이 코드에서 conversation 리스트는 사용자와 시스템 간의 모든 대화 내역을 순차적으로 저장합니다. 초기에는 시스템 프롬프트만 포함되어 있지만, 대화가 진행됨에 따라 사용자와 시스템 간의 모든 대화 내용이 이 리스트에 차례로 추가됩니다.

build_prompt 함수는 이 대화 기록을 하나의 긴 문자열로 변환합니다. 이 문자열은 시스템 지시문, 이전 사용자의 모든 질문, 시스템의 모든 응답, 그리고 새로운 사용자 질문을 포함합니다. 이렇게 구성된 전체 문맥이 LLM에게 전달되며, LLM은 이전 대화를 참고하여 새 질문에 대한 보다 자연스럽고 일관된 응답을 생성할 수 있게 됩니다.

멀티턴 대화 처리하기

다음 코드는 실제 사용자와의 대화를 처리하고, 대화 맥락을 유지하는 함수입니다.

```python
async def chat_handler(user_text, chat_history):
    global exec_log

    # 1) 전체 대화 -> 프롬프트
    full_prompt = build_prompt(user_text)

    # 2) agent.run(...) 비동기 호출 -> 이벤트 스트림
    handler = agent.run(full_prompt)
    tool_calls_str = ""
    async for event in handler.stream_events():
        if isinstance(event, ToolCallResult):
            tool_calls_str += f"[ToolCall] {event.tool_name}, args={event.tool_kwargs}\n"
            tool_calls_str += f" -> result: {event.tool_output}\n\n"

    final_out: AgentOutput = await handler
    bot_answer = str(final_out)

    # 3) 대화 히스토리 업데이트
    conversation.append({"role":"user", "content":user_text})
    conversation.append({"role":"assistant", "content":bot_answer})

    # 4) Gradio UI 업데이트 (type="messages"): [{"role":"user","content":...}, ...]
    chat_history.append({"role":"user", "content":user_text})
    chat_history.append({"role":"assistant", "content":bot_answer})

    # 5) 실행 로그
    turn_log = f"[User] {user_text}\n"
    turn_log += tool_calls_str
    turn_log += f"[Assistant] {bot_answer}\n"
    turn_log += ("="*50) + "\n"
    exec_log += turn_log

    return "", chat_history, exec_log
```

이 함수는 사용자가 새 질문을 입력할 때마다 호출되며, 전체적인 동작 흐름은 다음과 같습니다.

1. build_prompt 함수를 호출하여 전체 대화 기록과 새 질문을 하나의 문자열로 만듭니다.
2. 이 문자열을 에이전트(FunctionAgent)에게 전달하여 응답 생성을 요청합니다.
3. 에이전트가 처리하는 동안, 함수 호출 이벤트(ToolCallResult)를 캡처하여 로그에 기록합니다.
4. 에이전트가 응답을 생성하면, 해당 질문과 응답을 conversation 리스트에 추가합니다.
5. UI에 표시할 채팅 기록과 실행 로그를 업데이트합니다.

특히 중요한 부분은 3번 이후의 대화 기록 업데이트입니다. 사용자의 질문과 시스템의 응답을 conversation 리스트에 추가함으로써, 다음 질문이 들어왔을 때 LLM이 이전 대화의 맥락을 참조할 수 있도록 하는 핵심 기반이 마련됩니다.

동작 과정 이해하기

실제로 이 멀티턴 대화 기능이 어떻게 작동하는지를 예시를 통해 살펴보겠습니다. 처음에 conversation 리스트에는 시스템 프롬프트만 포함돼 있습니다.

```
[{"role":"system", "content":"당신은 병원 DB 어시스턴트입니다..."}]
```

사용자가 "김지훈 의사의 전공은 무엇인가요?"라고 질문했다고 가정해봅시다. 이때 시스템은 다음과 같은 SQL 쿼리를 생성하게 됩니다.

```
SELECT specialty FROM doctors WHERE name = '김지훈';
```

이 쿼리를 실행하면 "내과"라는 결과가 반환되며, 시스템은 이에 따라 "김지훈 의사의 전공은 내과입니다."라고 응답합니다. 이와 같은 흐름이 끝난 후, conversation 리스트는 아래와 같이 업데이트됩니다.

```
[
  {"role":"system", "content":"당신은 병원 DB 어시스턴트입니다..."},
  {"role":"user", "content":"김지훈 의사의 전공은 무엇인가요?"},
```

```
{"role":"assistant", "content":"김지훈 의사의 전공은 내과입니다."}
]
```

다음으로 사용자가 "그 의사의 환자는 누구인가요?"라고 질문했다고 가정해봅시다. 시스템은 이전 대화 내용을 포함한 전체 프롬프트를 LLM에게 전달합니다. LLM은 "그 의사"가 이전 대화에서 언급된 "김지훈"을 가리킨다는 것을 인식할 수 있으므로 다음과 같은 SQL 쿼리를 생성하게 됩니다.

```
SELECT p.name
FROM patients p
JOIN appointments a ON p.patient_id = a.patient_id
WHERE a.doctor_id = (SELECT doctor_id FROM doctors WHERE name = '김지훈');
```

이 쿼리를 실행해 환자 목록을 얻은 뒤, LLM은 그 결과를 바탕으로 적절한 자연어 응답을 생성합니다. 그리고 생성된 질문과 응답은 다시 conversation 리스트에 추가되어 업데이트됩니다. 이러한 과정이 반복되면서 이전 대화를 반영한 자연스러운 대화 흐름이 유지됩니다. LLM이 이전 대화 맥락을 이해하기 때문에 사용자는 간결한 질문만으로도 원하는 정보를 효과적으로 얻을 수 있습니다.

대화 초기화 기능

장시간 대화를 진행하거나 새로운 주제로 대화를 시작하고자 할 때는 대화 기록을 초기화하는 기능이 필요합니다. 아래 함수는 이를 수행하는 코드입니다.

```python
def clear_all():
    global conversation, exec_log
    conversation = [{"role":"system", "content":system_prompt}]
    exec_log = ""
    return [], ""
```

이 함수는 conversation 리스트를 초기 상태(시스템 프롬프트만 포함)로 되돌리고, 실행 로그도 함께 비웁니다. 이를 통해 사용자는 이전 대화의 맥락에 영향을 받지 않고, 완전히 새로운 대화를 시작할 수 있습니다.

9.6 그라디오를 이용한 사용자 인터페이스

Text-to-SQL 시스템을 실제로 활용하기 위해서는 사용자가 쉽게 접근하고 상호작용할 수 있는 인터페이스가 필요합니다. 이번 절에서는 그라디오(Gradio) 라이브러리를 사용하여, 직관적이고 사용하기 쉬운 웹 기반 인터페이스를 구현하는 방법을 살펴보겠습니다.

그라디오는 머신러닝 모델이나 복잡한 파이썬 함수를 웹 인터페이스로 손쉽게 변환해주는 라이브러리입니다. 몇 줄의 코드만으로 채팅 인터페이스, 입력 필드, 버튼 등을 포함한 웹 애플리케이션을 빠르게 구현할 수 있습니다. 이러한 특성은 Text-to-SQL 시스템처럼 자연어 기반으로 상호작용하는 애플리케이션에 매우 적합합니다. 실습에 사용된 Text-to-SQL 인터페이스는 크게 두 부분으로 구성됩니다.

첫째, 왼쪽 영역은 채팅 인터페이스로, 사용자가 질문을 입력하고 시스템의 응답을 확인할 수 있는 공간입니다. 둘째, 오른쪽 영역은 실행 로그 인터페이스로, SQL 쿼리 생성 및 실행 과정과 같은 시스템의 내부 작동 과정을 확인할 수 있는 영역입니다.

이와 같은 구조로 인터페이스를 구성한 이유는, 사용자가 왼쪽 채팅 인터페이스에서 자연스럽게 시스템과 대화하면서도, 오른쪽 실행 로그 영역을 통해 필요할 경우 시스템의 동작 과정을 실시간으로 확인할 수 있도록 하기 위함입니다.

그라디오 인터페이스 구현

다음은 그라디오를 사용하여 Text-to-SQL 시스템의 사용자 인터페이스를 구현하는 코드입니다.

```
with gr.Blocks(css="footer {visibility: hidden}") as demo:
    gr.Markdown("## 병원 DB Text-to-SQL (멀티턴) + 실행 로그 (Right)")

    with gr.Row():
        with gr.Column(scale=2):
            chatbot = gr.Chatbot(label="대화창", height=400, type="messages")
            user_inp = gr.Textbox(label="질문 입력", placeholder="예) 김지훈 의사 이메일?")
```

```
            clr_btn = gr.Button("대화 초기화")
        with gr.Column(scale=1):
            logs = gr.Textbox(label="실행 로그", lines=20)

    user_inp.submit(fn=chat_handler, inputs=[user_inp, chatbot], outputs=[user_inp, chatbot, logs])
    clr_btn.click(fn=clear_all, outputs=[chatbot, logs])

    gr.Markdown("""
    **사용 예시:**
    - "김지훈 의사의 이메일 알려줘"
    - "그 의사의 빈 시간은 언제야?" (맥락: 김지훈)
    - "날씨 어때?" (DB 불필요)
    - "김영희 환자 보험번호 알려줘"
    """)

demo.launch(debug=True, share=True)
```

실행 결과

```
* Running on public URL: https://c087af98182254e71a.gradio.live
```

이 코드는 두 개의 주요 영역으로 구성된 인터페이스를 생성합니다. 왼쪽에는 채팅 인터페이스가, 오른쪽에는 시스템의 내부 작동을 보여주는 실행 로그 영역이 표시됩니다. 이제 인터페이스의 핵심 구성 요소를 자세히 살펴보겠습니다.

첫째, `gr.Chatbot` 컴포넌트는 사용자와 시스템 간의 대화를 표시하는 채팅창입니다. 이 컴포넌트는 사용자와 시스템의 메시지를 구분하여 표시하며, 스크롤을 통해 이전 대화 내용을 확인할 수 있습니다. `type="messages"` 파라미터는 대화를 메시지 형식으로 표시하도록 설정합니다.

둘째, `gr.Textbox`는 사용자가 질문을 입력할 수 있는 텍스트 입력 상자입니다. 플레이스홀더(`placeholder`) 텍스트("예, 김지훈 의사 이메일?")를 통해 사용자에게 어떤 종류의 질문을 입력할 수 있는지 힌트를 제공합니다.

셋째, gr.Button은 대화를 초기화하는 버튼입니다. 사용자가 새로운 주제로 대화를 시작하고자 할 때 이 버튼을 클릭하면 이전 대화 내용과 실행 로그가 모두 초기화됩니다.

넷째, 두 번째 gr.Textbox는 시스템의 내부 작동 과정을 표시하는 실행 로그 영역입니다. 이 로그에는 SQL 쿼리 생성 및 실행 과정이 출력되며, 개발자나 사용자가 시스템의 처리 방식과 동작 흐름을 명확히 확인할 수 있도록 도와줍니다.

user_inp.submit은 사용자가 텍스트 입력 후 엔터 키를 누르면 chat_handler 함수를 호출합니다. 이 함수는 사용자의 입력과 현재 채팅 내역을 처리하여 새로운 응답을 생성합니다. clr_btn.click은 초기화 버튼이 클릭되었을 때 clear_all 함수를 호출하여, 채팅 내역과 실행 로그를 초기화합니다. 마지막으로 gr.Markdown 컴포넌트를 사용하여 사용자에게 인터페이스 사용 예시를 안내하는 설명 텍스트를 제공합니다.

이제 실행 결과를 확인해 보겠습니다. 그라디오 코드를 실행하면 콘솔에 "Running on public URL:"이라는 메시지와 함께 접속 가능한 주소가 출력됩니다. 해당 URL로 접속하면 챗봇 인터페이스가 포함된 웹 화면이 표시됩니다.

챗봇 실행하기

이제 실제 챗봇을 실행하여 대화를 나눠보겠습니다.

그림 9.1 챗봇 화면

챗봇 화면은 크게 두 개의 영역으로 구성되어 있습니다. 왼쪽에는 사용자와 챗봇 간의 대화가 기록되는 대화창, 오른쪽에는 에이전트가 내부적으로 어떻게 동작했는지를 보여주는 실행 로그 창이 표시됩니다.

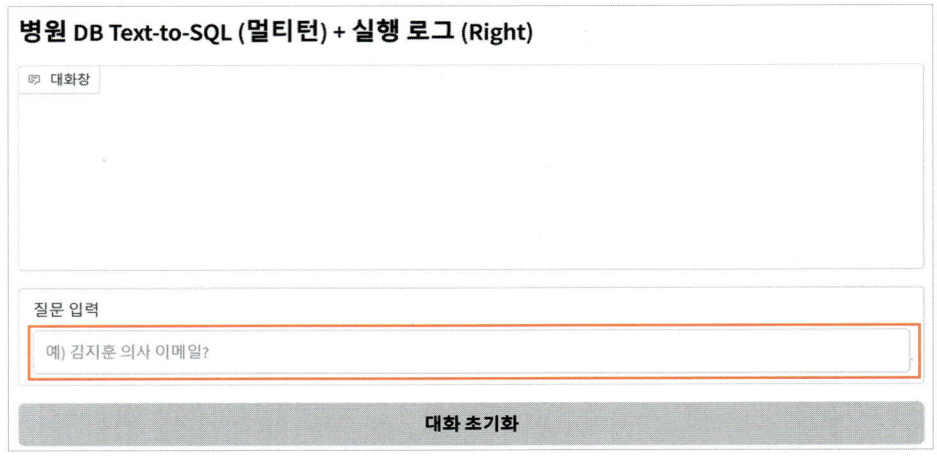

그림 9.2 질문 입력 박스

대화창 하단의 질문 입력란에 원하는 질문을 입력한 뒤, 키보드의 엔터 키를 눌러 챗봇과 대화할 수 있습니다. 먼저 "김지훈 의사의 이메일을 알려줘"라는 질문을 입력해 보겠습니다.

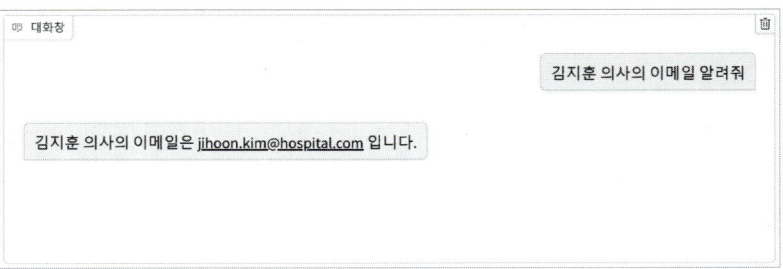

그림 9.3 특정 의사에 대한 정보 질의

챗봇은 김지훈 의사의 이메일에 대해 정확히 응답하고 있습니다. 이때 실행 로그를 확인하면 에이전트가 해당 정보를 어떤 방식으로 획득했는지 구체적으로 확인할 수 있습니다.

그림 9.4 에이전트가 작성한 SQL 쿼리

실행 로그에 따르면, 에이전트는 사용자의 질의를 분석하여 "SELECT email FROM doctors WHERE name = '김지훈';"이라는 SQL 쿼리를 작성해 호출하였고, 그 결과로 김지훈 의사의 이메일을 얻은 뒤 이를 바탕으로 응답을 생성한 것을 알 수 있습니다. 이제 멀티턴이 제대로 동작하는지 테스트 하기 위해 "그 의사의 빈 시간은 언제야?"라는 질문을 입력해 보겠습니다. 이 질문에서는 '그 의사'가 누구인지 명시적으로 언급하지 않았지만, 멀티턴 기능이 올바르게 작동하여 SQL 쿼리가 작성된다면 정상적인 응답이 가능해야 합니다.

그림 9.5 멀티턴 테스트

챗봇은 김지훈 의사의 빈 시간에 대해 응답합니다. 이때 역시 실행 로그를 통해 시스템이 실제로 김지훈 의사의 빈 시간을 조회했음을 확인할 수 있습니다.

그림 9.6 멀티턴을 고려하여 작성된 SQL 쿼리

이어서 이번에는 "기분이 우울한데 위로해줘"처럼 SQL 쿼리를 실행할 필요가 없는 질문을 입력해 보겠습니다.

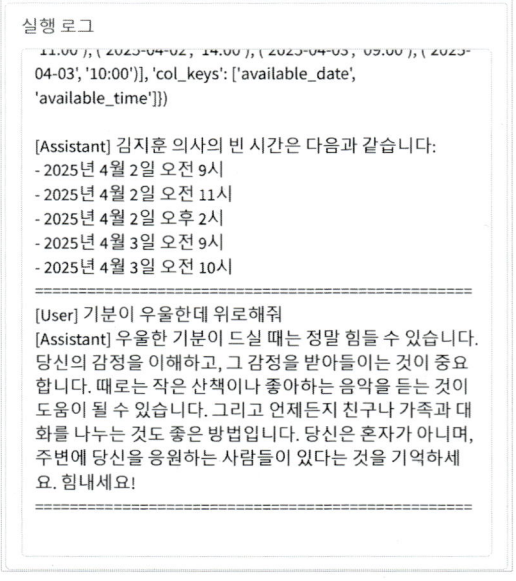

그림 9.7 SQL 쿼리를 실행할 필요가 없는 요청

실행 로그를 확인해보면 에이전트는 이 질문이 데이터베이스와 관련되지 않은 것으로 판단하고, SQL 쿼리를 실행하지 않고 직접 응답을 생성한 것을 확인할 수 있습니다. 다음으로는, 의사가 아닌 특정 환자의 진료 기록을 요청해 보겠습니다.

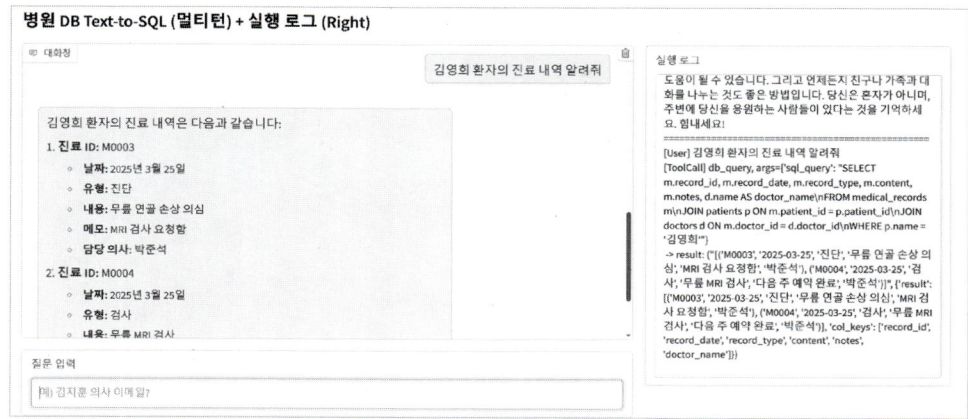

그림 9.8 특정 환자의 진료 내역 조회

이전에 했던 김지훈 의사와 관련된 질문과 마찬가지로, 실행 로그를 보면 김영희 환자의 진료 내역을 조회하기 위한 SQL 쿼리를 에이전트가 작성하고 실행하여 정상적으로 응답하는 모습을 확인할 수 있습니다. 이처럼 Text-to-SQL 에이전트는 실제 테이블 명세를 기반으로 사용자의 질문을 이해하고, 적절한 SQL 쿼리를 생성해 실행합니다. 이를 통해 사용자는 복잡한 SQL 쿼리를 작성하지 않고도 원하는 정보를 손쉽게 얻을 수 있습니다. 여러분도 자신만의 Text-to-SQL 에이전트를 구축하여 다양한 데이터베이스 활용에 도전해보시기 바랍니다.

10

MCP
(Model Context Protocol)

MCP란
Model Context Protocol 개발환경 구축하기
MCP 서버
MCP 클라이언트
날씨 에이전트 실습

오늘날 AI는 단순히 정보를 제공하는 수준을 넘어, 사용자의 요구에 따라 실제 작업을 자동으로 수행하는 '에이전트(Agent)'로 진화하고 있습니다. 예를 들어, 코딩을 지원하는 AI는 실제 파일을 읽고 수정하며, 일정 관리를 수행하는 AI는 캘린더 시스템과 연동되어 회의를 예약합니다. 또한, 고객 지원용 챗봇은 내부 문서를 검색해 필요한 정보를 제공합니다. 이러한 에이전트가 현실의 복잡한 작업 환경에서 실질적인 도움을 주기 위해서는 다양한 외부 도구와의 연결이 필수적이며, 이를 효과적으로 수행하기 위한 기술적 표준이 요구됩니다. 이 장에서는 그러한 요구를 해결하기 위해 등장한 MCP(Model Context Protocol)에 대해서 설명합니다. MCP의 개념과 구조, 설계 철학, 작동 방식, 그리고 기존 아키텍처와의 차이점까지 체계적으로 살펴봅니다. 특히 MCP의 등장 배경과 가능하게 하는 기능, 도구와의 상호작용 방식을 중심으로 살펴보겠습니다.

10.1 MCP란

MCP는 에이전트(Agent)가 다양한 기능, 서비스, 시스템과 안전하고 일관되게 상호작용할 수 있도록 설계된 **도구 호출 표준 프로토콜**입니다. 예를 들어 AI가 "이메일을 보내줘", "일정을 등록해줘"와 같은 사용자의 요청을 받았을 때, 실제로 그 작업을 처리할 수 있도록 외부 기능을 불러오는 통신 방식이라고 설명할 수 있습니다. 기존에는 AI 애플리케이션을(Application) 만든다고 한다면, AI 애플리케이션에 각 기능이나 시스템과 연결되기 위해, 서비스마다 다르게 구성된 API에 맞춰 직접 맞춤형 연동 작업을 일일이 구현해야 했습니다. 이처럼 시스템 간 연결 방식이 제각각이라 통합하는 데 많은 시간과 노력이 들었습니다. 특히 AI가 단순한 질문 응답 시스템을 넘어서 실제 작업을 자동으로 처리하는 에이전트로 발전하려면, 여러 외부 시스템과 유기적으로 통신하고 연계할 수 있는 구조가 반드시 필요합니다. 그런데 각각의 에이전트가 서로 다른 API 형식, 요청 포맷을 갖고 있다면, 그때마다 모델과의 연동을 위해 별도의 연결 코드를 작성해야 합니다. 이는 개발 비용을 증가시킬 뿐 아니라, 기능이 늘어날수록 복잡도 또한 기하급수적으로 증가하게 됩니다. 결과적으로, 시스템 간 통신이 통합되지 않은 상태에서는 AI가 다양한 기능을 유연하게 호출하며 복잡한 작업을 수행하는 실질적인 에이전트 역할을 하기 어렵고, 확장성과 유지보수 측면에서도 큰 제약을 안게 됩니다. MCP는 이러한 문제를 해결하기 위해 등장했습니다. 실행 가능한 기능의 이름, 설명, 입력 값, 반환 형식 등을 표준화하여 정의하고, 이 정의에 따라 언어 모델이 외부 기능을 마치 프로그래밍 함수처럼 호출할 수 있도록 도와줍니다. 이로써 에이전트는 단순히 텍스트를 생성하는 데 그치지 않고, 실제 외부 시스템과 상호작용하며 작업을 수행하는 **행동하는 AI**, 즉 **실질적인 에이전트**로 작동할 수 있습니다.

MCP는 다음과 같은 핵심 구성 요소로 이루어져 있습니다.

- **툴(Tool)**: 에이전트가 호출할 수 있는 기능 단위로, 이름, 설명, 입력 파라미터, 반환 값 등을 JSON 형식으로 정의합니다. 이를 '툴 명세(Tool Specification)'라고 부르며, 모델이 어떤 기능을 어떤 방식으로 사용할 수 있는지 이해하는 데 필요한 정보를 담고 있습니다.
- **MCP 클라이언트**: 모델 또는 애플리케이션 측에서 MCP 서버의 툴을 호출하는 인터페이스 역할을 수행합니다.
- **MCP 서버**: 정의된 툴을 실제로 실행하고 결과를 반환하는 실행 주체로, 외부 API 또는 로컬 도구와 연결됩니다.
- **통신 규약(JSON-RPC 2.0)**: 모델과 MCP 서버 간의 툴 호출 요청 및 응답을 주고받는 데 사용되는 메시지 포맷입니다.

이제 다음 절부터는 툴이 어떻게 정의되고 호출되는지, MCP 클라이언트와 서버가 어떻게 상호작용하는지 등 각 구성 요소를 하나씩 구체적으로 살펴보겠습니다.

툴이란 무엇인가?

여기서 중요한 개념이 바로 툴(Tool)입니다. MCP에서 툴이란, LLM(대형 언어 모델)이 외부 데이터, 서비스, 또는 소프트웨어 기능에 접근하거나 특정 작업을 수행할 수 있도록 표준화된 방식으로 제공되는 함수 또는 기능 단위를 의미합니다. 예를 들어, '캘린더에 일정 추가', '문서 검색', '이메일 발송'과 같은 실제 작업이 각각 하나의 툴로 정의됩니다.

이러한 툴은 단순한 명령어 세트가 아니라, LLM이 외부 기능을 호출하고 실행 결과를 받아오기 위한 펑션 콜링(function calling)의 대상입니다. 즉, 오늘날의 GPT, Claude, Gemini와 같은 최신 모델들은 단순히 텍스트를 생성하는 데 그치지 않고, 정의된 툴을 프로그래밍의 함수처럼 호출할 수 있는 능력을 갖추고 있습니다. 예를 들어 사용자가 "내일 오전 10시에 회의 추가해줘"라고 입력하면, 모델은 자연어를 구조화된 호출 형식으로 변환하여 다음과 같은 메시지를 생성합니다.

```json
{
  "function_call": {
    "name": "add_to_calendar",
    "arguments": {
      "title": "팀 회의",
      "datetime": "2025-05-18T10:00:00"
    }
  }
}
```

즉, add_to_calendar라는 기능을 호출하고, 일정 제목과 시간을 인자로 전달하여 캘린더에 일정을 추가하라는 요청을 할 수 있습니다. 물론 이러한 외부 기능의 사용은 MCP 등장 이전에도 AI가 활용할 수 있었던 기능입니다. 하지만 당시에는 각 애플리케이션이 각 툴(예: 캘린더, 노션, 이메일 등)에 대해 API 연동, 데이터 포맷, 인증 방식 등을 모두 개별적으로 맞춰야 했으며, AI 모델이 외부 기능을 사용하려면 매번 커스텀 통합을 직접 구현해야 했습니다. 즉, 일종의 '맞춤형 배선 작업'이 반복되는 구조였습니다.

MCP는 이러한 비효율을 해결하기 위해 툴 개념을 명확히 정의하고, 이를 표준 인터페이스로 통일했습니다. 툴은 이름, 설명, 파라미터, 실행 방식 등을 JSON-RPC 2.0 형식으로 명세하며, LLM은 이 명세를 기반으로 어떤 기능이 가능한지, 어떤 인자가 필요한지를 이해할 수 있습니다. 이를 통해 툴은 단순한 코드 단위가 아닌, LLM이 외부 세계와 상호작용할 수 있는 표준화된 연결 포인트로 자리 잡게 되었습니다.

툴은 MCP 서버에 의해 제공되며, LLM은 MCP 클라이언트를 통해 툴을 호출하여 외부 시스템과 상호작용할 수 있습니다. 이처럼 툴의 표준화 덕분에, AI 모델은 단순한 텍스트 응답을 넘어 실제 업무 자동화, 데이터 검색, 외부 시스템과의 협업 등 실질적인 행동을 수행할 수 있는 에이전트로 진화할 수 있게 되었습니다.

JSON-RPC 2.0을 사용하는 이유는?

MCP는 툴을 단순한 데이터 자원이 아니라, 실행 가능한 기능으로 봅니다. 즉, 외부 도구와의 통신은 정보를 조회하는 것을 넘어, 특정 동작을 함수처럼 호출하고 결과를 받아야 하는 구조를 요구합니다.

일반적으로 많이 사용되는 통신 방식에는 RESTful API, GraphQL, gRPC, 그리고 JSON-RPC 등이 있습니다. 이 중 가장 널리 쓰이는 방식은 REST입니다. 예를 들어, 웹사이트에서 특정 사용자의 정보를 가져올 때 `GET /users/123`처럼 URL을 통해 자원에 접근하는 방식이 바로 REST입니다. 이처럼 REST는 무엇(자원)에 접근할 것인가를 중심으로 설계된 구조입니다.

반면, MCP가 필요로 하는 것은 무엇을 실행할 것인가(행위)입니다. 예를 들어 "서울 날씨 알려줘", "이 내용을 요약해줘", "캘린더에 일정 추가해줘"와 같은 요청은 단순한 데이터 조회가 아니라, 펑션 콜링을 의미합니다. 이러한 요청을 REST 방식으로 표현하면, 예를 들어 `GET /calendar`처럼 의도가 모호한 자원 접근 형태가 되기 쉽습니다. 반면, JSON-RPC에서는 `"method": "add_to_calendar"`와 같이 명령 자체를 중심으로 메시지를 구성할 수 있어, 표현이 훨씬 더 명확하고 직관적입니다. 결국 REST는 정적 데이터 조회에는 적합하나, MCP처럼 기능 호출 중심의 시스템에는 한계가 있습니다. 이러한 구조적 차이를 보완하기 위해 JSON-RPC 2.0이 선택되었습니다. JSON-RPC 2.0의 구체적인 메시지 구성 방식과 사용 사례는 10.3절에서 자세히 다루겠습니다.

MCP 이전 아키텍처와의 차이

툴 기반 상호작용이 가능해지기 전, 즉 MCP가 등장하기 이전에는 외부 도구와의 연결 방식에 여러 비효율적인 요소가 존재했습니다. 아래 그림과 같이 M개의 서로 다른 AI 애플리케이션과 N개의 서로 다른 도구가 있다고 가정해 보겠습니다. 에이전트 서비스를 구축하려면, 이들 각각의 조합마다 별도의 커스텀 통합을 구현해야 했습니다. 예를 들어, 챗봇 하나를 깃허브와 연동하려면 별도로 구현이 필요하고, IDE 도구를 노션과 연결하려면 또 다른 통합 작업이 필요합니다.

이 구조에서는 총 M×N개의 인터페이스가 필요하며, 개발 및 유지보수 비용도 기하급수적으로 증가합니다. 이 상황은 마치 USB 표준이 등장하기 이전의 컴퓨터 환경과 유사합니다. 프린터, 마우스, 스캐너 등 각기 다른 주변기기가 서로 다른 포트를 요구하고, 각기 다른 드라이버를 수동으로 설치해야 했던 시절을 떠올리게 합니다.

MCP는 이러한 문제를 해결하기 위해, 툴이라는 표준화된 인터페이스를 중심으로 아키텍처를 구조화했습니다. 이로써 전체 복잡도를 M x N에서 M+N 수준으로 획기적으로 줄일 수 있게 되었습니다. 이제 각 도구는 MCP 서버를 통해 단 한 번만 Tool로 등록하면 되며, 어떤 LLM 기반 애플리케이션이든 MCP 클라이언트를 통해 이 툴에 접근할 수 있습니다. 이를 통해 다양한 도구와 애플리케이션 간의 상호작용이 표준화되고 재사용 가능해지며, 확장성 또한 획기적으로 향상됩니다.

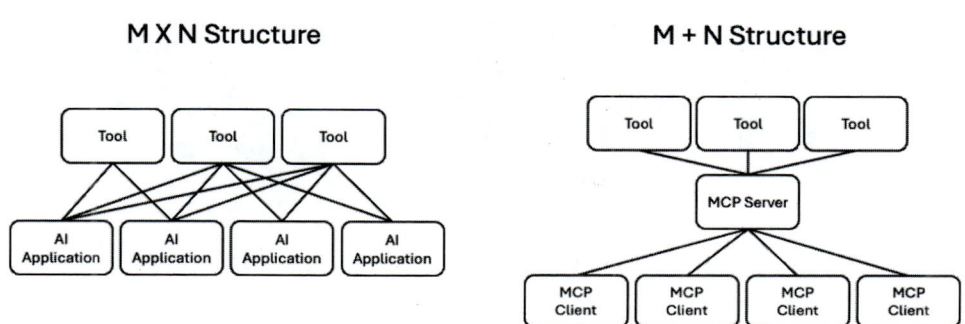

그림 10.1 M개 앱과 N개 도구가 있을 때 MCP는 MxN 조합 대신 M+N 조합을 가능케 함

MCP 도입 이후의 변화

이러한 구조적 전환 덕분에 MCP는 기존의 비효율적인 M×N 통합 구조를 M+N 구조로 단순화하는 데 성공했습니다. 각 도구는 하나의 MCP 서버로 구성되고, AI 애플리케이션은 하나의 MCP 클라이언트만 구현하면 됩니다. 이렇게 하면 어떤 AI 애플리케이션이든 MCP 클라이언트를 통해 MCP 서버에 연결되어 다양한 도구들과 유연하게 상호작용할 수 있습니다. 예를 들어 클로드(Claude), 윈드서프(Windsurf), 커서(Cursor)와 같은 시스템은 MCP 클라이언트를 내장하고 있기 때문에 MCP로 래핑된 깃허브, 노션, 슬랙 등의 외부 도구와 표준화된 방식으로 통신할 수 있습니다. 또한, 새로운 도구가 추가되더라도 툴 명세만 제공되면, 기존 애플리케이션과의 통합은 MCP 수준에서 자동으로 이루어질 수 있습니다.

이러한 표준화된 연결 구조 덕분에 MCP는 흔히 'AI 애플리케이션의 USB-C 포트'에 비유됩니다. USB-C가 다양한 주변 기기를 하나의 포트로 연결할 수 있는 통합 규격인 것처럼, MCP는 AI 모델이 다양한 외부 데이터 소스와 기능에 하나의 프로토콜로 접근할 수 있도록 해주는 연결 허브 역할을 합니다.

아래 그림에서 다양한 USB 단자의 모양은 여러 종류의 AI 애플리케이션 API를, USB 허브는 MCP를 비유한 것입니다. 오른쪽의 노트북 이미지는 MCP 클라이언트를 내장한 호스트(host)를 상징적으로 나타냅니다.

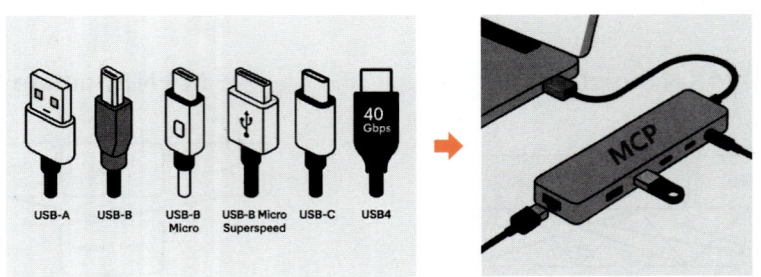

그림 10.2 다양한 모양의 USB(왼쪽)가 USB 허브(MCP의 비유)를 통해 하나의 포트로 연결

MCP의 구조: 클라이언트-서버 모델

MCP는 클라이언트-서버 구조로 구성되어 있습니다. LLM이나 IDE처럼 외부 데이터 소스로부터 정보를 받아야 하는 측을 '호스트', 외부 데이터를 제공하는 측을 'MCP 서버'라고 합니다. 또한 MCP 호스트가 MCP 서버에 정보를 요청할 때 사용하는 커넥터를 'MCP 클라이언트'라고 부릅니다. 즉, MCP 호스트가 외부 데이터에 접근해야 할 경우, MCP 클라이언트를 통해 요청을 전달하면, MCP 서버는 약속된 방식(MCP Protocol)에 따라 해당 기능을 수행하고 결과를 반환합니다.

각 MCP 서버는 일반적으로 노션, 슬랙, 깃허브 등의 도구와 연동되며, 이들 도구의 로컬 데이터 소스나 외부 API를 통해 정보를 가져와 처리합니다. 반면, 호스트 측에서는 다양한 툴을 일관되게 호출할 수 있는 MCP 클라이언트만 구현하면, 각 도구의 API 연결 방식이나 인증 방식 등 복잡한 연결 세부사항을 신경 쓰지 않고도, 다양한 툴을 일관되게 호출하여 사용할 수 있습니다.

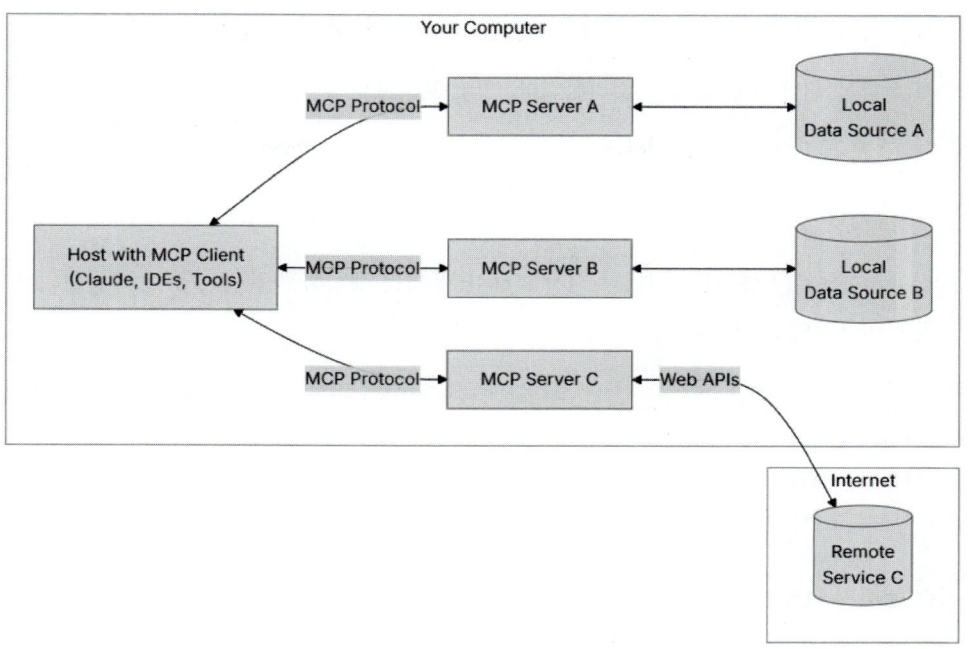

그림 10.3 MCP 작동 원리(출처: 앤트로픽 홈페이지[2])

AI 업계는 MCP의 확산을 통해 '질문에 대답하는 AI'에서 '행동하는 AI', 즉 AI 에이전트로의 빠른 진화가 이루어질 것이라고 확신하고 있습니다. MCP를 둘러싼 생태계가 폭발적으로 확장되고 있다는 사실이 이러한 전망을 뒷받침합니다. 현재 MCP 서버를 모아 놓은 사이트인 스미서리(https://smithery.ai)에는 이미 4,700개가 넘는 MCP 서버가 등록돼 있습니다. 앤트로픽의 경쟁사인 OpenAI는 MCP를 자사 제품 전반에 도입하겠다고 발표했으며, 마이크로소프트와 구글 또한 MCP 지원을 위한 소프트웨어 개발 키트(SDK)를 배포하고 나섰습니다. 이러한 움직임은 MCP가 AI 시대의 핵심 프로토콜로 자리잡을 것이라는 전망 아래 진행되는 행보로 해석해도 무방합니다.

---

[2] MCP를 소개하고 있는 앤트로픽 공식 홈페이지 https://modelcontextprotocol.io/introduction

10.2 Model Context Protocol 개발 환경 구축하기

먼저 실습을 위한 개발 환경을 준비합니다. 명령 프롬프트를 사용해 프로젝트 폴더를 생성하고, 가상 환경을 구축합니다.

프로젝트 폴더 생성하기

10장에서 실습할 코드와 데이터를 저장할 ch10 폴더를 생성하고 해당 경로로 이동합니다. 명령 프롬프트에서 아래 명령어를 순서대로 입력합니다.

```
C:\llamaindex> cd:\llamaindex
C:\llamaindex> mkdir ch10
C:\llamaindex> cd ch10
C:\llamaindex\ch10>
```

실습 폴더인 llamaindex 폴더 안에 ch10 폴더가 생긴 것을 확인할 수 있습니다.

가상 환경 생성하기

다음 명령어를 입력하여 ch10_env라는 이름의 가상 환경을 생성합니다.

```
C:\llamaindex\ch10> python -m venv ch10_env
```

가상 환경이 생성되면 아래 명령어로 가상 환경을 활성화합니다.

```
C:\llamaindex\ch10> ch10_env\Scripts\activate.bat [3]
(ch10_env) C:\llamaindex\ch10>
```

프롬프트 왼쪽에 (ch10_env)가 표시되면 가상 환경이 정상적으로 활성화된 것입니다.

먼저, MCP 기반 시스템을 구현하기 위해 MCP 라이브러리와 OpenAI 패키지를 설치합니다.

```
(ch10_env) C:\llamaindex\ch10> pip install 'mcp[cli]'
(ch10_env) C:\llamaindex\ch10> pip install openai
```

---

[3] macOS 사용자는 source ch10_env/bin/activate 명령어를 사용합니다.

설치가 완료되면 가상 환경에 라마인덱스 0.12.35 버전과 라마인덱스 MCP 플러그인을 설치합니다.

```
(ch10_env) C:\llamaindex\ch10> pip install llama-index==0.12.35
(ch10_env) C:\llamaindex\ch10> pip install llama-index-tools-mcp==0.2.1
```

10.3 MCP 서버

MCP 서버는 다양한 도구, 시스템, 리소스를 MCP 표준에 따라 래핑하는 역할을 합니다. 즉, 내부적으로는 깃허브 API, 슬랙 API, 도커 명령어, 데이터베이스 쿼리 등을 다루지만, 외부에서는 이를 일관된 MCP 호출 구조를 통해 접근할 수 있도록 만들어줍니다.

구체적으로 살펴보기 위해, 로컬에 저장된 라마인덱스 문서와 깃허브 관련 문서를 활용해 사용자의 질문에 응답하는 문서 검색 에이전트를 구성해 보겠습니다. 이 실습을 통해 다음 세 가지 핵심 과정을 다뤄보겠습니다.

1. 문서 검색 기능을 MCP 툴(Tool)로 등록
2. 기존 인덱스 기반 검색기(query engine)를 MCP에 연결
3. 최종적으로 MCP 서버를 실행하여 모델이 사용할 수 있는 서비스로 제공

이번 실습부터는 서버를 구동하고, 해당 서버를 호출하는 방식으로 진행되므로 주피터 노트북(.ipynb) 환경이 아닌 파이썬 스크립트(.py) 파일 기반으로 작업을 진행하겠습니다.

10.3.1 어댑터(Adapter)를 활용한 툴 등록

모델이 스스로 문서를 탐색하고, 필요한 정보를 외부에서 가져올 수 있도록 모델이 직접 호출할 수 있는 외부 툴을 등록해 보겠습니다. 이 과정에서 어댑터(Adapter)라는 개념이 사용됩니다.

어댑터는 파이썬 함수와 MCP 툴 사이를 연결하는 중간 처리 계층으로, 일반적인 함수를 LLM이 호출할 수 있는 형식의 MCP 도구(tool)로 변환하는 역할을 합니다. 즉, 함수의 입

력/출력 포맷을 JSON-RPC 기반의 MCP 툴 형식으로 변환하고, 툴에 필요한 메타정보(이름, 설명, 파라미터 등)를 추출하여 LLM이 이해할 수 있도록 명세화합니다.

MCP에서는 이 어댑터(Adapter) 기능을 @mcp.tool() 데코레이터를 통해 매우 간단하게 제공합니다. 따라서 개발자는 복잡한 변환 과정을 직접 다루지 않고도, 함수를 손쉽게 MCP 도구로 등록할 수 있습니다. 예를 들어, 다음과 같이 간단한 텍스트 요약 기능을 MCP 도구로 정의할 수 있습니다.

server.py

```
from mcp.server.fastmcp import FastMCP

mcp = FastMCP("MyServer")

@mcp.tool()
def summarize_text(text: str) -> str:
    """긴 텍스트를 요약해 간결하게 반환합니다."""
    return text[:100] + "..."

if __name__ == "__main__":
    mcp.run(transport="sse")
```

MCP 서버에 툴이 정상적으로 등록되었는지 여부는 별도의 스크립트를 통해 쉽게 점검할 수 있습니다. 이를 위해 list_tools.py라는 파일을 만들어, 현재 MCP 서버에 어떤 도구들이 등록되어 있는지 출력해 보겠습니다.

list_tools.py

```
list_tools.py
import json
from llama_index.tools.mcp import BasicMCPClient, McpToolSpec

# MCP 서버 연결
mcp_client = BasicMCPClient("http://localhost:8000/sse")
mcp_tool_spec = McpToolSpec(client=mcp_client)
```

```python
tools = mcp_tool_spec.to_tool_list()
for tool in tools:
    tool_dict = {
        "name": tool.metadata.name,
        "description": tool.metadata.description,
        "parameters": json.loads(tool.metadata.fn_schema_str)
    }
    print(json.dumps(tool_dict, indent=2, ensure_ascii=False))
```

BasicMCPClient 객체를 활용하여, 이후 server.py를 기반으로 포트 번호 8000에서 실행할 MCP 서버에 연결합니다. 그다음 McpToolSpec을 사용해 서버에 등록된 툴 목록을 가져오고, 각 툴의 이름(name), 설명(description), 파라미터 정보(parameters)를 JSON 형식으로 출력하도록 구성합니다.

이제 아래 명령어로 MCP 서버를 실행합니다.

```
(ch10_env) C:\llamaindex\ch10 > python server.py
```

정상적으로 실행되었다면 다음과 같이 로그 내용을 확인할 수 있습니다.

실행 결과

```
INFO:      Started server process [9914]
INFO:      Waiting for application startup.
INFO:      Application startup complete.
INFO:      Uvicorn running on http://0.0.0.0:8000 (Press CTRL+C to quit)
```

이어서 list_tools.py를 실행하여 등록된 툴 목록을 출력합니다.

```
(ch10_env) C:\llamaindex\ch10 > python list_tools.py
```

실행 결과

```
{
  "name": "summarize_text",
  "description": "긴 텍스트를 요약해 간결하게 반환합니다.",
  "parameters": {
```

```
      "properties": {
        "text": {
          "description": "",
          "title": "Text",
          "type": "string"
        }
      },
      "required": [
        "text"
      ],
      "type": "object"
    }
  }
}
```

summarize_text() 함수가 툴로 정상적으로 등록되어 출력된 것을 확인할 수 있습니다. 이는 summarize_text() 함수가 @mcp.tool() 어댑터 데코레이터에 의해 MCP 툴 명세로 자동 변환되어 등록된 결과입니다.

이 명세는 LLM이 이해하고 호출할 수 있는 구조로 작성되며, 모델은 이를 바탕으로 다음과 같은 펑션콜링을 수행할 수 있습니다.

```
{
  "function_call": {
    "name": "summarize_text",
    "arguments": {
      "text": "요약할 긴 문장..."
    }
  }
}
```

여기서 잠시 파이썬의 데코레이터가 무엇인지 간단히 설명드리겠습니다. 데코레이터는 함수 정의 위에 @ 기호를 붙여 사용하는 문법으로, 해당 함수를 감싸 새로운 기능을 추가하거나 기존 동작 방식을 수정할 수 있도록 해주는 파이썬의 문법 요소입니다. 함수 자체를 수정하지 않고도 함수의 등록 방식, 실행 방식, 반환값 처리 등을 제어할 수 있기 때문에 매우 유용하게 활용됩니다.

이해를 돕기 위해 간단한 실습 파일로 데코레이터의 동작 방식을 확인해 보겠습니다. decorater_sample.py 파일을 생성하고, 로깅이 필요한 함수를 데코레이터로 감싸는 코드를 다음과 같이 구현할 수 있습니다.

decorater_sample.py

```python
def log_call(func):
    def wrapper(*args, **kwargs):
        print(f"Calling function: {func.__name__}")
        return func(*args, **kwargs)
    return wrapper

@log_call
def greet(name):
    print(f"Hello, {name}!")

greet("Alice")
```

실행 결과:

```
Calling function: greet
'Hello, Alice!'
```

실행 결과에서 볼 수 있듯이 greet("Alice")를 호출하면 실제로는 먼저 log_call이 실행됩니다. 이처럼 데코레이터는 함수의 핵심 로직을 변경하지 않으면서도, 로깅, 인증, 등록 등과 같은 공통된 동작을 함수에 부여할 수 있는 유용한 기능입니다. MCP에서도 같은 원리를 적용하여 @mcp.tool() 데코레이터를 사용해 함수를 MCP 도구로 등록하면, 이 도구는 MCP 서버를 통해 외부 모델이나 클라이언트에 의해 호출될 수 있도록 구성됩니다.

MCP에서도 동일한 데코레이터 원리를 활용합니다. 예를 들어, 앞서 작성한 summarize_text() 도구에서 @mcp.tool() 데코레이터는 다음과 같은 형태의 슈도 코드처럼 툴의 명세를 반환합니다. 자세한 구현은 FastMCP의 코드를 참고하기 바라며, 아래는 이해를 돕기 위해 해당 코드를 슈도 코드 형태로 단순화한 예시입니다.[4]

---

[4] 참고1: https://github.com/jlowin/fastmcp/blob/a31b4233583ebda511d5a791561e036dd4fcfe3a/src/fastmcp/server/server.py#L303
참고2: https://github.com/jlowin/fastmcp/blob/a31b4233583ebda511d5a791561e036dd4fcfe3a/src/fastmcp/tools/tool.py#L34

```python
class FastMCP:
    def __init__(self):
        self.tool_manager = {}

    def tool(self, name=None, description=None):
        def decorator(fn):
            # 함수의 입력값을 분석하여 JSON 입력 형식 자동 생성
            input_schema = build_json_schema_from_function(fn)

            # 툴 등록
            tool = {
                "fn": fn,
                "name": name or fn.__name__,
                "description": description or fn.__doc__,
                "parameters": input_schema
            }

            self.tool_manager[tool["name"]] = tool
            return fn
        return decorator
```

fn에는 실제로 실행될 함수 자체가 들어갑니다. name과 description은 지정된 값 또는 함수의 docstring에서 추출됩니다. 이 정보는 LLM이 툴을 이해하고 호출하는 데 필요한 인터페이스 정의의 역할을 합니다.

10.3.2 MCP 인스펙터(Inspector)

앞서 10.3.1에서 MCP 서버를 구현하고, 별도의 list_tools.py 스크립트를 통해 등록된 툴 목록을 확인하는 방법을 살펴봤습니다. 하지만 이러한 확인 작업에 MCP 인스펙터 도구를 활용하면 더 직관적이고 편리하게 확인할 수 있습니다.

- 인스펙터 공식 깃허브: https://github.com/modelcontextprotocol/inspector

MCP 인스펙터는 웹 기반 UI를 제공하는 개발 도구로, MCP 서버를 테스트하고 디버깅하기 위한 개발 도구입니다. MCP 인스펙터를 통해 다음과 같은 작업을 수행할 수 있습니다.

- MCP 서버에 현재 등록된 툴 목록을 시각적으로 탐색
- 각 툴의 이름, 설명, 파라미터 스키마 확인
- 서버와의 연결 상태 점검 및 디버깅 로그 확인

MCP 인스펙터는 npm을 통해 간단하게 설치할 수 있습니다.

```
C:\Users\USER> npm install -g @modelcontextprotocol/inspector
```

> **참고** npm 설치 방법
>
> 만약 npm이 설치되어 있지 않다면, 아래 절차에 따라 Node.js 및 npm을 설치할 수 있습니다.
>
> 1. Node.js 공식 사이트(https://nodejs.org)에 접속하여 다운로드 메뉴를 클릭합니다.

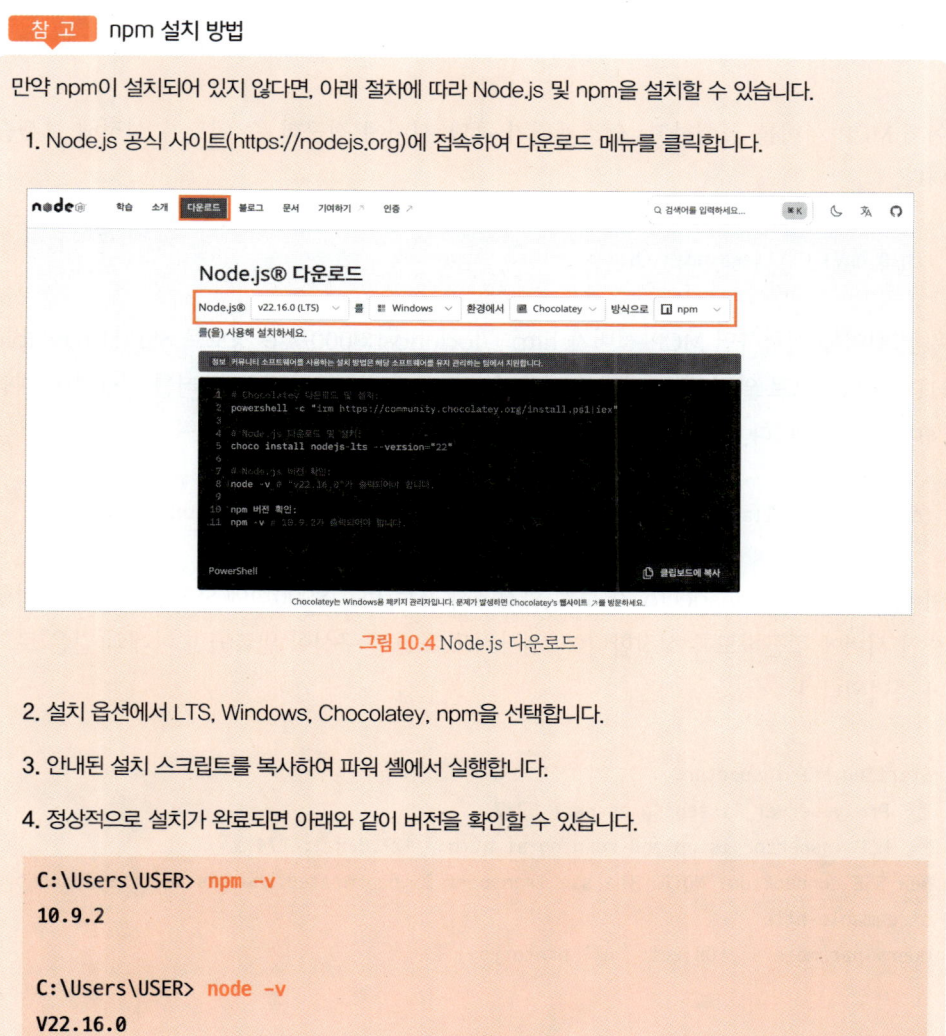

그림 10.4 Node.js 다운로드

2. 설치 옵션에서 LTS, Windows, Chocolatey, npm을 선택합니다.
3. 안내된 설치 스크립트를 복사하여 파워 셸에서 실행합니다.
4. 정상적으로 설치가 완료되면 아래와 같이 버전을 확인할 수 있습니다.

```
C:\Users\USER> npm -v
10.9.2

C:\Users\USER> node -v
V22.16.0
```

10. MCP(Model Context Protocol) 333

> **참고** MCP inspector 설치 중 권한 오류(EACCES)가 발생할 경우
>
> 전역 설치 명령어(npm install -g ...)를 실행할 때 EACCES: permission denied와 같은 권한 관련 오류가 발생한다면, 사용 중인 운영체제에 따라 다음과 같이 조치하기 바랍니다.
>
> - Window 환경
>
>   파워셸 또는 명령 프롬프트(cmd)를 관리자 권한으로 실행한 뒤 설치를 진행합니다.
>
> - macOS / Linux 환경
>
>   명령어 앞에 sudo를 붙여 관리자 권한으로 설치합니다.
>
> ```
> C:\Users\USER> sudo npm install -g @modelcontextprotocol/inspector
> ```

이제 MCP 서버를 실행하고, 인스펙터가 해당 서버에 접근할 수 있도록 설정해 보겠습니다.

```
(ch10_env) C:\llamaindex\ch10 > python server.py
```

위 명령어를 실행하면 MCP 서버가 http://localhost:8000/sse 경로로 SSE(Streamable HTTP) 방식으로 열립니다. 서버가 정상적으로 실행되면 MCP 인스펙터를 실행하여 해당 서버에 연결합니다.

```
(ch10_env) C:\llamaindex\ch10 > mcp-inspector connect http://localhost:8000/sse
```

이 명령어는 mcp-inspector가 로컬 환경에서 포트 번호 8000번에 SSE 프로토콜로 실행 중인 서버에 접근하도록 설정합니다. 정상적으로 환경 구성이 완료되면 아래와 같은 로그가 출력됩니다.

```
Starting MCP inspector...
⚙ Proxy server listening on port 6277
🔍 MCP Inspector is up and running at http://127.0.0.1:6274 🚀
New SSE connection. NOTE: The sse transport is deprecated and has been replaced by streamable-http
Query parameters: [Object: null prototype] {
```

```
    url: 'http://localhost:8000/sse',
    transportType: 'sse'
}
SSE transport: url=http://localhost:8000/sse, headers=Accept
Connected to SSE transport
Connected MCP client to backing server transport
Created web app transport
Set up MCP proxy
```

이제 브라우저에서 로그에 표시된 URL인 http://127.0.0.1:6274/#tools로 접속합니다.

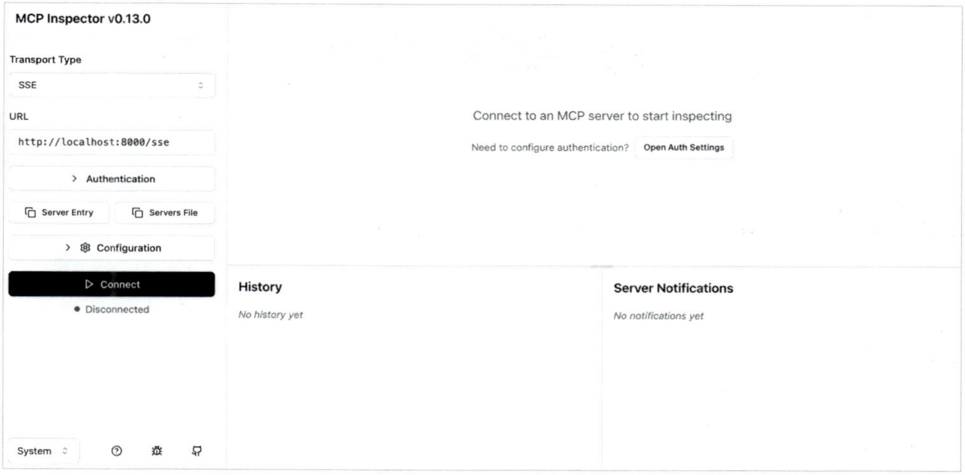

그림 10.5 MCP 인스펙터 초기 화면

왼쪽 Transport Type에는 SSE를, URL에는 우리가 서버를 실행한 http://localhost:8000/sse를 입력하고, 하단의 [Connect] 버튼을 클릭합니다.

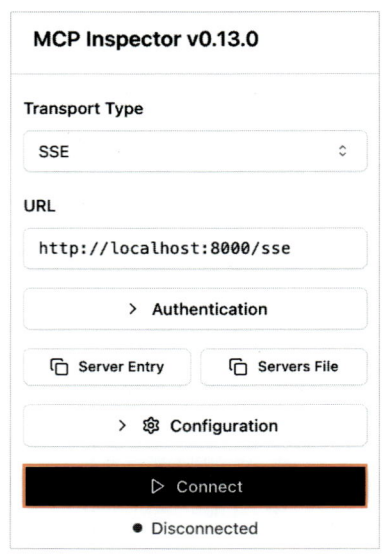

그림 10.6 MCP 인스펙터 서버에 연결하기

연결이 완료되면 Connected 메시지와 함께 오른쪽 메뉴가 활성화됩니다.

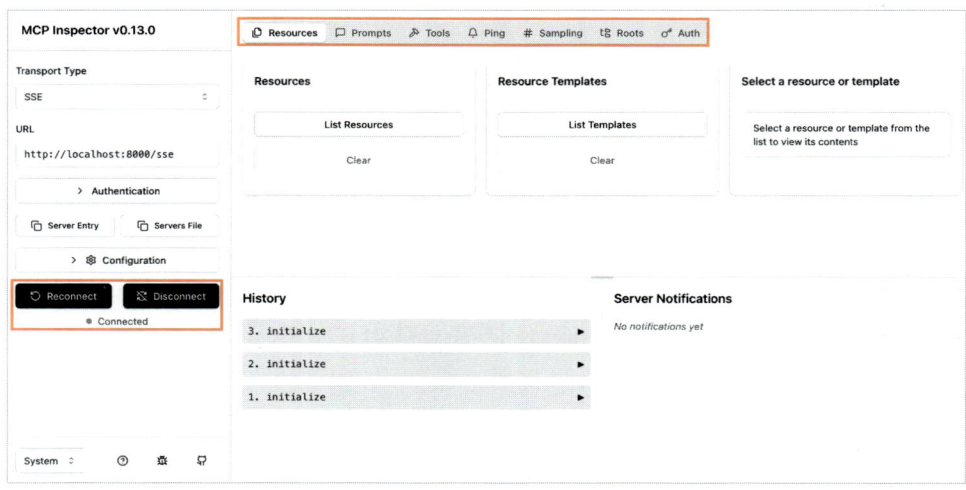

그림 10.7 MCP 인스펙터 서버에 연결 성공

우리가 확인하고자 하는 것은 MCP 서버에 툴이 정상적으로 등록되었는지 여부입니다.

① 오른쪽 메뉴바에서 Tools를 선택합니다.

② [List Tools] 버튼을 클릭합니다. 정상적으로 등록되었다면 summarize_text 툴이 표시됩니다.

③ 하단의 History에서 tools/list 응답 항목을 확인하면, 등록된 summarize_text 툴의 명세를 확인할 수 있으며, 이는 이전에 실행한 list_tools.py 스크립트의 결과와 동일합니다.

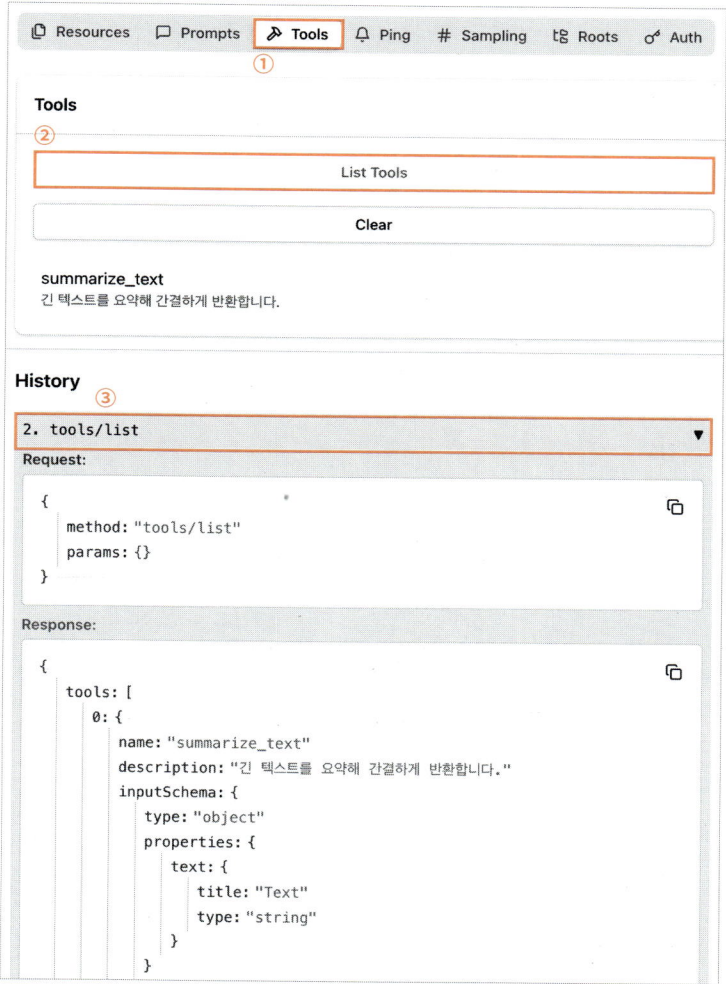

그림 10.8 MCP 인스펙터를 통해 툴 등록 확인

MCP 인스펙터는 툴 조회 외에도 테스트 입력을 직접 실행하고 툴의 동작을 검증하거나 디버깅하는 기능을 제공합니다. 이를 통해 별도의 코드 작성 없이도 툴의 작동 여부를 직관적으로 확인할 수 있습니다.

10.3.3 메시지 형식

MCP는 모든 도구 호출 및 응답을 JSON-RPC 형식으로 주고받습니다. 이 프로토콜은 요청 메시지, 응답 메시지, 알림 메시지 세 가지 메시지 유형을 가집니다.

요청 메시지(Request)

요청 메시지는 클라이언트에서 모델이 MCP 서버에 특정 도구의 실행을 요청할 때 사용하는 메시지 형식입니다. 모델은 사용자의 질의를 해석한 후, 필요한 도구의 이름과 입력값을 설정하고, 이를 기반으로 JSON-RPC 요청 메시지를 구성하여 서버에 전송합니다.

```
{
  "jsonrpc": "2.0",
  "method": "도구이름",
  "params": {
    "입력1": "값1",
    "입력2": "값2"
  },
  "id": 1
}
```

예를 들어, "summarize_text" 도구를 실행하고, "text" 파라미터에 특정 문장을 전달하고자 하는 경우, 다음과 같이 JSON-RPC 요청 메시지를 구성할 수 있습니다.

```
{
  "jsonrpc": "2.0",
  "method": "summarize_text",
  "params": {
    "text": "요약할 긴 문장이 여기에 들어갑니다..."
  },
```

```
  "id": 101
}
```

응답 메시지(Response)

응답 메시지는 MCP 서버가 도구를 실행한 후, 성공 또는 실패 결과를 모델에게 전달하는 메시지 형식입니다. 요청 메시지에 포함된 id 값을 그대로 반환하여, 어떤 요청에 대한 응답인지 식별할 수 있도록 합니다. 예를 들어, 응답이 정상적으로 처리된 경우 다음과 같은 JSON 구조가 반환될 수 있습니다.

```
{
  "jsonrpc": "2.0",
  "result": "도구 실행 결과",
"id": 1
}
```

- result: 도구 실행 결과를 나타냅니다. 문자열, 숫자, 리스트 등 다양한 형식이 될 수 있습니다.
- id: 요청 메시지에서 사용된 동일한 ID 값입니다.

알림 메시지(Notification)

알림 메시지는 요청과 유사하지만, 결과를 기다리지 않는 일방향 메시지입니다. 모델이 도구를 실행하되 응답을 받을 필요가 없는 경우에 사용됩니다. 예를 들어, 단순 로깅, 사용자 행동 기록, 내부 상태 갱신 등 비동기 처리에 적합한 상황에서 활용됩니다.

```
{
  "jsonrpc": "2.0",
  "method": "log_interaction",
  "params": {
    "user": "daniel",
    "action": "searched"
  }
}
```

- 이 메시지에는 id 필드가 포함되지 않습니다.
- 서버는 해당 메시지를 수신하면 실행만 수행하고 응답을 반환하지 않습니다.

이처럼 JSON-RPC는 요청, 응답, 알림이라는 세 가지 메시지 유형을 통해 모델과 MCP 서버 간의 통신을 표준화합니다. 이 구조 덕분에 도구 호출과 관리가 간편해지고, 모델은 다양한 도구를 보다 유연하게 활용할 수 있습니다.

MCP는 기본적으로 다음 두 가지 전송 구현 방식을 제공합니다.

1. 표준 입출력(Standard Input/Output, stdio)
2. 서버 전송 이벤트(Server-Sent Events, SSE)

표준 입출력 방식은 로컬 환경에서 CLI 기반으로 MCP 서버와 통신할 때 사용되는 방식입니다. 메시지는 표준 입력으로 전달되고, 처리된 결과는 표준 출력으로 반환됩니다. 간단한 테스트나 내부 통합 환경에서 유용하게 활용됩니다. MCP 라이브러리에서는 `mcp.run()` 호출 시 transport 인자를 "stdio"로 지정하면 됩니다.

표준 입출력 방식 설정 예시

```
mcp = FastMCP("MyServer")
mcp.run(transport="stdio")
```

서버 전송 이벤트 방식은 HTTP 기반의 비동기 스트리밍 방식으로, 서버에서 클라이언트로 실시간 메시지를 푸시할 수 있는 기능을 제공합니다. 클라이언트는 HTTP POST 요청을 통해 메시지를 전송하고, 서버는 SSE 스트림을 통해 응답 메시지를 실시간으로 전달합니다. 이 방식은 연속적인 결과나 상태 업데이트가 필요한 상황에서 안정적으로 작동하기 때문에 실제 환경에서는 기본적으로 sse 방식을 사용하는 것이 권장됩니다. MCP 라이브러리에서는 `mcp.run()` 호출 시 transport 인자를 "sse"로 지정하면 됩니다.

SSE(Server-Sent Events) 전송 방식 설정 예시

```
mcp = FastMCP("MyServer")
mcp.run(transport="sse")
```

MCP는 이러한 전송 방식 위에서 전체적인 메시지 흐름을 다음과 같이 처리합니다.

1. **모델이 요청 메시지를 생성**

    사용자 질의에 따라 적절한 도구를 선택하고, 도구 이름과 입력값을 포함한 JSON-RPC 요청 메시지(Request)를 구성합니다.

2. **요청 메시지가 MCP 서버로 전송됨**

    선택된 전송 방식(stdio 또는 SSE)을 통해 서버에 메시지가 전달됩니다.

3. **서버가 도구를 실행**

    수신된 요청 메시지를 기반으로 해당 도구를 호출하고, 실행 결과를 생성합니다.

4. **응답 메시지(Response)가 모델로 반환됨**

    도구의 실행 결과를 포함한 JSON-RPC 응답 메시지가 클라이언트로 전송됩니다.

5. **필요 시 알림 메시지(Notification) 전송**

    결과를 기다릴 필요가 없는 작업의 경우, 모델은 알림 메시지를 전송하고 서버는 이를 수신해 처리합니다.

이처럼 MCP는 요청-응답 방식과 비동기 알림 방식, 두 가지 메시지 흐름을 모두 지원합니다. 또한, 메시지를 어떻게 구성하고 주고받을지를 정하는 규칙(메시지 형식)과, 그 메시지를 어떤 방식으로 전송할지를 전하는 방법(전송 방식)이 분리되어 있기 때문에 구조가 단순하고 유연합니다.

즉, 도구를 호출하는 방식은 그대로 유지한 채, 전송 방식만 변경하면 다양한 환경에서도 동일한 코드로 동작시킬 수 있습니다. 예를 들어, 개발 초기에는 단순히 터미널에서 테스트하기 위해 stdio를 사용하고, 나중에 웹 서버 환경에 맞게 sse로 전환하더라도, 도구를 호출하는 코드는 거의 수정할 필요가 없습니다. 이러한 구조 덕분에 MCP는 기능을 확장하거나 환경을 변경하더라도 최소한의 코드 수정으로 대응 가능하며, 개발과 유지보수가 용이합니다.

10.3.4 문서 검색 에이전트 MCP 실습

문서 검색기의 핵심 로직은 이미 4장에서 다룬 바 있습니다. 즉, 라마인덱스의 `Vector StoreIndex`를 사용해 로컬 문서를 인덱싱하고, `as_query_engine()` 메서드를 통해 자연어 질의를 처리하는 방식을 그대로 활용하겠습니다. 이번 실습에 사용되는 데이터 및 소스 코드의 구조는 다음과 같습니다. 실습 진행을 위해 ch10 폴더 하위에 document_search 폴더를 생성합니다. 이번 절부터는 document_search 폴더 하위에서 실습을 진행하겠습니다.

```
ch10/
└── document_search/
    ├── server.py
    ├── client.py
    ├── llamaindex_docs/
    └── github_docs/
```

server.py와 client.py는 이번 장에서 단계별로 구현해 나갈 예정이며, 각각 MCP 서버와 클라이언트 역할을 담당합니다. 실습에 필요한 PDF 문서는 이 책의 깃허브 레포지토리에 다운로드하거나 클론하여 바로 사용할 수 있습니다.

- llamaindex_docs PDF 자료 다운로드: https://github.com/llama-index-tutorial/llama-index-tutorial/tree/main/ch10/document_search/llamaindex_docs
- github_docs PDF 자료 다운로드: https://github.com/llama-index-tutorial/llama-index-tutorial/tree/main/ch10/document_search/github_docs

llamaindex_docs 폴더에는 라마인덱스 공식 문서에서 제공하는 주요 가이드를 PDF 파일로 구성해 두었으며, 마찬가지로 github_docs 폴더에는 깃허브 공식 문서 내용을 PDF 형식으로 정리해 두었습니다. 이렇게 PDF로 저장된 문서들은 실습에서 문서 검색 에이전트를 구성할 때 인덱싱 대상으로 사용됩니다.

또한, 이번 실습에서도 별도의 서버를 구동하고, 해당 서버를 호출하는 방식으로 진행되기 때문에, 주피터 노트북(.ipynb) 환경이 아닌 파이썬 스크립트(.py) 파일 기반으로 작업을 진행하겠습니다. 우선, server.py 파이썬 파일을 생성하고, 라마인덱스 기반 문서 검색기를 다음과 같이 구성합니다.

server.py
```
from llama_index.core import VectorStoreIndex, SimpleDirectoryReader
llama_docs = SimpleDirectoryReader("./llamaindex_docs").load_data()
llama_index = VectorStoreIndex.from_documents(llama_docs)
llama_query_engine = llama_index.as_query_engine()
```

이전에 설명한 것처럼 라마인덱스 라이브러리를 사용해 문서를 불러오고, 벡터로 인덱싱한 뒤, 자연어 질문에 응답할 수 있는 검색 엔진을 구성합니다.

마찬가지로 깃허브 관련 문서 검색기도 아래와 같은 방식으로 구성할 수 있습니다.

server.py
```
github_docs = SimpleDirectoryReader("./github_docs").load_data()
github_index = VectorStoreIndex.from_documents(github_docs)
github_query_engine = github_index.as_query_engine()
```

위 검색기 구현 방식에 대한 이해가 필요하다면, 이전 장의 학습 내용을 먼저 복습할 것을 권장합니다.

구현한 2개의 검색기(`llama_query_engine`, `github_query_engine`)를 10.3.1에서 배운 어댑터를 이용해 MCP 서버에 툴(tool)로 등록합니다.

server.py
```
from mcp.server.fastmcp import FastMCP

mcp = FastMCP("SearchServer")

@mcp.tool()
def search_llama_docs(query: str) -> str:
    """llamaindex 문서에서 질의에 맞는 내용을 검색합니다."""
    return llama_query_engine.query(query).response

@mcp.tool()
def search_github_docs(query: str) -> str:
    """깃허브 문서에서 질의에 맞는 내용을 검색합니다."""
```

```
        return github_query_engine.query(query).response

if __name__ == "__main__":
    mcp.run(transport="sse")
```

search_llama_docs와 search_github_docs가 각각 MCP 도구에 등록되었습니다. MCP 서버를 실행해 보겠습니다.

```
(ch10_env) C:\llamaindex\ch10\document_search> python server.py
```

정상적으로 등록되었는지 확인하기 위해, MCP 인스펙터를 활용하여 툴 목록을 확인합니다.

```
(ch10_env) C:\llamaindex\ch10\document_search> mcp-inspector connect http://localhost:8000/sse
```

인스펙터가 정상적으로 실행되면 아래와 같은 로그가 출력되는 것을 확인할 수 있습니다.

```
Starting MCP inspector...
⚙ Proxy server listening on port 6277
🔍 MCP Inspector is up and running at http://127.0.0.1:6274 🚀
New SSE connection. NOTE: The sse transport is deprecated and has been replaced by streamable-http
Query parameters: [Object: null prototype] {
  url: 'http://localhost:8000/sse',
  transportType: 'sse'
}
SSE transport: url=http://localhost:8000/sse, headers=Accept
Connected to SSE transport
…
```

10.3.2절에서 학습한 방법에 따라 브라우저에서 http://127.0.0.1:6274/#tools에 접속하여 등록된 Tool 목록을 확인합니다.

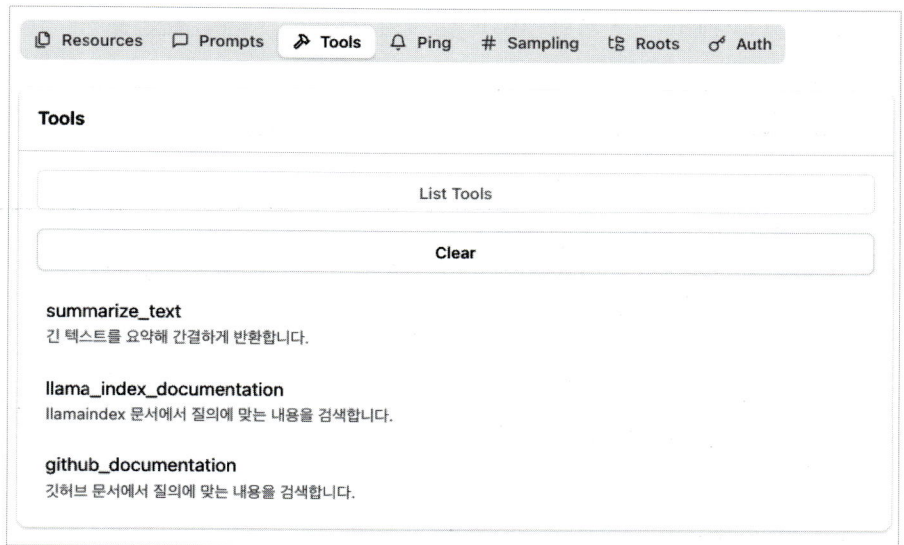

그림 10.9 MCP 인스펙터를 통해 새로 등록한 툴 확인

새로 등록한 llama_index_documentation과 github_documentation 툴이 정상적으로 MCP 서버에 등록되었음을 확인할 수 있습니다.

10.4 MCP 클라이언트

MCP 클라이언트는 AI 애플리케이션 내부에 존재하면서, 사용자의 요청이나 모델의 내부 판단에 따라 외부 MCP 서버에 명령을 전달하는 역할을 합니다. 여기서 명령을 전달한다는 것은 단순히 데이터를 전송하는 것이 아니라, 특정 도구(function)를 이름과 입력값을 기반으로 호출하는 펑션 콜링(function calling)을 수행한다는 의미입니다.

예를 들어, 사용자가 "라마인덱스를 활용하는 방법을 알려주세요"라고 요청하면, AI 모델은 이 요청이 외부 문서 검색 도구를 통해 해결 가능하다고 판단할 수 있습니다. 이때 MCP 클라이언트는 라마인덱스 문서 검색 서버(MCP 서버)에 펑션 콜링을 보내고, 검색 결과를 다시 사용자에게 자연스럽게 전달합니다. 따라서 MCP 클라이언트는 사용자의 자연어 요청을 해석한 모델의 의사결정과, 실제 외부 도구(MCP 서버) 호출 과정을 연결하는 중간 다리 역할을 합니다.

라마인덱스 MCP에서는 이러한 MCP 클라이언트를 간단히 활용할 수 있도록 BasicMCPClient라는 클래스를 제공합니다. BasicMCPClient는 복잡한 HTTP 통신, API 요청 구성, 에러 처리 등을 내부적으로 모두 관리해주기 때문에 사용자는 단순히 메서드를 호출하는 것만으로 서버에 등록된 도구를 사용할 수 있습니다.

다음은 실제 MCP 서버에 연결하고 도구를 호출하는 예제입니다. 이전에 10.3.1절에서 작성한 list_tools.py를 재사용합니다.

list_tools.py

```python
import json
from llama_index.tools.mcp import BasicMCPClient, McpToolSpec

# MCP 서버 연결
mcp_client = BasicMCPClient("http://localhost:8000/sse")
mcp_tool_spec = McpToolSpec(client=mcp_client)

tools = mcp_tool_spec.to_tool_list()
for tool in tools:
    tool_dict = {
        "name": tool.metadata.name,
        "description": tool.metadata.description,
        "parameters": json.loads(tool.metadata.fn_schema_str)
    }
    print(json.dumps(tool_dict, indent=2, ensure_ascii=False))
```

list_tools.py를 실행합니다.

```
(ch10_env) C:\llamaindex\ch10\document_seach> python list_tools.py
```

실행 결과

```
{
  "name": "summarize_text",
  "description": "긴 텍스트를 요약해 간결하게 반환합니다.",
  "parameters": {
    "properties": {
```

```
      "text": {
        "description": "",
        "title": "Text",
        "type": "string"
      }
    },
    "required": [
      "text"
    ],
    "type": "object"
  }
}
```

라마인덱스는 MCP 서버에 등록된 도구들을 자동으로 가져오고, 이를 에이전트가 이해할 수 있는 형태로 변환하는 기능을 제공합니다. 이때 핵심이 되는 클래스가 `McpToolSpec`입니다. `McpToolSpec`은 내부적으로 MCPClient를 이용해 MCP 서버의 `/list_tools` 엔드포인트를 호출하여 도구 목록을 가져오고, 각 도구를 라마인덱스에서 사용하는 FunctionTool 객체로 변환합니다. FunctionTool은 파이썬 함수나 외부 도구를 감싸면서 도구명, 설명, 입력 스키마 등을 자동으로 구성하여 라마인덱스가 자연스럽게 호출할 수 있도록 하는 역할을 합니다. 이 과정을 코드로 살펴보겠습니다.

10.3.4절절에 작성한 내용을 이어서 다시 살펴보면, 먼저 MCP 서버에 연결할 클라이언트 객체를 생성합니다.

client.py
```
from llama_index.tools.mcp import BasicMCPClient

# MCP 서버 연결
mcp_client = BasicMCPClient("http://localhost:8000/sse")
```

http://localhost:8000은 server.py에서 구현한 MCP 서버를 의미합니다. 그 다음, 라마인덱스에서 MCP 서버의 도구들을 사용할 수 있도록 McpToolSpec 객체를 생성합니다.

client.py

```python
from llama_index.tools.mcp import McpToolSpec

# MCP 도구를 LlamaIndex용으로 변환
tool_spec = McpToolSpec(client=mcp_client)

# FunctionTool 리스트 획득
tools = tool_spec.to_tool_list()
```

- `tool_spec` 객체는 내부적으로 `mcp_client`를 사용해 MCP 서버의 `/list_tools` API를 호출하여 등록된 도구 목록을 가져오고, 이를 라마인덱스가 이해할 수 있는 `FunctionTool` 객체로 변환하는 역할을 합니다.
- `to_list_tools()` 메서드를 호출하면 변환된 `FunctionTool` 객체들의 리스트가 `tools` 변수에 저장됩니다.
- 이후 이 `tools` 리스트를 라마인덱스 에이전트에 등록하면, MCP 서버의 외부 도구를 내부 함수처럼 자연스럽게 사용할 수 있습니다.

이제 가져온 `tools`를 사용할 준비가 완료되었습니다. 이제 이 도구를 활용하여 에이전트를 구성해봅니다. 여기서 에이전트 모델은 OpenAI의 gpt-4o-mini 모델을 사용하겠습니다.

client.py

```python
from llama_index.llms.openai import OpenAI
from llama_index.core.agent.workflow import FunctionAgent

# LLM 설정 (gpt-4o-mini 사용)
llm = OpenAI(model="gpt-4o-mini")

# FunctionAgent 생성
agent = FunctionAgent(
    tools=tools,
    llm=llm,
    system_prompt=(
        "사용자의 질문을 분석하여, LlamaIndex 문서나 GitHub 문서 중 적절한 문서를 검색하는 도구를 선택하고, "
```

```
            "그 결과를 바탕으로 구체적인 예시와 함께 답변을 생성하는 에이전트입니다."
    ),
)
```

- OpenAI 클래스는 라마인덱스에서 OpenAI 기반 모델을 사용하기 위한 래퍼 클래스입니다.
- model="gpt-4o-mini"는 사용할 구체적인 모델 이름을 지정하는 인자입니다.
- llm 객체는 이후 에이전트가 답변을 생성할 때 사용할 언어 모델 인스턴스를 나타냅니다.
- FunctionAgent는 다양한 도구와 LLM을 결합하여, 자연어 질문을 분석하고 적절한 도구를 선택한 뒤, 그 결과를 기반으로 답변을 생성하는 역할을 수행합니다.
- tools=tools는 MCP 서버에서 가져온 도구 리스트를 에이전트에 연결하고, llm=llm은 앞서 설정한 OpenAI 모델을 연결합니다.

이제 이 에이전트를 이용해 실제로 질문을 던지고, 어떤 도구를 선택해 어떻게 답변을 생성하는지 확인해보겠습니다.

client.py

```python
import asyncio

async def run_agent():
    question = "Llama-Index를 활용하여 문서 검색하는 방법"
    response = await agent.run(question)
    print("\n=== 에이전트 응답 ===\n")
    print(response)

if __name__ == "__main__":
    asyncio.run(run_agent())
```

실행 결과

```
=== 에이전트 응답 ===

LlamaIndex를 사용하여 문서 검색을 수행하려면 다음과 같은 절차를 따릅니다.

1. `SimpleDirectoryReader`를 사용하여 로컬 문서 데이터를 불러옵니다.
2. 불러온 문서 데이터를 `VectorStoreIndex`로 변환하여 인덱스를 생성합니다.
```

3. 생성된 인덱스를 기반으로 `as_query_engine()`을 통해 쿼리 엔진을 만들고, 검색 쿼리를 수행할 수 있습니다.

예시 코드:
```python
from llama_index import SimpleDirectoryReader, VectorStoreIndex

documents = SimpleDirectoryReader("./data").load_data()
index = VectorStoreIndex.from_documents(documents)
query_engine = index.as_query_engine()

response = query_engine.query("LlamaIndex란 무엇인가요?")
print(response)
```

- run_agent() 함수는 비동기 함수로 정의되어 있으며, agent.run(question)을 호출하여 주어진 질문에 대해 적절한 도구를 선택하고, 결과 생성을 요청합니다.
- question 변수에는 사용자가 에이전트에게 던지는 자연어 질문을 입력합니다.
- asyncio.run(run_agent())를 통해 전체 비동기 루프를 실행하고, 에이전트의 동작을 시작합니다.

또 다른 예시로, 에이전트는 깃허브 관련 API를 검색하는 도구를 선택해 다음과 같은 답변을 생성할 수 있습니다. 기존 질문은 주석 처리하고 깃허브 관련 질문인 "GitHub API로 사용자의 리포지토리 목록을 조회하려면 어떻게 해야 하나요?"를 동일한 에이전트에 실행합니다.

client.py

```
import asyncio

async def run_agent():
    # 기존 질문 주석처리
    # question = "Llama-Index를 활용하여 문서 검색하는 방법"
    question = "GitHub API로 사용자의 리포지토리 목록을 조회하려면 어떻게 해야 하나요?"
    response = await agent.run(question)
    print("\n=== 에이전트 응답 ===\n")
    print(response)
```

```
if __name__ == "__main__":
    asyncio.run(run_agent())
```

실행 결과

```
=== 에이전트 응답 ===
GitHub API를 사용하여 특정 사용자의 리포지토리 목록을 조회하려면 다음과 같은 REST API를
호출할 수 있습니다.

GET https://api.github.com/users/{username}/repos

필수 파라미터:
- username: 조회하려는 GitHub 사용자의 아이디

```python
import requests

username = "octocat"
url = f"https://api.github.com/users/{username}/repos"
response = requests.get(url)

if response.status_code == 200:
    repos = response.json()
    for repo in repos:
        print(repo['name'])
else:
    print("Error:", response.status_code)
```
```

이처럼 에이전트는 질문에 적합한 도구를 자동으로 선택하여 호출하고, 필요한 정보를 찾아 구체적인 예시와 함께 응답을 생성합니다. 사용자는 복잡한 API 호출이나 검색 과정을 거치지 않고, 자연어로 질문하는 것만으로 원하는 정보를 손쉽게 얻을 수 있습니다.

지금까지 살펴본 라마인덱스와 MCP 연동 예제의 호출 흐름을 다시 정리해 보겠습니다.

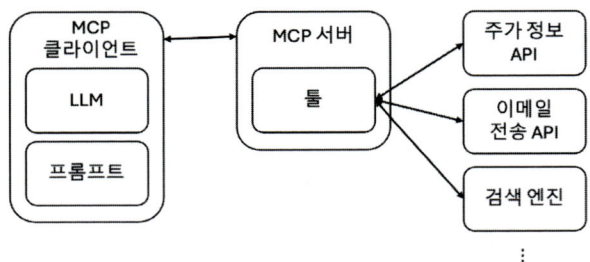

그림 10.10 라마인덱스와 MCP 연동 예제의 호출 흐름

1. **도구 목록 조회**

    MCP 클라이언트는 MCP 서버의 /list_tools 엔드포인트를 호출하여, 서버에 등록된 모든 도구의 메타데이터를 가져옵니다. 메타데이터에는 도구의 이름, 설명, 입력 스키마 등이 포함되어 있으며, MCP 서버는 이 정보를 제공하는 역할만 수행합니다.

2. **질문 분석 및 도구 선택**

    사용자의 자연어 질문이 입력되면, MCP 클라이언트(예: LlamaIndex FunctionAgent)는 수집한 각 도구의 설명을 기반으로 질문과 가장 관련이 높은 도구를 선택합니다. 이 과정에서 LLM은 질문 내용과 각 도구의 설명을 참고하여 최적의 도구를 판단합니다.

3. **도구 호출 및 실행 결과 반환**

    선택된 도구에 대해 MCP 클라이언트는 MCP 서버에 호출 요청을 전송합니다. MCP 서버는 해당 도구(예: 주식 가격 API, 이메일 전송 API, 검색 엔진 등)를 대신 실행하고, 그 결과를 클라이언트에게 반환합니다. 클라이언트는 이 실행 결과를 정리하여 최종적으로 사용자에게 응답합니다.

이처럼 MCP와 라마인덱스를 연동하면, 외부 API나 시스템 도구를 자연어 질의만으로 손쉽게 활용할 수 있는 구조를 구축할 수 있습니다. MCP 서버는 다양한 도구를 일관된 인터페이스로 관리하며, 라마인덱스는 이를 LLM 기반 에이전트가 이해하고 호출할 수 있도록 지원합니다. 따라서 복잡한 API 호출 과정을 직접 다루지 않고도, 자연어 질문을 통해 필요한 도구를 자동으로 선택하고 실행하며, 그 결과를 받아볼 수 있습니다. MCP와 라마인덱스의 결합은 외부 시스템 통합을 보다 유연하고 강력하게 만들어주며, 다양한 도구를 하나의 통합된 에이전트 환경 안에서 효과적으로 다룰 수 있게 해줍니다.

10.5 날씨 에이전트 실습

이번 절에서는 MCP를 활용하여, 사용자가 자연어로 입력한 질문에 따라 실시간으로 오늘과 내일의 날씨를 안내하는 날씨 에이전트를 만들어 보겠습니다. 단순히 기능을 구현하는 데 그치지 않고, MCP 서버를 구축하고 외부 날씨 API를 MCP 도구로 등록한 뒤, 클라이언트가 LLM을 통해 자연어를 분석하여 필요한 도구를 선택하고 호출하는 전체 구조를 구성할 예정입니다. 실습 진행을 위해 `ch10` 폴더 하위에 `weather` 폴더를 생성합니다. 이번 절부터는 `weather` 폴더 하위에서 실습을 진행하겠습니다.

```
ch10/
└── weather/
    ├── weather-server.py
    └── weather-client.py
```

10.5.1 OpenWeatherMap API 키 발급받기

실시간으로 날씨 정보를 가져오기 위해 가장 먼저 해야 할 일은 OpenWeatherMap API 키를 발급받는 것입니다. OpenWeatherMap은 전 세계 기상 데이터를 제공하는 서비스로, 회원가입만 하면 무료로 API 키를 발급받을 수 있습니다. 먼저 OpenWeatherMap 웹사이트에 접속하여 회원가입을 합니다.

- OpenWeatherMap 웹사이트: https://openweathermap.org/

회원가입 후 로그인하고 상단 메뉴에서 [계정] - [My API keys] 메뉴로 이동합니다. 여기에서 새로운 API 키를 생성할 수 있으며, 생성된 키는 즉시 사용할 수 있습니다. 무료 요금제에서도 기본적인 현재 날씨 조회 기능은 충분히 활용할 수 있습니다.

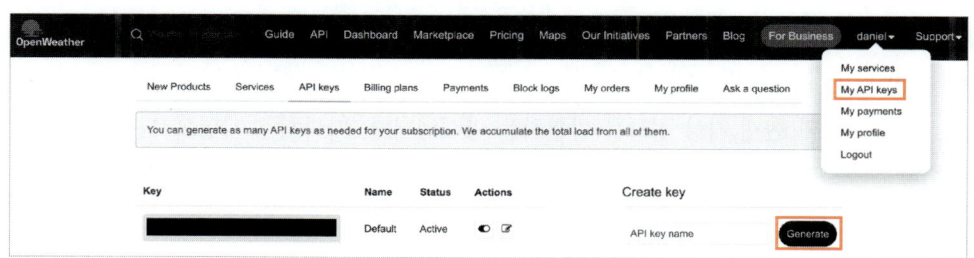

그림 10.11 OpenWeatherMap API 키 발급받기

API 키를 발급받은 후에는 해당 키를 코드에 직접 하드코딩하지 않고, .env 파일에 안전하게 저장해두는 것이 좋습니다. 프로젝트 루트 디렉터리에 .env 파일을 생성한 후, 다음과 같이 입력합니다.

```
WEATHER_API_KEY=발급받은_API_키
```

이후, 현재 날씨 조회를 위한 API를 확인해 보겠습니다. API 메뉴로 이동하면 다양한 종류의 기상 데이터 API 목록이 나타납니다. 예를 들어, Current Weather Data, Hourly Forecast 4 days, Daily Forecast 16 days 등 여러 API가 제공되며, 이 중 가장 기본이 되는 Current Weather Data API를 사용하겠습니다. 해당 항목 아래에 보이는 [API doc] 버튼을 클릭하면, 현재 날씨를 조회하는 API에 대한 상세 문서를 볼 수 있습니다.

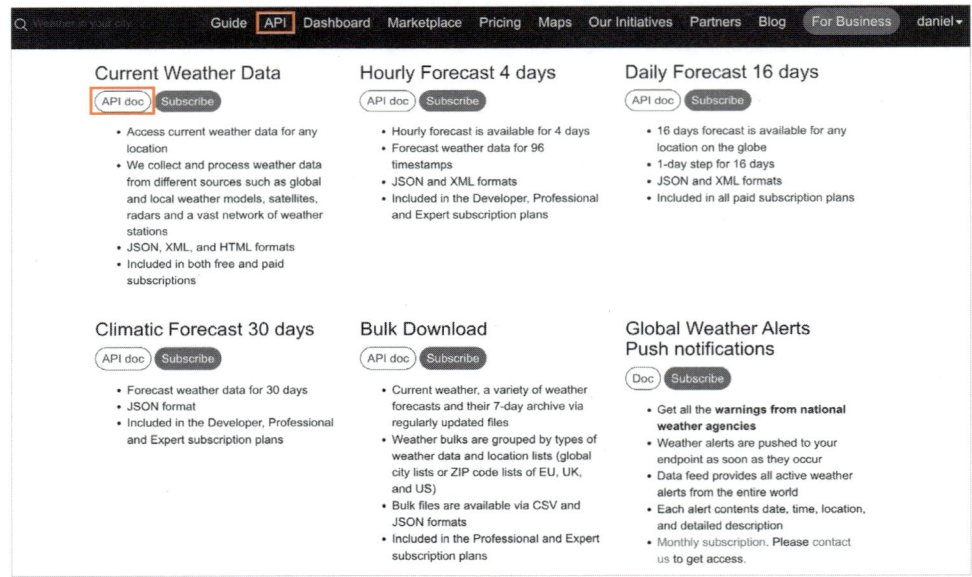

그림 10.12 날씨 조회 API 문서 확인하기

OpenWeatherMap의 현재 날씨 API는 기본적으로 위도(lat)와 경도(lon) 값을 입력받아, 해당 위치의 현재 기상 정보를 반환하는 방식입니다. 따라서 도시명으로 직접 날씨를 조회하는 구조가 아니라, 위도(latitude)와 경도(longitude) 좌표를 입력하여 날씨 정보를 요청해야 하므로, 도시명을 위도/경도 좌표로 변환하는 과정이 반드시 필요합니다. 요청 URL은 다음과 같은 형식을 따릅니다.

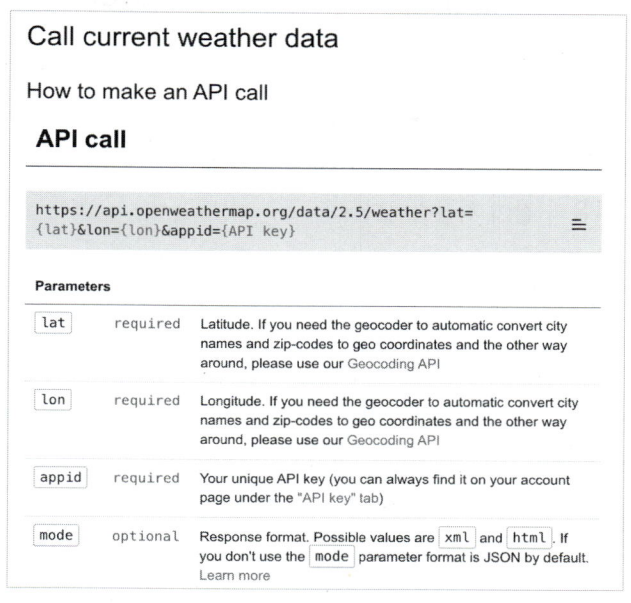

그림 10.13 날씨 조회 API 상세

```
https://api.openweathermap.org/data/2.5/weather?lat={lat}&lon={lon}&appid={API key}
```

이 요청을 구성할 때 반드시 포함해야 하는 주요 파라미터는 다음과 같습니다.

- `lat`(latitude): 조회하고자 하는 지역의 위도입니다. 예를 들어, 서울은 약 37.5665입니다.
- `lon`(longitude): 조회하고자 하는 지역의 경도입니다. 서울은 약 126.9780입니다.
- `appid`: 발급받은 OpenWeatherMap API 키를 입력합니다.

응답받는 데이터 포맷은 기본적으로 JSON이며, 필요한 경우 언어 또는 단위 설정을 위한 추가 파라미터를 사용할 수 있습니다. 예를 들어, 온도 단위를 섭씨로 설정하려면 `units=metric`을 추가할 수 있으며, 한글 응답을 원할 경우 `lang=kr` 파라미터를 함께 지정할 수 있습니다. 최종 호출 예시는 다음과 같은 형태로 구성됩니다.

```
https://api.openweathermap.org/data/2.5/weather?lat=37.5665&lon=126.9780&appid=발
급받은_API_키&units=metric&lang=kr
```

이 요청을 보내면, 해당 위치의 현재 날씨 상태, 기온, 체감 온도, 습도, 기압 등 다양한 정보를 JSON 형식으로 받을 수 있습니다.

추가로 OpenAI API 키도 필요합니다. 이는 자연어 입력을 해석하고 도시명을 추출하기 위해 LLM을 사용할 예정이기 때문입니다. OpenAI 계정에 가입하여 API 키를 발급받은 후, .env 파일에 다음과 같이 저장합니다.

```
OPENAI_API_KEY=발급받은_OpenAI_API_키
```

API 키 준비가 완료되면, 이제 본격적으로 FastMCP를 이용해 MCP 서버를 구축하는 작업을 시작합니다. MCP 서버는 외부 API를 감싸는 역할을 하며, 사용자 요청에 따라 적절한 기능을 제공하는 핵심 엔드포인트가 됩니다. 필요한 라이브러리를 불러오고, .env 파일에 저장된 환경 변수를 로드하여 API 키를 가져옵니다.

weather-server.py
```python
from dotenv import load_dotenv
from llama_index.llms.openai import OpenAI
from mcp.server.fastmcp import FastMCP
from llama_index.core.llms import ChatMessage
import requests
import os

load_dotenv()

weatherapi_key = os.getenv("WEATHER_API_KEY")
openai_api_key = os.getenv("OPENAI_API_KEY")
llm = OpenAI(api_key=openai_api_key, model="gpt-4o-mini")

mcp = FastMCP('weather-server')
```

- 앞서 설명한 것처럼 OpenWeatherMap API 키를 사용해 날씨 데이터를 가져오고, OpenAI API 키를 통해 LLM을 초기화합니다.
- LLM은 gpt-4o-mini 모델로 사용할 예정입니다.
- FastMCP 인스턴스는 'weather-server'라는 이름으로 설정했습니다.

10.5.2 도시명 추출하기

사용자는 "서울 오늘 날씨 알려줘"와 같이 자연어로 질문하는 방식으로 시스템을 사용할 것입니다. 따라서 입력 문장에서 도시명을 자동으로 정확히 추출할 수 있어야, API 호출에 필요한 인자를 구성할 수 있습니다. 이 과정에서는 단순한 규칙 기반 처리보다 LLM을 이용하는 편이 훨씬 유연하고 정확합니다. 아래와 같이 도시명을 추출하는 함수를 작성합니다.

weather-server.py

```python
def extract_city_name_with_llm(query: str) -> str:
    prompt = (
        f"다음 문장에서 날씨를 묻는 도시명이 있다면 그 도시명을 영어로만 출력하세요. "
        f"도시가 없다면 반환하지 않습니다. 오직 도시명 하나만 영어로 출력하세요.\n"
        f"예: Seoul, Busan, Jeju\n"
    )

    messages = [
        ChatMessage(role="system", content=prompt),
        ChatMessage(role="user", content=query),
    ]

    response = llm.chat(
        messages=messages,
        model="gpt-4o-mini",
        temperature=0,
        max_tokens=10,
    )
    return response.message.content.strip()
```

이 함수는 시스템 프롬프트로 "영어 도시명만 반환하라"는 지침을 LLM에 주입하고, 사용자의 자연어 입력을 분석하여 도시명을 정확하게 추출합니다. 만약 문장에 도시명이 포함되어 있지 않은 경우에는 아무것도 반환하지 않기 때문에, 오류 발생 가능성을 줄일 수 있습니다. 영어로 도시명을 추출해야 하는 이유는 다음 실습에서 설명할 'OpneWeatherMap API 연동'을 보면 이해할 수 있습니다.

예를 들어, 다음과 같은 입력에 대해 다음과 같은 결과를 얻을 수 있습니다.

```
query = "서울 오늘 날씨 알려줘"
print(extract_city_name_with_llm(query))
```

실행 결과
```
Seoul
```

```
query = "부산 내일 비오나요?"
print(extract_city_name_with_llm(query))
```

실행 결과
```
Busan
```

이처럼 사용자가 날씨에 질문할 때, 문장에 포함된 도시명이 영어로 정확히 추출되는 것을 확인할 수 있습니다.

10.5.3 OpenWeatherMap API 연동

OpenWeatherMap API는 도시명 대신 위도와 경도를 기반으로 날씨 정보를 조회하는 방식이기 때문에 영어 도시명을 가져와서 위도와 경도로 변환하는 과정이 필요합니다. OpenWeatherMap 공식 문서에 따르면, Direct Geocoding API를 사용하면 도시명(city name)을 입력하여 위도와 경도 정보를 얻을 수 있습니다.

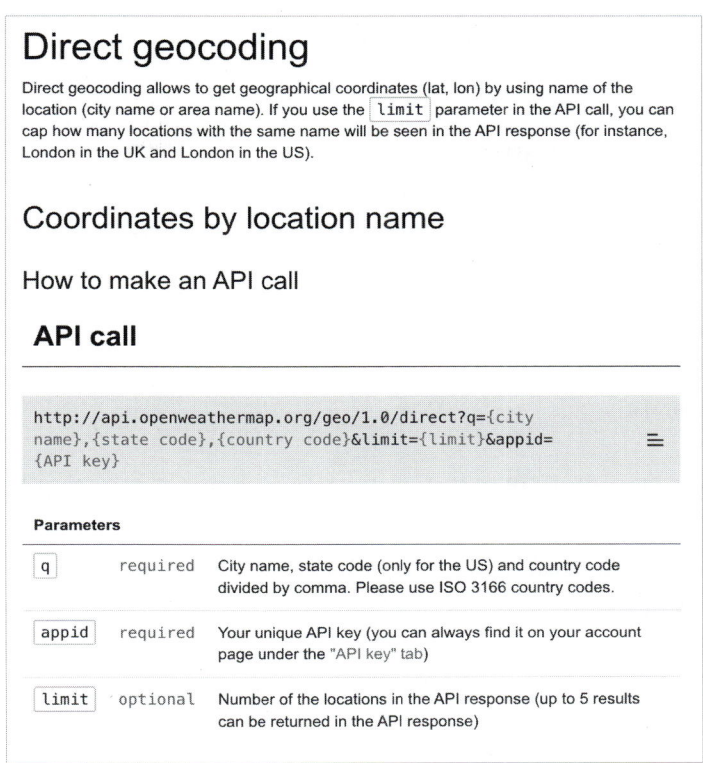

그림 10.14 위도 경도 조회 API 상세

문서에 명시된 바와 같이, 요청은 다음과 같은 형식으로 구성됩니다.

```
http://api.openweathermap.org/geo/1.0/direct?q={city name},{state code},{country code}&limit={limit}&appid={API key}
```

- `q`(필수): 조회하고자 하는 도시명입니다.
- `limit`(선택): 결과의 최대 개수를 지정합니다. 예를 들어, 동일한 이름을 가진 여러 도시 중 최대 5개까지 반환하도록 설정할 수 있습니다.
- `appid`(필수): 발급받은 OpenWeatherMap API 키입니다.

이제 이를 바탕으로 get_geo라는 함수를 작성해 보겠습니다.

weather-server.py

```python
def get_geo(city: str, limit: int=1) -> str:
    """도시명을 입력받아 OpenWeatherMap 지오코딩 API를 호출하여 위도와 경도를 가져옴"""
    url = f"http://api.openweathermap.org/geo/1.0/direct?q={city}&limit={limit}&appid={weatherapi_key}"

    res = requests.get(url)
    data = res.json()
    return data[0]
```

예를 들어, "Seoul"을 입력하면 다음과 같이 정확한 좌표 정보를 얻을 수 있습니다.

```python
city_info = get_geo("Seoul")
print(city_info['lat'], city_info['lon'])
```

실행 결과

```
37.5666791 126.9782914
```

도시의 좌표를 확인한 후에는, 이 정보를 이용해 현재 날씨를 조회할 수 있습니다. 앞서 설명한 OpenWeatherMap의 현재 날씨 API 문서를 참고하면, 다음과 같은 형태로 요청을 구성하면 됩니다. (그림 10.13 참고)

```
https://api.openweathermap.org/data/2.5/weather?lat={lat}&lon={lon}&appid={API key}
```

이를 기반으로 오늘의 날씨를 조회하는 get_today_weather 함수를 작성합니다.

weather-server.py

```python
def get_today_weather(city: str) -> str:
    """[오늘 날씨 조회 API] OpenWeatherMap current weather API를 이용해 오늘 현재 날씨를 조회"""
    geo = get_geo(city)
```

```python
    url = f"https://api.openweathermap.org/data/2.5/weather?lat={geo['lat']}&lon={geo['lon']}&appid={weatherapi_key}"

    res = requests.get(url)
    if res.status_code != 200:
        return f"{city}의 날씨 정보를 가져오지 못했습니다."

    data = res.json()

    city = data["name"]
    temp_k = data["main"]["temp"]
    feelslike_k = data["main"]["feels_like"]
    condition = data["weather"][0]["description"]

    # 켈빈(K) -> 섭씨(°C)로 변환
    temp_c = round(temp_k - 273.15, 1)
    feelslike_c = round(feelslike_k - 273.15, 1)

    return f"{city}의 현재 날씨는 {condition}, 기온은 {temp_c}°C, 체감온도는 {feelslike_c}°C입니다."
```

- get_geo(city) 함수를 호출하여, 입력된 도시 이름에 해당하는 위도와 경도 정보를 얻습니다.
- 온도가 켈빈(K) 단위로 제공되므로, 이를 섭씨(℃)로 변환하는 과정도 함께 수행합니다.
- 현재 기상 상태(condition)도 함께 가져와 결과 문자열에 포함시킵니다.

예를 들어, 서울의 날씨를 조회하면 아래와 같이 기상 정보를 얻을 수 있습니다.

```python
today_weather = get_today_weather("Seoul")
print(today_weather)
```

실행 결과

Seoul의 현재 날씨는 clear sky, 기온은 26.8°C, 체감온도는 26.5°C입니다.

여기서 한 걸음 더 나아가, 내일의 날씨를 예측하는 **get_tomorrow_weather** 함수도 함께 준비하겠습니다. 내일의 날씨를 조회하기 위해서는 OpenWeatherMap의 Forecast API

를 사용합니다. Forecast API는 기본적으로 3시간 단위의 예보 데이터를 제공하므로, 내일 정오(12시) 무렵의 데이터를 선택하여 예측하는 방식으로 구성할 수 있습니다.

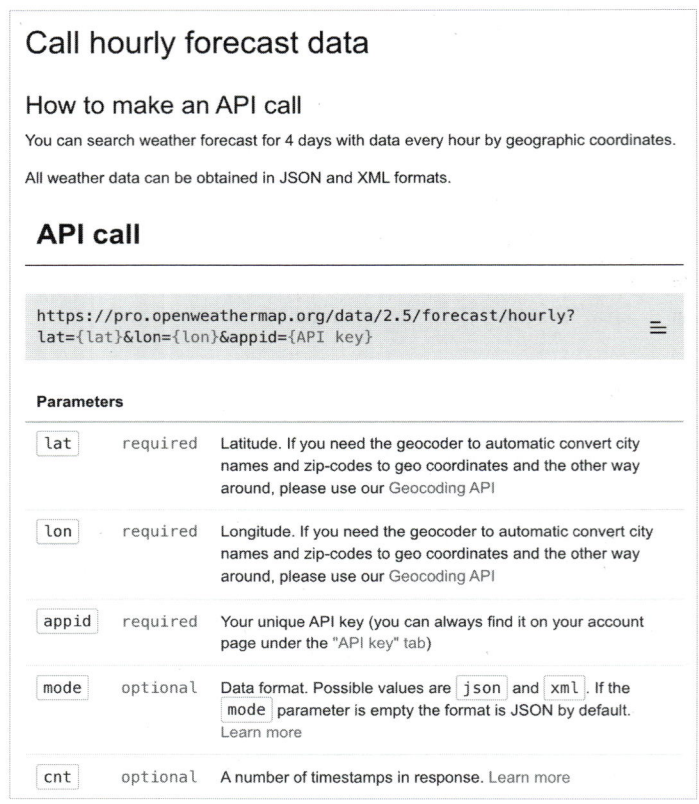

그림 10.15 날씨 예보 API 상세

Forecast API 요청은 다음과 같은 형태를 가집니다.

```
https://api.openweathermap.org/data/2.5/forecast?lat={lat}&lon={lon}&appid={API key}
```

이를 활용하여 내일 날씨를 가져오는 코드는 다음과 같습니다.

weather-server.py

```python
from datetime import datetime, timedelta

def get_tomorrow_weather(city: str) -> str:
    """[내일 날씨 조회 API] OpenWeatherMap forecast API를 이용해 내일 날씨를 조회"""
    geo = get_geo(city)
    url = f"https://api.openweathermap.org/data/2.5/forecast?lat={geo['lat']}&lon={geo['lon']}&appid={weatherapi_key}"

    res = requests.get(url)
    if res.status_code != 200:
        return f"{city}의 내일 날씨 정보를 가져오지 못했습니다."

    data = res.json()
    tomorrow = datetime.utcnow() + timedelta(days=1)
    tomorrow_str = tomorrow.strftime("%Y-%m-%d")

    # 내일 중 정오 (12:00:00) 시간 데이터 우선
    tomorrow_forecasts = [item for item in data["list"] if item["dt_txt"].startswith(tomorrow_str)]
    target = next((item for item in tomorrow_forecasts if "12:00:00" in item["dt_txt"]), tomorrow_forecasts[0])

    temp_k = target["main"]["temp"]
    condition = target["weather"][0]["description"]
    temp_c = round(temp_k - 273.15, 1)

    return f"{city}의 내일 날씨는 {condition}, 예상 기온은 {temp_c}°C입니다."
```

- 마찬가지로 섭씨로 변환하는 과정을 포함합니다.
- 응답받은 JSON 데이터 중에서, 내일 날짜(YYYY-MM-DD)로 시작하는 예보 데이터만 필터링합니다. (예: "2025-04-29 03:00:00"과 같은 문자열에서 날짜 부분만 기준으로 필터링)
- 필터링된 데이터 중에서, "12:00:00" 시간이 포함된 항목이 있다면 이를 우선적으로 선택하고, 해당 시간이 없는 경우에는 내일 중 가장 이른 시점의 예보 데이터를 대신 사용합니다. 즉, 가능한 한 내일 정오의 데이터를 기준으로 예측하도록 구성합니다.

예를 들어, 서울의 날씨를 조회하면 아래와 같이 내일의 기상 정보를 얻을 수 있습니다.

```
tomorrow_weather = get_today_weather("Seoul")
print(tomorrow_weather)
```

실행 결과

```
Seoul의 내일 날씨는 overcast clouds, 예상 기온은 23.3°C입니다.
```

10.5.4 MCP 도구 등록 및 서버 실행

작성한 기능을 MCP 서버에 도구로 등록합니다. 앞서 설명했듯이, MCP에서는 `@mcp.tool()` 데코레이터를 사용하여 함수를 MCP 도구로 등록할 수 있습니다.

weather-server.py

```python
@mcp.tool()
def today_weather_query(city: str = None) -> str:
    """[MCP Tool] 파라미터로 받은 도시 또는 세션의 도시로 오늘 날씨를 반환"""
    print(f"[today_weather_query] city={city}")
    
    if city is None:
        return "도시 정보가 없습니다. 먼저 도시명을 알려주세요."
    
    return get_today_weather(city)

@mcp.tool()
def tomorrow_weather_query(city: str = None) -> str:
    """[MCP Tool] 파라미터로 받은 도시 또는 세션의 도시로 내일 날씨를 반환"""
    print(f"[tomorrow_weather_query] city={city}")
    
    if city is None:
        return "도시 정보가 없습니다. 먼저 도시명을 알려주세요."
    
    return get_tomorrow_weather(city)

if __name__ == "__main__":
    mcp.run(transport="sse")
```

@mcp.tool() 데코레이터를 사용하면, 해당 함수는 자동으로 MCP 서버의 도구 목록에 등록됩니다. 등록된 도구들은 이후 클라이언트나 에이전트가 MCP 서버에 연결할 때, 도구의 메타데이터를 자동으로 인식하고 호출할 수 있는 상태가 됩니다.

today_weather_query 함수는 입력된 도시명을 기준으로 오늘의 날씨를 조회하는 기능을 제공하며, tomorrow_weather_query 함수는 입력된 도시명을 기준으로 내일의 날씨를 조회하는 기능을 수행합니다. 서버는 아래와 같이 실행하면 됩니다.

```
(ch10_env) C:\llamaindex\ch10\weather> python weather-server.py
```

서버가 실행되면 클라이언트는 SSE 방식으로 MCP 서버와 통신하며 실시간으로 도구 호출이 가능해집니다.

10.5.5 MCP 클라이언트 구현하기: 날씨 질문하기

서버 구성이 완료되었으므로, 이제 클라이언트 측에서는 사용자의 자연어 질문을 받아, MCP 서버에 등록된 도구를 통해 오늘과 내일의 날씨를 조회하는 흐름을 구성해 보겠습니다. 라마인덱스 MCP에서 클라이언트는 BasicMCPClient를 통해 MCP 서버와 연결하고, 서버에 등록된 도구 목록을 자동으로 가져올 수 있습니다. 가져온 도구들은 LLM과 연동된 FunctionAgent에 등록되어, 자연어 질문에 따라 적절한 도구를 자동으로 선택하고 호출하는 방식으로 작동합니다.

weather-client.py

```python
from llama_index.tools.mcp import BasicMCPClient, McpToolSpec
from llama_index.llms.openai import OpenAI
from llama_index.core.agent.workflow import FunctionAgent
import asyncio

from dotenv import load_dotenv
load_dotenv()

mcp_client = BasicMCPClient("http://localhost:8000/sse")
tool_spec = McpToolSpec(client=mcp_client)
tools = tool_spec.to_tool_list()
```

- BasicMCPClient를 통해 MCP 서버(localhost:8000/sse)에 연결합니다.
- McpToolSpec을 사용해 서버에 등록된 모든 도구를 가져오고, 이를 tool_list 형태로 변환합니다.

이제 LLM과 시스템 프롬프트를 설정합니다. 시스템 프롬프트에는 MCP 도구 사용 방식과 출력 언어(한글) 등을 명확히 지정해야 합니다. 이렇게 설정하면 에이전트는 사용자의 자연어 질문을 이해하고, 어떤 MCP 도구를 호출해야 할지를 스스로 판단할 수 있게 됩니다.

weather-client.py

```python
llm = OpenAI(model="gpt-4o-mini")

prompt = """당신은 날씨 정보를 알려주는 에이전트입니다.
사용자가 질문한 도시와 시간(오늘/내일)에 따라 적절한 날씨 도구를 호출해야 합니다.
도시명을 사용할 때는 영어로 변환된 도시명을 사용하며,
사용자에게 반환하는 답변은 항상 한국어로 자연스럽게 작성합니다.
"""

agent = FunctionAgent(
    tools=tools,
    llm=llm,
    system_prompt=prompt,
)
```

다음으로, 실제 사용자 질문을 입력받고 에이전트가 응답을 생성하는 비동기 함수를 작성합니다.

weather-client.py

```python
async def run_agent():
    questions = [
        "오늘 날씨 어때?",
        "서울이에요",
        "내일 부산 날씨는?",
    ]

    for q in questions:
        print(f"사용자: {q}")
```

```
        result = await agent.run(q)
        print(f"에이전트: {result}")

if __name__ == "__main__":
    asyncio.run(run_agent())
```

이제 MCP 클라이언트를 실행한 뒤, 사용자 질문을 순차적으로 입력했을 때 에이전트가 어떻게 응답하는지 확인해 보겠습니다.

(ch10_env) C:\llamaindex\ch10\weather> `python weather-client.py`

아래는 "오늘 날씨 어때?", "서울이에요", "내일 부산 날씨는?"이라는 질문을 순차적으로 입력했을 때의 실제 응답 흐름입니다.

사용자: 오늘 날씨 어때?
에이전트: 어떤 도시의 날씨를 알고 싶으신가요? 도시 이름을 말씀해 주시면 오늘의 날씨 정보를 알려드리겠습니다.

사용자: 서울이에요
에이전트: 서울의 현재 날씨는 맑고, 기온은 10.8°C이며 체감온도는 9.6°C입니다.

사용자: 내일 부산 날씨는?
에이전트: 부산의 내일 날씨는 맑은 하늘이며, 예상 기온은 14.5°C입니다.

실행 결과(MCP server 로그)

```
INFO:     Started server process [21558]
INFO:     Waiting for application startup.
INFO:     Application startup complete.
INFO:     Uvicorn running on http://0.0.0.0:8000 (Press CTRL+C to quit)
INFO:     127.0.0.1:57654 - "GET /sse HTTP/1.1" 200 OK
INFO:     127.0.0.1:57666 - "POST /messages/?session_id=727eb75c091445eb93571e977244599f HTTP/1.1" 202 Accepted
INFO:     127.0.0.1:57666 - "POST /messages/?session_id=727eb75c091445eb93571e977244599f HTTP/1.1" 202 Accepted
INFO:     127.0.0.1:57666 - "POST /messages/?session_id=727eb75c091445eb93571e977244599f HTTP/1.1" 202 Accepted
```

```
[04/27/25 15:32:55] INFO     Processing request of type ListToolsRequest
server.py:534
INFO:     127.0.0.1:57670 - "GET /sse HTTP/1.1" 200 OK
INFO:     127.0.0.1:57682 - "GET /sse HTTP/1.1" 200 OK
INFO:     127.0.0.1:57702 - "POST /messages/?session_id=328dc3ea042c427cb2cb66f
04e566306 HTTP/1.1" 202 Accepted
INFO:     127.0.0.1:57688 - "POST /messages/?session_id=bddd194278fa4e4b8e4976
169a8eae33 HTTP/1.1" 202 Accepted
INFO:     127.0.0.1:57702 - "POST /messages/?session_id=328dc3ea042c427cb2cb66
f04e566306 HTTP/1.1" 202 Accepted
INFO:     127.0.0.1:57688 - "POST /messages/?session_id=bddd194278fa4e4b8e4976
169a8eae33 HTTP/1.1" 202 Accepted
INFO:     127.0.0.1:57702 - "POST /messages/?session_id=328dc3ea042c427cb2cb66
f04e566306 HTTP/1.1" 202 Accepted
INFO:     127.0.0.1:57688 - "POST /messages/?session_id=bddd194278fa4e4b8e4976
169a8eae33 HTTP/1.1" 202 Accepted
[04/27/25 15:32:59] INFO     Processing request of type CallToolRequest
server.py:534
[tomorrow_weather_query] city=Seoul
[04/27/25 15:33:02] INFO     Processing request of type CallToolRequest
server.py:534
[today_weather_query] city=Seoul
INFO:     127.0.0.1:40988 - "GET /sse HTTP/1.1" 200 OK
INFO:     127.0.0.1:41000 - "POST /messages/?session_id=f156db20388840ed98f9373
3ff5a933d HTTP/1.1" 202 Accepted
INFO:     127.0.0.1:41000 - "POST /messages/?session_id=f156db20388840ed98f9373
3ff5a933d HTTP/1.1" 202 Accepted
INFO:     127.0.0.1:41000 - "POST /messages/?session_id=f156db20388840ed98f93733
ff5a933d HTTP/1.1" 202 Accepted
[04/27/25 15:33:08] INFO     Processing request of type CallToolRequest
server.py:534
[tomorrow_weather_query] city=Busan
```

클라이언트가 실제로 서버에 요청을 보낼 때마다, 서버는 다음과 같은 형태의 로그를 출력합니다.

- ListToolsRequest

  클라이언트가 MCP 서버에 등록된 도구 목록을 요청할 때 발생합니다. 서버는 도구 리스트를 반환하여, 클라이언트가 사용할 수 있는 도구를 인식할 수 있도록 합니다.

- CallToolRequest

  클라이언트가 특정 도구를 호출할 때 발생합니다. MCP 서버는 해당 도구(today_weather_query 또는 tomorrow_weather_query)를 실행하고, 결과를 반환합니다.

이 요청들은 다음과 같은 형태로 로그에 기록됩니다.

```
[04/27/25 15:32:55] INFO Processing request of type ListToolsRequest
[04/27/25 15:33:02] INFO Processing request of type CallToolRequest
[today_weather_query] city=Seoul
```

이제 사용자 질문에 대한 대화 흐름과 함께, 서버에서 어떤 요청이 발생했는지를 다시 살펴보면 다음과 같이 정리할 수 있습니다.

```
Q1: 오늘 날씨 어때?
A1: 어떤 도시의 날씨를 알고 싶으신가요? 도시 이름을 말씀해 주시면 오늘의 날씨 정보를 알려드리겠습니다.

[04/27/25 15:32:55] INFO Processing request of type ListToolsRequest
```

ListToolsRequest를 통해 MCP 서버가 클라이언트의 도구 목록 요청을 정상적으로 처리했음을 확인할 수 있습니다. 이를 통해 클라이언트는 등록된 날씨 조회 도구(today_weather_query, tomorrow_weather_query)를 인식할 수 있습니다.

```
Q2: 서울이에요
A2: 서울의 현재 날씨는 맑고, 기온은 10.8°C이며 체감온도는 9.6°C입니다.

[04/27/25 15:33:02] INFO Processing request of type CallToolRequest
[today_weather_query] city=Seoul
```

사용자의 입력(서울)에 따라 MCP 서버가 today_weather_query 도구를 호출하여, 현재 서울의 날씨를 조회하고 결과를 반환했음을 확인할 수 있습니다.

```
Q3: 내일 부산 날씨는?
A3: 부산의 내일 날씨는 맑은 하늘이며, 예상 기온은 14.5°C입니다.

[04/27/25 15:33:08] INFO Processing request of type CallToolRequest
[tomorrow_weather_query] city=Busan
```

마찬가지로 내일 부산 날씨를 묻는 자연어 질문을 해석한 결과, MCP 서버가 `tomorrow_weather_query` 도구를 호출하여 내일 부산의 날씨 정보를 반환했음을 확인할 수 있습니다. MCP는 내부적으로 ListToolsRequest → CallToolRequest → 도구 호출 → 응답 반환 순서로 요청을 처리합니다.

10.5.6 정리

이번 장에서는 FastMCP를 활용하여 자연어로 오늘과 내일의 날씨를 조회할 수 있는 에이전트를 직접 구축해 보았습니다. 각 단계를 순차적으로 설명하면서 단순한 기능 구현을 넘어 MCP 서버와 클라이언트가 어떻게 상호작용하는지에 대해 시스템 관점에서도 살펴봤습니다.

특히 외부 날씨 API인 OpenWeatherMap의 Geocoding API와 Current Weather API, Forecast API를 연동하여 외부 데이터를 MCP 도구로 연결하는 과정을 실습하였습니다. 이를 통해 사용자의 자연어 질문이 도구 호출로 전환되고, 그 결과가 다시 자연스러운 응답으로 반환되는 전체 흐름을 이해할 수 있었습니다.

또한 MCP 서버에 기능을 등록하고, 클라이언트가 자연어를 기반으로 적절한 MCP 도구를 자동으로 선택해 호출하는 과정까지 일관되게 구성하였습니다. 이를 통해 MCP 서버와 클라이언트의 구성, 도구 등록 및 호출 방식, 자연어 처리 흐름을 체계적으로 정리할 수 있었습니다.

이번 장의 내용을 기반으로, 앞으로 더 다양한 외부 API를 MCP 도구로 확장하여 연결할 수 있을 것으로 기대됩니다. 또한 이러한 구조는 멀티 에이전트 시스템 설계, 대규모 API 연동 서비스 개발 등 다양한 분야로 자연스럽게 확장할 수 있도록 해줄 것입니다.

A – G

Acting	198
Adapter	327
AI 에이전트	198
API 키	15
BERT	86
Bi-Encoder	239
breakpoint_percentile_threshold	59, 130
buffer_size	59, 130
Chroma	67, 81
Chroma Collection	68
chunk	49
chunking	126
chunk_overlap	51
chunk_size 옵션	49
Cross-Encoder	239
CSV 파일	145
DatabaseReader	44
Data Loading	36
docker	111
Document	48
Environment Variable	25
function calling	260
Gemini	21
Gradio	311

H – M

HuggingFaceEmbedding	60, 201
HWP 파일	150
HWPReader	150
Hyde	246
Index	63
Indexing	36
Inspector	332
ipykernel	13
JSON-RPC 2.0	320
JSON-RPC 형식	338
Jupyter	10
Kernel Source	13
LlamaHub	44
LlamaIndex	2
macOS/리눅스에서 환경 변수 설정하기	29
MCP	319
MCP 서버	320, 327
MCP 인스펙터	332
MCP 클라이언트	320, 345
MD5 해시	172
Metadata	42
Model Context Protocol	319

N – R

NLP	283
Node	49
Notification	339
OpenAI	201
OpenAI API 키	15
OpenAIEmbedding	59
OpenAIMultiModal	179
OpenWeatherMap	353
OpenWeatherMap API 키	353
patch	49
Pinecone	96
Postprocessing	73
PromptTemplate	201
Qdrant	108, 181
Query	36
QueryEngine	72
QueryEngineTool	201

RAG	2, 222
ReAcT	198
ReAct 에이전트	260
ReActAgent	201
Reasoning	198
recursive 옵션	41
relevance score	224
Request	338
requests	201
required_exts 옵션	42
ReRanking	223
Response	339
Response synthesis	74
Retrieval	36, 73
Retrieval-Augmented Generation	2

S – Z

SemanticRanker	233
SemanticSplitterNodeParser	59
Semantic Splitting	58
SentenceSplitter	132
Sentence-Transformer	86
ServerlessSpec	100
Server-Sent Events	340
Settings	228
SimpleDirectoryReader	33, 39, 123, 201
SimpleNodeParser	49
SQLite	297
SSE	340
StorageContext	201
Storing	36
Text Splitting	36
Text-to-SQL	283
Token	50
Tokenizer	50
TokenTextSplitter	50
ToolMetadata	201
Top-K 검색	65
VectorIndexRetriever	250
Vector Store	67
Vector Store Index	63
VectorStoreIndex	33, 69, 201
Visual Studio Code	8
VSCode	8
VScode 설치하기	9
yfinance	271

ㄱ – ㄹ

가상 환경	6
가상 환경 생성하기	8
개선된 프롬프트	189
검색	36, 73, 185
검색 증강 생성	222
관련성 점수	224
구글 AI 스튜디오	21
그라디오	311
노드	49
데이터 로딩	36
데이터 리더	39
데이터베이스 리더	44
데이터베이스 설계	287
데이터 커넥터	44
도구 등록	207, 276
도구 준비	276
도구 호출 표준 프로토콜	319
도커	111
라마인덱스	2
라마인덱스 설치	32
라마인덱스 실행	32
라마허브	44
로깅 함수	301
리랭킹	223, 229

ㅁ – ㅇ

멀티턴	306
메시지 형식	338
메타데이터	42
메타데이터 필터링	84
문서	48
문장 단위 분할	57, 62, 132
버트	86
벡터	79
벡터 스토어	67, 79, 183
벡터 스토어 인덱스	69
벡터 저장소 인덱스	63
벡터 컬렉션	79
비주얼 스튜디오 코드	8
센텐스-트랜스포머	86
스키마	287
시스템 프롬프트	300
심플 디렉터리 리더	39
알림 메시지	339
어댑터	327
에이전트	198
요청 메시지	338
위키피디아	163
윈도우에서 환경 변수 설정하기	26
응답 메시지	339
응답 합성	74
의미 단위 분할	58, 62, 129
이미지 기반 RAG	191
이중 인코더	239
인덱스	63
인덱싱	36, 62, 135
인포박스	165

ㅈ – ㅎ

자연어 처리	283
저장	36
저장하기	66
제미나이	21
제미나이 API 키	21
주피터 노트북	10
청크	49
청킹	126
청킹 사이즈	54
추론	198

커널 소스	13
커스터마이징	75
컬렉션	81
쿼드런트	108, 181
쿼리	36, 71
쿼리 엔진	72
크로마	67, 81, 141
크로마 컬렉션	68
크로마 클라이언트	81
크로스 인코더	239
클라이언트-서버	324
텍스트 분할	36, 47, 126
토크나이저	50
토큰	50
토큰 단위 분할	55, 62, 126
통신 규약	320
파이썬 설치	4
파인콘	96
패치	49
펑션 콜링	260
하이드	246
행동	198
허깅페이스 임베딩	60, 205
환경 변수	25
후처리	73